未
UnRead
—
思想家

[英] 德斯蒙德·莫里斯 著
Desmond Morris

何塞·穆里尼奥 作序
José Mourinho

易晨光 译

为什么是足球？

The Soccer Tribe
La tribù del calcio

我们踢足球

爱足球

恨足球却又离不开足球的

原始根源

目录

推荐序 10

前言 12

1. 部落之根 17

部落起源 18

足球的诸多面孔 28

 作为一种仪式性狩猎的足球比赛 28

 作为一种程式化战斗的足球比赛 31

 作为一种地位展示的足球比赛 35

 作为一种宗教仪式的足球比赛 37

 作为一种社会毒品的足球比赛 40

 作为一门大生意的足球比赛 43

 作为一种戏剧表演的足球比赛 45

2. 部落仪式 49

部落律法 50

 足球比赛的17条规则 50

部落领地 60

 从运动场到超级体育馆 60

部落禁忌 66

 犯规与违例,错误与不当行为 66

部落惩罚 78

 点球与警告,罚款与裁决 78

部落战略 90

 进攻式阵型与防守式阵型 90

部落战术 106

 传球与滑铲,跑位与定位球 106

部落聚会 118

 游行与热身,行礼与开球 118

中心仪式 126

 比赛过程 126

仪式高潮 134

 进球得分 134

庆祝胜利 142

 奖励、绕场庆祝与凯旋 142

3. 部落英雄 147

英雄的背景 148

 球员的诞生 148

英雄的个性 152

 竞争与合作 152

英雄的动机 160

 激励球员的是什么? 160

客场恐惧症 172

 在对手的地盘踢球的挑战 172

花招百出 178

 算计与阴招 178

英雄的绝杀技 190

 体魄强健与出神入化的球技,体能训练与

 技术指导 190

英雄的迷信 196

 神奇的辟邪方法和幸运符 196

英雄的勇敢 204

 勇气和阻碍,疼痛和伤病 204

胜利的炫耀 212

 跳跃和拥抱 212

英雄的失败 224
    姿势和表情，沮丧和绝望 224

4. 部落标志物 231

足球 232
    从棕色膀胱到棕色皮革，再到多色足球
    232

球服和装备 238
    球衣、球裤、球鞋、鞋钉和护胫 238

颜色 242
    部落颜色的分布 242

符号 250
    部落徽章和标志 250

战利品 256
    奖杯、帽子、盾牌和雕像 256

5. 部落长老 261

部落议会 262
    主席和董事 262

部落法官 268
    联盟和协会，裁判和边裁 268

部落巫医 274
    经理和教练，理疗师和训练员 274

6. 追随者 279

追随者的行列 280
    支持者和记者 280

追随者的装饰 288
    大礼帽和文身，战争彩绘和花饰 288

追随者的表现 292
    号角和旗帜，鼓掌和叫喊 292

追随者的暴力 304
    暴力事件的爆发，警察和粉丝 304

部落灾难 312
    拥挤和坠机，死亡和骚乱 312

英雄崇拜 320
    签名和偶像，粉丝来信和球星 320

部落纪念品 324
    小锦旗和赛刊，贴纸和邮票 324

部落吉祥物 328
    泰迪熊和玩具，小男孩和老男人 328

部落的表现主义者 332
    疯子、裸奔者和露臀者 332

7. 部落方言 337

部落语言 338
    套话和笑话，口号和涂鸦 338

部落颂歌 342
    赞歌与痛恨之歌 342

结束语 350
参考书目 352
图片来源 354
致谢 358

∧ 上一页：世界杯中的迭戈·马拉多纳。

∨ 下一页：2013年，巴塞罗那队的梅西、内马尔和法布雷加斯。

推荐序

何塞·穆里尼奥

足球无疑是这个星球上最流行的体育项目。有人视其为宗教，有人称之为美丽的运动，或者一种世界通用语言。还有的人，称它为部落。

无论怎么说，所有人都知道足球，所有人都在谈论足球，世界各地的人都用足球来交流。在每一个学校的运动场上，孩子们都觉得自己就是世界上最好的足球运动员。一到周末，大人们依然自比各路球星。坐在电视机前，球迷们各有各的立场；坐在长凳上，他们都能"指点江山"；躺在扶手椅里，他们都觉得自己堪比教练。

我们还可以再进一步：在当今世界，得益于各种各样的应用和程序，只需坐在电脑或iPad前，任何人都能像一位杰出的球员一样，射出惊为天人的世界波，或者像一名球队经理一样，以天文数字交易明星球员。

这就是为什么我们说足球是有史以来形态最为完整的体育项目。它是由情感和数字共同组成的一道优雅的方程式。

随着足球运动的不断进化，我们的部落也在进化。全攻全守的足球风格引领了足球运动的全球化——球场内外皆是如此。如果你意识不到这一点，那么你就等于什么也不明白。那些只了解足球的人其实对足球一无所知，那些只看到22个人追着一个球跑的人无法理解这项运动所蕴含的几何学原理、芭蕾舞般的美感、精神深度及其本质。足球是对人性及其众多面目最忠实的演绎。在这样一个部落中，战术原理、人类情绪和比赛乐趣三者鼎立。

德斯蒙德·莫里斯先生和他这本独特的著作为我们分析了这项运动的种种姿态及最深层次的本质。

所以，我们要谈论的是什么？足球。所以，我们是谁？足球部落。

前言
德斯蒙德·莫里斯

人类是一个不可思议的物种。在人类历史上的所有事件中,吸引受众最多的并不是某个大型政治场合,也不是庆祝艺术或科学领域某项复杂成就的特殊典礼,而只是一场简单的球类比赛——足球比赛。据称,世界杯决赛期间,有超过十亿人收看全球电视直播。这意味着,全世界人口的一大部分停下了他们手头上的事情,将注意力放在了一小块绿茵场上,看着22个身着亮丽球衣的男子以狂野的姿态和极度的专注拼抢一个足球。

如果一艘太空飞船巡航经过地球,外星人监视到了这样的场景,他们将如何解释?他们会如何记录这一段飞行日志?一种神圣的舞蹈?一种例行的战斗?又或者,一种宗教仪式?如果他们由此激起了好奇心,并到全球各地的人类城市展开一番调查,他们很快就会发现:几乎所有的大型人类聚居地至少有一座巨大的空心建筑,它的中间是一片绿地,每隔一段时间就可以在这里观察到类似的踢球仪式。很显然,踢球对于人类而言有着不同寻常的重要意义——地球上成千上万的其他可见生命形态都没有这种对踢球的奇特痴迷。

最让外星人感到困惑的问题,很可能莫过于探索这项奇怪活动的功能了。为什么成千上万的人都爱做这件事?为什么还有几百万人看着这些人做?它能带来什么感受?从表面看来,它和孩童的嬉戏区别不大,相比其他形状的物体,击打球状物体能产生更加赏心悦目的运动轨迹,从而给人带来一种毫无害处的愉悦感受。对于孩子而言,这不过是娱乐消遣而已,这是他们对周边环境物理属性的一种探索,无异于蹦、跳、滚铁环或转陀螺。但和孩童的其他行为不同,出于某些奇怪的原因,踢球这一活动一直持续到了人们的成年阶段,并逐渐有了一个重要产业的所有特征。伴随着它的不再是尖声大笑,而是男性喉咙发出的低吟、呼喊和咆哮。现在,踢球成了一件严肃的事情,球场上的每一个动作都被解剖开来,引发热烈的讨论,整个仪式上升到了戏剧性社会事件的层面。这其中必定大有奥妙。这些动作本身是简单无奇的,所以正确的解释必定是,它们以某种方式承载着象征性的意义。

似乎很少有人对足球运动的重要意义提出疑问。对于那些热衷于踢球和看球的人来说,这是一个想当然的道理。足球就是足球,它当然是令人着迷的,问这个问题有什么意义?对

▲ 上一页：2015年，在温布利球场击败热刺问鼎联赛杯后，切尔西主教练何塞·穆里尼奥举起奖杯。

▽ 足球在世界各地都备受喜爱：一群男孩在越南河内的圣约瑟夫教堂前踢足球。

于那些不在乎足球的人来说，关心足球无异于愚蠢地浪费时间，为何要纠结这个问题？它没有讨论的价值。这两类人都忽略了一个事实：客观而言，足球比赛是放眼整个现代社会最奇怪的人类行为模式之一。

考虑到这一点，我决定自行展开调查。我很快发现，每一个足球活动中心、每一家足球俱乐部的组织形式都像极了一个小型部落，一个部落该有的领地、长老、巫医、英雄、追随者和其他各种部落成员一应俱全。踏进他们的领土，我仿佛是一位首次探索某偏远地区土著文化的早期探险家。我对他们的激昂战歌或多姿多彩的表演、他们原

▽ 下一页：2014年，纪念碑球场，在对阵国民竞技俱乐部的南美杯决赛第二回合比赛前，河床竞技俱乐部的球迷们为他们的主队加油打气。

始的迷信或怪诞的装束都一知半解。我突然想到，最好的做法就是真的把自己当作一个人类学家，展开一项不偏不倚的田野调查。于是，我对这个奇怪的、时而有些野蛮的"足球部落"展开了一次系统的分析。

我开始田野调查至今已有不少年头了，我四处奔波，从布莱克浦到巴里，从谢菲尔德到新加坡，从曼彻斯特到马耳他，从法国到斐济，从阿斯顿维拉到阿韦利诺。足球部落有着不同寻常的生活方式，这本书就是我的所见和所得。

部落之根

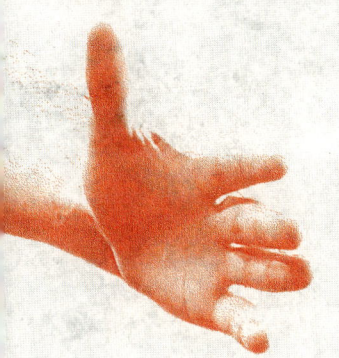

1

部落起源

足球部落之根深植于我们的先祖世世代代以猎捕野兽为生的原始时代。几乎整个人类演化史都发生于那个狩猎时代,那时对猎物的追逐可并不是一项体育运动,而是一件关乎生死存亡的大事。狩猎活动塑造了我们,并从基因上让我们成为今天的样子。同时,它让我们发生了显著的变化,从此与我们亲缘关系最近的物种——猴子和猿类变得截然不同。为了成为出色的狩猎者,我们不得不训练出一整套新的素质,包括身体上的和精神上的。

我们的身体从爬树机器变成了奔跑机器。我们不得不依靠后肢站立起来,追赶猎物时,较长的双腿一次次猛踏地面。如果要抓住猎物,我们不仅要敏捷迅猛——因此有了出色的短跑者,还要有良好的耐力——因此有了出色的长跑者,这也意味着要善于呼吸——因此我们的胸脯变得更大、更厚实了。随后,在猎杀时,我们要有精确的瞄准能力,这就需要更强壮的手臂,以及更适合握住及投掷武器的双手。

男女两性都经历了这些变化,但男性身上的变化更加显著。部落中的女性担负着沉重的母性职责,这就意味着两性之间必须要有分工,年轻的成年男性要在狩猎中承担主要角色。

我们的心理状态同样需要改变。从采集野果到捕杀猎物,我们必须变得更加机智、更加狡黠。我们还必须掌握专注于一项长远计划的能力,要避免分心,要死死追踪主要目标,直到逼近猎杀、大功告成。身陷绝境的猎物会对狩猎者构成严重的人身威胁,因此我们必须变得更加果敢。最重要的是,部落成员必须提高和同行的狩猎者交流、合作的能力,从而提高狩猎行动的效率。若没有积极的合作,人类作为狩猎者是绝无希望与狮子或狼狗等体形更大、更善于厮杀的食肉动物

› 一张发行于 1910 年前后的老明信片,配图表达了画家对于"14 世纪老式足球"(此即画作标题)的印象。据记载,由于形式太过野蛮,足球运动在此前几个世纪中屡次被禁止。

1・部落之根

竞争的。

就这样，我们的猎人先祖们体格日益健壮，头脑也日益灵活。他们运用这些优势，成群结队地出击，从此可以制定策略、设计战术、承担风险和设置陷阱，以及最后瞄准猎杀。不得不承认，听上去他们已经相当接近一支足球队的雏形了。我想说的是，这并不是个巧合。但他们是怎样从捕杀猎物转变到射门得分的呢？答案都浓缩在一个词里：农耕。

经历了超过一百万年的狩猎和采集，我们发现将捕捉来的猎物圈养、驯化比单纯的狩猎更有效率，播种特殊的农作物也要优于搜寻野果和谷草。大约一万年前，我们勇敢的猎人先祖们定居下来，成了尽职尽责的农民。他们得到了丰厚的回报，从此以后，他们可以轻而易举地获取粮食，有剩余时甚至还可以储藏起来。只不过，他们同样遭到了惩罚，剧烈的变革来得太快，相对安宁的生活方式并不完全适合我们那古老的猎人之魂。我们仍然需要竞技般的挑战、摄人魂魄的战术行动、风险与危机，还要猎杀时的极致快感。这些是日复一日的精心耕种所不能提供的。

解决的办法很简单：继续狩猎下去。它不再是关乎生存的大事，这已无关紧要。那时还有许多空旷的猎场和大量的野蛮游戏供人们选择。世界还没有变得过于拥挤、狭小不堪。因此，狩猎活动继续存在，并发展兴盛，不是作为一种生存机制，而是作为一种娱乐消遣。我们迎来了血腥运动的时代。

农业革命之后，城市扩张紧随而至。大型城镇如雨后春笋般涌现，不安分的游牧部落没有了野外运动的空间，也再无希望享受狩猎的快感。为了解决这个问题，古罗马人想了一个办法，它对后来足球部落的发展有着巨大的意义：他们完成了一项伟业，建起了一座巨大的竞技场，也就是罗马斗兽场，这实际上将狩猎活动带到了人们身边。如果城市居民无法驰骋到乡间狩猎，那不如把动物带到城市中心，在封闭的空间里对它们发起挑战，让成百上千个失意的猎人前来围观。

来自已知世界各个地区的野兽被运到这里。为取悦观众，竞技场内的杀戮极其残忍。在一千九百年前的开幕日，就有五千多只动物被屠杀。在这次屠杀后的一百天中，又有九千多只动物命丧于此。在此后的近五百年中，这样的杀戮每隔一段时间就会上演，直到最终被废止。在这一时期，罗马领土内建起了七十多座类似的竞技场，虽然没有哪一座如最早的斗兽场一般规模宏大。这一座巨大的建筑可以容纳四万五千到五万名观众——和如今一座大型足球场的容量相差无几。它的竞技场地（约为100码长、60码宽，即约91米长、55米宽）略小于现代足球场，因此杀戮带来的冲击一定是十分强烈的。

这一源自古罗马的习俗至今仍有不少遗风，其中最显而易见的就是斗牛——它在罗马的竞技场上受到追捧，如今则继续存在于西班牙和其他地方的现代斗牛场中。遍数古代竞技场的血腥运动，这项仪式是当今仅存的"硕果"；而且各种迹象表明，就连斗牛也终将为人气火爆的当地足球比赛让步。第二类不那么明显的遗风便是现代马戏团中的驯狮表演和其他类似的动物表演。如今，这些表演同样日渐式微，而且经常遭到指摘，尽管杀戮不再，但它们仍然遭到了大部分人的反对。第三类遗风则是"纵狗斗兽"，尤其是"纵狗斗牛"。这是一种形式更加卑劣的斗牛，人们用链子将动物拴住，任由它们被群狗围攻，以此取悦当地观众。这项活动在中世纪风靡欧洲各地，并在英格兰一直存留到19世纪初。虽然自那之后"纵狗斗牛"已销声匿迹，但与其紧密相关的"奔牛节"依然作为一项远近闻名的年度盛事，存在于西班牙北部的潘普洛纳市。它和人们可以想到的"都市狩猎"几无二致，现在我们常常认为它出自西班牙，但值得注意的是，在1825年之前，奔牛活动仍然是英国中部伯明翰市的一项合法项目。

19世纪20年代，一种新的、更加人道主义的动物观获得了许多支持，最终促成了英国防止虐待动物协会（RSPCA）的诞生。19世纪渐渐过去的时间里，RSPCA和其他动物保护组织日益发展壮大，很快，绝大多数虐待动物的行为也显著减少了。从世界范围来看，竞技场血腥运动的时代实质上已走向终结。与此同时，一个新的社会趋势应运而生——工业革命方兴未艾，大量人口从田地转移到工厂。两种趋势结合在一起，普通民众和城市工薪阶层的戏剧性娱乐方面产成了巨大的真空。伪狩猎史新时代的舞台已经搭建起来。一种全新的运动形式即将引爆全球，这是一种不流血的、与动物无关的竞技场项目：球类运动。

在当时，球类运动也不是什么新鲜事物。

1·部落之根

> 在佛罗伦萨的领主广场，一种名叫"Il Calcio"的中世纪意大利球类运动风行了数个世纪。18世纪，它一度失宠，但到了19世纪又重获生机，一直流传至今。图中的这场比赛发生于1994年。

古典时代，它们的踪迹遍布希腊和罗马，但却从未得到认真对待。诚然，亚历山大大帝迷上球类运动之时，它们也一度蓬勃发展。脚力出众的亚历山大大帝原本更热衷于田径运动，但他的对手们总是故意输给他，他只好放弃了跑步，开始转向投掷球体，并以此作为一种锻炼方式，很快就受到了人们的跟风模仿。没过多久，人们就修起了专门的球场；先是在希腊，然后是在罗马。

为了在冬天举行比赛，有一座古罗马球场还配备了火坑供暖装置；放眼两千年后的欧洲，许多在冬季举行的足球比赛都因为场地太冷而被迫取消，想想都令人汗颜。然而，古人的确遇到了一个技术上的问题，那就是如何制造弹性良好的完美球体。人们给猪或公牛的膀胱充上气，将其做成轻盈的球体，但它们很容易胀裂；或者往球体里装填头发或羽毛，做成较重的球。这两种球都不适合节奏快的踢球运动，这或许可以解释，为什么古代的球类运动一直被视作不正式的、非竞技性的活动，就像今天我们在度假村看到的沙滩排球一样。马提雅尔有一句诗概括了古典时代人们对球类运动的态度："那个娘娘腔飞身

一跃抓住了球……妄图通过这种无用的锻炼来让他的脖颈变得强壮。"

许多现代作家都曾大肆描写一种由两支队伍对抗争胜的古代运动"episkyros"。表面上听起来，它俨然就是当今足球运动的先驱，但现代学者们反驳了这种观点，经过仔细地研究，他们揭露，其实"episkyros"是一种和足球非常不同的投球运动。

作为非竞技性的锻炼或常规热身练习，这些古代球类运动并没有吸引到多少观众。相比之下，古罗马战车竞赛的主赛场可以容纳多达25万名观众，就连规模最大的现代足球场也相形见绌。

△ 澳式橄榄球，英式足球和联合式橄榄球的混血儿，又称为澳式足球。图中的这场比赛举行于2015年，里奇蒙老虎队和阿辛顿轰炸机队在澳大利亚墨尔本的椭圆形体育场（Punt Road Oval）对垒。

> 2013年,"Il Calcio"比赛开始前,人们穿着传统服饰在佛罗伦萨街头游行。如今,这类对中世纪足球比赛的重新演绎吸引着无数外地游客。

在随后的数百年间,球类运动一直是形式简陋、场面喧哗的非正式运动,丝毫不受重视,也基本没有组织规制可言。它们仿佛一直潜伏着,等待它们的时代来临。终于,血腥运动行将消失,属于它们的时刻到来了。以"追求身心健康"为宣言的英国公立学校们纷纷开始鼓励学生开展各种形式的足球活动。风靡英国各地乡村的足球运动场面狂野无序、变体五花八门,而到了学校里则变得有规制可循了——只不过,不止一套规制存在。在哈罗公学和其他某些学校,一种踢球运动流行开来,并逐渐演化成为今天的英式足球(Association Football)。它最初被称为"脚踢球"(socker),到后来才变成"足球"(soccer)。而在拉格比公学等地,人们遵循另一套比赛规则,其中用手控球的频率远多于用脚踢球。这套规则就逐渐演变成了当今的联合式橄榄球(Rugby Union Football)。这两类运动几乎于同一时期成形:英格兰足球总会(The Football Association)创立于1863年,英格兰橄榄球联合会(The Rugby Union)则诞生于1871年。

在爱尔兰,一种糅合了英式足球和联合式橄榄球、名为"盖尔式

◂ 中世纪民间足球仍然存在于当今英格兰北部的阿什伯恩镇。这里每年都会举行两场比赛，一场在忏悔节（Shrove Tuesday），另一场则在圣灰节（Ash Wednesday）。各由数百名球员组成的"上游队"和"下游队"进行无规则对垒。最后，球往往会落入当地的河中，激烈的比赛在河里继续进行。图中的这场比赛发生于2010年的忏悔节。

足球"（Gaelic Football）的运动逐渐风靡，并于1884年形成规制。在澳大利亚，人们在板球场上展开一种结合了盖尔式足球和联合式橄榄球的运动。它很快就发展成了现代的澳式橄榄球运动，也被人亲切地称为"澳式足球"（The Footy）。到了19世纪60年代，有一类足球运动在美国流传开来。但是，许多从蒙特利尔来的加拿大人都热衷于联合式橄榄球，在他们的影响之下，美国人将这种用脚踢球的运动转变成了以手控球，而且允许持球奔走的运动。于是在1874年，美式足球（即美式橄榄球）诞生了。随着时间的推移，美式橄榄球逐渐与加拿大式橄榄球分离，如今，它们成了两种截然不同的运动，不过依然可以清晰地看出两者均发源于联合式橄榄球。让我们说回英格兰，1895年，英格兰橄榄球联合会遭遇了一次分离危机——且至今未能从中走出来。当时，一众脱离原组织的成员成立了橄榄球联盟（The Rugby League），又一次略微修改了规则，并拥有了职业球员。相比之下，橄榄球联合会旗下的都是业余爱好者。

在19世纪下半叶的短短几十年间，七种现代足球运动奠定了各自的基础，并且有了固定的规则，且由正式组织实行系统化管理。其中五类（联合式橄榄球、联盟式橄榄球、美式橄榄球、加式橄榄球和澳式橄榄球）的用球均为卵形，近似于早期人们使用的充气膀胱；另外两类（英式足球和盖尔式足球）的用球则是标准的圆形球体。纵观这七种变体，有六种都遵循着最早的拉格比风格，允许以手控球。只有一种禁止手球，那就是英式足球。也正是这种被通称为足球（soccer）的运动，逐渐席卷了全世界。

显然，足球有着其他变体都缺乏的特殊之处。美式橄榄球、加式橄榄球、澳式橄榄球和盖尔式足球很大程度上都只流行于它们各自的原产国。出于各种原因，它们缺少广泛的吸引力。英式橄榄球的发展状况则稍好一些，不仅在不列颠群岛风行如故，而且在许多其他国家也颇具影响力，尤其是在澳大利亚、新西兰、南非和法国。

然而，今时今日的足球流行于208个不同的国家和地区——几乎可等同于全世界，每到世界杯来临时，其组织机构——国际足球联合会（FIFA）即可骄傲地宣称，在它麾下飞扬的旗帜比联合国的还多。

可以说，足球部落无处不在，它存在于地球上每一个偏远的角落，英式足球也因而成为有史以来发展最全面、最成功的体育项目。比起

为什么是足球

人类历史上的任何其他体育项目，接受足球的文化人数更多，参与足球的球员也更多，更不必提观看足球比赛的观众了。足球是现代的一种现象级体育运动，它的火热如日中天，且丝毫没有冷却的迹象。如果某些国家足球比赛的上座率变少了，那一定是因为在电视机前观看比赛的人越来越多了。人们对足球运动的痴迷一如既往。在许多国家，例如美国、日本和中国，足球的流行程度仍在快速上升。

> 现代足球比赛的激情：完成一粒重要的进球时，许多球员会情不自禁地脱去上衣，尽管他们知道这样做是被禁止的。

今时今日的足球呈现出了许多面孔。有的是显而易见的，有的是半遮半掩的，还有的则是虚假的。若要理解全世界人民对于这种相当简单的踢球活动表现出的反常兴趣，务必从一开始就杜绝"它只不过是一场比赛"这样的天真想法。我们常常能听到那些恼羞成怒的反体育分子用愤恨的语气说出类似的话语，他们之所以愤怒，通常是因为报纸上专门报道足球赛事的版面比艺术、科学、教育甚至政治等其他主要社会领域占有的版面更多。"它说到底只不过是一场比赛，人们怎么能在这个东西上面浪费那么多时间呢？"他们如是发问，却无法理解足球远不止一场比赛而已。如果他们观察得更仔细一些，很快就会发现：每一场足球比赛都是一个错综复杂的具有象征意义的事件。要想更清晰地认识足球运动的诸多面孔，我们若是从"仪式性狩猎"的概念开始，将它们独立开来、逐个探察，必能有所益助。

足球的诸多面孔

作为一种仪式性狩猎的足球比赛

　　这是足球诸多被遮掩了的面孔之一，它被两支球队互相对抗、努力破门得分的表象掩盖住了。虽然表面上球员们似乎在激烈战斗，但实际上他们的意图并不是消灭彼此，而只是越过对手，将球射向球门，以完成象征性的猎杀。

　　我们已经知道足球如何填补了因狩猎活动急剧减少而留下的空缺。在追溯足球部落之根的过程中，我们历经了四个主要阶段：首先登场的是求生猎人——我们的原始祖先，对于他们而言，追逐和杀死猎物是关乎生死存亡的大事；其次是竞技性猎人——即使为了食物而狩猎不再是必需的，他们仍然活跃于狩猎场；再次是竞技场血腥运动选手，他们将狩猎活动从野外带进了城市；最后则是竞技场球类运动选手，他们将古代血腥运动转变为现代球类运动。

　　按照这个顺序，最后一次转型我们见证了猎人变为足球运动员，武器变成了足球，而猎物则变成了球门。我们现在常常说：球员向球门"发起攻击"，足球被"射"入球门。这类词语的使用就是一条关键的线索，揭示了足球作为一种经过伪装的狩猎活动的本质。

　　原始狩猎场景中的许多其他元素也依然留存于足球比赛之中。比赛前要讨论战术，比赛中要运用策略。若要顺利完成象征性的猎杀，参赛者必须积极合作。比赛中存在危机，并有遭受严重的身体伤害的风险。对球的追逐要求球员具备绝佳的身体素质。比赛的速度要求他们保持高度的专注，长时间的不停奔跑则要求他们拥有出色的体能。对球的精准控制有赖于特殊技巧的开发，而动作顺序的不可预测性则

› 现代球类运动发展的四个阶段，从上至下：狩猎求生；狩猎竞技；竞技场血腥运动；竞技场球类运动。

促进了某种能迅速转化为肢体动作的想象力。若要有效地执行这些动作,不能没有可观的力量,而在千钧一发之际则需要有冷静的头脑。最重要的是,每一个个体都必须拥有卓越的眼力以及精确瞄准的能力,尤其是在起脚射门的高潮时刻。最后,一定要有充沛的、昂扬的斗志,以及遭遇强大对手的威胁时勇敢表现的能力。

上面强调到的这些词语都让人想起原始狩猎者和足球运动员的共通之处。在这种表达方式之下,两者之间的比较显而易见,足球运动员的真实身份——现代的伪狩猎者展露无遗。在某种程度上,足球运动员还扮演着伪勇士的角色,但若全然只是伪勇士的话,那球员攻击的就是对手,而不是球门了。

将伪狩猎者控制在限定空间之内的问题之一就在于,"猎物"无法逃跑(就如在野外血腥运动中的那样),猎杀因此变得太过简单了。在斗牛场上,人们让一头极其强壮而凶猛的困兽与一位几乎不受任何保护的男子搏斗,从而解决了难度的问题。在足球场上,猎物变成了被一整队伪狩猎者轮番攻击的静态的球门。所以,为了让情况复杂化,让猎杀更具挑战性,人们加入了一些其他形式的因素。很显然,解决方式就是让一群对手来防御这个没有生命的猎物,他们的任务就是尽一切可能给对方的瞄准和"猎杀"增加难度。

通过这种方式,人们看到了设计一场"相互狩猎"的可能性,让两支球队都扮演双重角色。作为一方球门的守卫者,他们成了"猎物"的一部分,要避免象征性的死亡;而作为攻击者,他们又变成了狩猎者本身,要向对方身后那难以捉摸的"猎物"发起进攻。在球场上的所有球员当中，两位守门员是和象征性狩猎者最不一样的。他们更像是被逼入绝境的猎物的爪子，为了保护自己脆弱的表面而发起猛攻。只有当他们将球开向球场远端时，他们才成为猎杀另一侧球门的攻击力量的一部分。

前文我们强调了足球在全球吸引力方面超过了所有其他形式的体育运动。出现这一现象的原因之一或许就在于，足球成功保留了如此多原始狩猎的元素。有的运动项目也保留了些许，但遗漏了其他的元素，因此和原始狩猎比较起来就差远了。射箭、飞镖、保龄球、台球、双向飞碟射击、撞柱游戏、冰壶、槌球游戏和高尔夫全都将重心放在了原始狩猎模式的高潮部分——瞄准目标。这些项目也需要磨炼出色的技术，但可惜的是，它们缺乏身体上的危机和风险，也没有急速追逐中的大量体力消耗，更不用提狩猎团队成员之间的复杂关系与积极合作。网球和壁球这类项目更加激烈，但依然少了典型古代狩猎场景中的团队结构。各种形式的竞速——尤其是赛车——十分凶险，有了不可或缺的风险因素，但却少了一些其他特征，例如至关重要的瞄准元素。赛车只不过是狩猎过程中"追逐"元素的机械版而已。

综观各种和足球更接近的运动项目，例如篮球、无板篮球、排球、曲棍球、棒球、长曲棍球和各种以拉格比规则为基础的橄榄球，它们似乎都在狩猎场景的至少一个方面存在不足。有的项目（如篮球和无板篮球）包含大量的高速动作，也有能形成高潮的瞄准目标元素，但是身体面临的风险太少，其瞄准动作本身也和"射弹动作"相去甚远。相比之下，板球和棒球的瞄准元素就原始得多，但是在比赛中有太多的静态内容，而且缺乏整个狩猎团队全速追逐的紧张感。各种以手控球、可持球奔跑的橄榄球比赛足够激烈，而且包含着或许是最大限度的身体上的风险与威胁，但缺乏直接导向高潮（瞄准目标）的流畅动作。如此看起来，没有哪种运动能像足球一样，集原始狩猎的各种元素于一身。不过我们也得承认，少数项目确实非常接近了，如澳式橄榄球和不同形式的曲棍球。为何这些运动项目在世界各地的风靡程度远逊足球？着实令人费解。或许澳式橄榄球是因为澳大利亚在地理上太与世隔绝，但放到曲棍球这里就说不通了。冰上曲棍球之所以冷门，大抵是因为其专业场馆太过复杂；从某种程度上来说，各种形式的曲棍球的发展都受制于其"武器"冰球的微小体形，观众很难在高速比赛中跟得上节奏。此外，以曲棍击球的动作要求球员们摆出"弯曲姿势"，这或许有悖于他们作为勇猛猎人发起攻击时"昂首挺胸"的精神状态。这种姿势奇怪地将他们的动作限制在一个平面上，消除了在典型的足球比赛中令人无比振奋的腾空与跳跃，让球员们看起来像极了发了疯的清道夫。

对于观众而言，足球有一种独一无二的魅力。对于参赛者而言，各种形式的体育运动都有可能产生强烈的参与感，即使它们可能只限于单一元素，就像射箭那样。但对于旁观者来说，他们只能远远地欣赏比赛；某个赛场上表现出来的狩猎元素越多，这种体育仪式就越能令人感到满足。只有这样，才有可能解释为何足球远比所有其他项目更为风靡。

作为一种程式化战斗的足球比赛

足球的伪狩猎性质只是它的诸多面目之一。另一种更加明显的看待足球比赛的方式,就是将其视为一场微型战争。正如前面所解释的,这样说可能会产生误解,因为两支球队(按照官方规则)并不是要斗个你死我活。对手仅仅是置于狩猎者和猎物(即球门)之间的干扰因素。球员要做的是避开对手,或者从对手脚下抢球,而不是故意让他们受伤或丧失比赛能力。裁判的主要职责就是对任何冲着人去的侵略性动作予以处罚,并不惜一切代价防止这场仪式性的狩猎退化为一场程式化的战斗。

然而,不可否认的是,每一场足球场上的交锋都含有一定的战争

> ⌄ 现代足球部落的战场——2014年于波兰华沙举行的一场比赛中的烟雾、火光、锣鼓与颂歌。

元素,而这也必然会增加比赛的刺激程度。我们必须意识到,一场比赛结束后,必然会有胜负之分,这个特点可跟伪狩猎活动的象征意义没什么关系。如果足球比赛仅仅是仪式性狩猎,那么对于一支球队及其追随者们而言有意义的就只是他们进了多少个球(也就是完成了多少次猎杀),而不必管对手进了多少个球。但显然,情况并不是这样。

双方进球差别才是至关紧要的：以1∶0获胜远远要好过以3∶4输球。所以，尽管足球比赛的场景及其"仪式性地瞄准一个伪猎物"的元素是以狩猎的类比为基础的，最后的结果却与战斗的象征意义关系密切。这两方面都是积极的，而且有助于提升观众体验到的刺激感。

> 有时比赛踢得太过激烈，以至于球迷情不自禁地跑上了球场，而遭到保安的追赶。

从某些观众在比赛当中的评论来判断，他们很期望看到狩猎场景更进一步地演化为场面激烈的直接对抗。看台上频频传来"使劲干他们""干掉他""灭了他"等令人惊恐的吼叫。如果他们主队的某个球员因明目张胆地做出了粗暴的拦截动作而遭到裁判的处罚，观众们就会更加激动地对这个决定加以嘲弄、破口大骂。偶尔，有的观众甚至会在对方球员倒在地上痛苦挪动时送上奚落的话语。我们必须说，足球时常能在观众当中煽起暴力情绪的轩然大波，但却并不能使暴怒的观众镇静下来。

足球比赛"好战"的一面及其引起的侵略性行为受到了广泛的争议。有一种观点认为，通过参与或观看足球比赛，我们能以一种无伤害的方式让暴力的情绪得到满足、逐渐消散。这个观点想表达的是，我们都在日常生活中饱受挫折，而且将这些挫折转化为压抑在内心的怒火，无时无刻不带在身上。我们的怒火越积越多，它在我们的内心沸腾，伺机以某种可见的形式砰然爆发。如果没有这样宣泄的机会出现，我们就有可能将怒火转移向内，从而患上应激性疾病、产生溃疡，在某些极端情况下，甚至有可能导致自杀。如果确实出现了这样的机会，有人惹得我们情绪爆发，那么我们就会行为粗暴、反应过激，被压抑着的怒火迫使我们失去控制。有人认为，如果通过参与一场足球比赛，无论是作为球员还是作为观众，我们可以将这种内在的侵略性情绪以一种无害的形式疏导出来，那么我们就能够以一种可接受的方式发泄怒火，避免平时出现种种更加严重的事件。

这就是竞技体育的"安全阀理论"。该理论以这样一种传统为基础：社会默许人们在足球比赛中吼叫、咆哮和咒骂，"冒犯者"也不会因此被送上法庭。从某种意义上来说，那些破口大骂的观众是"获准"在体育赛事的情境下这样做的。他们的怒吼不再被压抑，而是被释放出来。他们的侵略性情绪可能会因此消散，内心的紧张也得到缓解，他们会觉得自己的恶毒心理得到净化，最终身心更加放松，在社会生活中也不再表现出暴力的那一面。

　　毫无疑问，如果一个高声大骂的足球观众在工作中或与家人、朋友相处时也表现出类似的行为方式，那么他大概很快就会遇到大麻烦。他在一场足球比赛中朝裁判、球员、球队经理或管理人员肆意发出的辱骂若是放到商业或社交情境中，必会招致相应的报复。所以，足球比赛确实让他从社会控制中解脱了出来，但是不是真的有治疗的效果呢？厉声怒骂真的能让他得到益处吗？他真的能够"把火泄出来"吗？一些权威人士相信，事实确是如此。他们认为，每一场足球比赛当中都会出现侵略性语言与手势的集中爆发，这就好比在城市之外的某个安全地点引爆一颗定时炸弹。但是，这一观点也遭到了批判。

　　还有一些权威人士认为，在足球比赛这样的竞技体育赛事中，我们的侵略性情绪会被激起，而不会有所缓和。侵略性行为是一种反应性冲动——它是我们发现自己遭到攻击时的反应方式。如果我们深爱的人、我们的领地或我们的财产面临威胁，我们都有可能做出侵略性行为，而且我们都具备一种先天的自卫行为模式。因为足球仪式的一大基本成分就包含被一群对手击败的风险，所以我们直接面临着对手的威胁。随着球场上的战斗愈演愈烈，场边的氛围也越来越紧张，而且直到终场哨声响起，都不会有所缓解。只有我们支持的球队赢了，我们才终于可以享受获胜的兴奋，我们的侵略性冲动才会退去。但是，由于这些冲动是由足球比赛本身点燃的，我们的情况其实并没有真的好起来。我们或许是很享受胜利的激情，但那并不等同于我们为日常生活中因受挫而积压的重重怒火找到了安全阀。我们只不过是多了

为什么是足球

一种新的焦虑（对手会击败我们吗？），随后又成功解决了而已。

如果我们支持的球队输球了，那就是另一种情况了。这样一来，因比赛而起的、充满侵略性的紧张情绪就无从缓解了。对于输球的观众来说，终场哨响后，比赛过程中燃起的怒火仍然烧个不停。之后大部分情况下，这股怒火会被遏制住，且不会持续很长时间，向内转移后，它能引起的也不过是一段相当短暂的沮丧情绪。然而，对于有些人而言，这股怒火却会徘徊于体内，演化成为一种沸腾的复仇心理；对于极少数人而言，它还可能导致真正的暴力行为，例如赛后的争吵斗殴和破坏公物。

这两种观点看上去互相矛盾，但事实上它们可能都没有错。这两个过程似乎是同时发生的。如果我带着沮丧的情绪去看一场足球比赛，并将我的怒火发泄到一个倒霉的裁判或球员身上，那么我有可能在走的时候会感觉稍好一些。同样，如果我看到了比赛当中发生的某些令人不悦的事情，给我的沮丧情绪加入了一股新的怒火，或者我支持的球队输球了，那么我一定会比来之前感觉更加糟糕。两个过程叠在一起，或多或少能够抵消掉一个。

举个例子，假设一个人遭到了老板不公正的批评，他想要回击，可又不敢那么做。这天下午，他去看了当地足球队的一场重要比赛。他朝他们的对手破口大骂，渐渐地对老板的怒火也发泄干净了。他的球队进球了，现在的他欣喜若狂，他那个可恶的老板被原谅了，也被遗忘了。随后，就在终场哨即将响起之前，对手接连攻入两球，赢得了比赛。他怒不可遏地回了家。第二天，回到公司，他又看到老板，

被球场死敌点燃的所有压抑已久的怒火在他内心翻滚不息。他想把老板臭骂一顿，以此作为对他们的还击，可是他不敢那么做。

换句话说，工作或社会生活中的愤怒和沮丧可以转移到足球情境中，但方向对调也很有可能。两种方向的转移都确切无疑在发生着，谁能说得准最终的平衡是怎样的呢？改变攻击性行为的方向是那么容易，它随时可能转向另一面，或许在每一项体育赛事中都是如此。看起来，每一场足球比赛都既能治愈心病，亦能引起郁结，两种效用大致可以等量齐观。狂热的足球爱好者和社会生活中的清教徒打了个漂亮的平手。

作为一种地位展示的足球比赛

如果主场球队赢得了一场比赛，那么凯旋的当地支持者就会在心理上大为改观，换句话说就是感受到了社会地位的提升。每一支球队都在当地社区中有着强烈的认同感，所以球场上的胜利就等同于这座城市的胜利。大部分足球部落的成长都和当地的工业发展状况息息相关，这就意味着足球场上的胜利实际上也变成了当地工业的胜利。关于这一点，有一个显著的证据：人们发现，当地足球队的成功确实提高了附近工厂的效率和产量。当地的工人占球队支持者的绝大部分，而人们感受到优越的地位则容易转化为更高的工作效率，以及更加繁荣的地方经济。这个结论已经被一次又一次地证实了，而且在许多情况下，地方性企业都目光太短浅，不愿为当地球队提供坚强的后盾，以及财政支持。

当然，这枚硬币的反面在于，如果当地球队经历了一个惨不忍睹的赛季（一支球队总是要输球的），那么当地工业也会遭受打击。

短期而言，每一个足球部落的地位是以最近一场比赛的结果来衡量的；但更重要的是，长远而论，它是根据球队在联赛积分榜上占据的排名来定的。所有的部落追随者每周都会热切地观察这些积分榜，并展开详细的讨论。在大部分国家，足球俱乐部都会被划分为不同的级别。英格兰（职业足球）有四个"级别"，看起来就像是对社会阶级系统的拙劣模仿。第一级别现称为超级联赛，是上层阶级；第二级别现称为冠军联赛，是中上阶级；第三级别现称为甲级联赛，是中下

‹ 2007 年，巴西里约热内卢的救世基督像前，一个巴西足球迷挥舞着一面旗帜，上面写着："2014 年世界杯是我们的。"

阶级；第四级别现称为乙级联赛，则是下层阶级。这并不意味着各部落成员就一定来自这些阶层，这仅仅意味着，某一个级别中某个俱乐部的职员、球员或追随者会仰视高级联赛俱乐部的职员、球员或追随者，并俯视那些低级联赛的，这与他们在俱乐部之外的社会位置无关。他们通常会对外否认这一点，声称他们自己的那个地位低下的俱乐部是全国最好的，只不过要熬过一段"倒霉的日子"或"不幸的时光"，并很快就会在足球地位的竞赛中"回到它原本所属的地方"。但是私底下，他们会妒恨地位更高的俱乐部，并殷切盼望着自己的当地俱乐部晋升到上一级联赛的那一天。

每一个赛季都是一场力争升级、避免降级的、形式化的地位之争，赛季结束后，各级联赛的顶尖俱乐部就会晋升到上一级联赛，排名垫底的俱乐部则会被放逐到下一级联赛。这就是足球部落成员们面对的最大的地位危机，它的威胁成了每一场比赛中交战双方的主要动力。没有什么比降级更能令一个部落蒙羞的了，降级发生之时，地位的丧失会带来严重的后果，部落必须做出某种牺牲——通常是以俱乐部教练的下课而告终。

∧ 在2011年的一场重要比赛中，亚美尼亚国家队的瓦列里·阿列克萨尼扬打进了一粒乌龙球，随后崩溃地做出了祷告的姿势。

▷ L.S.劳里于1953年创作的名画《去看比赛》完美地捕捉到了足球的早期工业背景：工厂的工人们成群结队地涌进当地的足球场。1999年，这幅画在拍卖会上以190万英镑的价格成交，创造了劳里画作的纪录，买主是英格兰职业足球运动员工会。自2012年起，这幅画一直在曼彻斯特的英格兰国家足球博物馆展出。

作为一种宗教仪式的足球比赛

许多人——有的是开玩笑,有的是认真的——将足球和宗教秩序联系在了一起,并将足球爱好者讽刺为现代版的狂热教徒。生长在足球场上的草地经常被称为"神圣草皮",足球场则被称为"圣地"。球迷对自己仰慕的明星球员"顶礼膜拜",并将他们视为"年轻的神"。球队高管的会议室成了"至圣所"。盲目迷信与神秘行为风靡各地。看台上,一排排鱼龙混杂的人齐声高歌,尽管他们经常用词粗鄙不堪,听起来却俨然是唱诗班男孩在吟诵赞歌。有一些还真的就是赞歌,是直接从教堂的歌本上搬来的。也许,足球比赛和教堂礼拜之间的比拟还真不那么牵强附会。

在某一个重要的层面,足球赛事确切无疑地有着宗教般的意义。对于大部分人而言,它们真真切切地取代了昔日的教堂礼拜与节日。随着人们的宗教信仰日渐淡漠,许多西方国家的教堂变得空空如也,大型城镇的居民失去了一个重要的社交场合。礼拜天早上固定举行的大型集会并不只是一场公共祷告仪式,它也是一种群体认同的表达,它给昔日那些常去教堂做礼拜的人一种归属感。人头攒动的教堂礼拜是一种社交活动,也是一种神学活动。如今,教堂礼拜已经成为过去,公众舞厅和电影院也逐渐凋零,电视机和电脑等不可思议的社交隔离器骤然兴起,都市居民越来越渴望大型的社区集会,渴望能在集会上被视作当地人口的一部分。不知怎的,足球比赛倒是在这些变化之中存活了下来,如今还发挥着一个更加重要的作用:人们得以借机展示自己对当地社区的忠诚。

和宗教集会一样,足球比赛不仅将一大群

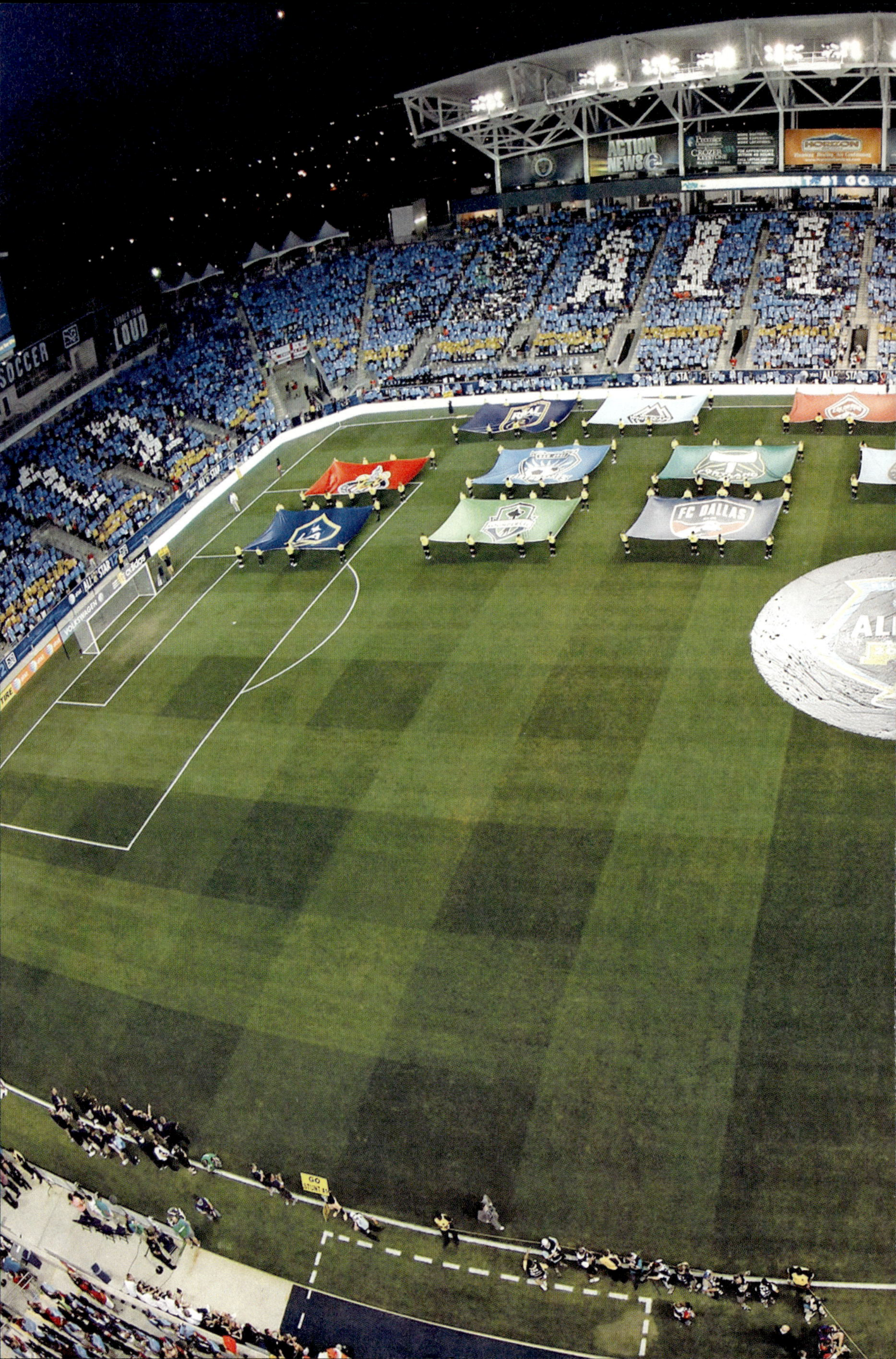
ACTION NEWS
SOCCER
FC DALLAS

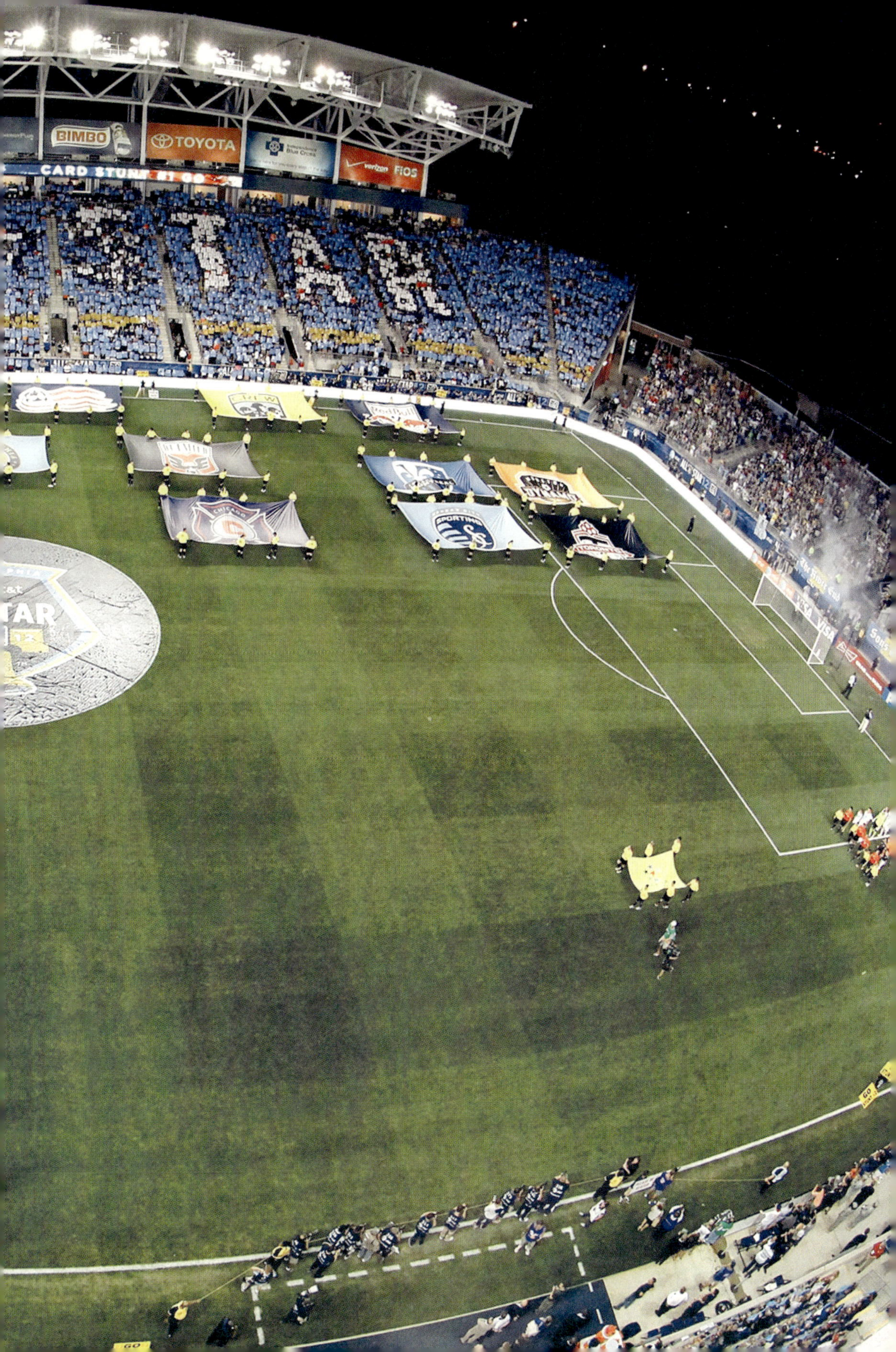
BIMBO
TOYOTA

当地人聚到了一起，还通过一种人们共有的、强烈的信念将他联系了起来：不再是对神的信仰，而是对一支球队的信赖。有些人或许会觉得，足球是一种卑劣的替代品；从群体哲学来讲或许确实如此，但在其他方面却未必。对于年轻的足球爱好者来说，许多人都在工厂或商店中过着单调而重复的生活，而足球比赛则是"慢性"的一周之中的一个"急性"的时刻。对于他们而言，比赛是一种心理上的巅峰体验，他们获得了一个独特的机会，可以通过颜色与标志、歌唱与欢呼，展现他们在社区中的存在感，以及他们对一个共同目标的共同信念。这个目标只不过是当地球队的成功，而非某种更崇高、更宏伟的政治抱负或宗教理想，但这丝毫不会影响此类场合在精神层面上的重要意义。

作为一种近乎宗教仪式的活动，足球比赛在当今社会中扮演着重要角色，这是一个不争的事实。

作为一种社会毒品的足球比赛

不少作家都表达过一种对足球比赛的政治态度，认为它是资本主义剥削者兜售的一种伪装拙劣的毒品。早期曾有人将宗教视为"大众的精神鸦片"，部分现代主义者也曾以类似的方式解读足球。

根据德国政治理论家格哈特·温瑙伊的观点，发达资本主义的社会条件产生的不满需要某种情绪发泄方式。他写道："如果要避免不满情绪导致资产阶级社会的倾覆，那就必须通过'安全的'渠道来加以疏导。足球就提供了这样一个情绪释放的机会……足球的伪活动力将可能粉碎现存权力结构的能量疏导了出来。"他解释道，在维多利亚时代，"英国企业家之所以大力推广这种新兴运动，是希望它能让工人们远离政治和工会活动"。

这种观点无非是政治噱头而已，挥笔驳斥的冲动着实令人难以抑制。以如此片面的目光看待像足球这样风靡全世界的事物，可以说是相当滑稽了。然而，上面的论述也不是全无道理。因为这些许道理被不公正地夸大了，所以它不应该被忽视，而且值得我们简略地检视一番，看看这些左翼极端分子是怎样得出结论的。

他们将关注点放在了大规模的、有组织的足球赛事的发源上。19世纪，英格兰工厂主们被迫缩短雇员的工作时间，一个新的问题便应

上一页：美国的大规模足球比赛。2012年，在宾夕法尼亚州的切斯特市，切尔西对阵美国职业大联盟全明星联队的赛前介绍仪式，球场鸟瞰图。

2014年，在苏黎世举行的金球奖颁奖典礼上，前荷兰国脚路德·古力特（图左）向巴塞罗那的阿根廷前锋莱昂内尔·梅西提问；他身旁的是巴黎圣日耳曼的瑞典前锋兹拉坦·伊布拉希莫维奇（图中）和皇家马德里的葡萄牙前锋克里斯蒂亚诺·罗纳尔多（图右），三人正捧着各自的FIFA奖项合影。

运而生：在这新得到的休闲时间里，人们该找点什么事儿来做呢？这一变革发生之际，各大精英公学正忙着让足球运动正规化，早期的英格兰足总杯冠军有不少都是伊顿佬（伊顿公学）、切特佬（切特豪斯公学）和牛津大学这样的球队。完成学业之后，这些年轻的绅士回到了各自家族的商业帝国，也将他们对足球的热情带到了新的生活之中。他们鼓励工人们组成球队，在新解放出来的星期六下午互相角逐。

根据某主义的观点，这一发展对于工厂主而言有着双重利益，既能让闲置的男性远离祸事（和酒馆），还能让他们变得更强壮，从而更好地为工厂干活。1885年，这场"资本家的阴谋"成功了：一些擅长踢足球的工人干脆转行做起了职业球员。没过多久，职业足球普遍开来，而不再是例外；精英学校里的旧式业余俱乐部被扫到一边，最终销声匿迹。这个时候，大量的其他工人纷纷吵嚷着要看那些曾是他们同事的偶像，看那些新的专业人士在球场上的表现。足球支持者的时代诞生了。球场边修起了看台，还收起了入场费。观众只看不踢，也许不能像球员们一样锻炼体魄了，不过如果足球比赛能让工人们在星期六的下午全神贯注，并让他们对当地的球队感到骄傲，那么资本家们的目的也一样达到了。心满意足的工人干活自然更卖力。

所以，工厂主们成为足球俱乐部的管理人员，并竭尽他们所能鼓动这一新的趋势。在英格兰所有的大型工业中心，巨大的足球场馆拔地而起，伟大的俱乐部传统也由此开始积淀。在组织这种新兴运动的过程中，他们看似给雇工们带来了极大的乐趣，但实际上却是在剥削后者。他们正在将雇工们慢慢变成机器人，而

足球比赛只不过是巧妙地戴上了娱乐的面具，上演的仍旧是工厂中和企业里的工作作风。

有人称，证据就藏在人们赞扬一名球员时的措辞之中。球员会因为卓越的努力和出众的工作效率而受到祝贺。但是，"球员"（player）是怎么和"工作效率"（work rate）扯上关系的呢？球员们必定拥有的当然是"球场效率"（play rate）呀，可是从来没有人考虑过这种东西。人们讨论的永远都是"工作效率"。这自然也就意味着，一支职业足球队的成员并不是球员，而是戴着面具的工人。

这就是他们所描述的足球设想。他们的观点概括起来，就是将现代足球的发展诠释为一场资产阶级/资本家的阴谋，目的则是让工人们的心思放在努力劳动的光荣上，远离政治反抗。足球竞技性的、充满活力的本质满足了前者的需求，众人共享激动的片刻欢愉加之对俱乐部的忠诚则解决了后一个问题。

维多利亚时代，某些黑心工厂主的头脑中说不定的确闪现过这样的想法，这是完全有可能的；但若认为这是足球运动发展的完整基础，那就是严重歪曲事实了。许多工厂主都殷切关心雇工们的福利，也由衷欢迎足球这种能给他们提供真切娱乐的运动。不仅如此，工人们实际上并不是受了蒙骗或逼迫才去看的比赛，而是他们主动要求的，而且，他们很快就积极投身于足球赛事的组织和推广当中。足球也并没有阻止他们活跃于政坛，或在工会的帮助下进步。多年以来，他们的条件得到了改善，他们有了相当优越的酬劳，每到周六下午可以任意选择各种各样的娱乐和消遣。然而，他们依旧每周都集数千人之众，蜂拥至足球场。

足球部落的商业衍生品：塞尔吉奥·拉莫斯在百事可乐拍摄的交互式全球广告短片《现在由你创造》中。这是百事可乐2014年足球广告的一部分。

或许，那段将足球视为社会毒品的论述中的些许道理其实无关乎政治，而应该归于人类的本性。如果能找到某种激动人心的、令人愉悦的、可以让大部分人为之痴迷的社会活动，那么是的，人们的确不太可能忙于政治恐怖主义和流血起义；他们会以一种不那么具有破坏性的方式，影响政治上的和其他方面的变革——这种情况的可能性要大得多。这对于极端主义政客而言无疑是个坏消息，但对于那些促进了职业足球发展的人来说，倒并不怎么令人烦恼。

作为一门大生意的足球比赛

足球经常被人们提及的一个面孔就是它的财政方面。这样的讥讽听起来很耳熟吧："球员并非因为有乐趣而踢球的，他们的行为简直不像真正的运动员，他们只是为了钱而踢球。足球是一个产业，而不是一项运动。"

这句话又一次夸大其词了。若说足球仅仅是一门生意，那就是忽略了它最为重要的特征之一。从主席到高管，从球员到球童，绝大多数人之所以投身这项运动，都是因为恰巧爱上了它。金钱是次要的因素。如果他们是为了酬劳才投入进来，那么在大多数情况下，很可能这点儿钱要比他们在足球之外能赚到的钱更少，明星球员的巨额转会费和顶级薪水都是凤毛麟角。在这份高风险的职业中，严重的伤病屡见不鲜，三十岁就已是"高龄"，而大部分球员挣的都只是一份中规中矩的工资。

一定有人说，这是对当今足球运动的理想主义看法，在21世纪一切已不同于以往了。的确，近年来足坛发生过不少影响重大的财政事件，但这些发展导致了什么后果呢？球场上甚至球衣上的广告显著增加了，电视公司为重要赛事支付的直播费用也大为增长。最重要的是，足坛出现了一种新的俱乐部主席——来自国外的亿万富豪，随之而来的大量资金显著提高了被选中的俱乐部的财力。

早年间，俱乐部主席通常都是当地的富商，他们深以社区为荣，并希望自己的足球俱乐部能稳健发展。为此，他们要负担俱乐部的正常亏损，还要增补些许额外的投入来引进更好的球员。涉及的金额总数不大，但是已足够维持俱乐部的运转。亿万富豪很少涉足其中，他

为什么是足球

们的名下全是传统意义上更受青睐的身份象征——大型房地产投资、艺术品收藏、超级游艇和赛马。后来，情况开始改变了，顶级足球俱乐部成了"亿万富豪的新玩物"。在英格兰，有一家俱乐部被一名靠石油起家的俄罗斯亿万富豪买下，有一家成为一位阿布扎比王子的囊中之物，有一家被一名科威特富商收购，还有三家则名归美国体育大亨旗下。其他一些英格兰俱乐部如今也有来自埃及、马来西亚、泰国、印度、瑞典、拉脱维亚和中国的富有股东。现在，这些成功打造了巨大商业帝国的大亨享受着击败对手、赢得奖杯的乐趣。为此，他们向各自的俱乐部注入巨资，用以购买世界上最好的球员。如果成绩不佳，他们就会立即解雇球队主帅，然后再来一次。球迷们并不愿意看到自己的主队落到外国人手里，但是俱乐部迅速崛起、攀升至足坛巅峰的机会让他们抑制住了心中的反感。

所以，的确有不少大财团进入了足球的世界，但是他们无意将足球作为赚钱的工具；他们之所以乐于向球队注入资金，只是以此作为展示超级富豪身份的新形式。对于顶级球员而言，这样的情况也制造

˅ 一场重大灾难令世界各地的球场设施都得到了改善：1989年4月15日，在谢菲尔德市希尔斯堡球场举行的利物浦对阵诺丁汉森林的足总杯半决赛中，看台上的利物浦球迷遭到了踩踏致死。希尔斯堡惨案之后，英国所有的足球场都被强制改用全座席看台，国际足联也依循此令，要求其名下的所有比赛都在全座席球场中举行。

了一种冲突,他们该留在自儿时起就一直追随的俱乐部,还是该让自己被转手给出价更高的买家?新东家开出的丰厚薪酬往往诱惑力十足,让他们无从抗拒,最终将金钱置于对俱乐部的忠诚之上。然而,对于大多数球员来说,这些高层次的部落冲突从来都与他们无关。

作为一种戏剧表演的足球比赛

无论足球还有什么其他面孔,无疑现代足球属于大众娱乐,娱乐界的所有特性一应俱全。现代足球拥有出类拔萃的明星、技艺精湛的表演、规模盛大的颁奖典礼、球迷俱乐部及团体。然而,对于足球的这个最具魅力的面孔,以往人们的态度一直非常模棱两可。把目光放回20世纪,许多保守派业内人士认为,这种渐渐渗透球场的娱乐风气在某种意义上是可耻的,他们希望将每场比赛都视为非常庄重的、由男性主导的仪式;而进步派反对者则认为,这些谨慎的言论已腐朽过时,还是跟维多利亚时代的那一套一样。

传统主义者们试图保护的东西只能以"用户不友好"来形容。过去的球场往往单调、冷清、毫无生气。球队的追随者们不得不挤作一团,委身在如同大型牛舍的顶棚之下;而那些相对虚弱、坚持要坐下的人只能在老旧、坚硬而狭小的座席上将就着。场馆外的停车设施糟糕透顶,场馆内提供的餐饮也好不到哪儿去。离比赛开始还早得很,观众们就得费尽周折挤到自己的位置;他们不得不一边耐心等候,一边忍受声音严重失真的扬声器里传出的预录音乐,呆呆地看着空空如也的球场。中场休息期间,款待他们的只有扬声器里夹杂着噼啪声响的通告;比赛结束后,他们又得伴着更加刺耳的、毫不相干的流行歌曲,步履艰难地挪移到场外。

尽管条件如此恶劣,一周复一周,仍然有成千上万名球迷出现在赛场边上,几无怨言。有的俱乐部曾试图用一些无足轻重的娱乐活动来改善这种情况,但在20世纪的欧洲,足球仪式的古老面貌基本上没有发生过重大的改变。这并不全是人们懒于尝试或安于现状的缘故;在许多忠实球迷看来,简陋的条件其实更为合意。任何引进改良措施的尝试都会被贴上"软弱"的标签,被视作对足球运动强硬传统的亵渎。

在某种意义上,那些传统主义者想传达的无非是:因为球员们在场上经受着严酷的考验,所以我们观众为了更好地投入到比赛当中,也必须经受些许考验。如果我们度过了一个充满"强硬"考验的下午,那么足球就仍将是一种强硬的运动。它将保留其仪式性的特点,作为对男子气概的考验;不仅是考验那些代表我们的球员,也是考验我们自己。有了舒适的座椅和现代化的便利设施,这些考验就被缓和化了,足球仪式的力量感就减弱了;如此一来,部落长屋里庄严的男性集会就将堕落为安逸的家庭郊游。

正是这种强硬的态度维持着欧洲足球比赛中强烈的部落氛围,并为赛场赋予了特殊的仪式感。可悲的是,在两种令人不快的副作用面前,这种态度也是脆弱不堪的。第一种副作用就是群体暴力行为,此类症状要数20世纪80年代最为严重;第二种则是站立看台上的混乱

秩序，这种副作用于1989年发展到了顶峰：在谢菲尔德举行的一场比赛中，近百名利物浦球迷在站立看台上被踩踏致死。受该事件的影响，所有的英国足球俱乐部都被要求禁止球迷在比赛中站立，并为所有球场的看台铺设座席。国际足球管理机构FIFA也依循此令，要求其名下的所有比赛都在全座席球场中举行。站立看球的古老传统顽劣抵抗着这一现代化进程。有的球迷将新设的座位拆了下来，扔到了球场上；还有的人干脆忽略了座席的存在，站立于两个座位之间。然而，坐着看球的舒适感逐渐占据了上风，站立看球的老习惯大体上消失了。

令传统主义者感到意外的是，观赛条件的改善并未削弱球场内的热烈氛围。坐在一座现代化球场里有种让人置身剧院的感觉，但这并没有减少由比赛引起的饱满激情。

放眼全世界，这些发生于21世纪的改变并非步调一致，每个国家都有其不同之处。在某些地方，老旧的方式存活了下来：球迷们针锋相对，足球流氓麻烦不断，球场内外部署着警力，为迎合家庭娱乐而做的改变寥寥无几；另一些地方则采用了全座席球场，闹事者遭到了驱逐或监禁。一个更加和平的新时代来临了，人们做了认真的尝试，让足球赛事变得更加令人愉悦，而不那么像部落式的考验了。

然而，无论在哪里，都躲不过一个新的因素——多频道体育电视节目的诞生。如今，电视报道已经发展到了一个前所未有的程度，各大顶级俱乐部都受到了无数远方球迷的热切关注——这些球迷可能一辈子都从来没去现场看过比赛。这种现象创造出了一个巨大的影子部

< 2007年，在伦敦自然博物馆举办的伦敦时装周期间，为表示对劳特莱洪灾基金的支持，足球运动员里奥·费迪南德走上了"时尚救济"秀场的T台。

落，其成员可以解读并享受比赛，但却永远不会成为活跃的组织性强的部落参与者。

尽管有了这些现代化的改变，各支部落及其狂热的追随者仍在繁荣生长，当今比赛的氛围也前所未有地激烈。有人称，世界各地电视机前的新足球迷的增长削弱了足球运动的部落性质。这种说法漏掉了一个事实，那就是：这些远在各地的球迷并不是不偏不倚的观察家。他们或许不会亲临球场，但他们能够迅速地对某一支球队产生部落式的依附感，还常常会大费周章地买来一件俱乐部球衣，在看比赛时穿在身上。他们或许分散在全球各地、相隔万里，但无疑，他们仍然是足球部落的所属成员。

这些就是足球的七重面孔，七者合一，使得足球的意义远不止"一场比赛而已"。它们解释了为何有的人如此热爱足球，而有的人却又对它如此痛恨。它们展示了足球的优点与缺点，同时也说明了将足球简单等同于任何一重面孔的危害。每一次造访足球比赛，都是一场与足球部落所有面孔的华丽邂逅。你一定会看到，不胜其烦的主教练们拼命地寻找着进球机会，吼叫着传达战术指令；你一定会看到，成功击退对手后，意气风发的球员们飞奔向彼此，互相拥抱；你一定会看到，上了年纪的球队高管为联赛积分榜而焦虑无比，对升入高级联赛带来的地位提升梦寐以求；你一定会看到，当偶像再次出现在神圣的草皮上，成群的球迷如唱诗班一样高声歌唱；你一定会看到，曾见证过沧海桑田的专家们嘟囔个不停，极度悲观地认为理想体育精神的黄金时代已一去不复返；你也一定会看到，忠诚的球迷们随时准备着为那些他们永远也不可能成为的足球明星呐喊到声嘶力竭。这就是足球部落，它的荣光是奇妙而孤独的，却也属于热情饱满的球迷大众。看过了它的七重面孔，接下来我们要对它的身体加以解剖了。

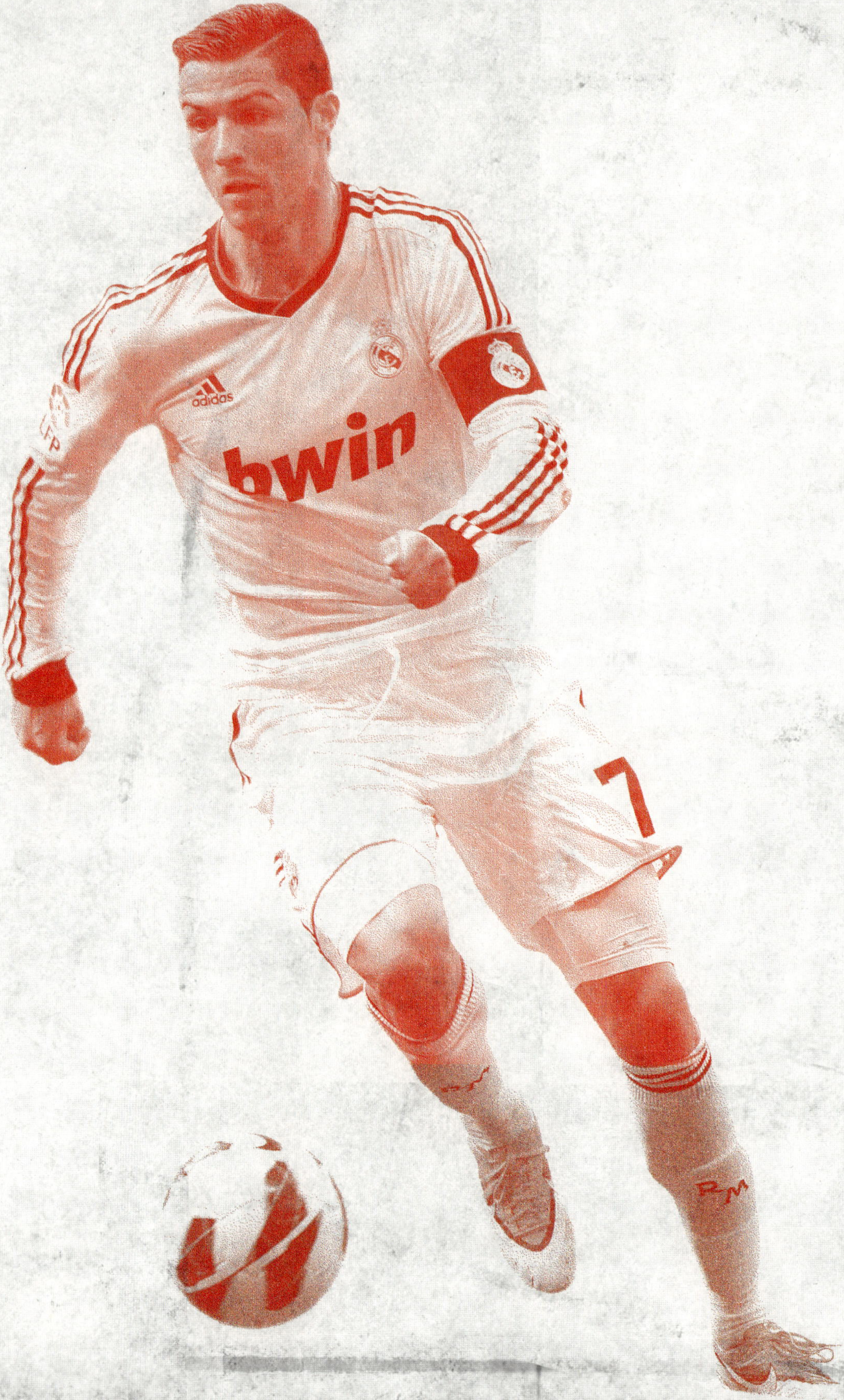
adidas
bwin
7

部落仪式

2

部落律法

足球比赛的 17 条规则

  足球最大的优点之一就是简单易懂。从最浅显的层面上来看，一场足球比赛只需要一个球和一片空地，再随便拿个什么东西来充当门柱就够了。对于学生而言，这片空地可能就是花园、操场的一角、狭窄的小巷、僻静的街道或一片废地，球门柱可能就是用粗树枝、几堆衣服、破旧的箱子或砖墙上画出的线来做标记。有了这些简单的准备，比赛就可以开始了，参与者一样能感到满足与兴奋，和那些在大都市的超级球馆里踢球的伟大球星并无二致。

  足球就是如此简单，而且无论怎么改变它的复杂程度，都会同样地引人入胜。正因如此，它才能在世界各地备受欢迎。从里约热内卢的贫民窟，到学费昂贵的瑞士私立学校的操场，足球的滋生地无处不在。一个 12 岁的男孩扭动着身体甩掉了对手，足球被他牢牢地控在脚下，成为下一个梅西的美梦在他的想象中燃烧；比赛的兴奋感在这个片刻抹去了其他一切烦恼，让他短暂地成了一名部落英雄。其他任何运动都不像足球这样随时可以开始，瞬间将人点燃。

  仿佛是为了保护这种简单性，维持世界各地的人们对这项运动的理解，多年以来，足球部落的律法大体上未曾改变过。每个赛季都有人为了"改良"而提出聪明的建议，每个赛季这些建议都被部落掌权者坚决地驳回了。即使某个更改真的能够改善这项运动，为了保持足球的传统品质，它同样有可能遭到抵制。足球的僵化有时也会让专家们十分恼怒，但若要让足球成为所有人都能领会的固定仪式，这种僵化显然是不可或缺的。

  如果拿 20 世纪末通用的官方律法和今天的律法做个比较，这项运

最长 90 米，最短 45 米

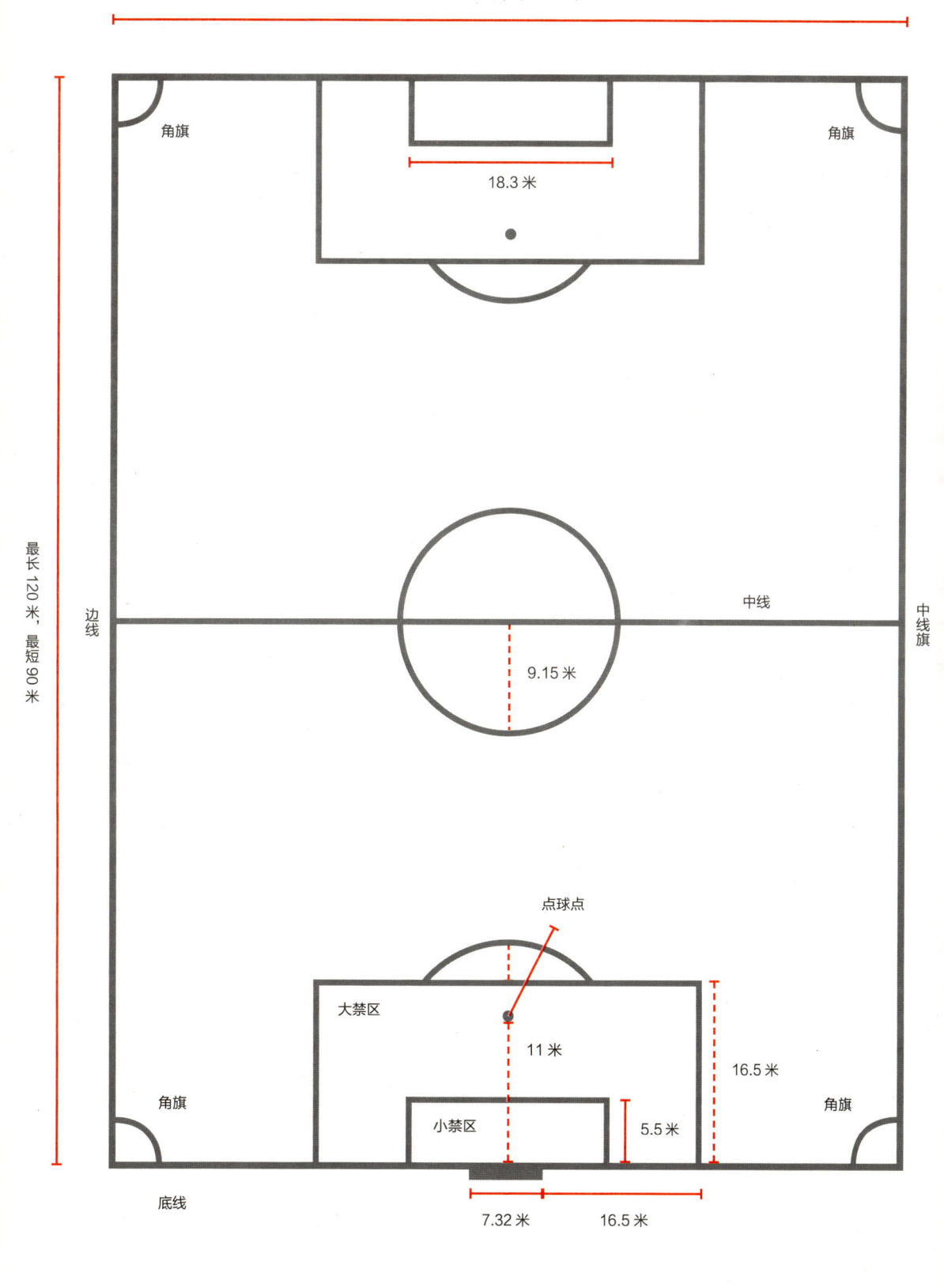

最长 120 米，最短 90 米

边线

角旗

18.3 米

角旗

中线

中线旗

9.15 米

点球点

大禁区

11 米

16.5 米

小禁区

5.5 米

角旗

角旗

底线

7.32 米　　16.5 米

动几乎不容亵渎的刻板之处立时就变得显而易见。纵观20世纪，足球运动没有任何一项新增的重大规则。19世纪末，共有17项通行规则；到如今，仍然只有17项。的确，在1938年它们被改写过，排列的顺序更加合理了，但那也只不过是现有规则的重新组合而已。没有增加任何重要的内容，就连措辞大体上都一模一样。所谓的现代化，只不过是对主要规则的细节调整。

这些规则本身基本没有讲到和比赛战术有关的内容。只有一条，也就是越位规则，对比赛的模式有些许影响。其他的全是关于比赛的准备，以及发生状况时需要采取的措施：

1. 比赛场地

这一条确定了球场及球门的尺寸、形状和标记。

2. 球

这一条详细规定了比赛用球的形状、尺寸、结构、重量和充气程度。

3. 球员数量

这一条要求每支球队均由11名球员组成，其中包括1名守门员，并规定了替补球员的使用要求。

4. 球员装备

这一条仅规定了球员不得穿戴任何可能危及对手的东西，并限制了可装配在球鞋上的鞋钉类型。出人意料的是，对于球员穿着的服装并无规定，只有守门员的衣服必须与其他球员及裁判的衣服颜色不同（1990年，这条规则被修改了，对球员装备的规定有了更加细致的描述）。

5. 裁判

这一条要求指派单一主裁判掌控比赛，强制执行这17条规则。它还强调，主裁判的决定即为最终判决。足球部落不考虑任何上诉请求及比赛结束后的"回顾调查"。尽管现在（通过电视回放）我们有了可以发现明显误判的技术，但仍不准许根据赛后的调查来更改比赛结果。

6. 边裁

主裁判由两名手持旗帜的边裁协助。当球

◁ 1926年1月，阿森纳和曼联在伦敦的海布里球场交锋。比赛开始前，裁判在白雪覆盖的球场上掷硬币。如今许多球场都配备了地热装置。

◁ 在一场重要的比赛开始前，主裁判及其助理会站在一起合影。2014年世界杯半决赛开始前，在贝洛奥里藏特的米内罗球场，巴西队队长大卫·路易斯和德国队队长菲利普·拉姆站在墨西哥籍主裁判马尔科·罗德里格斯及其助理身旁。

出界或有犯规情况发生时，由边裁举旗示意。但主裁判可能根据自己的意愿忽略边裁的示意（1996年，边裁改名为助理裁判）。

7. 比赛时长

这一条规定了比赛分两个各为45分钟的半场进行，中间有短暂的休息时间，半场尾声有伤停补时。

8. 比赛的开始

这一条要求双方通过掷硬币来决定攻守方向的选择权。掷硬币的胜方选择攻守方向，负方率先开球。开场哨响时，双方站在各自的半场，球从中圈弧中点开出。每当有进球发生时，以及中场休息过后，都要重复一次。进球发生时，丢球的一方重新开球。中场休息过后，双方互换半场，由上半场未开启比赛的一方开球。

9. 死球与活球

这一条规定了只有当球体完全越过球场界线，或裁判因某些缘故中止比赛时，才算死球。

10. 得分方式

这一条规定了在没有任何犯规行为发生的情况下，只要球体完全进入球门，即算进了一球。如果有一方的进球数多于另一方，则进球多者为比赛的胜利方。如果没有，则比赛以平局结束。

11. 越位

这条规则是为了防止球员在对方的球门附近等球而设计的。它规

继续比赛	间接任意球	直接任意球
点球	黄牌警告	红牌离场
越位	边裁远端球员越位	界外球
边裁近端球员越位	边裁附近犯规	禁区内犯规

定了当一名球员位于对方半场，且自己未持球时，在该球员与对方球门之间必须要有至少两名对方球员。若这条规则被违反，裁判必须中止比赛，并判定由对方在犯规发生的地点开出任意球。然而，如果裁判认为该球员是偶然出现在越位位置，且既没有干涉到攻防，也没有借机获利，那么裁判将允许比赛继续进行。

12. 犯规与不端行为

这条规则列出了球员可能做出的犯规行为及相应惩罚。简而言之，犯规包括暴力动作、手球（在己方大禁区内的守门员除外）、未经允许进入或离开比赛场地、与裁判争执及无教养的行为；惩罚则包括直接任意球、间接任意球、点球、口头警告及最严重的驱除出场。

13. 任意球

获得任意球机会时，对方球员必须站在距离罚球者至少10码（9.15米）以外的地方，直到罚球者将球踢出。在其他球员触球之前，罚球者不允许二次触球。主罚直接任意球时，罚球者本人可以直接起脚射门，但在主罚间接任意球时，必须先由其他球员触球，才能进行射门尝试。

14. 点球

如果一名防守球员在己方大禁区内犯规，对方即获得一次点球机会。球被放置在点球点上，罚球者直接瞄准球门；所有球员必须离开大禁区范围，只有守门员必须留在己方门线上，且在球被踢出之前不允许离开门线（虽然不允许从门线向前移动，但是可以在门线上左右移动）。

15. 界外球

如果一名球员将球带出边线，对方即于球出界的地点获得一次界外球机会。发球者必须双脚站立于边线外，且必须双手持球，从头顶后方掷出。

16. 球门球

如果一名进攻球员将球带出对方球门任意一侧的端线，防守方即于己方禁区内获得一次球门球机会。与任意球和点球一样，在其他球员触球之前，发球者不允许二次触球。

17. 角球

如果一名防守球员将球带出己方球门任意一侧的端线，进攻即

为什么是足球

于最近的角球点获得一次角球机会。球必须放置在角球点处标出的四分之一圆弧内,对方球员必须与发球者保持至少10码(9.15米)的距离。在其他球员触球之前,发球者不允许二次触球。发球者可以(虽然很难)通过角球直接射门得分。

简单地说,这些就是足球部落的律法。纵览这些规则,很明显它们主要是关于比赛开始前必须做什么,以及比赛开始后不允许做什么。至于比赛开始后必须做什么——换言之,球队该如何部署来达到射门得分的比赛目标——却少有提及。除了越位规则外,比赛的战术和策略完全都留给球员和他们的教练了。若依部落律法,那么完全可以让11名队员全部围成一个圈子,慢慢移动到对手的球门前——如果他们愿意的话。又或者,他们可以全都跑回己方半场,在球门前站成一道严实的人墙。律法中并没有任何规则防止他们在场上集结成群或形成阻隔,也没要求他们按照任何固定的模式、位置或顺序来进行比赛。因此,在足球发展的早期,曾有球队采取过一些极其诡异的踢法,但随着时间的推移,正规的比赛模式逐渐成形,场上的战术也变得相对可以预测了。虽然并没有强制要求,但球员们开始适应固定的阵型和位置。随着足坛的普遍风格从重视进攻转变为重视防守,也有人尝试新的变化。但是,这些变化都与规则本身没有干系。它们发生于律法的体系之内,因为这些律法太过简单,也没有什么强制约束力。

▽ 可怕的点球:1990年世界杯决赛,德国队的安德烈亚斯·布雷默面对阿根廷门将塞尔希奥·戈伊科切亚打进了一粒决定胜负的点球。

足球部落律法的发展历程

1815 年 伊顿公学制定了已知最早的成套足球规则。

1848 年 各大公立学校都制定了自己的一套规则,于剑桥大学三一学院举行的一次会议为这些规则统一了标准。

1856 年 世界上最古老的足球俱乐部——成立于 1855 年的谢菲尔德采用了一套《谢菲尔德俱乐部规则》,这套规则大体上以剑桥会议的成果为基础。

1863 年 英格兰足球总会于伦敦成立。几番争论之后,英足总于 12 月 1 日制定了自己的 14 条规则。

1865 年 英足总同意,必须在球门上方 8 英尺(2.44 米)处拉起一条布带。

1866 年 越位规则规定,在进攻球员和球门之间必须有至少 3 名防守球员。

1869 年 引进球门球。

∧ 1878 年,英格兰队与苏格兰队在椭圆球场的一场比赛中,球员们为争夺球而比赛,那一年,裁判的哨声首次出现。

1871 年 英格兰足总杯的第一年,规则中第一次提到了守门员。

1872 年 足球的尺寸第一次被确定下来。

1874 年 护胫开始出现,规则中第一次提到了裁判。

1875 年 谢菲尔德的创新——横梁取代了球门上的布带。

1877 年 英足总和谢菲尔德达成共识,开始采用同一套比赛规则。

1878 年 裁判第一次使用哨子来掌控比赛。

1882 年 引进双手掷界外球的方法。

1885 年 职业球员第一次得到了认可。

1888 年 英格兰足球联赛成立。

1890 年 比赛中第一次用到了球网。

1891 年 引进点球,一名主裁判和两名边裁取代了原先的裁判员。

1898 年 官方规则的数量达到如今的 17 条。

1899 年 升级和降级加入联赛规则。

1905 年 罚点球时,守门员被要求保持在门线上。

1912 年 守门员双手的使用被限制在己方大禁区以内。

1913 年 防守球员与任意球主罚者之间的距离由 8 码(7.32 米)扩大到 10 码(9.15 米)。

1914 年 防守球员与发角球者之间的距离同样扩大到 10 码。

1920 年 发界外球时不算越位。

2015年，在南非举行的一场比赛中，一名裁判使用这种消失泡沫喷雾标记出人墙与任意球主罚者之间的正确距离。

1924年 发角球时可以直接射门得分。

1925年 发界外球时，发球者必须双脚站立。

1925年 修改了越位规则，进攻球员与球门之间的防守球员人数由3人减到2人。

1929年 罚点球时，守门员被要求站立在门线上，静止不动。

1931年 手持球时，守门员可以连续走动四步，取代之前的两步。

1935年 进行两名主裁判的试验，但这种想法随后被废弃。

1938年 英足总秘书长斯坦利·劳斯重置了17条比赛规则，形成了现行的规则框架。

1939年 球员的数量有了强制性的规定。

1951年 允许使用白色足球。

1955年 国际比赛中第一次用到泛光灯照明。

1956年 联赛中第一次用到泛光灯照明（在朴次茅斯）。

1965年 联赛中允许用一名替补换下受伤的球员。

1966年 联赛中允许以任何理由用一名替补换掉任一球员。

1976年 裁判开始出示黄牌（警告）和红牌（出场）。

1981 年 如果一名球员有暴力行为、犯规动作或使用违规的、辱骂性的语言,将被驱逐出场。

1987 年 裁判可以增加额外的比赛时间,来补偿因替补、球员受伤或故意拖延而损耗的时间。

1987 年 界外球必须在球出界的地点发出。如果违反此规则,那么这次界外球机会将给予对方。

1988 年 单场比赛中可用的替补人数增加到两人。

1990 年 比赛装备有了官方的强制性标准,包括护胫的穿戴。

1990 年 处于射门位置的球员若故意犯规,将被罚出场。

1991 年 在场外故意持球以阻止对方射门,将被罚出场。

1992 年 加入一条回传规则,规定队友故意将球踢向守门员时,守门员不可用手接球。

1992 年 守门员一旦将球放下,就不可以再次用手触球。

1993 年 加入技术区域,以限制经理和教练在比赛中的活动。该区域从教练组座席的两侧各向外延伸了一米,与边线保持一米的距离,用白线标出。一次只允许有一人在此区域向球员传达战术指令。

1995 年 处于越位位置的球员只有在故意干扰比赛或借此位置获利的情况下才会被判罚。

1996 年 当裁判为了犯规球员的利益而忽视一次犯规,如果预期的利益没有达成,裁判可以对原先的犯规行为做出判罚。

1996 年 边裁被重命名为助理裁判。

1997 年 扩充了回传规则,以阻止守门员用手接队友直接发出的界外球。

1999 年 加入负责技术区域的第四官员,以确保教练组成员不走出各自的界限。

2001 年 一分钟后痕迹自动消除的白色泡沫喷雾问世,这意味着裁判可以标记出任意球的位置。这样一来,裁判可以指示球放置的位置,以及十步开外的人墙界线,防止令人厌烦的越界侵犯行为。这种泡沫喷雾最早在巴西投入使用,不过直到 2014 年,它才在世界各地的重大赛事中得到广泛运用。然而,目前喷雾的使用并不受官方比赛规则的强制要求。

部落领地

从运动场到超级体育馆

在每个足球部落的中心，都巍然耸立着它们各自的庄严神殿——足球场。它的魔力如此之强大，以至于即使在没有比赛的日子里，但凡有部落成员进入此地，都会生出一种心潮涌动的奇特感觉。尽管里面空无一人，他却能感受到人潮的喧嚣，再次听见当球击中对手的球网时球迷们发出的疯狂呼喊。对于一名虔诚的部落成员而言，这是个神圣的地方，有着旁观者难以理解的非凡意义。

早年间，在每一座球场的四个角上都有巨大的"部落图腾柱"高耸入云，那是照明用的泛光灯塔。有的球场用的是修长而优雅的水泥柱，但更常见的是开放式的金属塔楼，看起来就像是油田里的油井塔，顶上装着强光灯。它们凌驾于周围的建筑物之上，即使在很远的地方也清晰可见，时刻让人们想起位于其下方的神圣场地。

遗憾的是，如今各大俱乐部正逐渐遗弃这些有着图腾意义的地标，并用沿着球场顶棚边缘装置的探照灯取而代之。这种改造只有在那些球馆修得够高、灯光不会刺到观众眼睛的俱乐部才可行。这一趋势始于20世纪90年代，最早经过改造的球场之中就包括曼联的老特拉福德和利物浦的安菲尔德。如今，越来越多的俱乐部仿而效之，"部落图腾柱"渐渐地只能在那些规格较小的俱乐部才能见到了。这让某些传统主义者难以忍受，其中就有人呼吁道："在某一时刻，某个有一定影响力且有文化认同感的人终会意识到，泛光灯塔是俱乐部文化和城市天际线的重要组成部分，并会断然下令保护它们。"

部落领地的正中央就是球场的神圣草地，一切部落活动的绿色焦点。让我们再往前回顾一点儿，看看中世纪的民间足球，当时并没有

› 1966年的曼联主场老特拉福德，世界杯决赛圈第3组的比赛即将开始。

什么专用场馆可言。人们踢球的地方遍布村子里的街巷间、田野中、草地里甚至河床边，但凡是艰难奋斗的人群被运动之力量所吸引的地方，都有人在踢足球。双方球门经常相隔甚远，有的时候远达几英里；比赛既没有规则，也没有边线。英国各大公立学校接受这项运动之后，学校里的体育馆（大多铺着石板，有砖墙围住）成了足球活动的中心，比赛的区域也自然而然地有了限制。在如此坚硬的地板上，受伤实在太稀松平常了，但是人们对这项运动充满了热情，肉体撞在石板上的疼痛也不能阻止它向前发展。为了保护学生的身体，各个学校不得不建起一些地面更柔软的场地来替代这些体育馆。他们模仿旧有的矩形体育馆，在附近的空地规划出专门的区域。足球场就此诞生了。

后来，随着工厂取代学校成为足球运动的中心，雇主们以便宜的价格买下成片的荒地，通常就在当地火车站的附近。他们在比赛场地的边缘搭起了简陋的棚屋和看台，大多距离场地的边线只有数英尺之遥。当地人或骑自行车前来，或步行而至，外地人则乘着咔嚓作响的蒸汽火车赶到。大部分人都只能站着，经常还要淋着冷雨，冒着冬天里的寒风。然而一如既往，人们对球赛热情饱满，少有怨言。

到现场看比赛成了人们共同面对的"气候的考验"，几乎也是一场对男性气魄的考验。这种以观赛条件之艰苦为傲的心态至今犹存，许多年轻的球迷仍然对舒舒服服坐着瞻仰部落英雄的做法甚是厌恶。

其他人并不赞同这种斯巴达式的观点。渐渐地，人们充分利用赛场边缘的狭长地带，修起了一排排更大、更好的座位。观众越来越多，球场需要更多的空间，但是这时部落领地已经被迅速蔓延的城市住宅重重包围了。随着工业城市的繁荣发展，足球场周围的空旷区域突然就冒出了一排排密集的连栋房屋。这样一来，部落领地就变成了各个社区的正中心，但是这也意味着它们越来越拥挤不堪了。再往后，随着20世纪的社会进步，人们变得愈发

富足了。汽车代替了自行车，一到比赛日，每座球场外的车流就汇成了长龙，巨大的停车场成了当务之急，但是已经没有空间可用了，附近的街巷都被堵得水泄不通。

今天，欧洲的许多专业足球场仍然存在这个问题，而且愈发令人担忧。有些幸运的俱乐部还有扩张的空间，但大多数都很无可奈何。尽管如此，和这种种不便之处相比，抱怨之声甚是寥寥。但部落长老们还是不高兴，他们想看到大规模的现代化和长足的进步。20世纪虽没什么进展，但如今有越来越多的场地得到了修缮和扩建。个别富甲一方的俱乐部甚至告别了过往，搬进了全新的球场。虽然设施得到了改善，但有些球迷却并不高兴，他们想念老地方的迷人氛围。然而，随着时间一年年过去，这些异议很快就消失了，新的足球神殿有了它们自己的历史和回忆。

在一些不那么受古老传统束缚的地方，建筑师们放开手脚，打造出风格前卫的全新球场，其中不少都气势恢宏，规格惊人。20世纪末，钢筋混凝土打造的阶梯看台形成一道道优美的弧线，包裹着精心设计的绿茵地；球场四周有了广阔的空地，边缘处有深深的沟渠与看台隔开，而球员们则要通过地下甬道入场。

在守旧的足球爱好者看来，那些现代足球场太不人性化了，场地离看台太远了。他们更喜欢与发界外球的球员相隔咫尺的感觉，而对那些破坏了原有部落热情的建筑之美持谨慎态度。到了21世纪，建筑师们逐渐意识到了这一点，为了让观众更近距离地感受比赛，如今是趋向于在离球场非常近的地方修建看台，而且通常修得比之前更陡。结果是，每座新球场的外观看起来越来越现代，而场馆里面却再一次向传统回归。

只有涉及最高层面的领土展示时，这种冲突才会弱化。在各大都市里的大型足球场中，常有国际性的比赛在数以万计的观众面前上演，因此古老的历史传统无处容身。观赛人群规模庞大，需要效率最高的方案才能解决问题，而这正是现代建筑可以提供的。

◁ 巴塞罗那的诺坎普球场，如今的座席容量为99354人。

▽ 里约热内卢著名的马拉卡纳球场于1950年开幕，曾在一场比赛中创下了199854名到场观众的纪录。然而，出于安全考虑，如今该球场的官方座席容量减少到了78838人。

如果让一个部落之外的人来猜一猜，最令人叹为观止的超级足球场位于哪里，他大概会从西方世界最富裕的国家之中做出选择。那样的话，他就错了。说来也荒谬，那些规模最大、造价最高的足球场都修在比较穷困的国家。1950年，世界上最大的足球场在巴西。然而六十年过去了，里约热内卢的马拉卡纳球场至今仍然保持着官方记载单场足球比赛上座人数的纪录：199854人。这还只是购票观赛者的数量，实际总到场人数要远超200000人。

遍数其他球场，唯一一座能比得上这个数字的是1923年开幕的伦敦温布利球场。当时约有30万名观众冲上了球场；人们冲破了围栏，如潮水般涌入，直到整个比赛场地上密密麻麻挤满了人，比赛根本无法开始。温布利球场的官方容量只有125000人，远低于马拉卡纳球场，但当天的实际到场人数却是足球历史上最多的。骑警清场之后，观众退回到了边线上，比赛这才开始。

那只是一次反常的事件。然而，自1950年建成以来的数十年里，马拉卡纳球场经常要容纳近200000名观众。马拉卡纳球场外形呈一个巨大的椭圆形，长轴350码（320米），宽轴305码（279米）。大看台的最高点距离地面100英尺（30米），据估测最差的观众席位与球场正中心相距超过400英尺（120米）。如此遥远的距离或许会让典型的欧洲球迷兴致全无，但对于里约热内卢的成千上万名球迷而言，球场规模宏大，就意味着看到场上动静的机会更大。此外，能参与一场时长两个小时、规模巨大无比的重要部落集会，也是一件极具

吸引力的事情。

就像古代的城堡一样，有一条10英尺（3米）宽的壕沟守卫着马拉卡纳的绿茵场。如果有球迷因比赛的刺激而暴怒难抑，他也无法越过这道障碍，侵入神圣的球场。

大看台用435000吨混凝土筑成，共分为三层：第一层被称为geral看台，设有36000个座位；第二层的cadeiras看台，设有30000个座位，另有1500个座位分布于300个5座包厢，这里被称为camarotes区；第三层，也是面积最大的一层，名为arquibancada看台，设有100000个座位，并为更多人提供了站立空间，供记者观赛的438个媒体专座也在这里，另有20个配备空调的电视和广播评论包厢；最后，还有一个优享区，专供3000多名"终身会员"使用——那些"永久"买下自己专属席位的人。

马拉卡纳球场虽然面积巨大，却能在短短15分钟内完成清场——无论此前是多么拥挤。入场的速度也十分令人惊讶，球场设有超过120个售票处及86个验票闸门。

此外，还有大量便利设施藏于幕后。例如大看台下方为救护车留出的专用车行道，设有100个床位的酒店，口味一流的餐厅，六间更衣室（每一间都有通往球场的专用入口），330000瓦的探照灯，硕大的电子记分牌，以及服务于球场内120部电话的自动交换机。

总而言之，马拉卡纳球场就是一座庞然大物。在它最辉煌的时期，它让所有其他国家的球场都相形见绌。早在1950年世界杯上它就已经投入使用了。然而，在21世纪初的今天，它作为世界上最伟大球场的地位开始动摇了。

登上它那巨大的看台依然会让你喘不过气来，但球场的观众容量却急剧减少了。这是因为在20世纪下半叶，国际足联出台了新的安全规定，废除了所有的站立看台，这就意味着许多上了年头的球场都不得不大幅减少其对外宣称的座席容量。马拉卡纳球场在2000年、2006年和2013年进行过三次修整，此后全座席看台的容量骤减至78383人。与此同时，其他全座席球场则在扩建，结果是，现在的马拉卡纳球场已经在世界前二十大足球场的榜单上掉到了第十四位。

如今在这份榜单上独占鳌头的是巴塞罗那的诺坎普球场，其官方座席容量为99354人。位居其次的是墨西哥城的阿兹台克球场，可容纳96500人。排在第三位的是非洲最大的球场——约翰内斯堡的FNB球场，其容量为94736人。第四位则是完成重建的伦敦温布利球场，其容量为90000人。二十大榜单中所有其他球场的容量都掉到了90000人的分界点以下，从86000人到67000人不等。

这份榜单没有涉及那些面积巨大、多功能的国家级体育场，因为足球比赛并非它们的主要用途。这里可能也会有足球比赛，但那只是场馆承办的众多活动之一。令人惊讶的是，这些多功能场馆中的新巨人竟然是朝鲜平壤的五一体育场，它的座席容量是世界上所有体育场馆之最。这座如巨兽般的体育场竣工于1989年，设有超过150000个座席。当然，它的主要用途是满足该国的怪诞独裁者的虚荣心，为该国歌颂独裁统治的年度团体操表演带来了无数观众。

世界上最大的足球场

仅包括完全或主要用于足球比赛的体育场，不包括偶尔用于足球比赛的多功能运动场

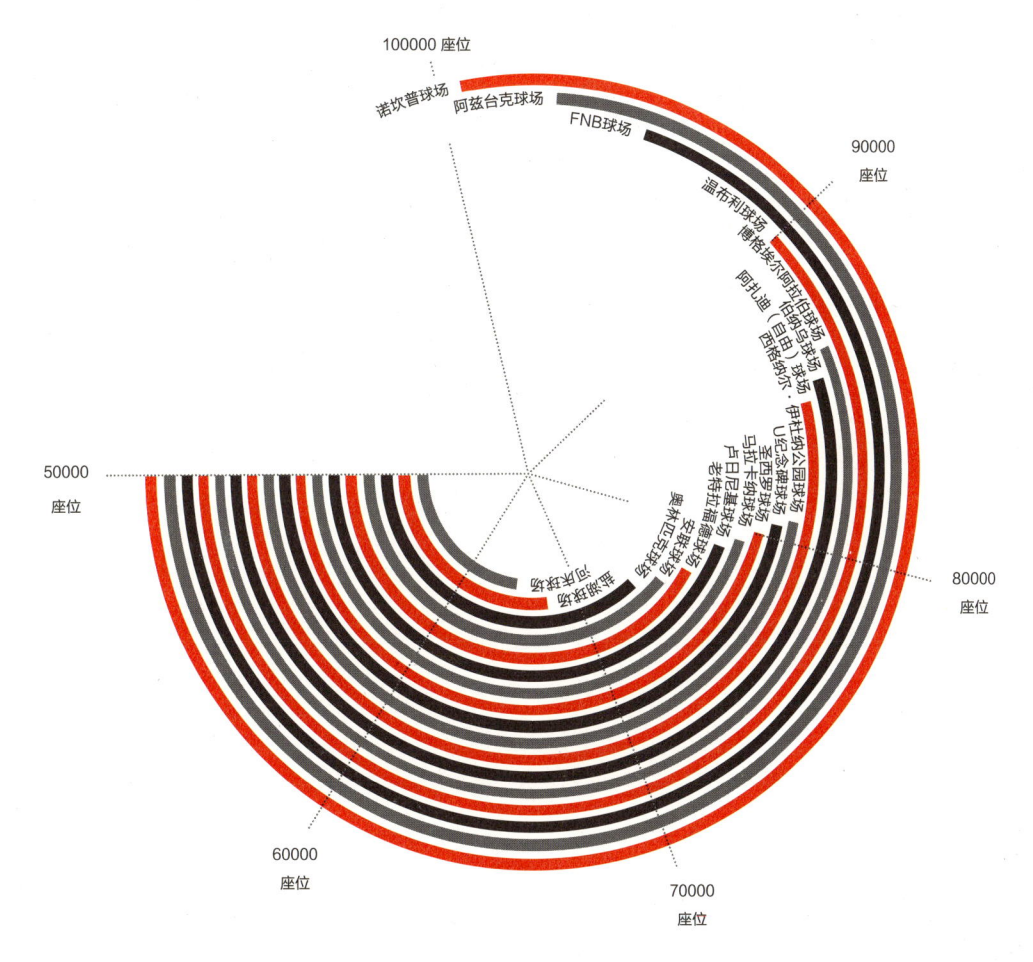

诺坎普球场
西班牙，巴塞罗那
建成 1957 年
翻修 1995 年、2008 年
官方容量 99354 人

阿兹台克球场
墨西哥，墨西哥城
建成 1966 年
翻修 1986 年、1999 年、2013 年
官方容量 96500 人

FNB 球场
南非，约翰内斯堡
建成 1989 年
翻修 2009 年
官方容量 94736 人

温布利球场
英格兰，伦敦
建成 1923 年
翻修 1963 年
官方容量 90000 人

博格埃尔阿拉伯球场
埃及，亚历山大
建成 2007 年
官方容量 86000 人

伯纳乌球场
西班牙，马德里
建成 1947 年
翻修 1982 年、2001 年
扩建 2011 年
官方容量 85454 人

阿扎迪（自由）球场
伊朗，德黑兰
建成 1973 年
官方容量 84412 人

西格纳尔·伊杜纳公园球场
（原威斯特法伦球场）
德国，多特蒙德
建成 1974 年
翻修 1992 年、1999 年、
2003 年、2006 年
官方容量 81264 人

U 纪念碑球场
秘鲁，利马
建成 2000 年
官方容量 80093 人

圣西罗球场
意大利，米兰
建成 1926 年
翻修 1956 年、1989 年
官方容量 80018 人

马拉卡纳球场
巴西，里约热内卢
建成 1950 年
翻修 2000 年、2006 年、2013 年
官方容量 78838 人

卢日尼基球场
俄罗斯，莫斯科
建成 1956 年
官方容量 78360 人

老特拉福德球场
英格兰，曼彻斯特
建成 1910 年
官方容量 75635 人

安联球场
德国，慕尼黑
建成 2005 年
官方容量 75000 人

奥林匹克球场
意大利，罗马
建成 1937 年
翻修 1953 年
扩建 1990 年
重新设计 2008 年
官方容量 73261 人

盐湖球场
印度，加尔各答
建成 1984 年
翻修并缩小规模 2015 年
官方容量 58000 人

河床球场
阿根廷，布宜诺斯艾利斯
建成 1938 年
翻修 1978 年
官方容量 67664 人

部落禁忌

犯规与违例，错误与不当行为

足球最扣人心弦的特质就在于它是一种快速率、快节奏的运动。许多其他的运动项目总是断断续续的，但从理论上来说，一场足球比赛的每个半场都可以45分钟不间断地高速进行。比赛中难免不时会有一些短暂的停滞，但这些停滞只在出现意外的状况时才会发生。它们并不是其他运动项目中固有的那种预先计划好的暂停，让球员按固定的模式进行"替换"。这就意味着，足球比赛中的每一次中断都是令人恼火的，是对比赛曼妙节奏的干扰。这些干扰加在一起，就组成了主要的部落禁忌。

有一些停滞纯属意外，但其他的则是因为有球员违反了某些更具体的禁忌。举例来说，如果一名球员遭到了不正当的阻截，那么对防守方的惩罚就是一次任意球机会，因为有两项禁忌被违反了——特定的禁忌（不当阻截），以及一般意义上的禁忌（中断比赛节奏）。前者由裁判施以惩罚。至于后者，如果太多的停滞让比赛变得支离破碎，自然就会遭到观众的谴责。

在最糟糕的情况下，比赛的停滞可能导致某名球员被驱逐出场。而在最不严重的情况下，它们只会引起观众席上的低声抱怨而已。有一些被归类为严重犯规，另一些则只是轻度违例。这些禁忌可以分为六个大类：

1. 暴力行为

暴力行为都是应当受到处罚的犯规行为，包括踢踹、伸脚绊、殴打、抱住、推搡、阻挡或扑倒对方球员。它们包含针对对方球员的危

> 冲着人而不是球的铲截动作是球场大忌，但是为了不破坏比赛的流畅性，裁判不得不无视这些动作，除了最明显的犯规。图中是在约翰内斯堡举行的2010年世界杯决赛，荷兰队中场尼格尔·德容对西班牙队的哈维·阿隆索犯规。

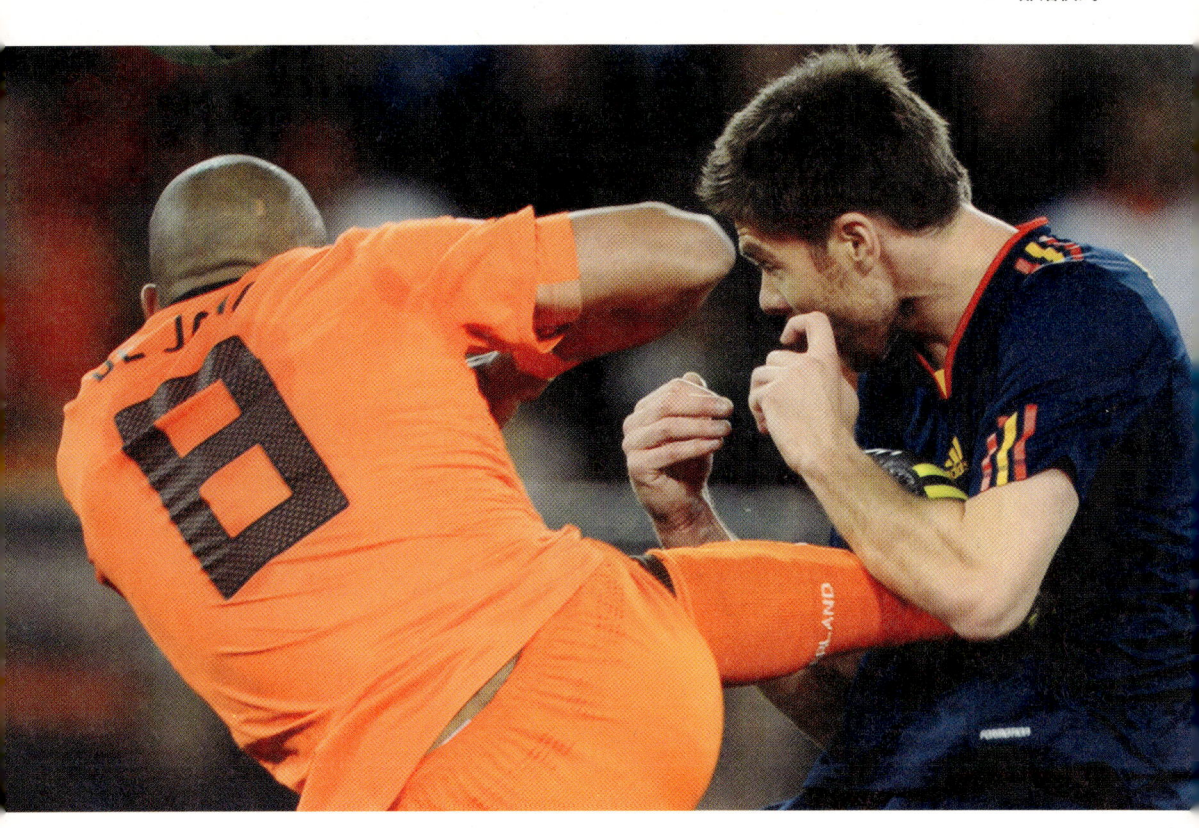

险或不正当冲撞,但是肩膀对肩膀的冲撞是允许的。此外还有"危险动作",这是一个含混不清的术语,它涵盖了所有可能发生的其他暴力动作,例如抬腿瞄准对手面部附近的高空球。

这一类行为给裁判制造了一个特定的麻烦,因为一方面裁判必须保护球员,防止球员受到重伤;另一方面,又不能让比赛丧失其传承已久的坚韧与刚毅。当然,裁判的职责及其存在的主要意义在于,防止对进球的狩猎演变为人与人之间的战斗,在后一种情况下球员瞄准的主要目标变成了对手的身体而非球门。但如果每次发生无伤大雅的冲撞裁判都要响哨,那么很快这场比赛就会吸引力全无。这不仅因为球赛会变得支离破碎,还因为它从充满活力的体育赛事骤然沦为行为谨慎的消遣游乐。

所以对于裁判而言,控制比赛意味着行走在"软"与"硬"之间的纤细钢丝之上。

2. 侮辱性行为

侮辱性行为同样是应当受到处罚的犯规行为,包括挑战或无视裁判的权威,以及对另一名球员加以侮辱。这类行为通常有朝人脸上吐口水、使用污秽的语言、做粗鲁的手势、质疑裁判的出身或心智、就某个决定与裁判发生争执等行为。在裁判中止比赛时,因不满而将球抛开或踢走是另一种常见的犯规行为。

观众经常批评许多职业球员欠缺情绪控制能力。从开场哨响的那一刻起,所有的球员都会仇视裁判,这是由足球比赛的本质所决定的。但由于他们必然是事先知道这一点的,所以人们总觉得他们应该能够在这一方面控制自己的情绪。然而，球员们的难处在于，比赛是在如此高度紧张的氛围中进行的，他们无法阻止自己的情绪朝这个不幸的且最终徒劳无益的方向发泄出来。之所以说徒劳无益，当然是因为裁判永远是赢的那一方。

3. 怯懦行为

足球运动员是按照部落英雄的模子塑造的，人们自然期望他们是英勇无畏的。这种期望那么自然，以至于比赛的规则甚至都不必刻意提这一点，针对怯懦行为的正式惩罚也寥寥无几。唯一的例外就是所谓的"消磨时间"，在这种情况下裁判既可以判给对方一个任意球，也可以增补额外的时间。消磨时间的手段众多，例如在某次死球后持球不放，或者守门员以蜗牛的速度发球门球，临近比赛尾声时，领先的一方往往乐此不疲。

惩罚其他怯懦行为的不是裁判，而是观众。如果主队表现糟糕，他们有时会被逼得朝自家球员破口大骂。在这样的时刻，观众的一大优势就在于他们跟倒霉的球员们不一样，不会因为侮辱性行为而遭到惩罚。有一种特别的行为常常令观众暴怒，而且几乎每场比赛都会不时发生，那就是"回传球"。这种情况是，一名受到威胁的防守球员为安全起见，将球稳稳地回传到己方守门员张开的怀抱之中，而不是毅然面对侵略者，带球向前过掉他。如果这名后卫选择了这种轻松的解决方式，往往会招致一阵愤怒的嘘声。他的理由可能是，现代足球观众更乐于见到主队赢球，而不大会被坚定勇敢的表演所取悦。但真相是，观众们想要的不只是一场胜利，他们想要的是一场勇敢的胜利，且并不愿意退而求其次。

人们对无聊的回传球抱怨了多年，各国足协终于在 1992 年采取了行动，禁止了这一行为。从那以后，队友故意将球踢回时，守门员禁止用手触球。现在，只有一种回传球是可以用手接的，那就是队友用头或胸顶回给守门员的球。为了让比赛变得更积极，说不定有一天这种回传球也会被禁止。

除了这三种"情绪禁忌"之外，还有三种"技术禁忌"。它们是：

4. 手球

> 1986 年墨西哥世界杯上，马拉多纳臭名昭著的"上帝之手"进球。由于土耳其籍主裁并没有对这次犯规加以惩罚，阿根廷最终以 2∶1 击败了英格兰。后来马拉多纳送了一件签名球衣给这位裁判，上面写着："给阿里，我永远的朋友。"

这是一个古老的球场大忌，正是它让英式足球成为唯一真正意义上的足球运动。其他所谓的足球运动——联合式橄榄球、美式橄榄球、加式橄榄球、澳式橄榄球以及盖尔式足球都允许在比赛中用手，甚至称它们为手球运动也不为过。除了在己方大禁区内的守门员外，足球运动员只有在发界外球时才可以合法用手持球。在剩余的比赛时间里，球员的手和手臂都是多余的附件，只有在保持平衡和倒地缓冲时才有些用处（事实上，曾有一名独臂球员在足球领域取得过非凡成就。在1930年世界杯上，"独臂将军"卡斯特罗作为中锋代表乌拉圭队出场，并打入了锁定胜局的一球）。

经常有人就"手碰到了球"还是"球碰到了手"展开激烈争论。根据官方规则，只有前一种情况才算是犯规，但在瞬息万变的比赛中，有时裁判难以于片刻之间判定手球是不是故意的。这就导致了另一种让观众怒不可遏、破口大骂的情况。

5. 将球踢出界外

这项禁忌的意义只在于它破坏了比赛的流畅性。由于球场的界线只是平面上的一条白线，一场比赛中难免会有许多次球滚出比赛区域的情况发生。如果只是意外出界，人们通常也不会就此发出评论。然而，随着足球战术越来越注重防守，作为一种安全防范措施故意将球踢出界外的倾向也比以往更加显著了，有时候这种做法过于频繁，以至于观众会感到不耐烦。但即使一名后卫因惊慌失措而故意送给对手一个发界外球或角球的机会，也很少会招致球迷的辱骂。

为什么是足球

6. 越位

作为唯一一条战术禁忌,它在球迷中引发的困惑与争论比足球比赛的其他任何方面都要多。这是一条裁判实施起来尤其困难的规则,然而它也是足球运动不可或缺的一部分,且曾出现在最早的书面规则中。回到19世纪中期,当时足球运动还只盛行于少数公立学校,但已经有了明确的规则。在当时的人们看来,悄悄地向敌方球门靠拢、徘徊在球门前等球到来是相当可耻的举止。为了防止这样的行为,每个地方采用的办法都不尽相同。在伊顿公学,越位被称为"潜行"(sneaking),该校的规则规定:无论何时,只要球在一名球员的背后,那么该球员身前就必须有至少四名对方球员。不过,1863年英格兰足球总会成立时初拟的越位规则更加严格。只要球在队友脚下,任何跑在球前面的进攻方球员都会被判为越位,无论在该球员和敌方球门之间有多少名防守球员。三年后,即1866年,英足总判定这条规则过于苛刻。另外两所公学——切特豪斯公学和威斯敏斯特公学在伊顿规则的基础上更进了一步,允许进攻球员在与敌方球门之间只有三名

▽ 2010年世界杯,荷兰前锋阿尔扬·罗本遭到巴西球员米歇尔·巴斯托斯的滑铲而飞到了空中。

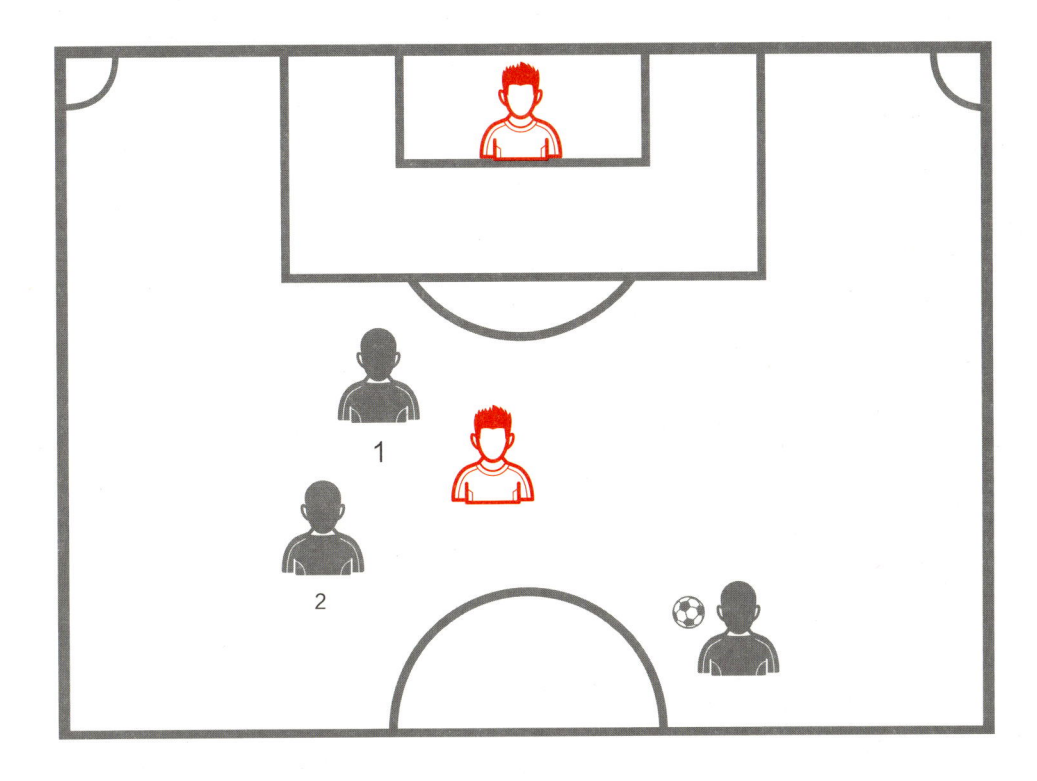

∧ 越位规则：1号球员越位，因为在球的前面，只有一个红衣球员在他和球门之间。第二名球员虽然在球的前面，但他是站在了一边，因为他和球门之间有两名红衣球员。

防守球员时接球，英足总也明智地采用了这一版相对温和的越位规则。许久以后的1925年，这条规则变得更加温和了，防守球员的人数从三人减少到了两人，并一直保持至今。这一改变带来的普遍影响在于，进攻球员可以在不越位的情况下离敌方球门更近了。在现代足球比赛中，由于这两名防守球员中的一人几乎一定是守门员，无球进攻者尽可能地接近球门，直到只有一名非守门员球员挡在他的身前，才不会被判越位。

此外，现今一名球员位于己方半场时，直接接到己方开出的球门球、角球、界外球时，又或是裁判坠球重启比赛时，均不会被判越位。上述情况已经足够简单明了，问题从这条规则的又一次"软化"开始。新的规则指出，只有主裁判认为一名球员"干扰到攻防或参与防守的球员，或企图凭借所处位置获利"时，才会判定该球员越位。

这已经不是事实的问题，而是主观意见的问题了。主裁判必须洞察球员的想法，解读球员的意图。在激烈的比赛当中，对于任何人来说这都是非常困难的，所以新规则推行之初，裁判们也屡屡犯难。他们的解决方法就是多多少少无视这一条款——这也不能说没有道理。

边裁示意一名球员越位时，几乎总是因为该球员的确处于越位位置，无论越位的原因是什么，而主裁判则随时准备按照边裁的示意接受判决。谁又能责怪他呢？用老话来说，如果一名"潜行者"在前场"潜行"，那么该球员显然会试图让自己看起来是无意的。所以，为什么要在存有怀疑的情况下使其获利呢？

因此，如今所有的职业球员都知道，如果他们不小心身处越位的位置，即使是无心之举且完全没有干扰到攻防，也依然有很大的可能被边裁举旗，并送给对方一次任意球机会。所以，球员们会尽快跑开，以免被人发现。在这样的情况下，一种被称为"越位陷阱"的特殊防守策略便应运而生：所有的后卫迅速向前移动，企图让一名对方球员陷入越位的位置。根据比赛规则，这样的陷阱是不会成功的，因为中圈套的球员并没有伺机获利。虽然不能将"不轨的意图"强加于任何球员身上，但是越位陷阱依然成为某些球队的惯用套路，而且将这条规则搅得一塌糊涂。

再者，任何主裁判都不能无视越位陷阱，因为如果真这么做了，且严格遵循规定，那么狡猾的前锋就会假装自己落入陷阱之中。正是这种可能暴露了这条规则的弱点，因为我们毕竟不能要求主裁判精通读心之术。

结果就是，球员和裁判达成了心照不宣的默契，在大部分情况下都会忽视越位规则的这一方面。但也并不是每一次出现类似情况都会被忽视，这自然就引发了无休止的争执，并让越位规则成了许多球迷心中的困惑，以及一个常年引发激烈辩论的话题。

还有另一个条款制造了更多的困惑："越位不应根据球员接球的瞬间来判断，而应根据己方队友传球给该球员的瞬间来判断。"换句话说，如果一名球员在队友将球传出时并没有越位，然后在球飞向前场的过程中疯狂朝前跑去，接到球后继续奔跑，那么该球员就不算违例。从理论上来说，此条款叙述得足够明确，然而瞬息万变的赛场上有那么多球员朝着不同的方向快速移动，任何边裁或主裁判都难以做出精准的判断。此条款甚至还有破坏性的效应，会让那些速度极快的球员无端遭受惩罚。如果他们以惊人的速度冲到了球的落点，人们难免会产生他们在队友传球瞬间已经越位的错觉。对比赛录像详加分析之后，人们发现这样的情况经常发生，这会让球员沮丧不已，更不要说观众了。但我们也不能因此而指责主裁判，因为主裁判要背负的太多了。

这个问题并没有明确的解决方案，在未来的许多年里，越位规则无疑仍会是足球场内外的争论热点。不以常理观之，这甚至也可能被看作一种优点。些许充满争议的禁忌能增加比赛带来的激昂情绪，人为的误差能悄无声息地煽动球员和观众的激情。如果场上的一切都干净明白、有条不紊，那么整个仪式就很可能变得过于呆板、冷静。在现行的越位规则之下，绝不会有这样的风险发生。

上述这些就是六大部落禁忌，而身负巨大压力的主裁判则有义务惩罚那些违反了禁忌的人。让人想不通的是，背负着这样的任务，裁判竟然还被称为"仲裁者"（referee）。根据定义，仲裁者是你可以向其申请仲裁的人，然而在这件事上球员们却被严令禁止。他们必须服从裁判，如果以任何方式在口头上向

△ 臭名昭著的硬汉维尼·琼斯跳起争球时，一拳打在了阿森纳球员迈克尔·托马斯的头部。琼斯辩称伸手是为了保持平衡，但这很难解释他那只握紧的拳头。

裁判申请仲裁，他们很快就会因此而受罚。鉴于球员们必须永远服从裁判的指令，或许正确的名字不应该是仲裁者，而应该是"发令官"（deferee）。

在退役球员的回忆录中，有一种针对主裁判的特殊批评屡见不鲜。比较侮辱性行为和暴力行为，裁判经常对前者给出更严厉的惩罚，球员们都对此愤恨不已。如果一名球员侵犯了一名对手，且用凶狠的滑铲致使后者重伤，该球员受到的惩罚也不太可能比在脾气短暂失控时回应裁判而遭到的处罚更严重。很多人认为，原因就在于犯规的方向。就暴力侵犯而言，受害者是另一名球员，而侮辱性行为的受害者则是主裁判自己。在你自己成为犯规行为直指的对象时，做出更有侵略性的回应无非也是人的本能；但是，看起来这些批评的确有其正当理由，尤其是如今，那些经验极其老到的裁判对"粗汉们"在比赛中的小伎俩警惕至极。

这些小伎俩就包括著名的"在前五分钟搞他一下，让他知道你的存在"套路。道行深的后卫们非常清楚，裁判们都不喜欢比赛刚开场就对一名球员出牌警告或将其驱逐出场，所以在这一阶段攻击一名急不可待的前锋是相当安全的。令人惊讶的是，裁判们在应对这一惯例时也并没有更加严格。

"往球的上面踢"是另一种备受憎恶的犯规。犯规者假装大力踢球，却让自己的脚从球的上方滑过，踢中受害者的脚踝或胫骨。据说裁判们都不擅长察觉这类犯规，尽管它其实相当常见。"后续动作"是一种与之类似的犯规，犯规者踢到了球，但却放任踢球的脚继续向前伸，击中受害者的腿部。

其他的伎俩还包括"盲区下肘"，在看似合理的肩部冲撞中，犯规者悄悄用手肘顶向受害者胸部；以及"脚后跟磕"，犯规者在近距离阻截时用脚后跟狠狠地磕向对手的脚踝。上述这些伎俩以及许多其他的故意犯规几乎屡见于每一场比赛，大部分球员都在他们的书面文字中恳求裁判采取更有力的措施，防止有可能且已经许多次摧毁一段充满希望的职业生涯的可怕伤病。有人辩称，严格处理这些犯规会让足球运动变得绵软无力，这种论断并没有得到认可。普遍的观点是，粗鲁的滑铲乃至野蛮的犯规都是足球比赛不可避免的一部分，且有助于保持比赛的刚毅风格，但是那些恶意谋划、狡猾执行的致人伤残的犯规完全是另一码事。可悲的是，那些笨拙的、并非预先谋划的犯规看起来更明显，因此也更容易受到判罚，而蓄意的野蛮行为却更难被察觉到。

在不那么激烈的层面上，裁判对于报复性行为的态度让许多球员心生怨言。拿捏得当的话，"报复游戏"就变成了一门艺术。受害者遭受了某种侮辱，愤怒之下做出了野蛮的报复，却被裁判立时察觉。受害者被惩罚，而真正的始作俑者却逍遥法外。

针对处理犯忌行为时的态度，球员们在批评裁判时偶尔也会过于苛刻。足球历史上最伟大的球员之一吉米·格雷夫斯就用这样的话总结他对裁判的态度："有的裁判似乎真的不知道'往球的上面踢'和踢踢舞之间的区别。"他接着说："将一名球员罚下场是需要勇气的，以正当的理由这样做的裁判太少了。如果某名球员对判罚提出异议，裁判或许会对他摇摇手指，甚至将他罚下场去。然而，也常常有人朝一名刚刚进入禁区的前锋狠踹一脚，最后却逃之夭夭。"这话或许有些言过其实了，但却总结了大部分球员对部分裁判的感觉。反过来，裁判们也可以辩称，那些怨言不断的人也没几个是球场上的天使，如果他们在有人犯忌时太过严格，那场上早就剩不了几个职业球员了。争论就这样继续，谁都不知道会不会有消停的一天。还是会有人违反禁忌，愤怒的讨论依然会爆发。比赛规则有紧就有松，有硬就有软。而作为不知疲倦的禁忌审查者，裁判们将永远承受来自四面八方的辱骂，并将一如既往地在足球部落中扮演至关重要的角色，行走在那根没有尽头的钢索之上。

最后，还有一项禁忌极少被人冒犯，因而也极少有人提起，那就是裁判攻击球员。无论球员如何凌辱裁判，在情绪激昂时或许还会不

> 下一页：1930年谢菲尔德的某个学校，最早的磁力板之一，用于给学生讲解足球规则。

理智地加以推搡，裁判都必须竭力控制自己。如果他以牙还牙，用力推还回去，那么他就会失去所有的权威。裁判只能通过将侵犯者罚下场来让自己的情绪得到满足。

近几年在巴西就发生过一起不寻常的事件。2013年，巴西东北部马拉尼昂州的庇护十二世球场，一场比赛中主裁判决定将一名球员驱逐出场。犯规者并没有离开赛场，而是攻击了主裁判，将后者撞倒在地，主裁判则掏出一把刀，捅死了这名球员。遇难者的亲朋好友就在现场观看比赛，他们愤怒地冲上球场，砍下了主裁判的双手、双脚和首级。或许是为了警醒其他的裁判，他们随后将那名裁判的头颅钉在一根木桩上，将木桩牢牢插入球场正中心。当时即将在祖国举办世界杯的巴西足协立即指出，这只是一起个别事件。

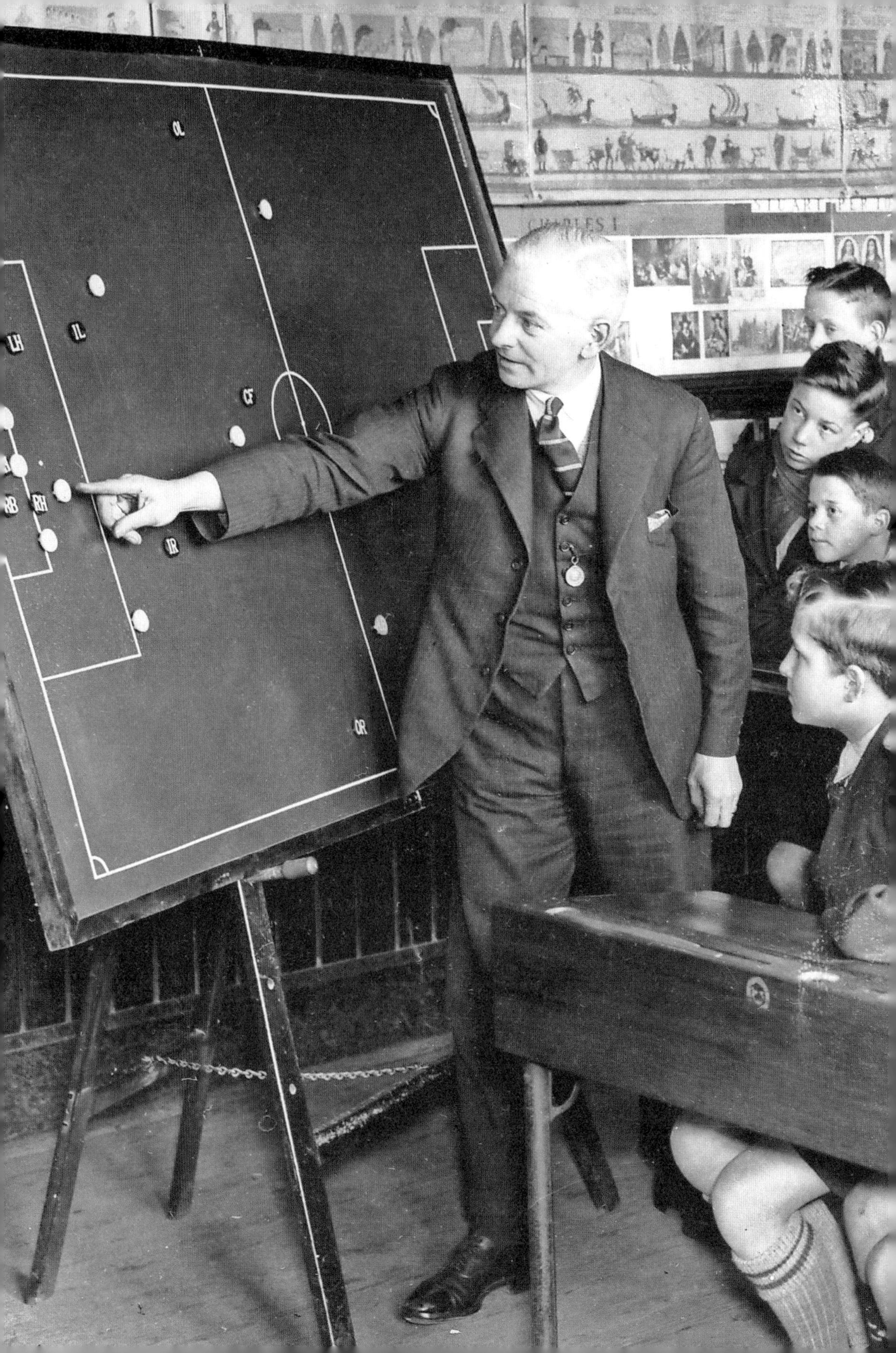
OL
IL
LH
CF
RB
RH
IR
OR
CHARLES I

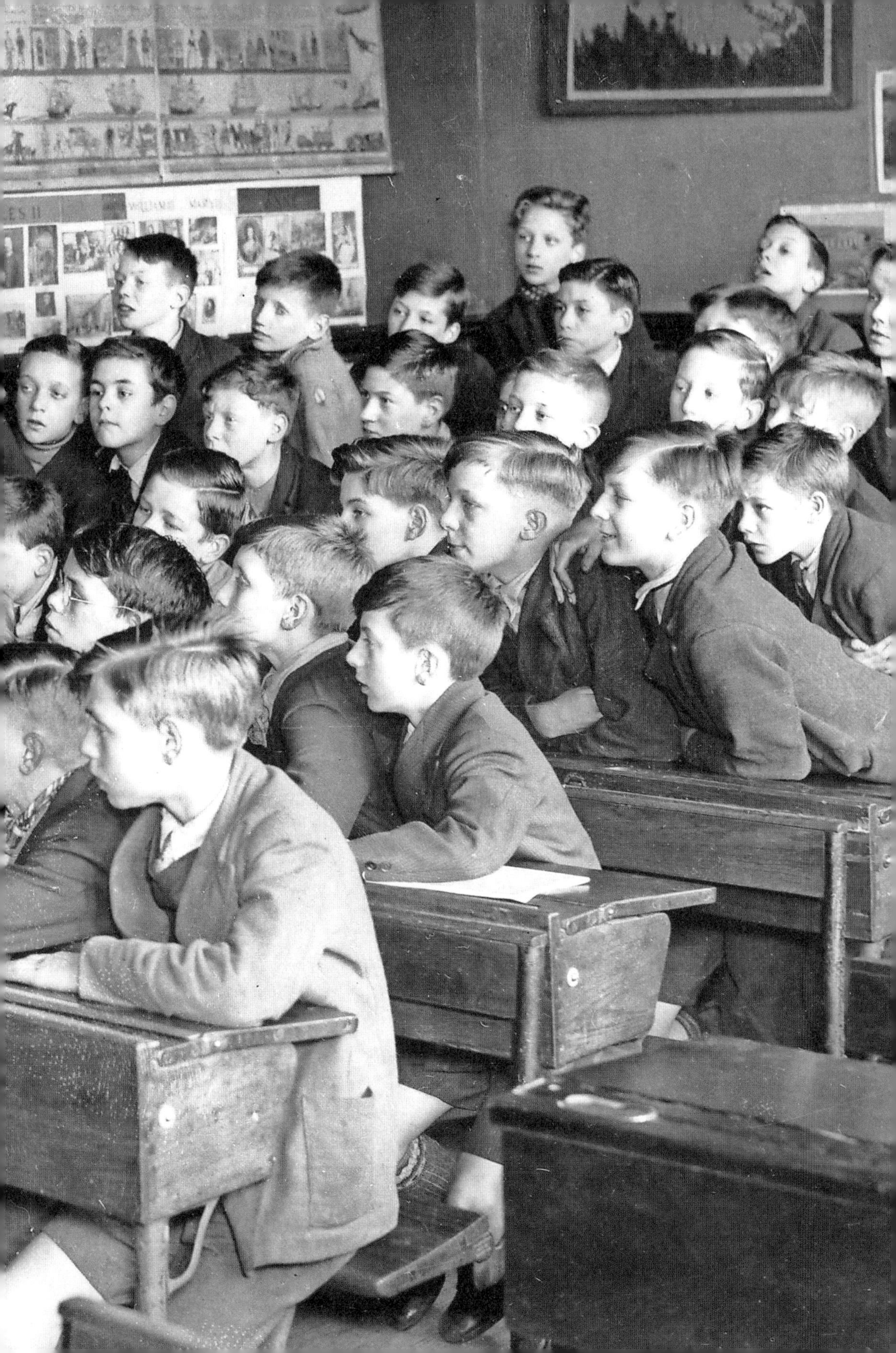

部落惩罚

点球与警告，罚款与裁决

到了要惩罚有罪者的时候，足球部落本身就是一部律法。虽然球迷们满含爱意的呼喊声犹在耳旁，明星球员们可能突然发觉自己沦为了校长办公室里的顽劣学生，或是面临军事法庭审判的士兵。前文已经就部落长老施加惩罚的专横态度论述了很多，也对被告人接受判决的方式表达了惊讶——即使有时还伴随着巨额罚款或禁赛。就在这些瞬间，足球部落渐渐地更像是外国军团，而不是现代娱乐产业了。

如果今天某个工厂里的工人遭到了如此这般的唐突对待，不难想象会惹出怎样的暴动，以及随之而来的罢工和谈判。然而，现代足球运动员的表现却仿佛受到了军事管制一般，既不可争论，也不允许挑战权威。被控诉的球员仿佛看见自己站在部落军队的前排，如果他胆敢有任何反抗的行为，就会被等同于叛乱，而不是简单的罢工。

球员是足球部落最重要的成员，整个部落的兴衰都掌握在他们的手中——或者说脚底更为贴切。因此，我们不得不提出疑问：为什么要让他们如此谦顺地屈从于部落的纪律呢？为了了解他们的态度，首先必须将他们遭受的各种形式的惩罚分门别类。无关紧要的犯规行为由裁判在事发地点处理，较严重的部落罪行则须交由当地俱乐部的资深成员或某一个父级组织（例如英足总）的特别委员会来处理。惩罚大体可分为两种：消极的和积极的。

消极的惩罚不会直接施加给有过错的一方，而是会以奖励的形式给予受害的一方。这种解决方案是在比赛中应对轻微犯规行为的常见方法。一名球员犯规了，裁判便会吹停比赛，并判给对方一次任意球机会。在这样的情况下，可能是犯规者用凶狠的滑铲放倒了对手，他

> 1954年，英格兰切特西镇的斯代盖茨学校，学生在老师的指导下正在练习足球。

自己却并不会遭到直接的惩罚，对他的惩罚只是对手获得的优势而已。这类消极的处罚一共有八种可供裁判使用：

1. 界外球

如果一名球员将球踢出边线造成死球，则给予对方界外球机会。这或许是针对最无关紧要的罪行所判处的最微不足道的惩罚了。在足球运动早期，人们甚至并不认为这是应受惩罚的罪行，球出边界之后，由任意一方中最先触球的球员来负责开球。这就是为什么边线的英文是"touch line"（touch即为触碰之意）——又一个自古代遗留下来的足球术语。如今，许多球队中都有一名专门研习过"大力界外球"这门技艺的球员，能从附近的边线直接将球掷进对方的大禁区。界外球作为一种消极惩罚也因此有了更为重要的价值。

2. 球门球

如果一名进攻球员将球踢出对方球门任意一侧的端线，则给予对方球门球机会。这是对进攻方未能将球瞄准两根门柱之间的惩罚。防守方可以借机立即将战场转移至中场或更前方，远离己方的危险区。

3. 角球

如果在慌张之际防守方将球踢出了己方的端线，而非冒险继续让球停留在己方球门附近，则会受到这一惩罚。角球从角旗处的四分之一圆弧内开出，进攻方将获得巨大优势，因为在此后的门前混战中裁判不会判越位犯规。

4. 间接任意球

如果一名球员有特定类型的犯规行为，则对方获得间接任意球机会。虽然主罚这类任意球时不能直接射门，但只需将球传给一名队友，即可由队友完成射门尝试，因此它的价值几乎和直接任意球无异。事实上，许多直接任意球也都是以这种间接的方式来主罚的，这是一种迷惑对手的战术策略。然而，在现代足球

为什么是足球

中，很难说直接任意球和任意球的差别是否真正有意义。

对方主罚任意球时，防守球员必须站到离球至少 10 码（9.15 米）（从前是 6 码——5.5 米）处。如果罚球点位于球门附近，那么他们就将面临相当大的危险，这种形式的消极惩罚常常会导致进球。

› 2012 年，乌克兰基辅奥林匹克球场，意大利的安德烈·皮尔洛在与英格兰的点球大战中攻破了乔·哈特的五指关。

5. 直接任意球

这种惩罚和上一种惩罚的区别仅在于，主罚者可以直接通过任意球射门。如防守方有较严重的犯规行为，则判给另一方直接任意球机会。许多人分不清哪些犯规会导致直接任意球，哪些会导致间接任意球，如果回归只有一种任意球的老规则，或许问题就简单多了。与此同时，糟糕的犯规和更恶劣的犯规之间有着下列微妙的差异：

判定间接任意球的糟糕犯规

1. 危险动作。
2. 合理冲撞，但未碰到球。
3. 故意阻挡一名球员。
4. 冲撞守门员，除非守门员持球在手、阻挡了对手或不在己方小禁区内。
5. 守门员手持球或拍球超过 6 秒钟，或故意消耗时间。

判定直接任意球的更糟糕的犯规

1. 踢踹一名对手。
2. 绊倒一名对手。
3. 扑向一名对手。
4. 粗暴地冲撞。
5. 在未被阻挡的情况下从后方冲撞。
6. 殴打一名对手。
7. 抱住一名对手。
8. 推搡一名对手。
9. 以手触球，在己方禁区内的守门员除外。

客观来看，在某种程度上这两类犯规之间的差异显然是不合常理的，而且很难看出这种情况是怎样出现的。举两个例子：如果一名球员高高跃起、凶狠地朝球铲去，差一点儿就将鞋钉刺到对手脸上了，那么这一行为会被归为危险动作；如果他只是推了对手一把，情节反而更严重。类似地，明显阻挡持球者行进路线的严重程度还不如拉拽对手的球衣，后者会被判定为"抱"的动作。由于每一次犯规时的情境各不相同，情节的严重性也各异，所以将它们分为两类并处以不同的惩罚实在没什么意义。

6. 点球

如果上述将导致直接任意球的那一类犯规发生在防守方的大禁区内，那么惩罚就是更加严重的点球了。球将被放置在距离球门正中心12码（11米）处的罚球点上，一名进攻方球员可以直接将球射向球门，而守门员必须保持在门线上。所有的其他球员必须待在大禁区以外，直到球被射出。这项惩罚几乎总会造成丢球，因此也是裁判可以给予的各种消极惩罚中最为严重的一种。事实上，由于点球实在太重要了，为了合理执法，许多裁判对于"情节严重性"都自有一套尺度。换句话说，如果他们看到了一次发生在禁区内的轻微犯规，他们会完全视若无睹，因为他们无法给出相对温和的惩罚。有时他们会假装只看到了一次阻挡，而不是点球性质的犯规，从而判给进攻方一次间接任意球。著名裁判阿瑟·埃利斯认为这是"不可饶恕的原罪"，评论道："当他们应该判以点球时，他们选择了更简单的处理方式，只判给了间接任意球。还有更糟糕的：他们将球拿到禁区以外，命令球员在那里罚任意球，以此回避主要的问题。这种事情时常发生。球员们知道，教练们知道，时而被我们低估的球迷们知道，难辞其咎的裁判们也知道。"

当然，破坏规则的裁判必定会遭到谴责，虽然他们的行为是可以理解的。在某些情况下他们之所以拒绝给出点球，是因为他们凭直觉认为，犯规者的罪行还没有糟糕到被判罚点球。不幸的是，他们面对的是孤注一掷的抉择。他们不能给出"半点球"——点球就是点球，并没有精细的分级可言。

这种困境或许就是足球裁判最大的问题，而且它适用于所有的犯规，无论是禁区内还是禁区外的。一次犯规要粗暴到什么程度，主裁判才会响哨呢？又要轻微到什么程度，才会被忽略呢？这永远都取决于个人判断，而且不同裁判的判断标准永远都不尽相同，看台上的球迷们永远会因在他们看来有利于对手的尺度失衡而愤怒。有人说，解决的办法就是改变惩罚体系，让裁判有一套以事件情节严重性为依据、可以适用于任何犯规的惩罚措施尺度。然而，这不过是用新的问题来代替旧的问题罢

为什么是足球

了。在某种程度上,这种方法的确是一个改善,但也创造了无尽的困惑与误解,毕竟足球比赛的节奏是如此之快,必须依赖于一套严格的规则——尽管这些规则有时会失之公正。当然,这些不公正的地方也有助于维持观众们高度紧张的情绪,而这正是足球部落至关重要的一部分。

7. 进攻有利原则

有了针对特定犯规的严格惩罚,一种所谓的"职业性犯规"便也应运而生。一名防守者看见一名进攻球员带球全速袭向己方球门,此时已经来不及做出合乎规则的拦截了。他必须在脑海中计算出让该进攻球员起脚射门的风险,以及硬着头皮用一个明显无疑、必将被判一记任意球的犯规动作放倒对方的后果。如果他权衡两者,断定任意球的威胁较小,那么他就会公然上前犯规。这样一来,队友们就有时间在球门前重组防线。

这种策略会让裁判十分恼火,因为它无异于嘲弄裁判能做出的唯一消极惩罚。作为回应,"进攻有利原则"引入。这就意味着,如果被犯规者能够爬起来继续前进,或者躺在地上笨拙地将球传给己方队友、让攻势继续,那

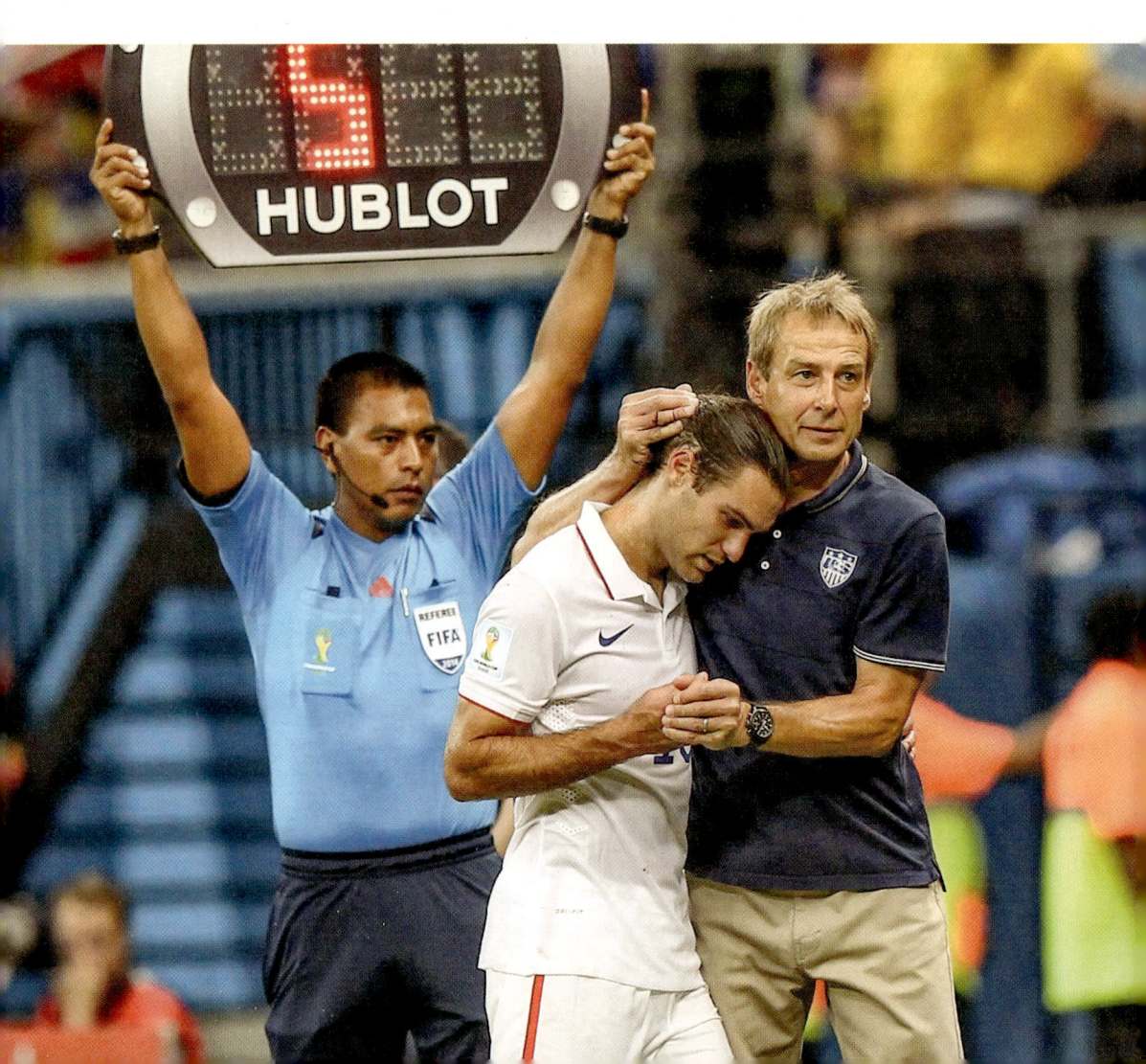

△ 2014年世界杯，巴西与哥伦比亚的四分之一决赛上，巴西队队长蒂亚戈·席尔瓦领到了一张黄牌。

◁ 2014年世界杯，亚马逊球场，在美国对阵葡萄牙的比赛中，美国队主教练尤尔根·克林斯曼一边准备离场，一边同格拉汉姆·苏西交谈。此时，一名官员高高举起了伤停补时的指示牌。

么裁判就有权力忽视此次犯规，并挥手示意比赛继续。裁判拒绝让犯规者从自己的不当行为中获利，从而让犯规者受到惩罚。

8. 补时

如果领先的一方采取消耗时间的策略，那么裁判可以增补额外的时间，在最后时段让落后的一方拥有一次进球的机会。

以上就是消极惩罚的八种形式。此外还有七种积极惩罚，这些惩罚在某种程度上能直接让犯规者自行约束自己的行为。

1. 口头警告

如果一名球员做了一次特别肮脏的犯规，或者一连串的普通犯规，又或者侮辱性的行为，那么他就会遭到主裁判的口头斥责。

2. 黄牌警告

如果主裁判认为简单的口头警告还不足以约束这些犯规行为，那么他就会进行一些人口中的"交通信号灯表演"，从口袋中掏出一张大大的黄牌，朝着犯规者的方向，生硬地将黄牌高高举起。后者则不得不执行属于自己的小仪式：转过身向裁判展示自己的球衣号码，好让裁判记在比赛期间随身携带的黑色小本子上。这样的事情极受对方支持者的欢迎，犯规的球员被标上许多"黑色记号"，就像是在课堂上行为不端正的学生一样。

3. 红牌离场

这是主裁判"交通信号灯表演"的第二幕。如果一名球员已经被出示过黄牌，此后又做出了糟糕的犯规动作，或者脾气失控、引起了一场打斗，又或者有激烈的侮辱性行为，那么裁判就会从口袋中掏出一张醒目的红牌，高高举起，让对方的球迷大感快慰。这意味着，犯规者必须在剩余的比赛时间中远离场地，迫使他的球队以区区十人踢完比赛，从而让对方在人数上拥有了显著的优势。

除此之外，被出示红牌的球员还将自动被禁止参加球队的下一场比赛，所以这种形式的惩罚极其严重，也相对少见。

4. 罚款

如果一名球员的表现特别恶劣，足坛权力机构有可能不限于以联赛积分和禁赛为基准的普通惩罚体制，进而处以高额罚款。部落法官会义正词严地用"给这项运动招致不光彩的名声"作为罚款的理由。如果他们认为发生了这样的情况，他们就会评估足球部落的荣誉受损的程度，并依此核定罚款的数额。

他们也可能因某些与比赛本身无关的不良行为而对球员处以罚款。例如，许多球员都在杂志社写文章评论比赛的情形，如果他们的言辞被官方认定"将给足球运动招致不光彩的名声"，那么他们就有可能因自己写的东西被处以罚款。正如在军队中一样，这种言论自由是不被允许的。

罚款的对象并不限于球员。如果一名球队教练在电视采访中粗暴地批评裁判，那么他也很有可能会陷入麻烦之中，整个俱乐部也有可能遭到同样的处罚。如果当地球迷闯入球场并辱骂裁判，且证据显示俱乐部没有为被侵犯的官员提供合理的保护，那么他们就会遭到巨额罚款。俱乐部生活的其他方面同样要经受严格的审查。曾有一家英格兰俱乐部因违规记账而被处以巨额罚款。

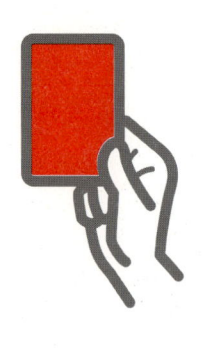

› 2015年，德国布伦瑞克市和谐体育场，布伦瑞克对阵奥厄的比赛中，主裁判罗伯特·坎普特向布伦瑞克队的马克西米利安·绍尔出示红牌。

或许部落惩罚中最奇怪的例子，就是教练们对自家球员施加的惩罚了。如果球员在随队出征时或者在某个社会语境下行为不当，主教练有权力对球员处以罚款，仿佛球员们是军法约束的士兵一般。许多主教练仅会在极端情况下动用罚款的手段，比如说，一群意气风发的球员在随俱乐部出征时把一家奢华酒店搅得鸡飞狗跳。但另一些教练已经开始将罚款用作常规的惩罚形式，而且有些过犹不及了，以至于成为媒体嘲弄的对象。

5. 禁赛

还有一些更加严重的禁赛形式。理论上，球员、球队教练或其他俱乐部官员都有可能因严重违规而被终身禁赛，但如此激烈的惩处极其少见。少见，但并不等于从未发生过。

1980年，在一次假球丑闻曝光后，时任AC米兰俱乐部主席菲利切·科隆波被终身禁赛。就在同一次丑闻风波中，一些球员被禁赛长达五年时间。在这项年逾三十即为老的职业中，五年禁赛基本上就相当于终结了整个职业生涯。

这些情节严重的案例还会涉及球场以外的法庭，有时被告人会要求上诉。如果法庭意欲为某些已经被禁赛的球员消除罪名，那么足坛权力机构也必须重新审查其判决。

禁赛的惩罚也适用于球队教练。前英格兰国家队主帅唐·里维曾被禁止在长达十年的时间里参与一切英国足球赛事。但他不服这一判决，遂将此案诉诸法庭，以不正当"限制交易"

为名控告足坛权力机构。最终他胜诉了，此案说明：足球部落那一套伪法律姿态对付无伤大雅的案例尚且好用，但涉及这些层面上的惩罚措施时，就开始有些靠不住了。

还有一种偶尔出现的特殊禁赛形式，针对的不是个人，而是整个俱乐部。如果某支俱乐部的球迷反复引发同样的问题，变得过于暴力，侵入比赛场地，且时常在主场制造混乱，那么权力机构可能会强制取消该俱乐部在数周之内的主场比赛，迫使球队在中立球场度过一部分赛程。这种形式的处罚会给俱乐部带来财政上的伤害，也让球迷们受到了惩罚，他们被剥夺了到现场观看主场比赛的机会。此外，球员同样遭受了惩罚，他们失去了在"自家"踢球的心理优势。在某种程度上，这种处罚是不公正的，因为球员们本身是无可指摘的，但是很难想出另一个办法来惩罚不守规矩的球迷。尽管"清场比赛"的形式可以惩处有过失的球迷，且无须让球员们移到中立场地，然而没有了高声呐喊的支持者驱策他们努力拼搏，这对球队来说仍然是一种惩罚。

迄今为止，人们还没有想出惩罚球迷流氓行为的好办法，除了警察行动和外部法庭的一般程序。足球俱乐部继续承受着官方裁决的冲击，被看作每一起观众暴力事件的过失方。如果某场比赛中有一个瓶子被扔进了球场，在部落法官看来这也是俱乐部的过错。这个关于惩罚的问题仍然有待解决。

最后，还有一种只适用于球队经理和教练人员的有限禁赛形式。在比赛进行时，这些资历较深的部落成员通常坐在球场一侧看似小型候车亭的建筑里。这两座小小的建筑在足球语言中被称为"替补席"或"板凳席"，在比赛中它们少有安宁的时候。在90分钟的大部分时间里，吼叫、呼喊和手势不断从这里和正前方的技术区域传出；座席上的人感到郁闷时，便会向场上大汗淋漓的球员送上辱骂、鼓励或指示。如果侮辱性言论针对的是裁判而非球员，有时主裁判就会吹停比赛，愤怒地冲向管理团队。一番言辞激烈的争执过后，球队经理或教练很可能会被口头警告，甚至遭到驱逐，被迫离开场边。在极端情况下，肇事者还被禁止坐在"板凳席"，只能在距离更远的主管包厢里看完比赛——有时还会波及未来进行的比赛。

6. 扣除联赛积分

如果某俱乐部违反了联赛规则，就有可能失去为了晋级而苦苦挣得的宝贵积分。例如，如果某俱乐部派上场的阵容中包括无参赛资格或未注册在案的球员，且用那支"非法组成"的球队赢得了比赛，那么就会因此而失去该场比赛赢得的三分。

7. 降级

如果有更严重的违规行为，俱乐部还有可能在下一个赛季被降至级别更低的联赛。这种情况曾出现过许多次，最著名的当属2006年意大利最伟大的俱乐部之一——尤文图斯因假球丑闻而被降至第二级联赛（意大利乙级联赛）一案。由于足球部落的一切都是以联赛积分榜上的成功为中心，所以这项惩罚被认为是一场重大的部落灾难。

△ 2010年，米兰的朱塞佩·梅阿查球场，在国际米兰对阵桑普多利亚的一场比赛中，国米主教练何塞·穆里尼奥做出了"戴手铐"的手势。此举被视为侮辱主裁判，穆里尼奥被罚款40000欧元，并遭到了为期三场的场边禁令。事后穆里尼奥表示，他的手势意为"你可以抓走我，逮捕我，但我的球队很强，无论怎样都会赢，即使我们点儿背到只剩九个人也会赢"。

以上这些就是运行于足球世界内部的惩罚制度，总体而言它们的效果非常显著。常常有人指出：虽然和其他的职业比起来，这些惩罚似乎相当严苛，但它们大体上都被恭恭敬敬地接受了，而这种屈从的态度很是耐人寻味。除去极罕见的几个事例，为什么面对各种各样的罚款和禁令，足球部落的成员都不反抗呢？让他们尊重秩序的"大棒"究竟是什么？

对于球员而言，答案很简单——那就是替补席上的威胁。每一支俱乐部的替补席上，都坐满了迫切等着在队中崭露头角的球员。现代的球队教练掌握着挑选出场球员的大权，这是他们最主要的权威武器。没有哪位球员可以坐享稳入一线队的权利，即使是一位明星球员，在"状态不佳"时也有可能突然掉出首发名单，与身份低微的替补球员为伍。他无法反抗这样的处理，而且，如果他的替代者在首秀中大放异彩，那么这位昔日的球星就有得愁了。

这种不确定性意味着，每一位一线队里的球员不仅要在场上全力以赴，还得避免和球队教练的关系恶化。替补出场意味着既丢了身份地位，也没了比赛奖金，所以更要尽力避免了。如果某球员不断和主帅发生冲突，或者拒绝支付罚款，那么就极有可能丢失他在球队里的宝贵地位。如果行为过于任性，即使是发挥上佳的明星球员也有可能

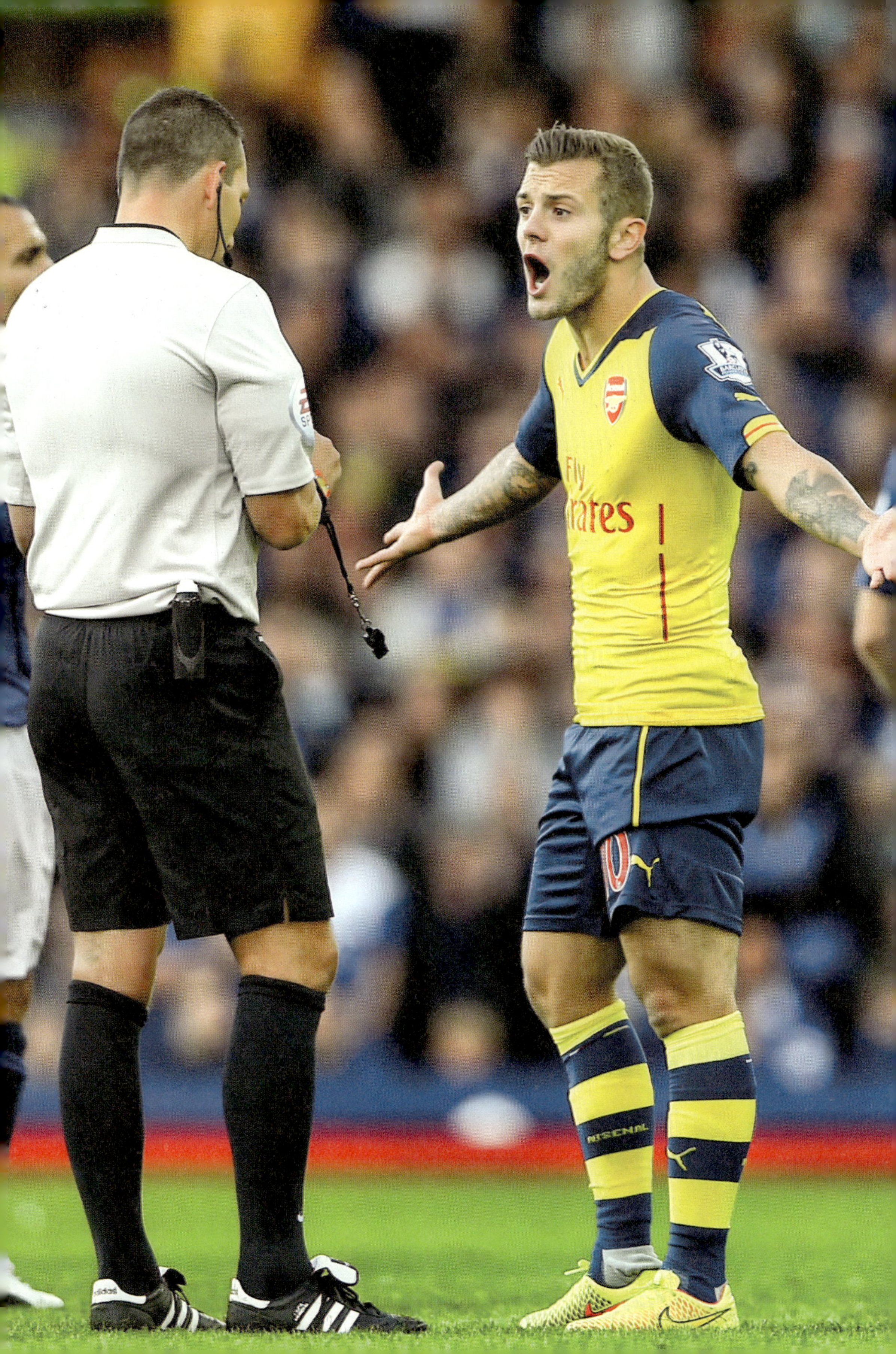
Fly
Emirates
ARSENAL

> 虽然永远无法更改官方的判决,但对判决的抗议仍然很常见。2014 年,利物浦的古迪逊公园,在阿森纳对阵埃弗顿的一场比赛中,枪手球员杰克·威尔希尔向主裁判凯文·弗兰德提出抗议。

遭遇禁赛,因为他对球队整体纪律产生了负面的影响。如果足球场上的荣誉不那么受追捧,那么他还有可能占据一个更强势的位置。然而,他的身后永远潜伏着一名随时准备取而代之的 17 岁天才少年。

对于俱乐部本身及其资深成员而言,可以操作的空间很小,因为他们面对的是一个垄断组织。每个国家仅有一个母体机构,掌控着所有与足球有关的活动。如果一名好莱坞演员和工作室发生了冲突,大可换到另一家工作室;电视台的高管可以去其他台任职;商业人士可以跳槽去别的公司;但如果足球部落的成员对足球权威发起反抗,那就无处可去了。如果他要与他们争斗,那就会沦为被放逐者。这是足球世界和军队的又一个类似之处。这就解释了,为什么有时候等级更高的足球界人士的态度如此专横,不容置疑。这同样解释了,为什么像英格兰职业足球运动员协会(PFA)这样的组织为了改善其成员的雇用条件,永远在契约自由等方面进行着如此艰苦的斗争。

然而,将足球界权力机构描述为装腔作势的军纪官或顽固死板的暴君同样有失公允。他们的任务也并不轻松,他们应对的并不是一窝天真顽皮的小猫咪。足球是一种困难而危险的运动项目,部落首领们很清楚,他们必须比其他领域的人抓猫咪时更用力,才能紧握住足球领域里这头老虎的尾巴。他们意识到,要驯化这头野兽,必须要有严格的纪律,但也不能违背它的精神意志。如果驯得它完全屈服了,那就会创造出一个过于温和与顺从的足球世界,以至于不会有人愿意花钱看它表演把戏了。所以,尽管他们必须随时提着一根大棒,用的时候也要十分谨慎。总体而言,在这方面他们的技巧相当高明。

除此之外,他们还会对各个阶层的足球部落表示深沉的、无言的怜悯。很少有球员或教练会公开承认这一点,但他们内心深处都知道,自己时常在私底下狂喷怒骂(但在正式场合又总是安静地接受)的部落纪律,其实也是他们职业生活中至关重要且不可或缺的一部分。他们明白,自己的成功取决于高强度的、时常令人痛苦的训练,以及球场上完美无瑕的团队合作。而在竞争无比激烈的氛围里,如果没有某种程度的强制纪律,这样的努力是绝无可能成功的。这种认知有助于人们接受部落的惩罚制度,虽然对外部世界而言,它们有时看起来过于严格得令人费解了。

部落战略

进攻式阵型与防守式阵型

在足球界有一句老话，声称足球场上只有一种战略：我们拿球的时候，我们进攻；他们拿球的时候，我们防守。此外的一切，繁复的计划、理论和图表，都只不过是狡猾的足球经理和教练用来迷惑诚实的球员、让他们固定在各自位置上的手段而已。

这话有一小部分是真的，但到底有多小？只需瞥一眼足球战略的发展史就可以知道了。多年以来，场上球员的发展重心发生过数次明显的转移，而这些变化显然是由精心制订的赛前计划导致的，而非球场上的即兴之举。无论单纯而诚实的球员们喜不喜欢，他们都是战略计划的一部分，如果忽略了这一点，就得承担风险。

放眼这一百多年，比赛风格的最大改变，就是从偏向进攻的阵型到强于防守的阵型的平稳过渡。在足球运动的早期，各队更关心赢球的荣誉，而并不畏惧输球。他们送给对手许多进球，但自己也会打进更多，一切心血都被投入到进攻当中。但后来，人们开始迷信足球教练，后者的地位日益牢固，从前那套虚张声势的踢法渐渐凋零，取代它的是一种围而攻之的思路。冲锋陷阵的英勇骑士被改造成了面色阴沉的宫殿护卫。场上的双方都往回撤，用己方球员堆砌起一道道屏障，只留少数狙击手孤独地向地方要塞发起攻击。在许多人看来，这种变化是可悲的，它导致赛场上的表演缺失了早年间那些令人血脉偾张的元素。

这些批评者争论称，新出现的全能的教练太畏惧输球，所以用他们那懦弱的、防守型的战略毁掉了足球运动。他们要求回到早期更令人赏心悦目的比赛风格，如有必要，还需免去球队教练作为部落战略

多年以来,足球战略变得越来越注重防守了。图为 1949 年,伍尔弗汉普顿流浪俱乐部的传奇教练斯坦·卡利斯在其办公室里的迷你足球场上制订比赛计划。

策划者的主宰地位。教练们的反击十分直率,且正中要点,用他们的话来说,该受指责的是球迷自己,因为正是他们比谁都更看重胜利。球迷也许会提出观赏性方面的要求,但如果让他们在死气沉沉地赢球和踢得好看却输球中做出选择,他们必定会偏向前者。当然了,他们心中最理想的选择是漂漂亮亮地赢球,但如果办不到,最优先的就是不惜一切代价赢得比赛了——无论他们在赛后回顾时会说些什么。

球场的上座率也证实了这种态度。如果一支球队赢下了所有比赛,即将晋升到高级别联赛,那么就会有大量观众前来为它欢呼,根本不管它是如何取得胜利的。反过来,如果一支球队输掉了所有比赛,但在输球的过程中踢得十分优雅,那么观众只会越来越少,俱乐部也因此而遭受重创。没有金钱涌入,俱乐部董事就会把矛头转向教练,让他下课。如果他为自己做出辩护,指出他不顾可能出现的风险,坚持让球员踢出具有观赏性的、偏向进攻的、充满技巧的比赛,这样的托词也不大可能救得了他。这并不能阻止日益减少的观众在每次主场失利后对他的名字加以嘲讽,也不会安抚董事们疲惫不堪的心。他依然会成为牺牲品,他和他的家人也将遭受折磨。

教练们面临的这种两难局面很好地解释了多年以来足球战略的总体变化。它反映了足球比赛的象征意义是如何变得越来越重要的,场上的竞争是如何愈演愈烈的。即使在所谓的"友谊赛"中,没有积分或奖杯可供赢取,也没有什么危机可言,赢球作为部落胜利的象征

为什么是足球

意义仍然存在。那些纯粹为了乐趣而采用高风险战略的日子早已一去不复返了。

然而希望尚存，悲观主义者往往都过于夸大其词。无论他们如何呼喊、如何摇头，足球依然还是一个扣人心弦的运动项目，这无可置疑。这缘于足球和军队不那么相似的一个地方。我们说足球比赛就是两支对立的军队攻占对方的要塞、守卫自己的堡垒，但却忽略了一个重要的区别，那就是球的存在。在军事情境中，两支擅长防御的军队很有可能屹然不动，只在各自的城墙上巡逻，但绝不放下吊桥。两个据点之间的战场可能长时间空无一人，直到一方决定冒险发起进攻。由于球的存在，这样的情况在足球场上是不可能发生的。从开球的那一刻起，持球的球员就必须行动、不得拖延，否则就会被判为浪费时间。所以，无论场上的双方多么注重防守，总还是会有采取某些行动的空间。即便出击的前锋数量不多，大部队都留守后方，吊桥永远是放下来的。

14 种主流阵型

1-0-9　19 世纪 50 年代的狂野盘带者阵型

1-1-8　19 世纪 60 年代的中间人阵型

1-2-7　19 世纪 70 年代的防守盘带者阵型

2-2-6　19 世纪 70 年代的女王公园巡游者阵型

2-3-5　19 世纪 80 年代的倒金字塔阵型

3-2-5　20 世纪 20 年代的查普曼 WM 阵型

3-4-3　防守式 WM 阵型

3-3-4　双矛头阵型

4-2-4　20 世纪 50 年代的双拦截者阵型

4-3-3　20 世纪 60 年代的重头防守阵型

4-4-2　20 世纪 60 年代的双前锋阵型

4-5-1　单箭头阵型

5-3-2　20 世纪 60 年代的保守型密集防守阵型

5-4-1　20 世纪 70 年代的终极密集防守阵型

‹ 1889 年，普雷斯顿足球俱乐部在场上排出了五名前锋、三名中场、两名后卫的进攻式金字塔阵型。他们是最早的职业足球运动员之一。

　　由于这一区别，我们不能过分强调现代比赛中常见的更谨慎、更强调自保的战略风格对比赛观赏性的折损。场上的后卫可能会比前锋更多，孤独的进攻球员可能会反复陷入寡不敌众的局面，从而被无情地击倒，但是，球是很少停止移动的。比赛中的激烈活动仍然存在，我们甚至可以论证，足球比赛在变得更加讲究战略的同时，也变得更加有趣了。如果在球队教练的指导下，球员们的举止更像被赋予了生命的棋子而非只顾抢掠的海盗，那么从理论上来说，比赛应该看起来更引人入胜才是。这里的陷阱在于，这种调兵遣将式的比赛仅在最高潮的境界才能令人心潮涌动。而原来的那种狂风骤雨式的攻势足球无论在哪个层次都娱乐性十足，哪怕球员们执行起来相当笨拙。另一方面，踢得不好的防守型足球可能会让比赛变得极其乏味，这是足球发展的早年间从未有过的。这或许可以解释，为什么低级别联赛的比赛观众人数减少了，而顶级俱乐部的比赛和重要的国际赛事却依然座无虚席。

　　概述完足球战略的整体发展趋势，现在我们还要追溯特定阵型出现的顺序。在这个过程中，我们可以忽略守门员的存在，而专注于十

为什么是足球

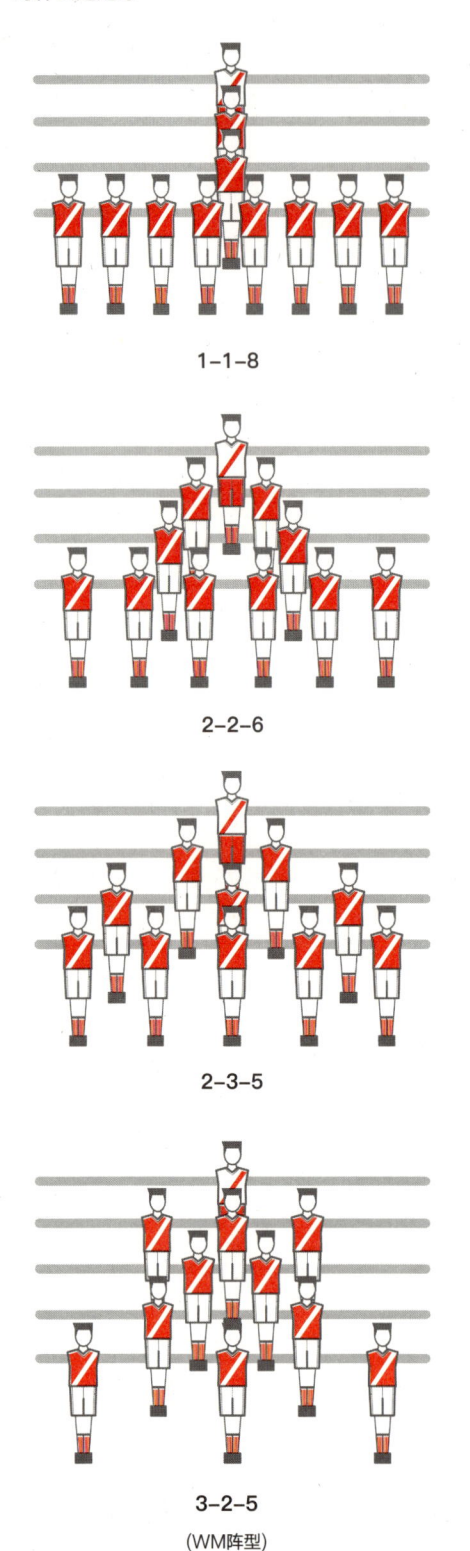

1-1-8

2-2-6

2-3-5

3-2-5
(WM阵型)

名非守门员的球员，因为在整个阵型演变史上守门员一直是一个恒定的位置。球队教练可以按照他们想出的任何模式来重新排列这十个人——十人横列，十人纵列，随心所欲。他们尝试过许多变化，但所有的阵型几乎都有一个共同点，即足球场上的三位一体——前锋、中场和后卫依次排作三列。比赛开始时，前锋占据着靠近中线的位置；中场位居其后，大约在球门和中线之间；后卫则分散在球门之前。一旦哨响，这三条线很快就在瞬息万变的比赛中混作一团，但只要场面平缓下来，或者比赛稍微中止，他们就会重整队形。这就好像每一名球员都被一根长长的松紧带固定在了开场时的位置上，无论比赛进行到何时，只要他离开了位置，就会被拉回来。对于有些球员而言，这条松紧带的拉力更强一些，他们必须尽可能保持在预设的作战区域内。而其他球员则更加自由，可以到处冲击，追着球跑。

每场比赛开始前，教练的主要战略决定涉及他在每条线上分配的球员数量。面对这十名任其摆布的非守门员球员，他有不少于66种可能的排列方式。这其中的绝大多数都没有什么用处，但随着足球历史的推进，14种不同的组合得到了成功的运用。它们中某一个会演变成一种主流阵型，随后旧有的阵型又被新的趋势所取代，教练们在其中努力用智慧胜过他们的对手。

尽管这些变化经年累月地自然发生着，有一个方面看起来就如同是预先计划好的进程一样：球场后方防守球员的数量是稳定增加的。在最开始的时候，只有一名后卫，然后是两名、三名、四名，到了最后，最注重防守的现

4-2-4

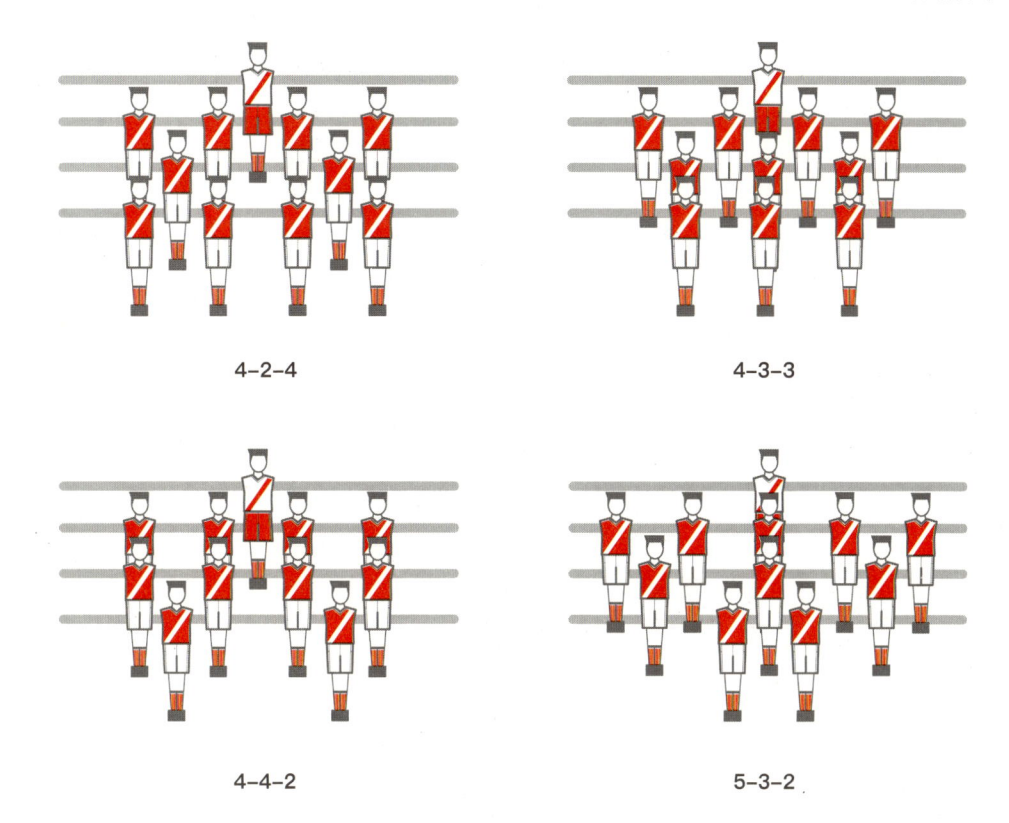

4-3-3

4-4-2

5-3-2

代足球中出现了五名后卫。我们可以利用后卫数量的匀称增长，将足球战略发展史分为七个主要时代：

1. 单后卫时代：狂野盘带者

如果可以穿越时空，站到19世纪中期某场足球比赛的边线上，那比赛的风格一定会让现代的观众费解至极。首先，球员们不会刻意地将球传给队友。虽然我们认为传球是足球运动的精髓所在，但在那时，这个术语还没被发明出来。相反，每一位进攻球员都试着盘球前进，直到被一位对手将球截走。队友们会随他前进，等到球被搞丢了，他们就会努力把球抢回来，然后再盘着球，独自开始一段长途奔袭。那时的比赛中很少有真正的团队合作或劳动分工。

在足球运动的初始阶段，通用阵型包括一名守门员、一名给守门员帮忙的孤独后卫，以及足足九名前锋（阵型：门-1-0-9）。

到了1863年，英足总成立之时，可以看到一些微小的变化。九名前锋中，有一名被拉回到较靠后的位置，在阵型中间扮演前卫（half-back）的角色。这是因为进攻策略在进步，各支球队感受到了填补后卫与前锋线之间空缺的必要（阵型：门-1-1-8）。

19世纪70年代，一些偏弱的球队在这一趋势的基础上更进一步，又拉回了一名进攻球员，前锋线上只剩七个人了。这就意味着，在由三名中锋和四名边锋组成的前锋线与仅有的一名后卫之间，出现了两名前卫。在这项注重

> 20世纪30年代,阿森纳主帅赫尔伯特·查普曼运用新的战略帮助球队登顶英格兰足坛,赢得了联赛冠军和足总杯冠军。他率先引进了中后卫的概念,在球场上放置了三名后卫。

盘带的运动中,这种排列方式取得了极大的成功,并很快广为流传(阵型:门-1-2-7)。

2. 双后卫时代:流动金字塔

19世纪70年代还未过去,一场变革悄然发生。它始于一家名为女王公园的苏格兰俱乐部,一个充满创造力的人发明了刻意将球传给队友的新奇概念。女王公园的球员不再需要等球权丢失后再从敌人脚下抢回来,而会接到队友馈赠的传球。他们将球在自己脚下踢来踢去,将敌人搅得混乱不已。他们的对手冲来冲去,但无论往哪边冲,球都会被踢起来转移到其他的地方去。这种我们如今视为理所当然的全新策略取得了惊人的成功,并如野火一般传遍了其他俱乐部。就这样盘带游戏变成了传球游戏。

这一发展的直接影响就是,它打开了球场上的空间,让球员们散布开来。以前,他们只会一股脑儿地冲来冲去,但现在,他们不得不分散在球场四周。形单影只的防守球员看上去太孤独了，于是有了第二名后卫加入防线。现在场上有了两名后卫，两名前卫，六名前锋；组成锋线的是两名内锋和四名边锋（阵型：门-2-2-6）。

随着传球技术的进步，人们很快发现，必须再把一名进攻球员拉回中场区域。英格兰的普雷斯顿俱乐部引进了许多擅长"短传"的苏格兰球员，他们在19世纪80年代初发明了一个新的位置：中前卫（central-half）。这个"中前卫"就是原先负责进攻的两名内锋之一，另一个被抛弃的伙伴如今则成了中锋。

这一重要的改变创造了一种经久不衰的金字塔阵型，它传遍了整个足球世界，并作为最具统治力的阵型风行了近50年之久。这座金字塔是由守门员、两名后卫、三名前卫和五名前锋组成的。有史以来第一次，进攻球员和防守球员的数量达到了平衡。五名前锋向前推进时，将面对五名防守者的挑战——前卫和中卫合力抗敌。效率显著提高的人盯人防守成为可能（阵型：门-2-3-5）。

现在，场上最重要的球员就是中前卫了。他承担着两项任务，需要具备极佳的球技和体能。面临压力时，他后撤为防守球员，但更多的是冲到前面，支撑起球队的全面攻势。随着时间推移，普雷斯顿金字塔日益根深蒂固，人们在此基础之上尝试了许多小的变化。原来的阵型被改造得更加灵活了；如果前场五人组成的锋线太过僵硬，传球的路线被对手扼杀，新的内锋常常就会稍微回撤，以增加传球的可能性。但兴起于19世纪80年代的基础模式一直存活到了20世纪20年代中期，直到新的转变开始出现。

1925年，官方修改了越位规则。在此之前，队友传球的瞬间，进攻球员和对方球门之间必须有三名防守球员，但现在减少到了两名。官方之所以被迫做出这一改变，是因为英格兰纽卡斯尔联俱乐部的后卫们太过狡猾，他们设计出了足球历史上的第一个"越位陷阱"：突然冲向前场，让倒霉的进攻球员掉到了越位的位置上。其他俱乐部纷纷仿而效之，很显然足球比赛深受其害。裁判们的哨子都被吹破了，观众和球员都开始对比赛中不断出现的停滞感到沮丧。新的规则让进攻球员的机会大大增加，随之而来的就是一场激动人心的进球盛宴。规则改动后的1925—1926赛季，英格兰各级联赛共产生了6373粒进球，而前一年仅有4700粒进球。

为什么是足球

这一全新的发展催生了许多极具观赏性的大比分比赛,许多纪录也被打破了——但被打破的还有许多后卫的心,回天乏力的他们看上去很是无助。双后卫的时代已渐近尾声。

3. 三后卫时代:中间拦截者

足球场上的创造才华出现在一家伦敦俱乐部——阿森纳。球队主帅赫尔伯特·查普曼让中前卫回撤,将其改造成了中后卫(centre-back),以此应对狂暴的前锋们带来的挑战。这名中后卫再也不可以冲上前场参与进攻,而必须得留在后方,站在其他两名后卫中央,充当中间拦截者;或者说是"警察",负责逮捕冲上前来的中锋,并在球门正前方的中央区域巡逻。

在这套体系中,查普曼安置了三名后卫、两名前卫和五名前锋,阿森纳则靠着它赢得了一场又一场的胜利(阵型:门-3-2-5)。

查普曼并没有止步于此。他还让内锋撤回到锋线后面,创造了人

› 1938年11月,阿森纳俱乐部教练乔治·艾利森为他的球员们讲解新战略。在这一时期,人们尝试了几种新的阵型,但足球赛事随着第二次世界大战的爆发而中止了。

> 纳里奥·罗科和吉米·格里夫斯一起出现在这里，前者是意大利最成功的主教练之一，也是卡帕奇奥的崇拜者。20世纪60年代，由于增加了一名后卫，基本的足球队形终于从五名前锋变成了五名后卫。

们所说的 WM 阵型（从上往下看时，五名前锋的站位看起来就像是字母 W，而后卫和前卫的站位合起来则像字母 M）。查普曼对这套 WM 阵型的运用十分独到，从而帮助阿森纳在八年内五次问鼎英超联赛，两次捧起足总杯。其主要的技巧就是在敌方进攻时撤回七名球员。阿森纳的前卫甚至内锋都会往回撤，组成一道硕大的防守屏障，从而吸引对方为冲破防线而大幅增加参与进攻的人数。一旦被引诱到这个位置，他们身后的防线就相对弱化了，此时阿森纳球员就会迅速触发陷阱。他们从敌方脚下夺过球，开大脚将球迅速送到埋伏在前场的三名前锋附近。一般的边锋会先把球带到角旗区，然后大力送出横穿，而他们的边锋却快速发动袭击，直接冲向球门，瞄准目标开火。这种踢法和当今一些极其注重防守的球队惯用的"稳守突击"战略很像，它为英式足球带来了翻天覆地的变化。奇怪的是，它并没有很快被欧洲大陆和南美洲的球队接受，这些球队继续沿用原来的金字塔阵型又踢了许多年。

有些球队将 WM 阵型的防守式风格发挥到了极致，让两名内锋大幅回撤，实际上变成了额外的前卫，从而形成了一种由三名后卫、四名前卫和仅仅三名前锋组成的排列方式（阵型：门 -3-4-3）。

其他俱乐部试图用所谓的双矛头阵型对抗枪手那无往不利的 WM 阵型。在这种阵型中，一名位置居中的进攻球员被撤了回来，代替原来的中前卫，由此就形成了一种由三名后卫、三名前卫和四名前锋组成的阵型。两名居中的前锋成为攻坚双人组——也就是双箭头，如果他们配合得默契，就能给堵在他们身前的密集防守造成巨大的杀伤力（阵型：门 -3-3-4）。

4. 四后卫时代：双拦截者

对于双矛头阵型带来的问题，最显而易见的解决方式就是发明一种双拦截者阵型——有了两名中后卫，后防线上的人数达到了四人；这是人们在通往守势足球的漫长道路上迈出的又一大步。

1958 年，双拦截者阵型在世界杯中得到了充分的发展，巴西队凭借一种全新的、臻于完美的四后卫阵型，一路横扫对手，夺得桂冠。巴西队战略的精髓就在于，这种四名前锋、两名中场和四名后卫的组合可以创造出六个人的攻击线和六个人的防守线，只需让两名中场承担起双重任务就可以了。因为现在他们既是前锋也是后卫，用"前卫"来称呼他们已经不再合适了，这个词听上去太偏向于一个专职防守的角色。于是，足球的语言中加入了一个新的名字——"中场球员"（midfield player）（阵型：门 -4-2-4）。

这种阵型的优点在于由攻转守的速度，许多其他球队也开始依葫芦画瓢。然而，这些球队并不都能成功，因为这套体系也有缺点：两名中场球员身上承载着巨大的压力。双重的任务意味着，他们必须拥有极佳的身体素质和出色的体能。纵观足球发展史，在这之前的任何时候，从来没有哪名足球运动员被要求踢得这样卖力、跑得这样远、转换角色这样频繁。如果没有这样的超人来填补中场的空缺，这种阵型就很容易导致灾难。

许多俱乐部给出的答案是再拉回一名前锋，来填补原来中前卫的位置。四名后卫、三名中场衔接者和仅剩的三名前锋分工作战，这意味着有史以来第一次，球场上的防守球员超过了进攻球员。到此时，

› 全攻全守式足球是由荷兰队发展出来的，这支球队的明星球员是约翰·克鲁伊夫。图为 1974 年世界杯四分之一决赛，荷兰对阵阿根廷，克鲁伊夫盘球过掉了阿根廷门将丹尼尔·卡尔内瓦利，随后破门得分。克鲁伊夫一共打入两粒进球，帮助荷兰队以 4∶0 击败了阿根廷。

守势足球的时代切切实实地到来了。这种变化发生于 20 世纪 60 年代早期，这种阵型一直传承至今（阵型：门 -4-3-3）。

对于前锋们而言，这还不是最糟糕的。20 世纪 60 年代末，一些俱乐部又拉回了一名锋线球员，打造出中场四人组，让两名孤独的前锋直面对手那和己方一样膨胀的防守势力（阵型：门 -4-4-2）。

仿佛这还不够注重防守一样，在后来的几年里，某些球队创造出了一种单箭头阵型，让一名茕茕孑立的前锋独处前场，他原先的伙伴则来到了中场，为已有的四位衔接前后场的球员充当守护者。如果一方恰好拥有一名才华横溢、必须得到额外关照的中场球星，那么对手就会摆出这样的中场屏障（阵型：门 -4-5-1）。

5. 五后卫时代：安全清道夫

现代足球世界的竞争压力巨大，某些球队教练被迫寻求极端的防守战略；他们变得无比畏惧失利，以至于不再争取赢球，而是努力不输球。对于他们来说，避免失利就是唯一重要的事情，为此他们派出了五名后卫球员，将防守屏障提高到了（迄今为止）极限。其中四人

专注于球门附近特定地带的区域防守，或者一对一盯防特定的对方前锋，而第五人则要充当一个特殊的角色：自由防守球员（libero），又名清道夫（sweeper）。作为一名防守者，他可以自由地四处移动，扫除其他后卫没能阻截下来的一切。有时他会在四名后卫身后清扫，有时也会挡在他们身前，全取决于其个人技术。清道夫在20世纪70年代大放异彩，但其实早在多年前的瑞士就已经登上了历史舞台。在瑞士，这个角色被命名为"螺栓"（bolt），因为他总能插进合适的位置，巩固防御工事。清道夫最初是奥地利裔教练卡尔·拉潘在20世纪30年代的发明，但在60年代的意大利之前，并没有成为一种举足轻重的战略策略。而在当时的意大利，那些不那么富裕的球队遭遇了豪门球队从海外引进的锋线球星。为了防御这一波前所未有的猛烈攻击，他们借用了拉潘的螺栓战略，并将它重新命名为"catenaccio"（意

△2010年，某场比赛开始前，巴塞罗那的球员与2008—2009赛季西班牙联赛、西班牙国王杯、西班牙超级杯、欧洲冠军联赛、欧洲超级杯和国际足联世界俱乐部杯的冠军奖杯合影。作为世界上最成功的俱乐部之一，巴塞罗那是第一支在一年内参加六项赛事并全部赢得桂冠的球队。

为"门闩")。

他们筑起了由四名后卫组成的坚硬壁垒，还有一名自由防守球员在他们身后扫除一切麻烦。中场只留下了三名球员，而前场则是一对前锋（阵型：门-5-3-2）。

教练埃伦尼奥·赫雷拉是这种终极防守阵型的主要教唆者，他也因此而饱受批评。一位知名的权威人士称这种战略为"无耻至极的catenaccio"；还有一位表示"赫雷拉的毁灭性战略传染了整个意大利足坛"。这些情绪是可以理解的，但比赛的观赏性尚未完全泯灭。他们还有十分扣人心弦的"反击"战略，两名孤独的前锋在前场飞速带球奔驰，杀向对方的球门。说句公道话，这种阵型十分成功，并传到了其他国家，在20世纪70年代大行其道。

还有某些俱乐部曾排出了比这更偏于防守的阵型：一名形单影只的前锋背后站着四名中场球员和五名后卫。这类单箭头也被称为"站桩式前锋/目标球员"（target man），因为当其他所有人都回撤防守时，他还保留在靠前的位置，充当己方门前混战中开出的长传球的目标（阵型：门-5-4-1）。

6. 全攻全守时代

就在这种趋势盛行于意大利之际，20世纪70年代的荷兰足坛也出现了一种截然不同的踢法。在当时，身兼阿贾克斯俱乐部及荷兰国家队主教练职位的里努斯·米歇尔斯倡导一种被称为"totaalvoetbal"（全攻全守式）的风格。他嘱咐球员们忘记死板的阵型和固定的位置。除守门员之外的十名球员都被告知自己既是前锋，也是后卫。每一位球员都可以和其他的所有球员互换位置。如果一人在追逐球的过程中离开了既定的位置，另一名球员就会迅速填补上空缺。

这种行云流水般的比赛风格不仅大大增加了球员在场上的灵活性和流动性，更有助于混淆对手，因为一板一眼的人盯人防守体系将难以运转。这种风格的缺点在于，它要求不同队友之间达成高度的默契，并要具备极佳的体能条件。适应全攻全守的球员必须非常睿智，并能敏锐地感知他周围运转的一切，而且还要有经过严格训练的运动员那样的身体素质。但如果一支球队能打造出这样的球员，并把他们聚到一起，让他们如本能一般对彼此的举动做出反应，那就必然能够产生奇效。事实上，在20世纪70年代早期，这种风格曾与意大利的终极防守战略发生碰撞，并在交锋中取胜。然而，它以最纯粹的形态维持的时日十分有限，这在很大程度上是因为它对于所有非门将球员的全面性素质有着极其苛刻的要求。但是，它带来的综合影响存活了下来，而且依然可以见于当今球员的跑动和球的快速传递之中。

当力主全攻全守式风格的荷兰球星约翰·克鲁伊夫结束球员生涯，成为巴塞罗那主帅后，他在那里创造了一种改良版的全攻全守式足球，称为"tiki-taka"。这种风格的特点就在于短传和跑动，而且十分注重对球权的控制，用球员们的耐心传导取代了急切进攻的心态。虽然这种比赛风格也取得了一些成就，但很快就被贴上了乏味的标签，并被认为更看重不输球，而非全力争胜。对手的教练们很快就想出了破坏tiki-taka球员传球节奏的方法，这种风格最终还是失宠了。不过，即使在今天，当领先的一方试图在没有任何风险的情况下踢完最后的几分钟，我们依然可以经常看到它的身影短暂地出现。

7. 四层时代

21世纪，漫长的足球战略演进史及其特点鲜明的各个时期在很大程度上已经被遗忘了。如今，各队主帅都根据自己手下的球员来设计阵型，不管对外界会产生什么影响。因此，没有了定义一个时代的一到两种具有统御力的阵型，但出现了许多因地制宜的变体。在如今的任何一个足球比赛日，你都可以找到至少十种不同的阵型。唯一的真正意义上的变化就是，以四层非门将球员构成的阵型取代了传统的三层阵型，成为一种趋势。像门-3-4-1-2、门-3-2-3-2、门-4-1-4-1、门-4-2-1-3和门-4-2-3-1这样的阵型都有了广泛的用途，而最后的这三种尤其风靡。

有关战略与阵型的真理就是，它们永远不会真正统治或毁坏足球运动，因为只要场上有球员在行动，精心制订的计划就会被瞬息万变的比赛、被某些球技非凡的天才个体、被许多拒绝固定在死板位置的球员搅得模糊不清。的确，有些教练会抑制球员的个性，要求他们盲目服从纸上谈兵式的复杂计划；纵然这些严苛不已的军纪官时不时会冲着己方队员大呼小叫，到头来他们还是无力掌控球场上发生的一切。如果球员保持他们的个人风格，应对意外情况时的独特天分，以及做动作时的古怪习惯，那么咬牙切齿的经理或教练能够做的就非常有限，只好沮丧地坐在场边了。

这种情况会永远延续下去，足球也会永远因此而变得更好，因为出人意料的元素本就是这项运动必不可少的组成部分。如果计划过多，就会创造出像机器人一样的球员。他们或许能够规避失败，但也规避了取悦观众的种种行为。

我们讨论足球战略的时候，主要的话题是球员在场上位置分布的赛前决议，但也涉及其他有关整体风格的计划要点。这些也可以被视作战略安排，因为它们是预先计划好的，而且和比赛的整体状况息息相关，而不只是细枝末节（后者应当为战术安排）。

纵观这些不同风格的战略，它们考虑的无非是该专注于短传和球权控制，还是该发起长传冲吊，以期身在前场的队友接球突进。我们可以称之为"精妙传控"与"突击猛攻"之间的对决。我们通常鼓励讲究技术的球队采用前一种战略，而建议作风强硬的球队选择后者。涉及这两者的时候，有一个说法经常让不看足球的人困惑不已。主教练会说，他告诉球员们"上场去，踢足球"。局外人会感到莫名其妙：不然他们还能踢什么？板球？棒球？这话听起来甚是荒唐。但"踢足球"其实意思是踢传控战术，而不是从后场起球朝对方发起突击。对于局内人——也就是部落成员而言，这是一个意义非常明确的说法。

其他有关比赛风格的指令还包括"从中路"攻击球门，或者"下底传中"。主教练可能示意队员发起侵略性的全面进攻，也可能选择防守型策略，通过"稳守突击"的方式取得进球。他可能要求队员"边传边跑位"，这意味着大量的积极无球跑动；或者采用"快慢结合"的踢法，在组织攻势时刻意放慢节奏，然后以迅雷不及掩耳之势发起冲击，攻敌之不备；他可能要求防线在整场比赛中维持严密的越位陷阱体系；又或者制定好区域防守或人盯人防守的规则。

所有这些安排本质上都是战略层面的，因为它们影响着比赛的整体走势，可以作为风格上的倾向贯穿整场 90 分钟。在这个意义上，它们区别于下一章中讨论的战术安排，后者涉及的是如何解决比赛中特定时刻出现的具体问题。

部落战术

传球与滑铲，跑位与定位球

部落战术只有两个目的：进球和阻止对方进球。正因如此，也因为比赛章程中并没有关于具体战术的复杂规则，所以球场上发生的事情即使对于部落以外的人而言也不难理解。在这一点上，足球和其他运动项目差异显著。以美式橄榄球为例，极其复杂的位置移动会让初窥门径的观众倍感困惑，这其中的精妙之处只有专家才懂得欣赏。这并不意味着足球就是一项肤浅的、容易预测的运动。足球的优势在于，它的战术行动虽然为数不多，但变化丰富、十分灵活，所以其执行风格充满了迷人的魅力。

从战术层面上来说，一名球员持球时，只有五件事情可以做：

1. 射门得分

场上球员最希望的事情就是，身处射门位置，而球就在自己脚下。在一场比赛当中，这种情况可能只会发生寥寥数次，但只要发生了，他就必须做好准备迅速射门。这样的瞬间只会持续一秒钟，只要稍加犹豫，就会损失惨重。让人意外的是，许多非顶级球员都缺乏这种时刻所需要的反应速度。有时候，他们几乎就像被面前的空门催眠了一样，又好像根本不敢相信自己的运气。他们会发一会儿愣，然后就为时已晚。一名防守球员拍马赶到他们的身前，或者阻挡住他们的视线。

当然，持球者有几种方法可以将球射向球门。他可以抬脚蓄力，瞄准目标，然后踢出一记如子弹般的大力射门，也可以在与对手拼抢之际轻巧地将球敲入门中。他可以将球高高挑起，让它恰好坠入球门，

> "奔袭与造险"的部落策略：图为1998年世界杯决赛，巴西队的罗纳尔多甩掉了试图拦截他的荷兰队球员维姆·琼克和罗纳德·德波尔。

也可以让球贴着草地滚向目标。他可以用一记势大力沉的头球将球撞入球网，也可以轻描淡写地甩头攻门。他可以大力送出凌空抽射，也可以用所谓的"香蕉球"脚法给球加一个旋转的力，让球划出一道弧线，绕过敌方障碍。

观众们经常谈论"好球"，他们更喜欢看到球像子弹一样在空中飞行一定的距离。门前多人混战中胡乱造成的进球，或者意外趟过门线、连球网都触不到的进球，通常被称为"臭球"。然而，无论进球的风格是好是坏，只要进了都能算数。如果大禁区外的进球可以记作两分，那么那种广受观众青睐、令人为之惊叹的"好球"可能就会显著增加，但这会令比赛变得更加复杂；可正如我们在前面几次看到的那样，在足球的世界，从来都是简单优于复杂。

为什么是足球

2. 奔袭与造险

如果一名球员接球时无法起脚射门,其最积极的反应就是盘着球向前奔进;在保持球权的同时,在对手身边挪腾闪躲,直到距离球门够近,可以尝试射门。从前广受欢迎的攻势足球就是这样的,它一直风靡到战后时期。那个时代产生了许多身手敏捷、动作优雅的盘带大师,他们可以过掉一个又一个对手,时而佯攻即止,时而突然冲刺,行进的方向飘忽不定,一直突击到可以射门的位置。如今,这种盘带战术已然成为日渐消没的稀有物种。但只要它出现在场上,就仍然能让球迷们发出赞叹的呼声。

3. 定位与传球

如果持球者发现行进路线被一名或多名对方球员阻挡了,除了盘球过掉他们之外,他还可以选择精确地将球传给一名未被堵截的队友。

﹀ 曾于 1958 年和 1962 年两度随巴西队夺得世界杯冠军的球星加林查和当地的巴西男孩一起踢球。

△ 1970年，墨西哥世界杯半决赛，德国队的盖德·穆勒狂奔庆祝；在伤停补时阶段，他面对意大利门将恩里克·阿尔贝托西打进了己方的第三粒进球。

▽ 下一页：2011年的一场英超比赛，曼联和曼城在老特拉福德交锋，曼联的韦恩·鲁尼攻入了一记倒挂金钩。

因为他脚下的球会吸引对方球员朝他而来，由此可以推断，传球的距离越长，就越有可能将球传递给一名无人盯防、可以自由带球推进的队友。另一方面，传球的距离越短，传递就越精确。所以，长传更有价值，但短传更加安全，这就意味着一名球员每次传球都面临着把球交给哪一名队友的瞬时抉择，他被迫动用自己的足球智商以及瞄准技巧。这就是为什么顶级足球赛事需要越来越多有想象力的球员，这也解释了为什么从前足球英雄如缺心眼儿的恶棍一般的卡通形象越来越令人误解且不合时宜。

虽然有些批评者认为，将传球置于盘带之上的学说对现代球员影响太深，但毋庸置疑的是，通过一张用快速短传交织而成的网络，可以优雅而精妙地向敌方球门推进。运用三角传球、撞墙传球、变向传球、交叉传球、反向传球和一脚传球等种种变化，可以智取对手，让敌方陷入混乱。在所有的传球当中，只有一种球不是瞄准队友传的，这种例外就是直塞球，球被送到前方队友还未赶到但正在快速前往的位置。这类传球有一个特别的优势：它可以解决越位规则的困扰。如

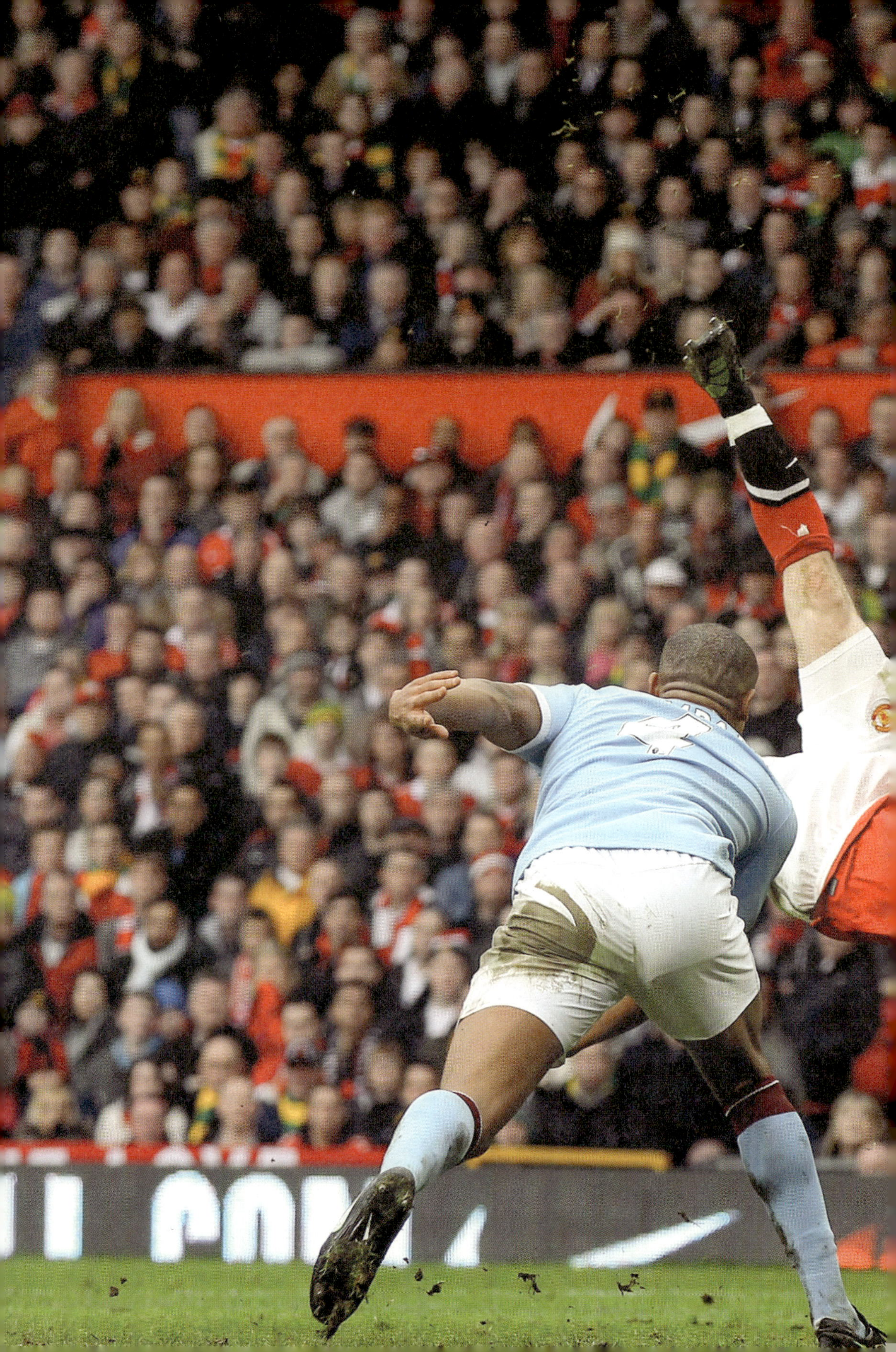

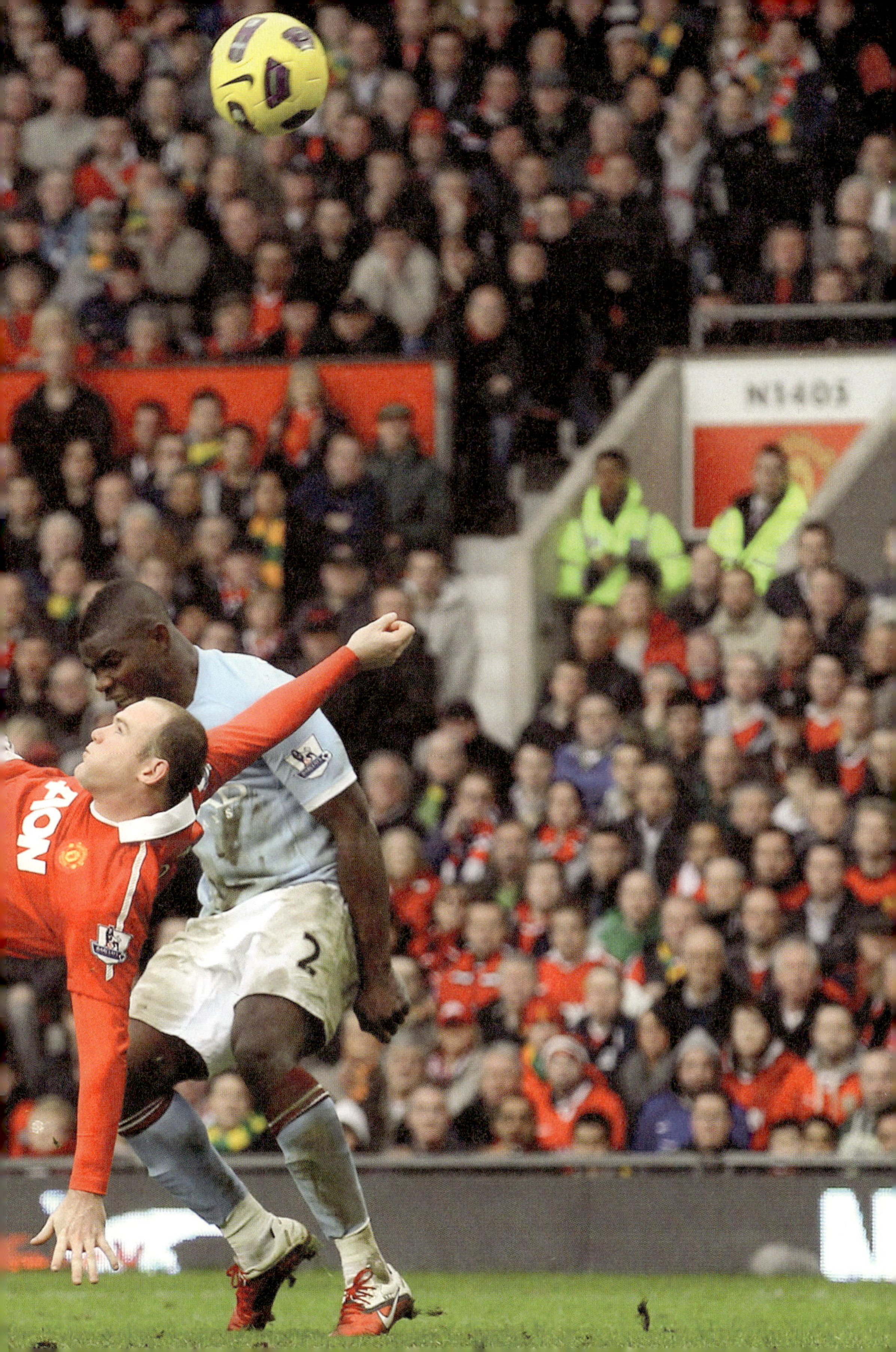

为什么是足球

果对手在比赛中反复运用组织精妙的越位陷阱,"直塞球"就会成为一种常见的战术。

  与盘带相反,传球的缺点就在于,它为怯懦的踢法提供了隐藏的手段。如果一名球员不够勇敢,或者丧失了带球直面对手挑战的决心,就可以通过看似聪明的传球来掩藏自己的畏惧。在接到球的那一刻,他唯一的想法就是如何尽快把球摆脱掉,从而避免麻烦。他朝一名队友精准地送出一记快得出奇的传球,内心如释重负:眼下的危险算是过去了。这样的传球可能是非常有用的,但如果他转过身,迎着对手带球向前冲去,他争取到的优势可能要大得多。有的时候,怯懦的传球不仅毫无用处,还会让接球的队友陷入麻烦。如果后者接球时被数名对方球员包围了,后果往往是对敌方有利的。在这样的情形下,不公平的地方就在于:看上去踢得糟糕的是接球的队友,因为球是从他这里被抢走的;而那位怯懦的传球者反而戴着被同伴"辜负"的假面逃之夭夭。

4. 踢出去，赌好运

除了持球奔袭和准确传球之外，另一个选择就是尽可能用力地将球开向前场，然后期望最好的结果。这种大脚传球并没有明确的目标，只是粗暴地将球传至敌方领地而已；这类战术的风险也是显而易见的，那就是让一名对方的球员获得球权。这是那种作风强硬、缺乏控球技术的球队的典型战术手段，它被反复运用，而且沉闷无比；但如果谨慎使用，也可以成为防线慌乱或遭遇险情时的重要解决方案。如果一名后卫在门前混战中用杂技般的方式将球钩走，那就是挽救球队于水火之中。他并不关心球落在哪里或者被谁争到。唯一重要的是，敌方的近距离射门机会被扼杀了。

除了防守球员向前场开出的积极的长传球，还有进攻球员版本的"踢出去，赌好运"，常见于敌方球门附近。如果进攻球员背对球门且来不及转身，他就可以把球向身后踢去，希望可以找到一名处于射门位置的队友，或者击中一名对方球员，意外折射入网，又或者直接掉进球门。这种做法的目标很模糊，起脚时都是不加思考的，剩下的全都听天由命；但在球门前的混战中，总是有机会出现运气不错的反弹球。所以，如果灵活运用这种背身的脚法，也有可能轻松赢得比赛。

背身脚法有几种不同的方式，它们的俗名也各不相同：单车球、蠢驴球、过顶球、背身挑球、脚后跟磕球……但就战术层面而言，它们实际上都是同一种战术手段，用乐观主义代替了对精准的追求。

还有守门员版本的"踢出去，赌好运"——开向前场的远距离球门球。在低水平足球比赛中，这似乎是守门员们脑海里的唯一念头，虽然球从空中落到敌方领地时，己方队友仅有一半的可能性争得球权。很有可能只过几秒钟，球又冲着他的球门高速袭来了，但这些守门员似乎从来不会吸取教训。他们仿佛是对己方队友的传球技术没有信心，总觉得不够安全，希望球离己方禁区越远越好。顶级守门员更倾向于将球丢、抛或轻轻踢向己方后卫，让他们负责把球传至前场，而不会去冒百分之五十的丢失球权的风险。只有在比赛行将结束、己方急需获得一粒进球时，他们才会诉诸这样的大脚。

5. 稳扎稳打

有时候，即使是最无谓的球员也心知肚明，他必须谨慎小心，否

◁ 2014 年世界杯，德国对阵巴西的半决赛上，德国队中场萨米·赫迪拉将球踢出。

则就有被进球的风险。他有三种"稳扎稳打"的反应可以选择，它们都不讨观众的喜欢，而且都被居于下风的球队过度使用，但在极端情况下却完全是有正当理由的：它们分别是踢球出界、让出角球与回传球；它们的目的不在于让比赛流畅进行，祈求的只是片刻的安全。回传球尤其具有畏缩回撤的性质，因为球被刻意踢向了远离对方球门的地方，所以经常招致观众的批评。这些批评通常是合情合理的，但偶尔也会失之偏颇，因为总有那么些时刻，敌方前锋出人意料地猛冲过来，持球的后卫就陷入了危险的境地。此时，他唯一的明智选择就是往回传球，无论这会让他在不耐烦的看客当中多么不受待见。

以上是持球者的五种基本战术行动。与此同时，他的队友们将采取支援、跑位或干扰的战术来帮助他。持球者被迫传球时，他们可以朝他跑去提供支援，可以预判接下来可能发生的事情并据此跑位，也可以通过诱骗性跑动、短距离冲刺或出人意料的突然变向来制造混乱，转移对方球员的注意力。

持球者的对手也有几个选项。它们是：

1. 阻挡与断球

这意味着用双脚或头部凶狠地争夺球权。由于部落法规禁止了除肩部碰撞以外几乎所有形式的激烈身体接触，凶狠的阻挡总有可能被主裁判认定为犯规动作，并判给对方一记任意球。这样可以在某种程度上约束此后可能发生的阻挡行为，但幸运的是，裁判们向来都是以实事求是的方式诠释有关犯规的规则，而对许多不可避免发生的意外身体碰撞不予理睬。除非他们认为有故意的犯规行为出现，绝大多数裁判都会允许比赛继续进行，尽管从理论上来说，他们应该鸣哨示意。如果不这样对规则加以变通，那么比赛就会不断停滞，最终活力尽失。

阻挡动作并没有特别的分类——除了滑铲。滑铲者放弃了夺得球权的希望，所有的努力都只是为了让敌方丢失球权。看到对手几乎优哉游哉地从面前溜走，滑铲者以双脚为箭头，把自己朝前方猛扔出去，贴着草地滑行，直至将球踢出敌方的控制范围。这是一种孤注一掷的拦截方式，因为滑铲者在完成动作后是半躺在地上的，通常无法自行将球夺回。球很有可能滚向另一名对方球员，或者滚出界外，但至少

› 皇马的哈维·阿隆索在2013年欧洲冠军联赛皇马对阵曼联的比赛中，在球门线上救了一球。

进攻的势头被打断了。

必须指出，许多球员爱用滑铲来掩盖自己的缺陷。滑铲动作看起来总是触目惊心，尤其是在刚下过雨的泥泞草地上；滑铲者倒地之后，还会滑行一段距离。如果阻截失败，对手持球奔进并破门得分，球迷们也会有一种至少防守者已经拼尽全力了的感觉。许多教练都主张，防守者应该全力以正常的方式追赶和阻挡对手，保持身体直立，并做好准备处理可能赢下来的球权。可以说，一旦他倒在地上了，就可以在站起来之前暂且免去进一步的防守义务，可以不必对紧跟在其滑铲动作之后发生的事情负责。所以对那些奔跑速度不再、无力追赶疾驰前锋的球员而言，这是一种非常有效的遮丑方式。但和其他动作一样，在千钧一发之际它也大有用处，而且常常力挽球队于狂澜之中。

2. 拦截与扑救

不同于将自己直接扔向持球的对方球员，防守者还可以趁球在飞行时将其拦截下来。他可以用一次时机恰到好处的跑动来"盗走一记传球"，也可以高高跃起，用头部改变球的飞行轨迹。对方罚任意球时，他可以冒着被重击的风险，作为"人墙"的一员直接站在主罚者的身前。对于守门员而言，主要的任务当然就是在对手射门时将球拦下。守门员很少用到头部或双脚来扑救，他们主要是全神贯注地用双手抓住球，或者在不得已之时用拳头将球击出。

3. 站位与施压

没有球权时，防守方很少会停止进行站位上的施压。他们会根据进攻的走势做出调整，不断移动自己的防守据点，试图干扰持球的人。最基本的移动方式就是跑到一个可以阻拦对方行进或传球的位置。快速的冲刺已经成为现代足球必不可少的一部分；早年间的球星通常身材矮壮或骨瘦如柴，相较之下，今天的大部分球员都是身强体壮的运动健将。

球场上也有一些更加狡猾的跑位战术，其中就包括令人不胜其扰的越位陷阱，即所有的后卫同时向前冲，让一名进攻球员陷入越位的位置，从而中断对方的进攻，获得一次任意球机会。

人盯人防守同样成了一门高深的艺术，一名关键球员无论走到哪里都会被盯他的防守者以几乎有失体面的距离紧紧跟随着。这些移动中的对头时常看起来就如同被绳子绑在了一起一样；有时趁着球在球场的远端，他们会爆发激烈的冲突。防守者和他要盯的敌人贴得太近，以至于后者恼羞成怒，趁着主裁判（和观众）的目光聚集于球场另一端的戏剧性事件，向后猛地抬起手肘或脚后跟，把他的"影子"放倒在地。反过来，影子本身也可以利用类似的时机，从背后痛击对手。他们可以在距离极近的时候下手，使局外人几乎无法察觉，然后旁若无人地走开，直到有人看见受伤的球员痛苦地在草地上滚动。当然，这时他已经不被盯防了，周身数米空无一人，所以尽管有明显的犯规行为发生，主裁判却无法做出行动。

4. 接受大礼

如果一名球员没能通过阻挡或拦截夺得球权，他唯一的希望就是等着球自己送上门来了。这种情况偶有发生，有时失去控制的球突然掉到他的身前，又或者一次折射让球产生了意料之外的变向。球员们必须随时对这种可能性保持警惕。在每一场比赛中，无论球员们用精湛的脚法将球掌控得多么优雅，总有那么些时候球会不受控制地到处滚动，此时一个迅速的反应或许就能决定比赛的胜利。有时我们会看到，一些平庸的球员在皮球神奇地滚向他们的脚尖时完全惊呆，而就在他们犹豫不决的刹那间，意外获得的优势就被浪费掉了。

以上就是现代足球运动员可能用到的基本战术。除了在七种"定位球"（开球、界外球、球门球、任意球、角球、坠球重启、点球）情景下用到的特殊战术之外，它们覆盖了一名球员在一场比赛中可能遇到的全部场景。显然，足球战术中并没有什么过于苛刻的元素，因此 22 个年幼的学生也完全能够踢出一场有效率、有观赏性的比赛，而不需要任何细枝末节的教导。尽管如此，教练们的手册上还是塞满了各种画有虚线、箭头和符号的令人困惑的图表。多数球员是愿意费心去研究它们，还是愿意更多地依赖直觉和球场上的普遍经验？这一点很值得怀疑。事实上，过分注重分析是相当危险的。如果一名球员的头脑里负担了大量技术上和理论上的信息，就很可能变得过于机警，从而失去能够点燃整座球场、赢得重要比赛的即兴创造力。

部落聚会

游行与热身，行礼与开球

重要比赛日的早晨，部落成员们在熟悉的情绪中醒来，这中间交织着翘首以盼的激动与轻微的焦虑不安。他们知道，到了傍晚时分，他们就会带着荣光或忧愁回到家中。

为了比赛盛装打扮时，他们中的许多人一定不会忘了永远带在身边以求帮助球队获胜的特殊吉祥物、符咒、护身符或幸运饰品。他们可能会经常拿吉祥物来开玩笑，但如果没有了吉祥物，他们就会觉得惴惴不安。

随后，他们前往神圣的球场，与朋友们碰面，接着反复断言己方今天一定会赢球，必然会大比分屠杀对手，绝对会让对方彻底溃败。任何持相反看法的傻瓜都会被立刻要求闭嘴，因为这正是部落巫术开始生效的时候。哪怕只是说起输球的可能性都会招致坏运气。这种不忠的态度会惹怒众神。

球场里，场地管理员在检视草地，官方员工在处理数不胜数的询问，管理人员正陆续入场。检票闸门的人员已就位，自动售货机也已调试好。不远处，光彩夺目的大巴载着客队人马驶向敌人的领土，车上的球员们透过窗户凝视着街道上涌动的主队支持者，以及他们佩戴的敌方配色的围巾和帽子。当蓝色系的客队进入一片红色的领土，随着大巴离球场入口越来越近，这一片红色的人海总会让他们清晰地意识到自己正远离主场，在接下来的一个多小时里耳边会响起许多敌对的声音。

在工作人员的指引下，大巴小心翼翼地驶向停车场里的专属位置，慢慢地停下来。伴随着"嗞"的一声，车门打开，客队球员已然感受

› 2013年，曼联和维冈竞技在温布利球场进行社区盾杯的比赛，赛前球迷们在温布利大道上游行。

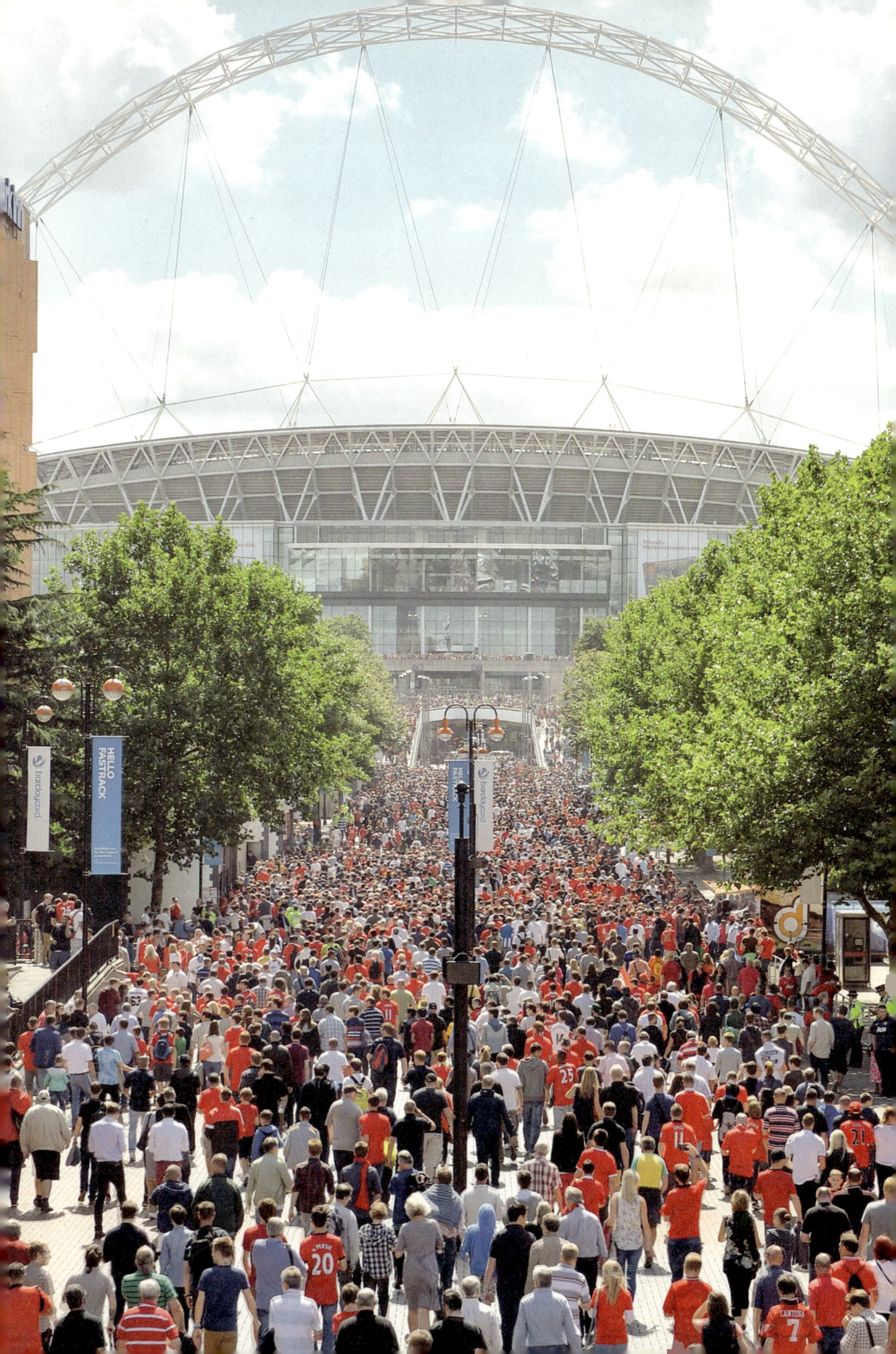
HELLO FASTRACK
barclaycard

为什么是足球

到的紧张氛围顿时变得更加真切了。长途旅行中的闲聊和牌局已经被抛诸脑后。走向客队更衣室时，他们有可能会与刚刚到来的主队球员狭路相逢。如果两家俱乐部之间的关系很糟糕，双方球员可能会刻意忽视彼此。如果过道里安装了闭路电视记录球员们到来的时刻，他们有时会到摄像头前装模作样、嬉笑逗打，摆出一副轻松无比的姿态。如果有原来的队友出现在敌阵当中，他们甚至可能毫无恶意地开起玩笑。现在，支持者们纷纷涌入球场，逐渐填满看台，部落的赞歌已然响起。扬声器里播放着流行音乐，季票持有者轻车熟路地走向自己最爱的席位，查阅比赛双方的出场名单。俱乐部高管在会议室集合，准备进行他们的接待仪式，记者和评论员则在吧台喝下最后一杯提神的饮料，然后爬向看台上层的媒体专座。在球场的远端，客队支持者们如同野马一般，被管束在专门划给他们的棚子里，周围还有警察

警惕地观察着，试图估计赛后出现骚乱的可能性。大看台底下，主裁判及其助理正更换着他们的制服。两间更衣室里，球员们正在准备迎接即将到来的恶战。日落之前，他们当中至少有两三个人会经受不轻的擦伤或挫伤，甚至还有可能遭遇重创。如此一想，他们的掌心已经汗湿了。将士们虔诚地执行着迷信的仪式。外向的人吵吵闹闹，紧张地开着玩笑；内向的人则沉默寡言，全神贯注地进行着他们个人专属的小仪式，借此消磨时间——系鞋带、绑绷带、检查护腿板和鞋钉，核对根本无须核对的事项，做肌肉锻炼，蹦来蹦去。空气中弥漫着搽剂的味道。主帅前来巡视，送上建议与激励的话语，一方面是为了填补等待的空虚，另一方面也是为了下达最后的指令。

更衣室外，看台上已经沸反盈天。场地两端的双方球迷高唱着富有节奏感的赞歌，他们已经开始痛骂对方，并大肆吹捧自己主队的卓

∧ 2013 年，阿森纳对阵诺维奇的英超联赛开场前，阿森纳球迷走向酋长球场。

‹ 2014 年在多特蒙德，多特蒙德对阵沙尔克的德甲联赛开场前，防暴警察将双方球迷隔离开来。

越之处；音响大开的流行音乐声在这场声浪的较量中也甘拜下风。突然，扬声器噼啪作响，随后一个声音接替了刺耳的音乐，念出了双方球员的名字。每念到一个名字，就会引起相应球队支持者的欢呼，以及对方球迷的嘲讽。现在，只有高管包厢里是空着的了。

看台下方，球员们像巴甫洛夫的狗一样等待着的那个声音骤然响起——那是主裁判拉响了蜂鸣器，召集双方球员上场。会议室里的蜂鸣器也会响起，然后部落长老们便穿上大衣，拾级而上，走向自己的专座。两间更衣室里，蜂鸣器的声音促使球员们的情绪发生急剧的变化。球员们走来走去，互相握手，互祝好运。他们开始在更衣室门前列队，活动自己的双腿，球鞋上的钉子在硬体操地板上发出嗒嗒的声响；他们等不及想要用双脚感受草皮，以及开放空间里的身体自由。有些球员会调整位置，根据他们的个人迷信来选择站在哪里。最后，门打开了，球员们向前走去，穿过甬道，走上场馆中央的广阔草地。

如果这是一场无足轻重的比赛，那么双方就会分开入场，前后间隔片刻，避免在这个阶段碰面。然而，如果是重要的比赛，那就还有最后一项考验耐心的惯例要执行——入场仪式。双方球员在甬道口肩并肩列队，然后并排前进。站在看台下方时，两列纵队相隔不过几英尺，但他们依然不会直视对方。他们摩拳擦掌，轻轻跳动，舒展筋骨，看起来更像是在热身的芭蕾演员，而不是即将上阵的运动员。即使他们想冒险瞄一眼敌人，那也不会直视对方的脸，而是瞥向他们的双腿；

121

为什么是足球

这一条条腿看上去惊人地强劲而健壮，显然能够对脚踝、脚后跟、小腿和膝盖造成可怕的伤害。然而，随着主裁判示意他们走上球场，这些念头都被无数观众愈发响亮的欢呼声一扫而空。参加一项重大部落集会的仪式感很快压制了球员们各自的忧虑，他们开始沉溺于在空旷草地上运动的奇妙感觉。

如果这是一场非常特别的比赛，那么球场上仍有可能举行某种展示，例如体操表演或仪仗队绕场。球员们伸展双腿，来回踢着练习用球，测试球和场地的质感与硬度；赛前表演接近尾声，突然之间，气氛就变了。球员们退回各自的更衣室，练习用球也被收了回去。穿着全套运动服的球童们跑向自己的位置，主裁判及其助理来到了球场中央。接着，双方球员陆续登场，通常每人都牵着一个小孩儿。在国家队比赛中，待国歌演奏完毕，他们会列队从彼此身边走过，一边走一边握手。

裁判抛出硬币，双方选定了攻防方向。此时球员们的心绪十分矛盾，虽然因为比赛终于要开始了而感到如释重负，身体却变得愈发紧张。球员们站定位置，主裁判将球放在中圈开球点。主裁判向其助理示意，启动秒表，举起哨子吹出尖锐的声响。观众们纵情呼喊，足球部落的中心仪式开始了。

上面描述的是部落集会的典型模式，但不同的地方都会有些许明显的差别。在北美洲，足球比赛开始前，都会有年轻靓丽的啦啦队员为球场增添魅力。暴露的服装为她们赋予了一种特定的身份，一半是体态健美的泳装佳丽，一半是性感妩媚的歌舞团女郎。她们跳跃、旋转，挥舞着花球，激起现场观众的热情，直到广播里宣告部落英雄们已经到来。随后，她们在甬道出入口排成两列纵队，迎接球员们入场。随着扬声器里传出球员的一个个名字，球员们如角斗士一般依次跑向球场，他们的面孔也闪现在电子记分板上。

在北美洲以外，人们观看这些华而不实的表演秀时，总是带着复杂的情绪。表演着高踢腿的姑娘们的确令人赏心悦目，任何血气方刚的部落成员都不会否认这一点。人们并不是因为假装正经，才对北美人民的热身项目加以批判，而是因为，它们在球场上造成了一种深深的"违和感"，就同大战将至时，隆美尔和蒙哥马利却在前线安排脱衣舞表演一样。对于传统主义球迷而言，部落集会更多地意味着共同经历一场象征意义上的考验，而不是一次尽享欢愉的家庭郊游。这是英勇的猎人们

> 下一页：美国球迷在巴西世界杯上欢庆。

展示超凡技艺的时候，所以军乐队绕场被认为是合适的，而性感女郎们的欢腾跳跃尽管充满健康活力，看起来总还是和赛场上的激烈氛围格格不入。北美人反驳称，其他地方人民追求的不苟言笑的男子气概有些过犹不及了，这正是许多球迷滋事问题的根源所在。他们表示，如果将足球比赛变成一种娱乐，那么球迷们的情绪就会缓和得多。暴力行为将渐渐消失，这项运动将再次为观众们呈现充满魅力的比赛，而不是潜在的骚乱场景。

在俱乐部层面上，国际锦标赛中，还有另一种形式的噱头。赛前的流程往往看起来比赛事本身还漫长。主办方组织了大规模游行，体操运动员们在草地上排列出不同的图案组合，各国旗帜高傲地排列在体育场周围。在这些精心设计的仪式之中，各队球员逐渐泄气，失去了耐心，可是也没有什么能抱怨的。

有时候，这类赛事举办得过于频繁，是与当地官员的虚荣心态脱不了干系的。举个例子：在某届加勒比地区锦标赛的揭幕战前，竟然上演了一场选美比赛。比赛选出了一位"足球女王"，而五位并列亚军则被誉为各支参赛球队的"教母"，正好每个国家一位。无论球队走到哪里，"教母"都一定会出现，即使在开幕式上也不例外。入场时，五个国家的代表队跟在一支乐队后面行进，童子军举着各国的旗帜，而"教母"们则轻快地走在各自"收养"的球员前面。走到主看台时，还会举行专门的升旗仪式，随后完整演奏五个国家的国歌。接着，当地足协主席发表一段冗长的演讲，东道主长官则以一段更长的讲话作为回应。到这时，球员们已经在烈日底下站了一个多小时了，却还没有踢一脚球，这堪称是对足球术语"热身"的全新诠释。可惜，球员们对于这种做作的开赛方式的评价并没有被记录在案。

再早些时候，在世界的另一边，俄罗斯足坛也有过一种独特的赛前仪式。它第一次在西方世界亮相是在"二战"结束后不久，当时著名的莫斯科迪纳摩队到英格兰踢了一轮巡回比赛。在第一场比赛开始前，他们让到场的观众和对手切尔西备感惊奇。体格强壮的俄罗斯球员先是随意热身了十来分钟，然后突然跑回了更衣室。当他们和切尔西球员一起再次出现时，观众们惊讶地发现，这些身形粗壮、毛发灰白的客队球员各自都在腋下夹了一大束鲜花。演奏国歌时，他们手捧艳丽的花束，肃然站立；随后整齐地迈步向前，动作僵硬、面无表情地鞠了一躬，并将友谊的花束递给了他们的对手，让后者一时之间颇为尴尬。礼毕，他们分散到球场各处，站定各自的位置，等待开球；而切尔西球员们则茫然地愣在原地，手里捧着鲜花，活像是一群傻瓜。助理教练上前营救了他们，他从球员的怀中接过一束又一束鲜花，然后步履蹒跚地走下场去，整个人都淹没在巨大的花丛中。观众席上爆发出阵阵笑声，而俄罗斯人则在不经意间收获了人们对他们运动风尚的赞誉。说不经意，是因为对他们来说，这是一项已成惯例的礼仪，他们并非有意让人感到困惑或惊异。后来人们才注意到，在俄罗斯，在重要的比赛开始前，双方球员都会携花束上场。在简短的换花仪式过后，球员们会将花束掷向观众，没有人会待在原地或尴尬失措。如今，俄罗斯联赛也已经现代化了，球场上不再有鲜花出现。

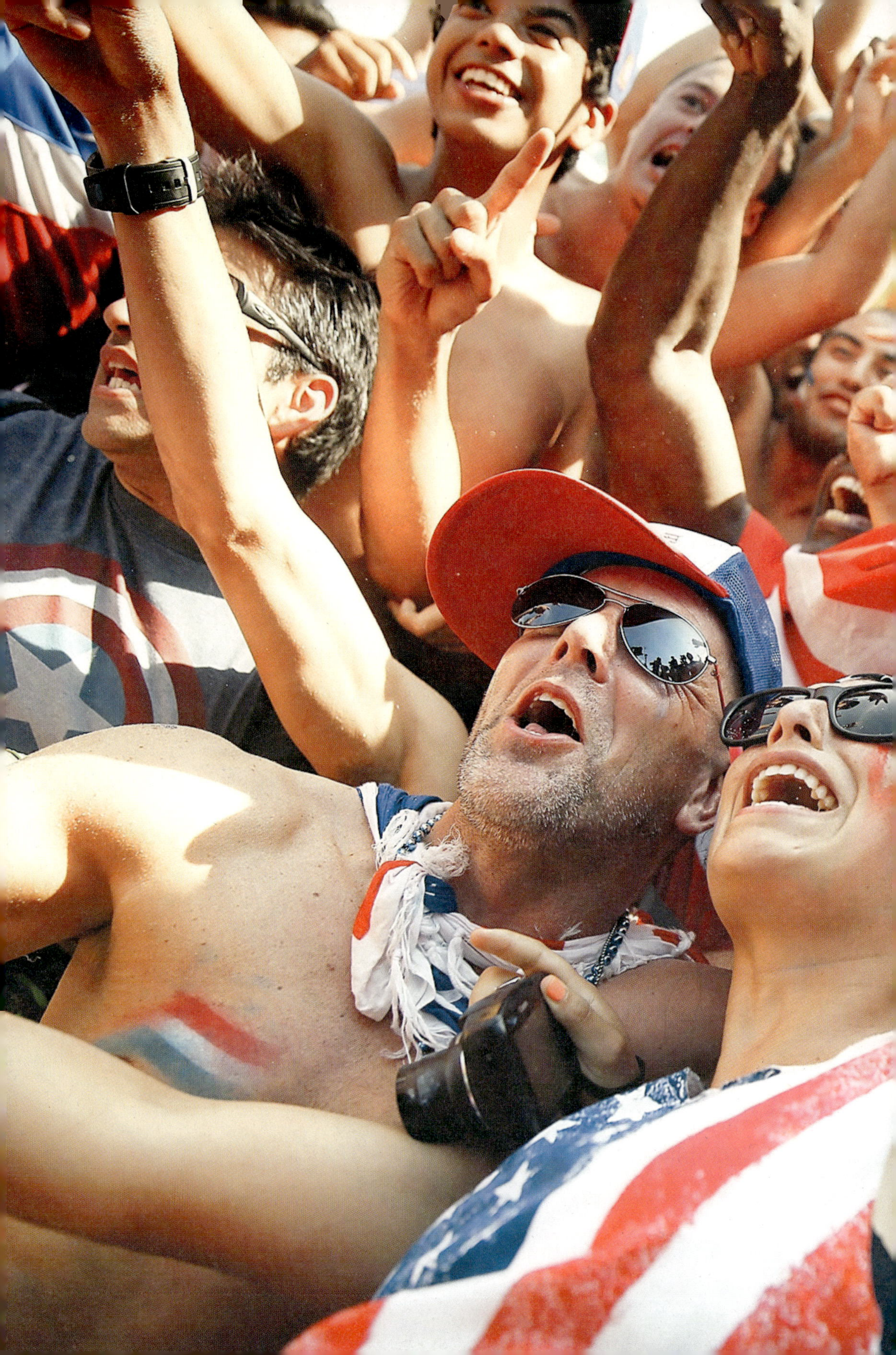

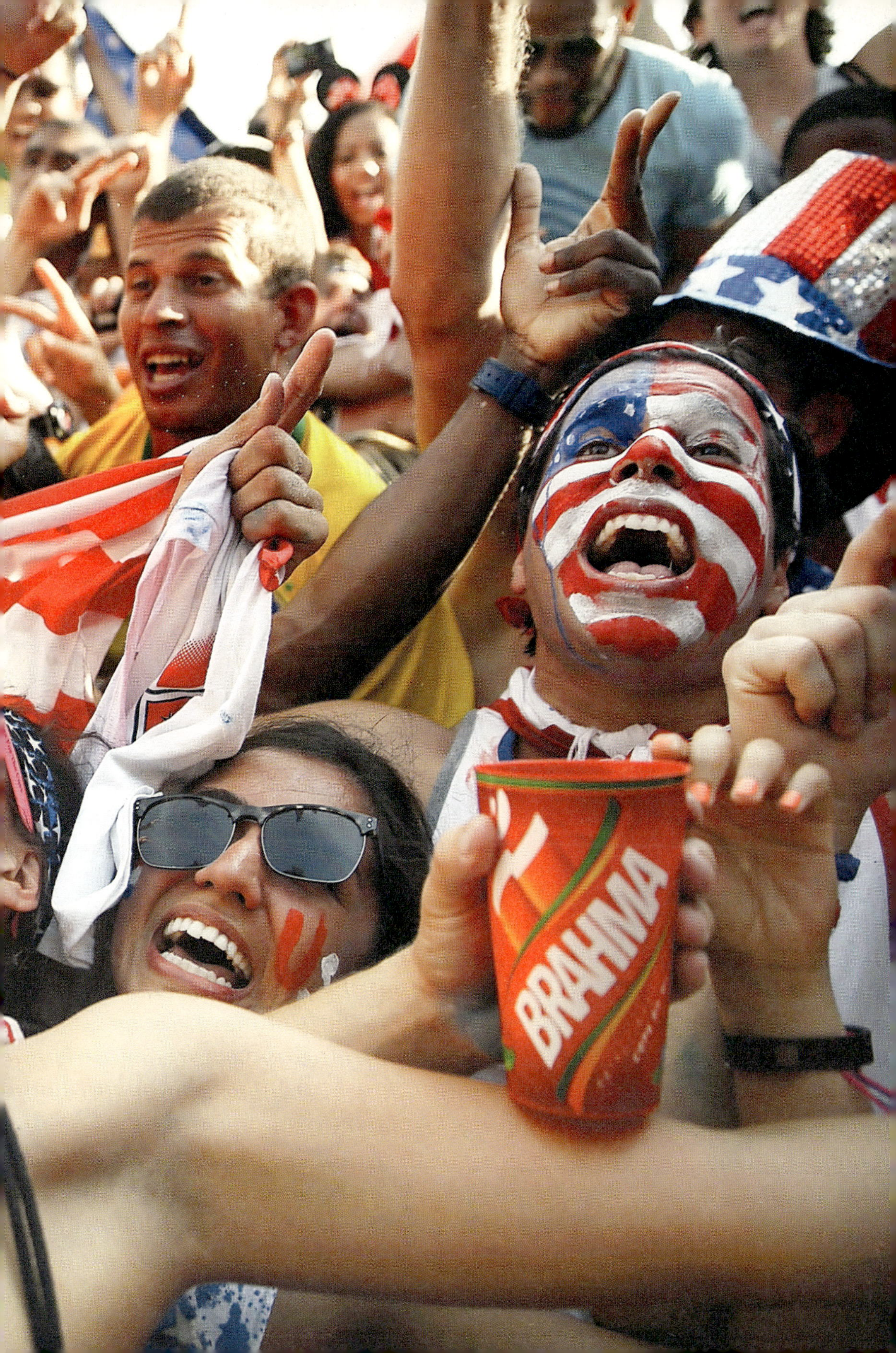
BRAHMA

中心仪式

比赛过程

足球部落一周之中的焦点，就是悬念重重、受到严格把控的 90 分钟比赛，其他所有部落活动都是围绕着这一中心仪式展开的。一场比赛分为上下两个半场，中间有短暂的中场休息，开始和结束的信号都是裁判吹响的尖锐哨声。对于忠诚的部落成员而言，在这段时间里，世界上的其他一切都短暂地消失了。在这段时间里，充满了不间断的专注、几乎无法承受的紧张和不受控制的乐趣、深深的沮丧和极度的喜悦。

理解这些激情的关键在于比赛的结构。每场比赛都是自相矛盾的，自开场的那一刻起，就既十分容易预测，也十分难以预测。比赛的规则相当简明，各种战术动作也都为人们所熟知，所以旁观者能够即刻理解比赛中的每一个瞬间。尽管如此，却绝对没有人能确切地知道接下来会发生什么。比赛的主题或许是严格受限的，但是其中的变化却是无穷无尽的。

这种矛盾的性质意味着，无论一名部落成员能够多么熟练地理解比赛中连续发生的种种事件，他都无法放松哪怕一个片刻。一瞬之间，变化万千。看上去平静、安全的时候，可能突然间就爆发出一波闪电般的反击，前一刻的释脱又一次转变为惊恐。从裁判吹响开场哨的那一刻起，足球就仿佛变成了一枚被激活了的手榴弹，所有部落成员的目光都紧锁在它身上，直到它被射入球网，或者比赛被中断，"手榴弹"暂时失去活性。

这种"活"与"死"的概念有助于理解比赛的基本模式。每场比赛都包含约 2000 次触球，上下半场各 1000 次。当然，在这些接触当

△ 1978年世界杯，法国对阵阿根廷的比赛瞬间。本书128—133页详细分析了这场比赛的结构。

中，大部分都是脚踢球，但也包括头顶球、胸顶球、掷界外球、意外折射触球，当然还有守门员的扑球、抛球、双拳击球和手指触球。比赛中的这2000个动作单元是在一长串不规则的突发事件中出现的，有的很短暂，有的则会维持一阵。一场典型的比赛中约有100个这种包含激烈活动的时间段，在此期间球是"活"的。在每个动作片段的结尾，球都会变成"死"的，这可能是因为有球员违反了规则（产生一次任意球或点球），或是球出了边线（造成一次球门球、角球或界外球），又或是有一方进了球（导致重新开球）。

因此，一场比赛可以被看作是活球状态下的动作片段及死球后判定的连续交替。在前一种情况下，球被快速地移动到球场各处，理论上在场的所有22名球员随时都可以触球；而在后一种情况下，球是静止的，此时22名球员中仅有1人可以触球，而且在让球回到活跃状态的过程中，该球员仅可触球一次。

死球的片刻通常只会持续数秒（除非出现重伤），所以即使是在动作片段中止的时候，观众们也决不能任由注意力分散。总之，在这90分钟的大部分时间里，观众们都是坐立难安的——以一种唯足球所独有的方式。

就这一点而言，比赛的速度非常重要。一个动作接一个动作地分析10场国际比赛，结果显示评价每场比赛有2322次触球，最少的一

为什么是足球

场为 1911 次,最多的一场则是 2622 次。这意味着,大体上每分钟发生 26 次触球,或者大约每两秒发生一次触球。这必然很接近刺激人类大脑所需的最优条件。如果输入更快,就会变得过于混乱——我们的头脑会消化不良;如果输入更慢,我们就会有时间被其他的思绪或想象干扰。而一场典型足球比赛的击球频率则最适合捕捉并控制我们的注意力。

细节上的多变性亦有助于这个比赛过程。其他许多竞技项目规定,比赛双方"轮流行动",所以它们的事件模式相当容易预测。无论是高尔夫还是斯诺克,网球还是板球,我们都知道接下来由谁行动,因为规则告诉了我们。先是 A,再到 B,再到 A,再到 B。但在足球比赛中,却没有办法这样预测。如果一名蓝队球员接到球,我们无法预知下一脚触球时,他是会继续持球,还是会传球给一名蓝队队友、被红队球员抢走球、将球踢出界外,又或者起脚射门。无论何时,所有的事情都有可能发生。诚然,我们可以猜想某个场景即将发生,但我们永远无法做到绝对确定。猜想总有可能出错。哪怕是一次简单的回传球,有时也可能从守门员身边溜过,造成一粒不幸的传球。

为了更清晰地理解足球比赛因最优速度/最优不可预测性而产生的刺激,我们可以选取一场比赛,对其进行解剖。显然,这应该是一场被公认为史上最佳之一的比赛。笔者选择的是 1978 年世界杯阿根廷对阵法国的比赛。最终阿根廷以 2∶1 获胜,但这是一场势均力敌的交锋,而且双方的较量十分精彩,以至于博比·查尔顿爵士动情地赞叹:"这是我看过最好的国家队比赛之一。"持这种观点的并不止他一人,所以笔者选择这场比赛来进行逐球分析,探究一场接近完美的对决在动作片段、模式与结构上能为我们呈现什么。

首先显现出来的一个事实是,在人们研究过的许多场比赛当中,这是节奏最快的一场。比赛似乎很少中断,就连"死球"也寥寥无几。主裁判让比赛保持极速运转,而球员们则片刻不敢懈怠。90 分钟下来,一共发生了 2622 次

触球数量

	第一个 15分钟	第二个 15分钟	第三个 15分钟	第四个 15分钟	第五个 15分钟	第六个 15分钟
阿根廷	197	245	215 g	162	205 g	217
法国	234	237	259	196 g	215	240

虽然球员们消耗了大量精力,但是最后 15 分钟比赛中发生的触球却略多于第一个 15 分钟,因为双方都在为进球而孤注一掷。而且,上下半场之间的差异微不足道:

g= 在此期间进球

	上半场	下半场	合计	
阿根廷	657	584	1241	=每名球员113次
法国	730	651	1381	=每名球员126次
合计	1387	1235	2622	

> 1978 年世界杯，在布宜诺斯艾利斯迎战法国队的比赛开始前，阿根廷国家队合影。

触球，详情如下：

整场比赛中有不少于 780 次成功的传球。阿根廷球员传球 368 次，法国球员传球 412 次。

球权交换了 464 次。上半场双方各掌控球权 119 次，下半场则是 113 次。

这些数据意味着，由于阿根廷球员共传球 368 次、丢球 232 次，全场比赛共出现了 600 次由一名阿根廷球员控制球的不同情景。而在法国队这边，他们传球 412 次，丢球 232 次，总数是 644 次。两者相加，全场比赛共有 1244 次不同的球员持球情景。

正是这种球员之间的高频传递，创造了这场比赛最重要的特点之一：面对激烈拼抢时的高速配合。体现配合的是这 780 脚传球，而 464 次丢球则是激烈拼抢的证明。每当有一方传出好球或夺得球权，其支持者就会感到暂时的骄傲与愉悦；每当对方传球成功或夺得球权，他们便会感到焦虑与紧张。考虑到每场比赛要经历数百次情绪的变换，终场哨响之后那些热情饱满的足球部落成员自然会感觉无比充实，乃至精疲力竭。由于足球比赛的结构设计，球迷们积极的忠诚感和消极的敌对感都能得到充分释放。其他任何体育项目都不能提供一场如此相互制衡、情绪反差的盛宴。

当然，两支球队或两名球员之间转换球权的方式并没有规律可循。每支球队都会努力尽可能长时间地保持球权，但最终他们必须冒着丢失球权的风险，尝试攻击敌方球门。即便没有接近射门位置，控球的

1978 年世界杯法阿大战的分析

上半场

下半场

关键点

- ● 触球
- ●● 传球
- ●—● 盘带
- ●● 丢失球权
- L 角球
- △ 任意球
- ※ 球门球
- ▽ 界外球
- ⊙ 点球
- ☆ 进球
- — 守门员控球
- ⌒ 哨响
- □ 黄牌

时间越长，球被抢走的风险就越大。因此，短暂的持球比长时间的球权控制更常见，但人们从来都没法分辨哪一次持球会很短暂，哪一次又能成功延长控球时间。在下文中，我们将讨论足球部落守望者们的另一个悬念之源。

仔细观察阿根廷对阵法国的这场比赛，可以明显看出：在被敌方夺去球权之前，控球方成功传球的次数为0~10次不等，多次成功传递的情况极少发生。但是，我们却无法以上一个片段为基础，预测下一个片段的情形。所以，部落守望者们必须随时警惕丢失／获得球权的可能性。

更加细致入微的研究显示，比赛中的每一个球员持球单元的确都遵循着一种相似的模式。如果一名球员将球控制在脚下，他可能只有机会踢上一脚，之后要么传给队友，要么触球一次就丢了球；也可能连续触球好几次，才和球分开。单次个人控球片段中，踢球（或其他形式的触球）的次数为1~11次不等，多次触球的情况同样极少发生。1次触球是最常见的，这表明一脚出球、快速传递的比赛风格已经在很大程度上取代了从前的盘带式风格。纵观法阿大战，全场仅有三个球员持球片段中，持球者在传球或丢球前触球8次以上。相较之下，共有628个单次触球的片段。"第一时间足球"已经逐渐统治了现代足球比赛。

如前所述，所有的这些触球都集中在动作片段中，其中穿插了些许死球时间。在这场比赛中，共有131个动作片段，其长度不一而足：最短的仅有1次触球，最长的触球多达108次。

与这些动作片段交替出现的131次死球时间由如下内容构成：

	角球	界外球	犯规	越位	球门球	开球	点球	合计
阿根廷	6	14	25	2	17	2	1	67
法国	5	25	17	6	8	3	0	64
合计	11	39	42	8	25	5	1	131

上述对这场法阿大战的详细剖析，以及其他类似的赛后研究，或许有助于解释足球比赛的刺激观感，但却并不能解释足球之美。到最后，这些细致的分析与详尽的数据都丝毫不能体现出一场比赛的品质与美学特性，无法阐述为何这个动作优雅流畅，而那个动作却丑陋笨拙。这些数字能做的只是提供充分的证据，以表明足球运动作为一种无与伦比的载体，为身体上的策略与战术做出创造性诠释的巨大可能性。

然而，归根究底，即使是最优雅的传跑模式也将变得毫无意义——除非它们能顺利达成部落集会的仪式高潮：射门。

2 · 部落仪式

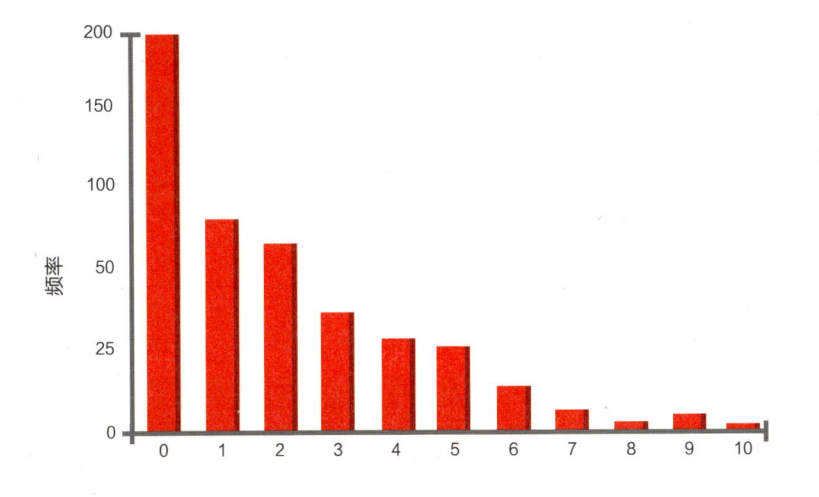

在单个控球片段中，丢球前队友传球的次数。

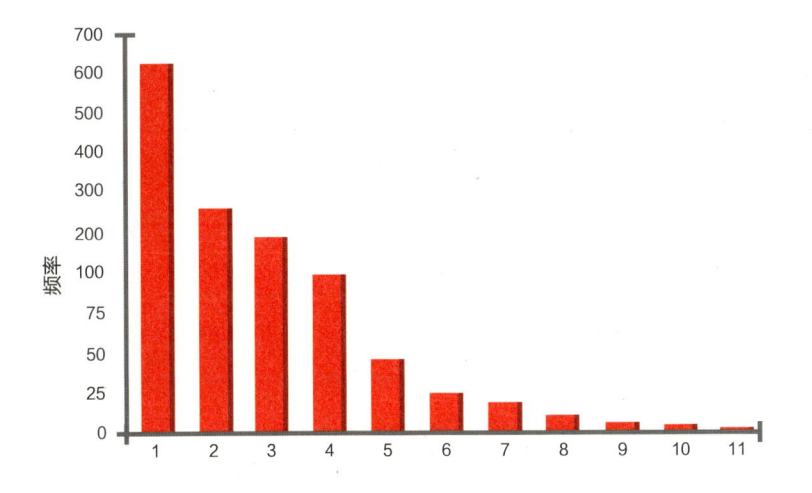

传球或丢球前一名球员触球的次数。很显然，单次触球是最常发生的。

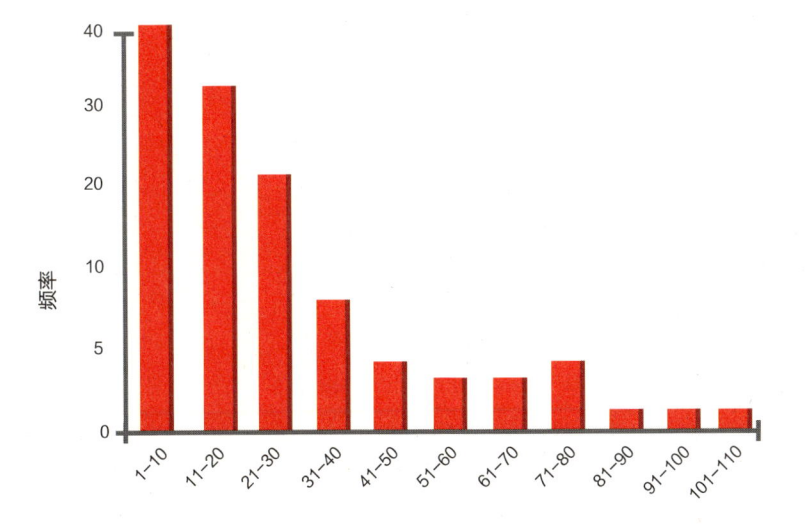

一个动作片段被死球时间终止前，（双方球员）触球的总次数。

仪式高潮

进球得分

足球部落中心仪式的关键时刻，就是球被射向球门的一瞬间。今天，这个动作被称为"进球得分"，这个术语的背后有着一段漫长的历史。

"goal"这个词曾历经了数次意义变化。最初，它被用来表示某种障碍或屏障；后来表示某种限制或边界；再后来则变得更加具体了，用于表示某个边界标记，例如石头、柱子、木杆或其他地标。在更狭义的层面上，它成了指明赛跑起点与终点的特殊标记。最终，它被定义为在一场竞技比赛中必须到达的某个地方。

正是在最后一种意义上，这个词被用于最早的中世纪民间足球比赛中，那时的球门就是某个物体，必须将球带到此处才能获胜。至于这个物体的性质，各个地方不一而足。在德比郡阿什伯恩，球门是两个相隔数英里的水车（其中一个保存了下来，而且仍然被用于一年一度的忏悔节比赛中）；当球触碰到其中一个水车时，人们就会说破门（goaled）了。优胜的球员并不是"进球得分"（score a goal），而是"带球入门"（goaled the ball）。

随着足球运动的组织日益完善，对比赛场地的限制也日益严格，原先适合充当球门的物体并不总是那么方便，所以必须竖起专门建造的木桩作为球门。到这个时候，球员们要做的不再是让球触碰这些木桩了，而是将球射入或带入两根木桩之间。因为"带球入门"比从前更容易了，所以比赛不再由单次"入门"来决定胜负。相反，胜利属于在规定时间内"入门"最多的一方。在比赛进行时做记录成为一项必不可少的工作，而记分的方式就是在木制门柱上刻下印记。

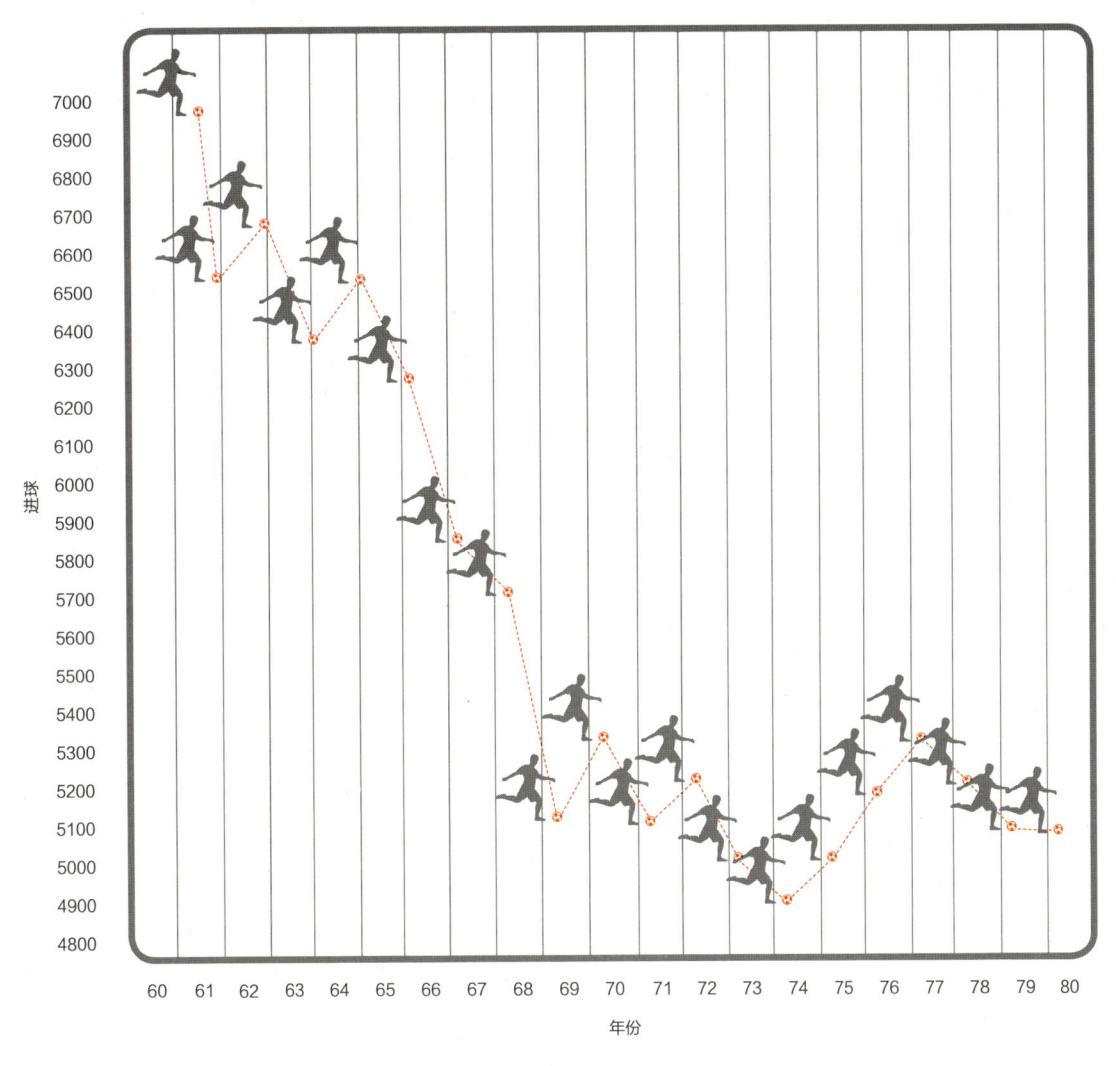

∧ 20世纪60年代英格兰足球联赛的年度总进球数经历了急剧的下跌，大致从7000球减少到了5000球。到了70年代，这一数据又有所回升。显然，防守上的进步超过了进攻方面的进步。

› 90分钟的比赛中每一个15分钟段的进球频率。一场比赛自始至终，进球的可能性稳定上升。这意味着，随着比赛时间的流逝，要么防线越来越疲惫，要么锋线越踢越好，要么两种情况同时发生。

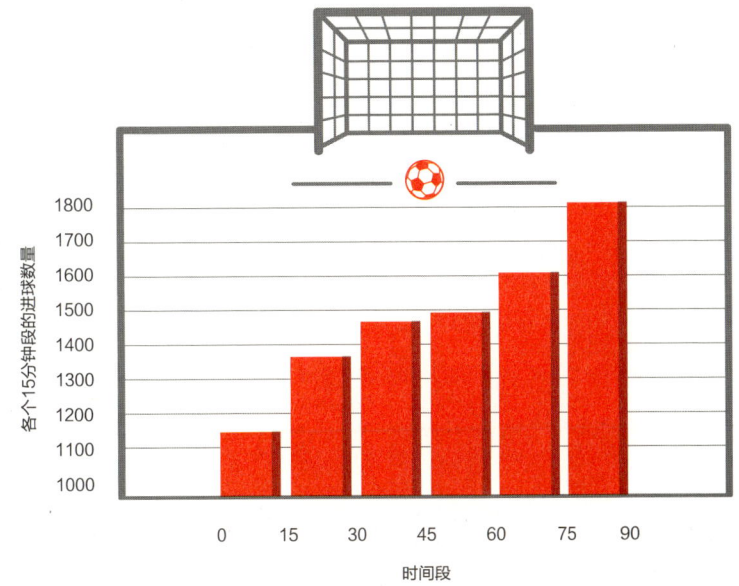

为什么是足球

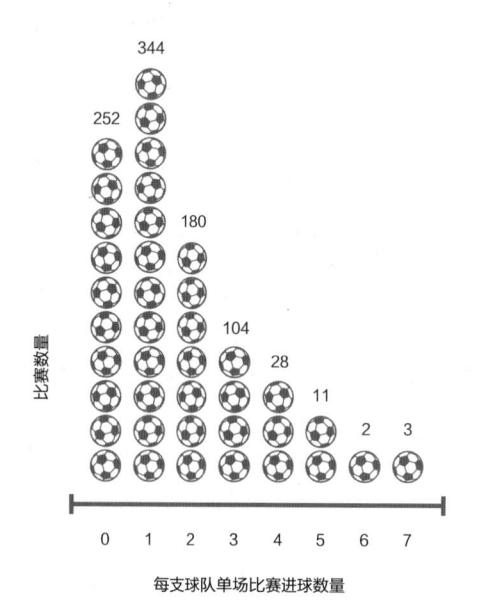

比赛数量（纵轴） 每支球队单场比赛进球数量（横轴）

进球数	比赛数量
0	344
1	252
2	180
3	104
4	28
5	11
6	2
7	3

∨ 1969年11月20日巴西《环球报》的头版，着重报道了NASA宇航员查尔斯·"皮特"·康拉德和艾伦·比恩在月球上的活动，以及在桑托斯对阵瓦斯科达伽马的一场比赛中，巴西球星贝利代表桑托斯攻入个人第1000粒进球的壮举。

正是在门柱上记录分数的做法，使得"进球得分"这个术语应运而生。最初，这个词专指对这种制胜动作的记录，但随着时间的推移，它逐渐成为制胜动作本身的指代。在这层新的含义上，"进球得分"取代了原先的"带球入门"。

这就是为什么如今一名足球运动员将球射入两根门柱之间时，人们会说他"得分"（scores）了。这也解释了为什么"goal"这个词如今有着两种截然不同的含义，不仅指代一组器械（球门）——两根门柱、一根横梁和一张球网——还指代将球放进球门的制胜成就（进球）。

正是在这层意义上，"进球"成为足球部落成员生活中的高潮事件。他们热切地谈论着进球，从漂亮的进球、戏剧性的进球、令人震惊的进球，到当月最佳进球、赛季最佳进球、生涯最佳进球、世纪最佳进球，除此没有什么能令人更加狂喜或更加沮丧的了。人们为了进球而欢呼、哭泣，既渴望进球，也惧怕进球。关于进球的种种念想主导着整个足球部落。

人们记录、斟酌、反复计算和比较着不胜枚举的内容：总进球、场均进球、净胜球、扳平比分的进球、乌龙球、无效进球、点球、帽子戏法、射手榜……并绘制了各种图表与表格，进行详细的数据统计研究。这就是足球部落成员以及他们所热衷的。

进球之所以如此重要，原因之一在于它们十分难得。在现代职业足球运动中，一场90分钟的比赛下来，一支球队最常见的分数就是1。第二常见的分数就是0。在一场比赛中攻入数粒进球是相当不容易的，所以进球才令人

△ 2015年，柏林奥林匹克体育场，巴塞罗那在对阵尤文图斯的欧冠决赛中首开纪录，巴萨前锋路易斯·苏亚雷斯挥臂庆祝。

欣喜若狂。正是因为进球得分非常困难，当制胜时刻终于来临之际，它才那样地激动人心。如前所述，每支球队场均触球略多于1000次。这意味着，无论何时一名球员触到球，他都仅有不到千分之一的概率进球得分。无怪乎每次进球都能产生如此强烈的反应；无怪乎那些稀有的榜样——高产的射手——在部落传说中得到了升华，他们已不是一般的英雄，而是成了神一般的人物，被忠实的追随者们奉为偶像、顶礼膜拜。

毋庸置疑，近几十年最伟大的神级人物之一就是巴西前锋埃德森·阿兰特斯·多·纳西门托，他的另一个名字广为世人熟知——"球王贝利"。在整个职业生涯中，贝利共打进1284粒进球（至今仅有5名球员攻破1000球大关）。由于他那出神入化的球技，球迷们对他的追捧无比狂热，以至于重大事故频频发生，如此程度的崇拜在足球部落的历史上是空前绝后的。

有一次，贝利因对一次判罚不满而与主裁判发生争论，最终被驱逐出场；观众暴怒不已，纷纷冲上了球场。警察历尽艰险才勉强救了这位可怜裁判的性命，他被推到了安全的地方，一位边裁接过了他的哨子。观众不允许比赛继续，除非让贝利回到场上，为了防止发生流血事件，裁判组也只好同意——在足球历史上，这是唯一一次此类要求得到许可。这起事件最非同寻常的地方在于，它并不是发生在贝利的家乡，甚至都不在他的祖国，而是在哥伦比亚。

137

◁ 2012 年，诺维奇的卡诺路球场，诺维奇俱乐部的乔尼·豪森攻破埃弗顿门将蒂姆·霍华德的五指关后转身庆祝。

▷ 2014 年巴西世界杯，在对阵科特迪瓦的比赛中，哥伦比亚队的哈梅斯·罗德里格斯为球队首开纪录，随后与队友跳舞庆祝。

还有更离奇的：贝利的光临曾经中止了一场战争。在惨烈的尼日利亚内战期间，交战双方同意休战两天，这样一来双方都能观看贝利的比赛。贝利的盛名传遍了许多国家，他曾会晤过不少于十位国王、五位皇帝、七十位总统、两位教皇和三十八位其他国家元首，其中一位教皇还曾屈尊亲自拜谒。他的名字在九十多首不同的歌中被唱起，他获得的殊荣更是数不胜数，其中包括一颗用黄金做成的足球和一顶用金叶打造的王冠。

所有这些事件都直接起源于他那超凡入圣的射门能力，而他攻入第 1000 粒进球的那个瞬间，自然也产生了其漫长的职业生涯中最令人激动的情景之一。在里约热内卢巨大的马拉卡纳体育场，贝利在一场比赛临近尾声之际，通过一记点球完成了第 1000 粒进球，旋即引爆了全场。双方的球员们都冲上来祝贺他，球门后方的摄影师和记者纷纷越过端线，加入他们当中，他们的身后更有无数观众涌上球场。贝利的球衣被扯了下来，露出了一件印着数字 1000 的银色上衣，而贝利本人则被人们举在肩上，在全场观众歇斯底里的欢呼声中绕场游行。烟花绽放开来，一大束气球冉冉升上天空，向人们传达第 1000 粒进球的消息。在巴西每一座城市的大街小巷，前一刻还在晶体管收音机前守候消息的数百万民众，此刻都欣喜若狂地上街跳起了舞，逼停了来往的车流。回到马拉卡纳，泪流满面的贝利跑下球场，消失不见了，一名替补球员上场踢完了比赛的最后几分钟。比赛结束后，贝利再次现身，在体育

下一页：1970 年世界杯，墨西哥城，意大利后卫塔尔西斯奥·布尔尼什踢走巴西中场贝利脚下的球。贝利首开纪录，帮助巴西以 4∶1 击败了意大利。继 1958 年瑞典世界杯和 1962 年智利世界杯之后，这是巴西队第三次成为世界冠军。

场的一面墙上揭开了一块牌匾，以此纪念这个伟大的时刻。

毫无疑问，这就是贝利最著名的一粒进球。但是，他最令人心醉神迷的表演却发生在同一座球场里的另一场比赛中，它被公认为整个现代足球史上最令人震撼的进球。138000 双眼睛见证了这不可思议的一幕：贝利在己方禁区拿球，辗转挪腾间一路过掉了至少九名对方球员，直捣球场另一端，然后大力将球轰入敌人的球网中。巴西电视台每天播放这一壮举的片段，播了一整年，从未受到观众的一声抱怨。

有许多批评者认为，近年来愈发偏向防守的比赛风格伤害了足球运动，因为它导致了射门数量的减少——不只是那些进球了的射门，还有被神奇扑救化解的射门。他们更愿看到一场 4∶3 的比赛，而不是 1∶0。他们指出，如果有许多进球，即使是一场糟糕的比赛也能给人带来愉悦；如果双方都没能进球，那么一场精彩的比赛到头来也会令人感到沮丧与失望。人们提出了种种建议来改善这一局面，包括增加球门宽度、更改越位规则。如同我们在前面看到的，所有这样的建议都遭到了传统主义者的反对，他们致力于保护部落仪式的纯粹性。

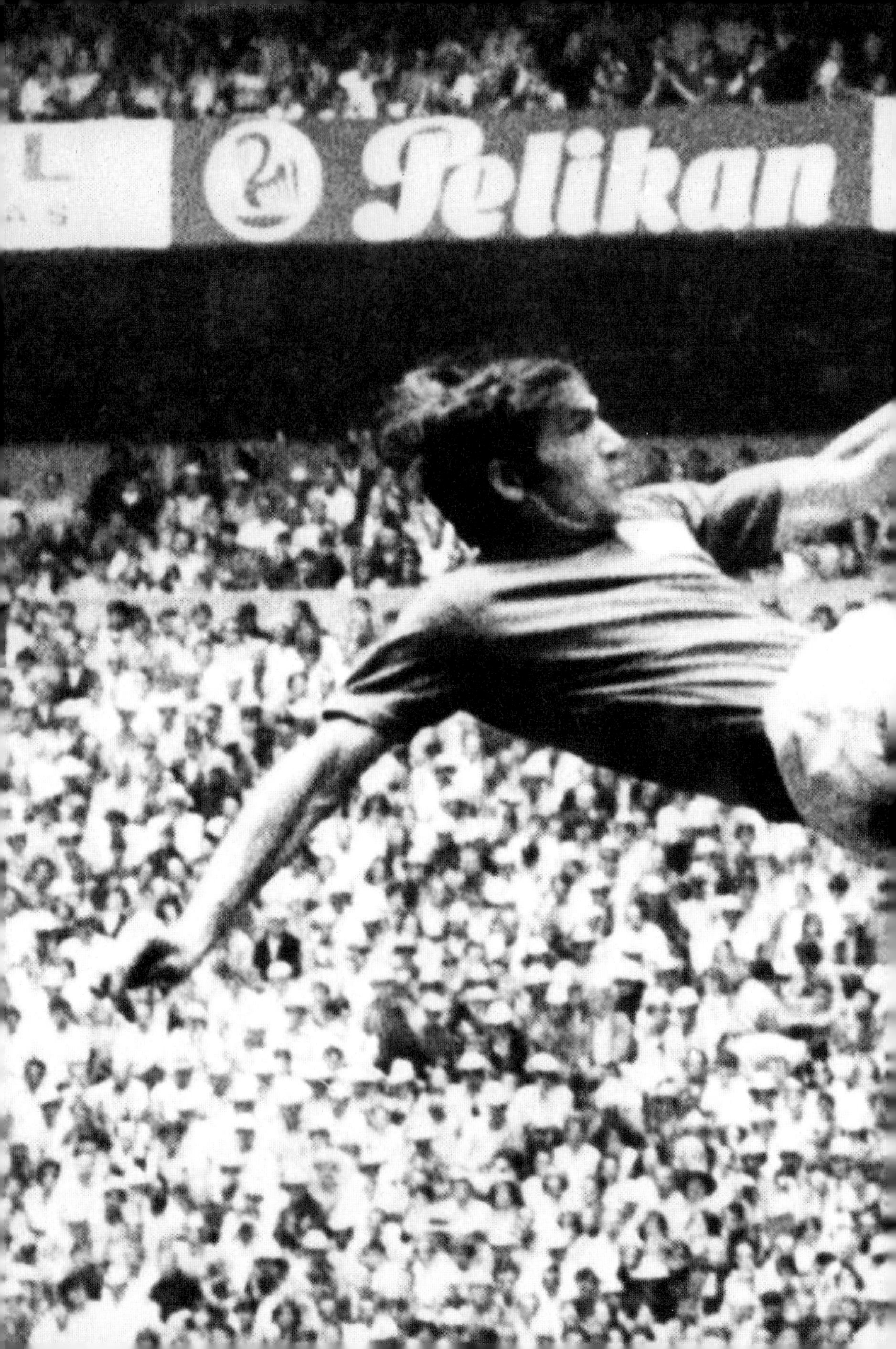
Pelikan

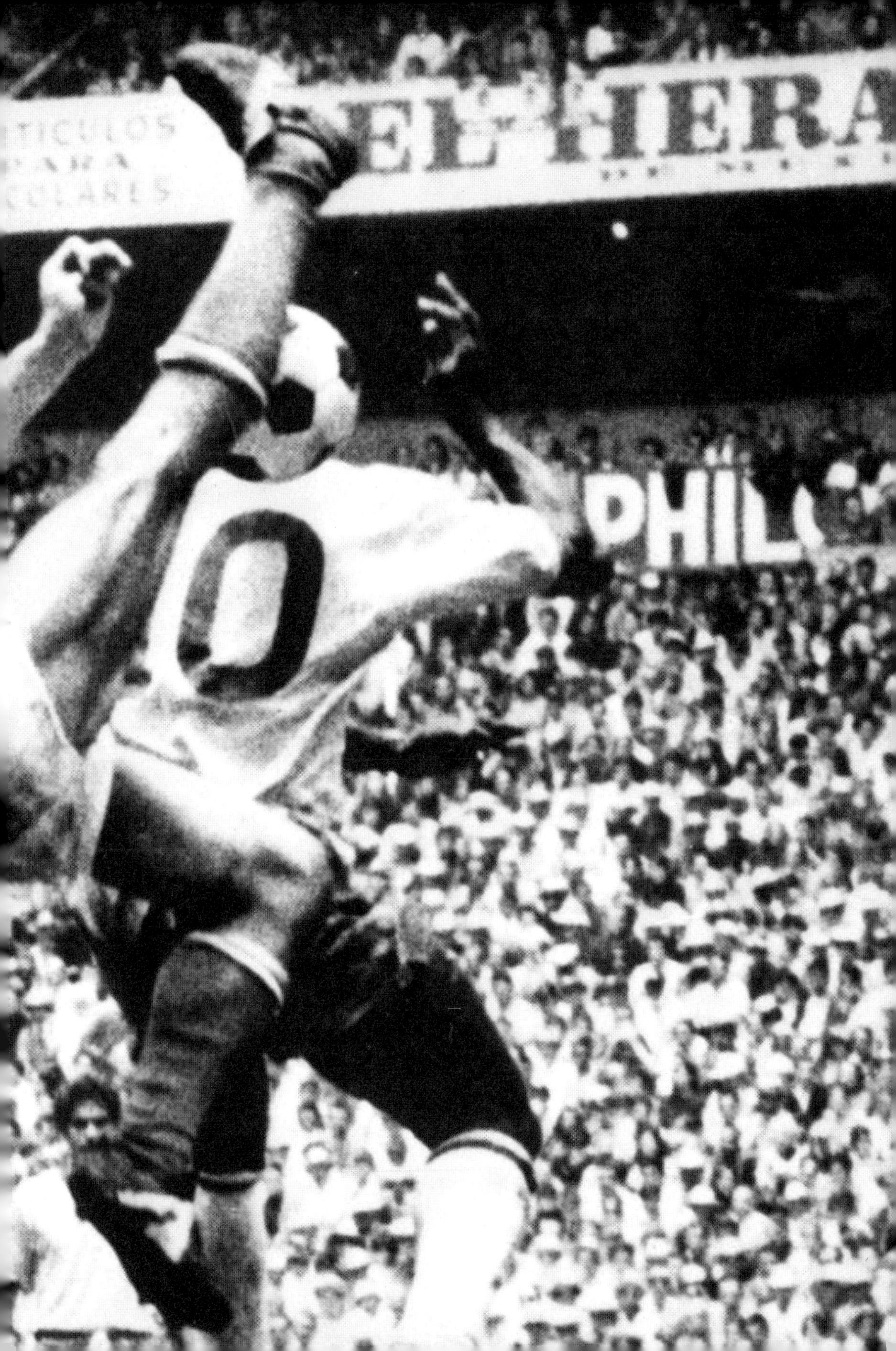

庆祝胜利

奖励、绕场庆祝与凯旋

终场哨响后,获胜球队的支持者们爆发出一阵胜利的欢呼声,为场上的球员们鼓掌致敬。球员们有时也会举起手臂轻轻挥动,为球迷们的热情表示感谢。接下来,如果这一仗打得不是太艰苦的话,他们便会同对方球员握手,然后消失在球员甬道里,前往更衣室里的公共淋浴间。

在一场平凡无奇的常规比赛中,庆功环节大致就是上述这些。但在重要的场合,例如决定升降级的比赛、杯赛的决赛和国际锦标赛,庆功的场景就热烈得多了,种种仪式也更加精细讲究。

一场大胜之后,球员们都显得疲惫不堪,许多人或瘫坐在草皮上,或躺倒在地,或蜷着身子,或俯身弯腰,其他人则如释重负地倚在彼此身上,还不敢相信他们作为胜利者的身份。巴西球星贝利曾如此描述球队成为世界冠军的那一刻:"我有一种奇怪的感觉,我快要晕过去了……我感觉膝盖都软了,我伸开手,以防摔倒在地上;然后我被扶住了,被队友们扛到了肩膀上,他们架着我绕场。所有人都在哭,我使劲憋着,可眼泪还是从我眼里涌了出来……我们绕场行进,看台上的球迷们都站了起来,为我们欢呼,还有一群球迷跟在我们身旁和身后……眼泪不停地流,和满脸的汗水汇到了一起。"

还有一个并不起眼却很吸引人的仪式,常见于重要比赛结束时,那就是"交换球衣":球员脱下自己的球衣,拿它和一名对手交换。我们并不清楚发明这项仪式的人是谁,但这种行为对于球员和观众来说都有一种奇怪的吸引力。它以某种方式表明,抛开比赛过程中的种种犯规和凶狠的拼抢,种种扭曲的表情和火暴的脾气,双方球员仍然

› 1961年,成为联赛和足总杯"双冠王"后,热刺球员在露天巴士的顶层庆祝,准备前往托特纳姆市政厅接受市长的接待。

惺惺相惜，而这种诚挚的尊重是一次简单的握手不足以表达的。球员们必须交换礼物，才能满足内心的强烈情感。

递过球衣之后，球员们离场时有的赤裸着上半身，手拿着被汗水浸透的非正式战利品；有的则直接换上了对方的球衣。在非常重要的场合中，球员们要先展示奖杯才能撤回更衣室，这时候就有可能出现一番奇妙的景象。获胜的球队集合领取奖杯时，有的球员穿着对方球队的球衣，而另一些还没来得及交换的球员身上仍然是自己俱乐部的球衣。事实表明，某些部落长老很不喜欢这种乱七八糟的亮相方式，他们拿出军队的做派，斥责这样的球队着装不得体。对这个问题详加考虑之后，他们在1980年颁布了一条命令，禁止在公众视野内交换球衣。他们强调，未来球员们的这类行为将仅限于在私底下进行。但在许多国家，这种故作镇静的姿态并不能破坏公众对球衣交换环节的欣赏，毕竟只有在这种非正式的礼节中才能窥见双方球员相互之间的尊敬与友谊；最终，它重新出现在所有的比赛当中，除了在领取、展示奖杯的那一时刻。

领取奖杯本身也是一项重要的庆功仪式。通常，球员们要爬上一段狭长的台阶，然后在皇室成员或政要元首的座席前列队行进。队长走在前头，把被汗水浸透的手掌伸向国王、王后、总统或其他颁发奖杯的显赫人士，然后双手接过这件珍宝。在这一刻，他成了整座球场中最重要的人，甚至连国家元首也要暂时退居次席。仿佛是要凸显自己的全新身份一般，接下来他会做出在其他任何情境下都会被视作大逆不道的行为。他转过身去，背对颁奖者，面对球场，高高举起手中的宝物，让所有人都能看到它。这就是支持者们苦心等待的至上时刻，所有的艰苦付出使他们获得这个胜利的结局；巨大的欢呼声响起，淹没了此前发生的所有一切。

随着队友们纷纷领取各自的奖牌，队长开始走下漫长的阶梯，走过庆贺者们伸出的一双双手，把奖杯带到球场上。其他球员紧随而至，他们开始绕场庆祝，欣喜地从欢呼雀跃的球迷身前跑过。焦虑不已的摄影师们有的穷追不舍，有的在队伍的前面狼狈地后退，拼命地调节相机的焦距。

跟着跑了一小段之后，摄影师们想方设法让队伍停了下来，并说服球员们聚到一起，拍下一张冠军合影。奖杯在球员手中传来传去，亲了又亲，抱了又抱。

很快，他们再次脱身，继续绕场庆祝。随着他们向前行进，奖杯时不时地易手，这样一来等他们绕场结束时，每一位球员都享受到了把奖杯高高举起、让观众们顶礼膜拜的喜悦。

最后，他们消失在球员甬道中，到更衣室里继续欢庆，到公共淋浴间里畅饮香槟，在欢乐与疲惫的交织中嬉笑打闹。球场以外，支持者们开着自己的座驾参加机动车游行，车窗里飘出主队的围巾和旗帜；他们鸣着喇叭，挥舞着双臂，朝家的方向开去。

第二天，获胜部落的领土上庆典再次开始。球员们聚集在一辆露天巴士的顶层，意气风发地朝市政厅前进，准备参加民众的接待会。成千上万的民众站上街头迎接他们的凯旋，然后一齐等待他们出现在市政厅的露台上，在那里，冠军奖杯将再一次被高高举起，让所有人瞻仰。

这样的时刻充溢着强烈的部落凝聚力：载誉而归的众将士扮演着收获满满、班师回家的猎人们，他们把猎物高高举起，向部落乡亲们

展示，然后开始狂欢盛宴。

　　这种凯旋庆祝和足球运动本身一样古老，而且除了交通工具之外，几乎任何细节都没有改变。1889 年，普雷斯顿俱乐部未尝一败而拿下了足球历史上的首个联赛冠军，随后未丢一球而赢得了足总杯决赛。一篇当年的报纸报道描绘了球队在决赛后荣归故里时的场景："……磨坊和工场一关门，人们就纷纷涌上街头，以至于七点钟之前就有不下 30000 人挤在……通往火车站入口的斜坡……火车抵达时……月台上挤满了人，车厢前方瞬时组起了两支乐队，演奏起《英雄今日得胜归》。紧接着，球队成员出来了，他们的周围挤满了数百名狂热的球迷，每一位球迷都拼命想要与某一位队员握一下手……人们马上看到了'那件银器'，随即爆发出最狂野的热情。人们将帽子高高抛起，疯狂挥动着手帕，手杖漫天挥舞。这时，队伍开始朝大会堂前进了……"

　　年复一年，无论在什么地方，足球部落的英雄凯旋之时，类似的故事都会上演。或许最狂热的还要数在南美洲某一支国家队赢得世界杯时各大城市里的场景。许多报道都会记录这些夜夜笙歌的狂欢节：大街小巷人头攒动，连卡车和巴士都动弹不得；球迷们向部落英雄猛扑过去，拼命想要触摸或亲吻他们；一队队警察和消防员艰难地为球员们开出一条路，以免他们被疯狂的庆祝者们压扁；城市中心的交通完全陷入瘫痪，临街的露台上挤满了抛撒彩色纸屑、碎报纸与燃放爆竹的人，小火箭和罗马焰火筒轰然升起，周遭还回荡着些许枪声。

　　阅读这些报道，人们必然会对足球部落活动产生的强烈情绪确信无疑。虽然地方不同、风俗各异，但庆功的场景大体上是类似的，总是能将纯粹的热情表现得淋漓尽致，仿佛足球比赛的象征意义挖掘出了人类物种共同情感的深层来源。这种情感的焦点是足球运动员，所以现在我们必须将注意力转到他们身上，在接下来的章节中做详细探讨。

◁ 赢得 2012 年欧洲杯后，人们在马德里游行庆功，西班牙队球员在双层巴士上与球迷们共同庆祝。

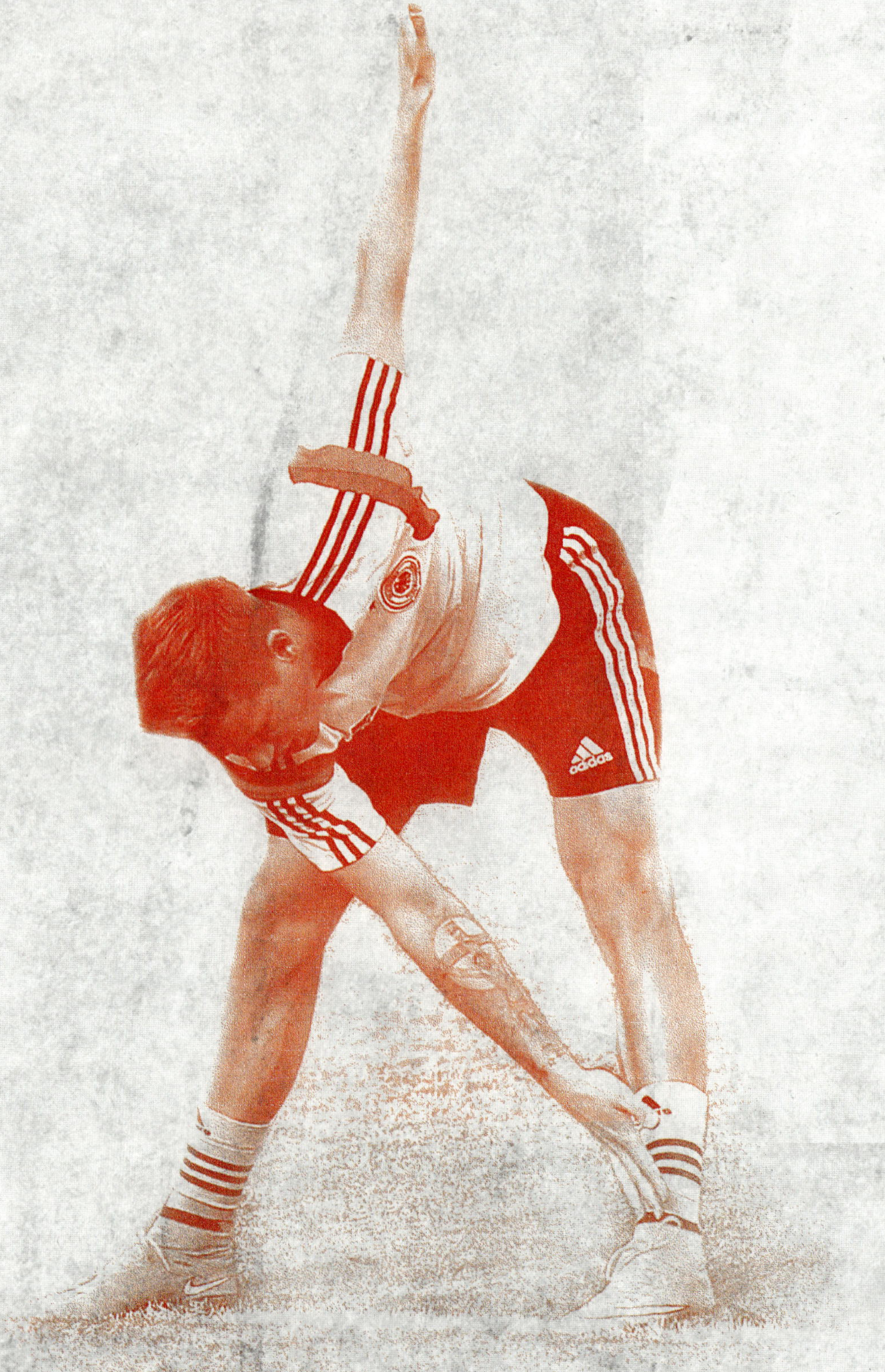

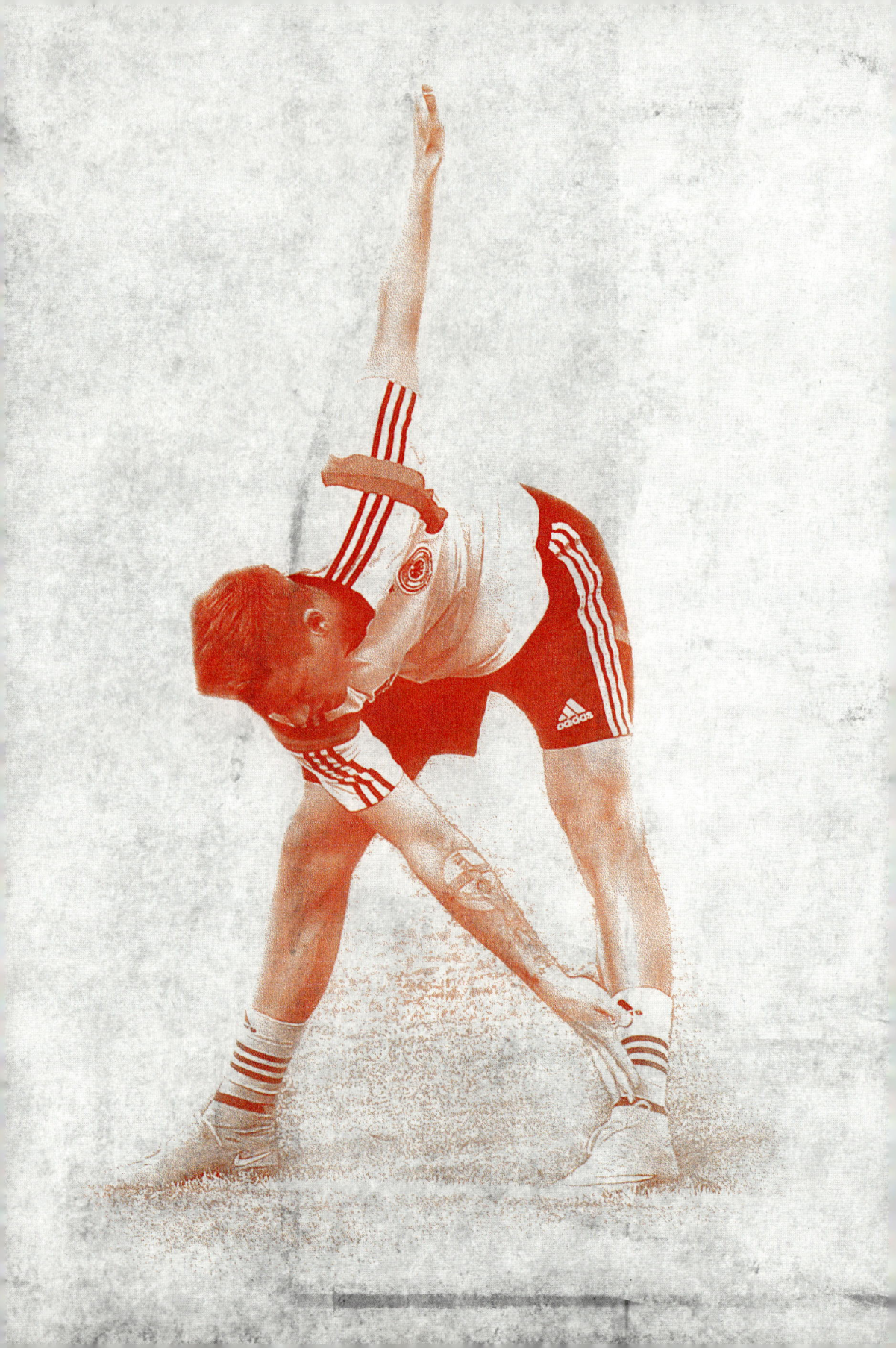

部落英雄

3

英雄的背景

球员的诞生

  当今的足球明星是真正的人民英雄。他们与绝大多数忠实的追随者一样,都是劳动阶层出身。而之前的情况却不一样。最早的足球部落英雄都是富家子弟,就读于伊顿公学和哈罗公学等私立公学,以及牛津大学。但是,当体育职业化之后,维多利亚时代的英国劳工阶层迅速接管了足球。工人们挤满了看台,而在球场上奔跑献艺的都是工人子弟。

  随着足球风靡全世界,这种模式也在其他很多国家重演。当地的工人们蜂拥而来观看比赛,在大型工业城镇的背街小巷,在无序发展的城市贫民窟,到处可见在飞扬的尘土里踢球的男孩们。无论是在停车场、小巷子、煤渣跑道,还是在垃圾场附近,只要他们找到一块可以踢球的开阔场地,工业革命之后的这些工人子弟就可以开始他们的足球学徒生涯。不久之后,他们中身手较为敏捷的那些人,就要拼命争取在学校足球队里脱颖而出;其中天赋异禀的少数幸运儿可能会被球探相中——他们正在寻找新的足球人才。这些孩子会进入当地的一家俱乐部试训;如果他们是可造之才的话,他们就会得到踢球的孩子们梦寐以求的机会——成为年轻的职业足球运动员。在接受数月的专业训练之后,待他们技艺提高了,就可以出现在一群付了钱的观众面前,去踢他们人生第一场成人足球比赛。

  这是大多数足球运动员的发展路径。上层社会和中产阶级的孩子很少会参与其间。在绝大多数国家,这仍然是现代足球的一条普遍规则;当代很多伟大的球星,他们都是在一条背街小巷或是边道上,开始踢出人生的第一脚足球。

杰出的球王贝利就是这样开始他的足球人生的。他回忆道："我们的球场就是我住的街道……我们的球门就是这条街的两头……边线就是铺路边石的地方——假如街道两边铺了石子的话。"他和他的小伙伴们都太穷了，买不起一个像样的足球，于是他们就常常从晾衣绳上借用一些袜子，往里边塞一些破布或者纸张，让袜子尽可能变得圆滚滚，然后再用一根绳子把袜子口系上。

这种场景在足球部落的英雄们的回忆中反复被提及。一个从很多方面看都很贫瘠的童年时代，仅仅由于一个球和一块简陋的踢球场地的存在，就能让它变得丰富多彩起来。孩童时期长时间的练习帮助这些孩子练就了童子功，使他们受益终身。这些小小球童如此挚爱足球，苦练技艺的他们脚法灵活、控球功夫了得，简直成了足球场上的杂技运动员；与球技同步提高的还有他们的步法和身体平衡能力，也都达到了出神入化、神乎其神的程度。足球简直成了他们身体的一部分。对此，乔治·贝斯特（George Best，北爱尔兰著名足球运动员）有一个精妙的总结："在我童年的那些日子里，能让我抱着上床的东西，只有足球。我每天都抱着足球上床睡觉。我知道，这听起来很傻，可我真是很喜欢抱着球的感觉。我会抱着足球，凝视着它，然后心里想着'有朝一日，我让你做什么，你就能做什么'。我活着就是为了踢

› 2015年欧洲冠军联赛，希腊雅典。在与奥林匹亚科斯队的比赛中，拜仁队蒂亚戈·阿尔坎塔拉正带球前进。

◁ 1969年，曼联和北爱尔兰队的"超级巨星"乔治·贝斯特在向"Blinkers"女子足球队（以乔治·贝斯特在曼彻斯特的夜总会命名）的队员展示球技。他训练的这些女孩准备去参加一场慈善比赛。

▷ 2013年英超联赛，安菲尔德球场。利物浦队的铁杆球迷（Kop）在利物浦队与曼联队的比赛中。

足球。"

除了磨砺技艺，这些未来的英雄还必须心志顽强，有好胜心，而艰苦卓绝的环境往往会助他们一臂之力。就像贝利后来所说的那样："那些日子，看上去我总是在和人斗。不管是在校内还是校外，不管是在足球场上还是在家里，也不管和我竞争的是比我大的孩子、和我一样大的孩子，还是比我小的孩子。可以这么说，一件小事就能让我斗志勃发。"

除了球技和拼搏精神，未来的球员还需要对这项运动有更深入的理解。很多部落英雄的成长背景中，有一个非常重要的因素就是关键人物——"领路的家族成员"。很多未来的明星，他们的亲人中就有这项运动的狂热爱好者，他们会鼓励这些孩子，并会教授他们一些球技。他们中有一些人，比如说贝利、保罗·马尔蒂尼、弗兰克·兰帕德和蒂亚戈·阿尔坎塔拉，他们的父亲本身就是职业足球运动员。著名的杰基·查尔顿和博比·查尔顿兄弟，他们的家族至少出了五名职业足球运动员——他们的祖父和四位叔叔；从他们呱呱坠地那一刻起，就被浓厚的足球氛围包围住了。杰基还在襁褓中的时候，每当有人问起这个新生儿的情况，他母亲总会回答："这孩子的脚还不错。"由此可见，在查尔顿家族里，能不能踢球是一件很重要的事。

至于其他顶级球员的父亲，他们本人可能没有在足球场上叱咤风云，但是他们中绝大多数人都是当地足球队的狂热追随者。这些劳动工人从事的职业五花八门——他们中有码头工人、矿工、泥水匠、船厂工人、细木匠、钳工、搬运工、金属匠人、电工和不需要什么技术的劳工——但是，他们每一个人都把自己对足球的热爱灌输给了他们正在长大的儿子。

对于绝大多数足球部落的英雄们来说，从孩提时期起，他们就跟足球有了千丝万缕的联系；到了青年时期，能在足球队里出类拔萃，那是他们的终极梦想和追求。没有亦步亦趋沿着这条发展路径，也能在球场上大放异彩的另类也有，不过确实很少见，因此他们也吸引了特别的关注，比如德国的国际巨星奥利弗·比埃尔霍夫，他出身中产阶级，大学主修经济学。也许将来的部落英雄们的家庭出身会更加多元化。比埃尔霍夫可能是接受过高等教育的最早一批足球英雄中的一员，当然，欧洲大陆还有一些接受过高等教育并获得大学学位的足球明星，他们不仅是享誉本国的足球明星，其中一些人还享有国际声望。随着足球在北美的不断发展，我们还有望看到越来越多受过高等教育的足球运动员加入足球英雄的行列里，但目前这很可能还不会成为主流趋势。

职业足球运动员的要求如此之高，以至于能在早期就投入专业训练是一个很大的优势。为了功成名就，大多数年轻人必须在很早的时候就心无旁骛地投入到足球世界中，因此，他们几乎没有时间可以投放在学业上。不管崭露头角的未来足球之星身处哪个国家，他一门心思只能想到自己带着球、奔跑在球场上。对于他来说，足球并不是一个"将来要从事的职业"，足球就是他眼下的工作，足球需要他全力以赴，脑子里不能存有他念。就像乔治·贝斯特回忆的那样："我厌恶他们安排给我的所有的讨厌的活儿……那些活儿太没意思了。我干活的时候，或是人家想让我干活的时候，我会想象我以后要踢的比赛。每次我都会想到温布利球场，那里有10万观众，而且这是一场杯赛决赛……"未来的部落英雄就是这样炼成的。

英雄的个性

竞争与合作

　　部落英雄这个角色里包含着一种基本冲突。一名球员要想功成名就，他必须极端争强好胜；而身为一支球队的一名成员，他只有与其他队员合作，才能在比赛中取胜。一方面他必须咄咄逼人，一切以自我为中心、唯我独尊；另一方面他又必须收敛心性，乐于跟其他队员打配合。这组根本矛盾对于理解现代足球运动员的人格特性大有帮助。

　　首要的一点是争强好胜。那些把体育作为"培养良好个性"手段的人经常说，赢得比赛并不重要，重在参与。这是奥林匹克的梦想。但是，如果你设想这种体育精神对现代职业足球运动有莫大的影响，那就太天真了。就像一位教练所说："赢得比赛不是一切，它是比赛的唯一目的。"因此，碾轧对手、彰显自我的冲动是一名球员必须具备的人格特性的核心要素。如果他能胜出，他一定会痛快淋漓地享受这种象征性地消灭敌人的快意。

　　一些批评者会对这种想法退避三舍，他们视其为美化人类攻击性的危险行径。乔治·奥威尔，这位描绘了《1984》噩梦般世界的悲观预言家，他不无极端而又忧心忡忡地指出："竞技体育跟公平竞争全然没有关系。这里充斥着仇恨、嫉妒和狂妄自大，人们无视任何规则，面对暴力竟然产生病态的愉悦感。换句话说，竞技体育就是没有硝烟的战争。"当他们用这种口吻对部落英雄的个性品头论足时，他们到底有几分认真？难道这些运动员内心真的都充满仇恨和嫉妒吗？

　　事实是，足球运动员确实要有足够的攻击性，但是，这种攻击性必须受到严格的约束。也就是说，攻击性是足球运动员人格特性的必备要素，但是它会接受严格的控制。他发起的是象征性的"战争"，

> 2014年，巴黎王子公园球场。比赛对阵双方是巴黎圣日耳曼队和圣艾蒂安队。巴黎圣日耳曼的瑞典中锋兹拉坦·伊布拉希莫维奇在庆祝进球；他身旁是圣艾蒂安队的塞内加尔后卫穆斯塔法·塞尔。

并不是真正意义上的那种。奥威尔所谓的"无视任何规则",这与事实相去甚远:球员的一举一动完全受到这些规则的限制。一旦他犯规,他就会被处罚。他所能做的极致,也就是打打擦边球,并希冀自己这些小动作不会被人发现。一个不能控制住自己的情绪、屡屡犯规的球员,很快就会被弃若敝屣。任由仇恨在内心肆虐,这对于职业运动员来说,只有百害而无一利。

这也说明一点,我们必须承认:足球部落的哲学并没有鼓励球员内发地自我约束,约束球员的是外界严厉的规则。他遵守这些规则,

为什么是足球

却并不意味着他有多么尊重这些规则；就像司机坚持不超速，并不是因为他觉得这么做在道义上是正确的，而是因为他害怕被警察抓住。在过去，每当比赛场上双方的对抗过于激烈、有暴力化的倾向，使双方恢复克制的并不是两队球员之间的君子协定，而是裁判更加严厉的惩罚。

那么，从根本上来说，球员的人格特性中必须包含对胜利的渴望——强烈但是可以自我控制。这里不存在什么"为了艺术而艺术"之类的论调——足球就是踢着玩的，那是业余足球运动员的心态，职业运动员说到"业余"这个词的时候可是深不以为然。职业足球运动员身处的是一个野心勃勃、追求回报的世界——他们要赢得荣誉、金钱和地位。

为了得到这一切，足球运动员必须个性顽强、心志坚定，同时还要有强烈的浪漫主义情怀。在公众场合，他必须实事求是，有时甚至

需要对自己冷嘲热讽，用自嘲来保护自己不被奚落；而私底下，他必须连做梦都想得到那些闪闪发光的奖杯以及无比辉煌的胜利。他的内心必须无比强大，同时，为了达成目标——也就是要进球，他也必须做好准备去承受一切磨难。

他面临的一个最大问题就是如何面对失利，从他一路上职业足球这条道路，他就明白通往辉煌的道路并非坦途，一路上不可避免会遇到很多挫折。同时，他也知道，这些挫败无处遁逃，他的所有错误都会暴露在大众的眼皮底下。从这一点来讲，他的生活方式有别于其他大多数人。如果一位科学家在实验室犯了一个错误，他可以悄悄地更正这个错误；他并不需要将他的错误写进研究报告，公之于众。如果一位画家画了一幅不怎么入流的作品，他可以在任何人看到这幅画之前就把它毁掉。但是，一名足球运动员一丁点儿的失误都会暴露在成千上万双眼睛面前，而且还有可能通过电视里的动作回放，有成百上千万的人再次见证他犯下的过错。他的内心必须足够强大，能够经受得住这种公众压力。他必须找到维护自尊的方法。

他在童年时代经受的磨砺可能在这个时候会拉他一把。那个小小男孩在那个时候就已经学会了要接受挫折，他懂得这是生活固有的一部分；当他长大成人的时候，他就能更好地去面对这一切。身为一名足球明星，他应该有底气，知道自己能够战胜这些挫折、获取胜利；如果情况确实变得很糟糕，他也会有应对之道——用他学会的特殊技巧来保持对自己的信心。这些技巧包括：合理化——将失败归咎于自己的伤势；神秘化处理——这场比赛表现不佳，是因为不幸撞到了"不按套路出牌的妖孽球队"，或是"不祥的比赛场地"；转嫁责任——指责裁判不公；否认策略——声称这场比赛并不重要，不值得他全力以赴；以及补偿策略——在一些公开场合肆无忌惮地招摇过市，为了渲染效果，时常还会带姑娘们出镜、左拥右抱好不潇洒，或是去豪赌，或是去狂饮。

这些处理挫折的小策略，如果仅仅是为了度过情绪低落时期，并且只是浅尝辄止，那么它们会收到很好的效果；可是如果长此以往，这些小手段就会惹祸上身。当事态朝那个方向发展的时候，它们就会干预学习过程——实事求是的自我分析会帮助一名球员从自己的错误中吸取教训。如果他不能在事发一天左右的时段里承认这一点——他

‹ 2014年，在卡塔尔多哈的高级体育人才学院开展的沙尔克训练中，凯文·普林斯·博阿英与亚当·斯扎莱正在说笑。

为什么是足球

确实是犯了错误，那么他就会丧失这次成长的机会。他必须具备这样的人格特性：在那个时刻他能够抛开借口，精准地剖析自己的错误所在。对于一名顶级足球运动员来说，这么做意味着他的内心要足够强大，他能够暂时放低身段，同时又不会有损自尊——这对于一名冠军队成员来说至关紧要。相比一名傲慢的冠军，一名谦逊的冠军要更胜一筹，原因不在于他能欣然接纳自身的缺点，而是因为他的内心足够强大，能承受得住批评——而这能帮助他走得更远。相比之下，傲慢的冠军，他的品质就要逊色不少，他无休止地利用补偿机制，将其充作自己缺点的遮羞布。

成功球员强烈的竞争意识赋予他们这样的人格特质：稳健——不进则退，他们必须一路前行；守规矩——他们必须遵守规则；心志坚强——他们必须直面受伤的风险；认真尽责——疏懒这种奢侈品，他们无福消受；自制——他们必须驾驭被激发的强烈情绪；笃定——他们在人前必须自信满满。而首要的一点，他们必须一切以自我为中心，且近乎自恋，因为"他们（这副身躯）"就是他们拥有的全部。一个商人大可以为他的生意扬扬自得，一位建筑师引以为豪的是他设计的房屋，一名画家可以拿出标榜自己的是他的画作，而足球运动员，就像演员一样，他拥有的只是自己的身体，成就他的就是他自己这副躯壳，而不是任何他成就的身外之物。如果他说："今天我踢得不错。"这就像一位画家说："我很满意今天新画的作品。"此话乍听有点物我两立的意思（实则物我合一、浑然一体）；不过同时也强调了一切要以自我为中心，因为他自身是他拥有的全部——他要仰仗这具身躯跑动、跃起以及奋力击球。这就意味着，如果一个球员没有"成就自我"的强烈意愿，他就不可能功成名就；可以说，"一切为了我自己"是部落英雄这个角色的天然属性。否认这一点，就是漠视他们在这个行业安身立命的利器。

这一特性使得单打独斗项目的运动员在个性问题上不需要面对那么多的问题——而一个运动团队的成员则不然。一支队伍要取胜，其成员必须精诚合作，这对个体球员的个性提出了更多的要求。一旦他踏上足球场，这个球员的"自我"必须和其他10名队员的"自我"融为一体，从而使这支球队变成一个"超级巨人"——一个有着22条腿和一个脑袋的怪物，所有成员"心往一处想，劲往一处使"。但凡有

› 2011年英超联赛，伦敦克拉文农场球场。在对阵富勒姆队的比赛中，阿斯顿维拉队的主教练阿历克斯·麦克利什怒不可遏。

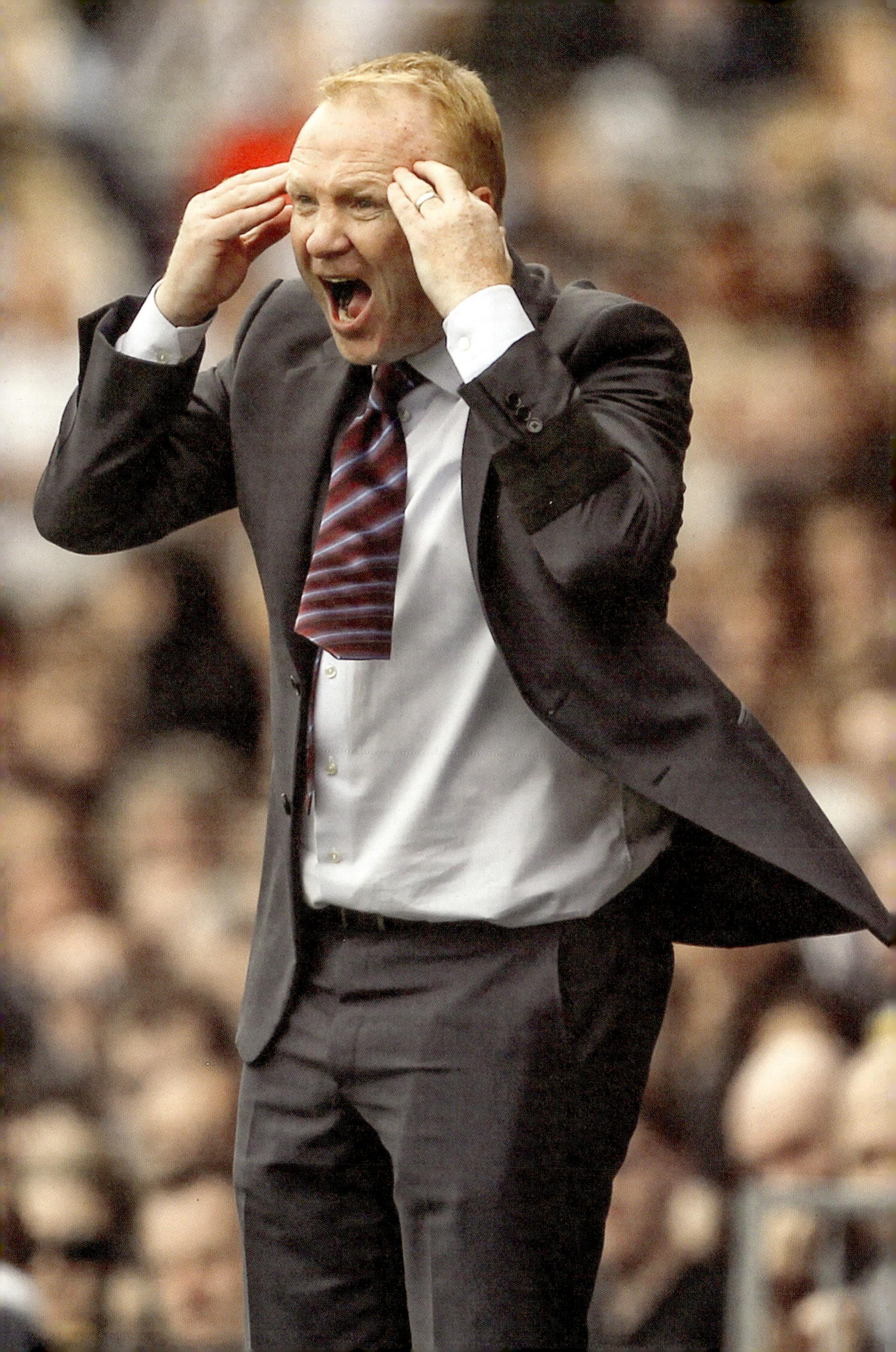

一丝一毫的离心离德，就会带来灾难性的后果。也许个别球员会有精妙绝伦的表现，但是，这有可能导致球员各自为战、在比赛中协同不力的局面，而球队最终难逃溃不成军的下场。因此，部落英雄必须运用特殊的心理技巧，将他自己在所难免、以自我为中心的"小我"融入"无我"的团队精神中去。

在球场上，他应当把球队看作是他自身密不可分的一部分——球队的胜利就是他自己的胜利，队员进了球就相当于他自己进了球。有球员生动地描述了这一切是怎么发生的：就在裁判吹响开场哨的那一瞬间，所有私人恩怨和嫉妒之情顿时被抛到九霄云外了；头一天还有口角之争的队员突然成了休戚与共的整体，一种奇异的、几近心意相通的款洽和默契马上就在队员之间萌生。埃蒙·丹菲曾经有过这样的表述："如果你让两名球员一起踢中场，那么通过足球他们有可能像一对情侣那样深入地了解对方……这是一种不需要借助语言就能建立的关系，你在场上的一举一动，你参与的比赛，这些都能传递信息……你们并不一定要在场下成为亲密的朋友，但是你们对彼此的意图都能心领神会。"

足球场下会出现另一种团队反应。球员们会采用掩饰自我的策略，在玩笑和嘲讽中隐藏对自我利益的关注。他们把"明星"这个词当作一种侮辱。如果他们沾沾自喜，非要表扬一下自己，他们采用的方法是先展开自我嘲讽，继而有意招来别人的笑骂。如果他们要夸别人，同样也是这个路数：嬉笑怒骂，互相奚落。一个违背此规矩的队员会成为全队取笑的目标，情况严重的话，甚至要面对所有人不加掩饰的敌意。非团体项目的运动员可以心无旁骛地谈论自己的场上表现，而不用担心被嘲笑，但是一个团体项目的运动员很少有机会体验这种酣畅淋漓的感觉，至少有他的队友在场的情况下。他必须等，等到他远离其他队友，从这个戏谑调侃、贬抑自我的环境中抽身后，才能松开这口气。

然而，在这种嘻嘻哈哈的表象下，每个人的"自我"都被稳妥安放在内心深处。它们在等待爆发的时机——一旦忠于自我的愿望与球队和俱乐部要求的忠诚产生剧烈冲突的时候，这种冲突的结果毫无悬念——每一次自我都会胜出。如果一个球员有更好的选择——一家更好的俱乐部抛来橄榄枝，合约也更诱人，或者一个旗鼓相当的俱乐部开出更高的价码，他会毫不犹豫地抛弃他现在的队友。而他的队友们对此也安之若素——换成是他们，他们也会照做不误。如果他在一场比赛中表现不佳，他可能会因为辜负大家的期望而受到指责；可他要是转会到死对头的俱乐部，肯定没人对他指手画脚——即便这意味着在未来的比赛中，他将对垒从前的队友。这是这一行的规矩。

  俱乐部的主教练们对此了然于心。南安普敦俱乐部的洛瑞·迈克马尼曼曾经有此评论："是比赛本身滋长了一切只为自己考虑的思想。你设法激励球员为球队以及为自己而战，但是，到最后，职业球员只能为他自己以及他能从中获取的利益而战。整个职业足球体系，那些真金白银和巨额奖金，所有这些都使得球员们把自己的利益摆在首位。"这句话可能没错，但是俱乐部和球员要各挨 50 大板。那些董事和主教练，还有球迷，正是他们要求把获胜当作凌驾一切的头等大事，哪还顾得上什么优雅得体、绅士风度或是体育精神。正是他们出重金奖赏好胜斗狠的行为，正是他们要球员打消为他人着想和同情弱者的心思。如果他们挑选和培养的是那些在球场上所向披靡、不可一世的霸王，他们就不能鱼与熊掌兼得。他们不能指望自己精挑细选和悉心栽培的人，到时会突然转性，在合适的时机展露出那些业余足球运动员才有的柔软内心。更有甚者，每一位球员都心知肚明，当他过了 30 岁生日，他的事业就开始走下坡路，他很快就会被俱乐部抛弃，他们只能自求多福。到那时，俱乐部绝不会对他多加垂怜。你既无情，我也就无义；所以，球员如此这般行事也无可指摘；而大多数俱乐部的负责人对这个事实也是熟视无睹。

英雄的动机

激励球员的是什么？

比赛伊始，每一位部落英雄华丽登场，集球技、经验和健硕的体魄于一身。他的球技能让足球在他的脚下幻化出无穷的花样，他的经验能帮助他理解场上的战略和战术，而他的健硕体魄赋予他一个运动健将的身板。但是，这仅是他得以驰骋赛场的四个基石中的三个。第四个基石，也许是最重要的一项，是他的状态——他的心理状态。

江湖上有传言，很多比赛在开场哨吹响之前，胜败就已见分晓。因为有些球队是带着必胜的决心走上绿茵场的，他们不惜任何代价一定要取胜。在某些情况下，他们的自信以及战胜对手的强烈渴望会弥补他们的一些劣势——球技平庸、经验欠缺以及体力稍逊。只要他们克敌制胜的意愿足够强烈，名不见经传的小球队也能成为屠龙者。

所有这些词——状态、决心、自信、渴望和意愿——都能归结到一个词"动机"。球员的动机是什么？是什么激励着他们？人们毫无头绪，不知该如何去解释这个现象：球员们的表现这一周看上去乏善可陈，而下一周他们就生龙活虎，竟然能"超水平发挥"。那么，到底原因何在？这些问题也是球队的支持者、俱乐部董事和主教练，甚至球员自己也一直在追问的问题。但是，明摆着的一个事实是，在足球部落这个圈子里，迄今为止，几乎对此还没有正经开展任何正式研究。

没有开展调查研究的一个原因，是这个圈子对心理学家和心理学持有很深的成见和怀疑。部落圈子里的人天性保守，他们戴着有色眼镜看待所有"新兴的"科学理念。当然，现实操作也有难度。整个足球赛季已经被各种约定俗成的设置挤得满满当当的，因此他们没有时

› 两张关系图展示了不同球队的队友之间交情深浅的情况。表现糟糕的球队里有更多的独来独往的球员。

间去做试验——尝试新鲜的方法和检验新理论。科学家们可能还准备每周尝试一种不同的实验流程，直到他找到最佳的激励球员的手段。但是，足球俱乐部承担不了这样的风险。在激烈对抗的联赛和杯赛中，他们根本不敢如此冒险——他们连一场比赛也输不起。因此，他们仰仗的是已经试验过的和可信赖的手段，他们依靠直觉而不是科学。

有时候，即便老办法存在明显的瑕疵，他们还是坚持走老路子。举个例子来说，俱乐部一般在早上训练。球员们一大早来到球场上，挥汗如雨地刻苦训练，他们要一直练到中午。午饭过后，一直到这一天结束，他们都可以好好地放松身心。这样一来，球员们体内的生物钟——而且是最重要的生物钟——就此定型了。在这个生物钟的作用下，球员的巅峰状态会出现在一天三个时段的第一个时段。大家都遵照这个约定俗成的做法，即便一个明晃晃的事实就摆在眼前：他们所有的比赛都在下午或者晚上举行。这种做法就像是他们故意把自己训练到筋疲力尽，而在万众瞩目、大家期待他们发挥最佳状态的关键时刻，他们已经过了巅峰状态。他们的这个生物钟——一天之内他们体内经历的一系列状态变化——肯定是错误的。

当这个不可思议的事实被指出来的时候，人们只是耸耸肩，并很快就把它丢到脑后。大早上训练的传统是如此根深蒂固，以至于连科学都不能撼动它。长此以往，看上去这已经成为一种"坚毅性格的展示"，因为早起被认为是男子汉的行为。运动员们起得晚，晃晃悠悠过一早上，然后再来训练场；这种行径严重有悖教练员和训练员对训练持有的"类军事化"的态度。显然，调整球员的生物钟，使他们在比赛时段进入巅峰状态，才是正确的做法。唯一聊以自慰的是，既然所有的足球队都这么做，那么，到比赛时，大家同样都不在巅峰状态。至少这还算公平。

与这些事情休戚相关的那些人——经理、教练和训练员——他们以前都是足球运动员，现在岁数大了，他们必须知足地扮演一个顾问的角色。他们最重要的任务就是激励他们的球员。过去，他们在激励心理学方面没有接受过专业的训练，而现在形势变了，他们要上心理学和沟通方面的课程。这种安排效果显著，领悟能力强的教练很快就适应了他们新的角色；他们将自己的一些小聪明都发挥到极致，运用新的方法来做赛前思想动员——之前这样的工作通常是看球队经理的心情，没有什么章法。可是，他们中有一些人不喜欢把复杂的科学理

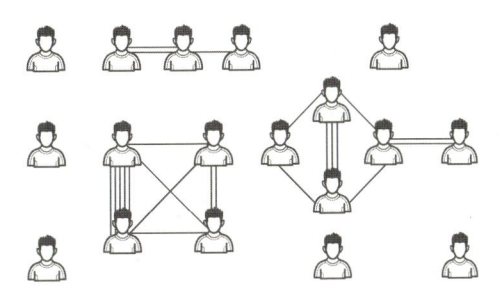

论引入工作中,他们这样为自己辩解:周复一周、时时刻刻要面对诸多的问题,这不仅让他们疲于应付,而且,无论如何,这种情况下都不适合开展心理测试。这些话有一定道理,但其中也有一个隐患:如果这种态度持续发展到一定程度,就会导致所有新的科学方法都会被他们自动屏蔽掉。一些教练对心理工作流程的细节感到局促不安,他们担心用新的一套方法工作,自己会显得不那么从容老练,于是明显抗拒使用这些方法。他们作为整支球队的领导,这个角色要求他们在年轻球员面前显得无所不能,当然也无所不知。在这种或那种新鲜的科学玩意儿面前,他们如果显得缩手缩脚,这就会削弱他们的权威。庆幸的是,依靠多年的球员生涯形成的直觉,他们可以解决很多问题。

这就是一些教练抗拒心理训练的原因所在。他们通常都是铁腕人物,而他们对心理训练没有把握,再加上他们感觉这项运动粗犷的性质决定了他们要采取一种类似于严厉治军、注重权威的管理方式,这些因素都促使他们如此这般抗拒心理训练。而他们自身,同样也是压力山大,有时候他们难免反应过激。如果他们舍得花时间去研究,其实有很多心理工具可供他们使用,从而使他们激励队员的方法更加丰富和多元化。莫里斯·亚菲是伦敦一位临床心理学家,在水晶宫足球俱乐部担任了数年名誉顾问。他总结了运动心理学领域一些饶有兴趣的新发现:除了生物钟外,还有一些方法能够让人得心应手地掌控球员的情绪。他们知道,在比赛日那天,随着开场时间的临近,他们必须格外呵护他们球员的情绪。每个球员都有他自己的被唤起水平——被激励到那个程度他会发挥出个人的最高水平。老套、粗放、让全体球员群情激奋的赛前动员方法,并不十分适用于足球。在橄榄球等其他一些球类运动中,这种方法至今仍在使用。那些比赛中最核心的部分是激烈的身体对抗和大量的身体接触,因此,在每次比赛伊始,一种狂放的、类似于兽性的愤怒情绪必须被激发出来。但是,足球对技术的要求更加多元化。正像教练洛瑞·迈克玛尼曼的形象描述:"一支球队最理

未讀
UnRead

06
Jun / 2018

「未读之书，未经之旅」

更多书籍资讯请关注「未读」会员服务平台

【未读 Club】

△ 这里不只提供有趣、实用、长知识的新鲜阅读

△

更整合了「未读」已有的优势资源

为每一位「未读」会员提供专属的优质服务。

关注【未读 Club】，你可以：

- △ 提前获取「未读」每月新书资讯。
- △ 第一时间了解「未读」重点推荐的好书，以及拥有新书免费试读的权利。
- △ 未读小店专享商品及折扣优惠。
- △ 拥有「未读」线上课程分享、各种线下活动的优先参与权。
- △ 加入「未读」粉丝群，结识全国各地的书友，免费参加丰富的社群活动，赠书、优惠券等福利随机掉落。

【未读 Club】
欢迎你的加入

< 2014 年，欧洲冠军联赛决赛即将在里斯本竞技场举行，对阵双方是皇家马德里队与马德里竞技队。在赛前的训练中，皇家马德里队主教练卡洛·安切洛蒂与 C 罗分享了一个笑话。

想的阵容是七名清道夫和四名小提琴家。"一些球员需要精神饱满且高效地开足马力去苦干，而其他一些球员则需要在关键时刻贡献神来一脚。既然技术要求不同，那么在赛前准备阶段，就需要对球员区别对待。

那些性格稍微内向、神经高度紧张的球员，通常是那些射手，他们到达比赛场地的时候，心理状态已经太过紧张——整个赛场的氛围已然让他们紧张过度了，这些人需要放松。而那些更为外向、乐天嘻哈的球员——通常是防守队员——他们需要更大强度的刺激，否则他们就会松懈下来。对待前一类人必须态度温和，多说一些赞美和肯定的话，也就是说，多拿好话哄着他们，这样就能让他们放松一些。对第二类人，必须给他们打鸡血，把他们的斗志挑得更高。细心周到的教练明白这个道理，他会区别对待不同的球员；他不会把每个球员的兴奋状态都激发到最大限度，而是给予他们最适当的刺激。而粗心的教练只会搞一刀切，要么给他们统统下猛药，好一通激励——这招对于某些球员有用，却会吓着另一些人；要么和和气气地给球员吃定心丸——而这又是正对某一些人的路子，而其他的人会就此松懈下来，无法进入状态。

有一点谜之神奇，那就是来自不同国家的球员需要主教练采取不同方式来对待。意大利维多利奥·波佐的言论广为流传："英国球员可以被作为一个整体对待，意大利球员则需要个别对待——他们需要知道，你是站在他这一边的。"他对意大利球员的说法是正确的，但是他还不足够了解英国球队，以至于拿他们和意大利人做了这么一个比较。所有球员，不管他们来自哪个国家，面对面得到教练的训示，都会备受鼓舞——除非一支球队的 11 名球员，他们的秉性像是一个模子里印出来的、出奇地一致，而这种概率微乎其微。而只有在这种情况下，无论何时何地，他们都能够被当成是"单个人"，可以用同一种激励方法统一对待。

在激励球员方面，虽然关注个体差异、区别对待是一个非常好的原则，但是有时候也有例外。如果一支球队在上半场踢得惨不忍睹，中场休息时教练劈头盖脸一通臭骂有可能起到意想不到的效果。沉浸在沮丧中不能自拔的全体球员，因为这顿来势汹汹的言语"激励"，精神都会为之一振。而在另一些情况下，整支球队都将陷入过分焦虑

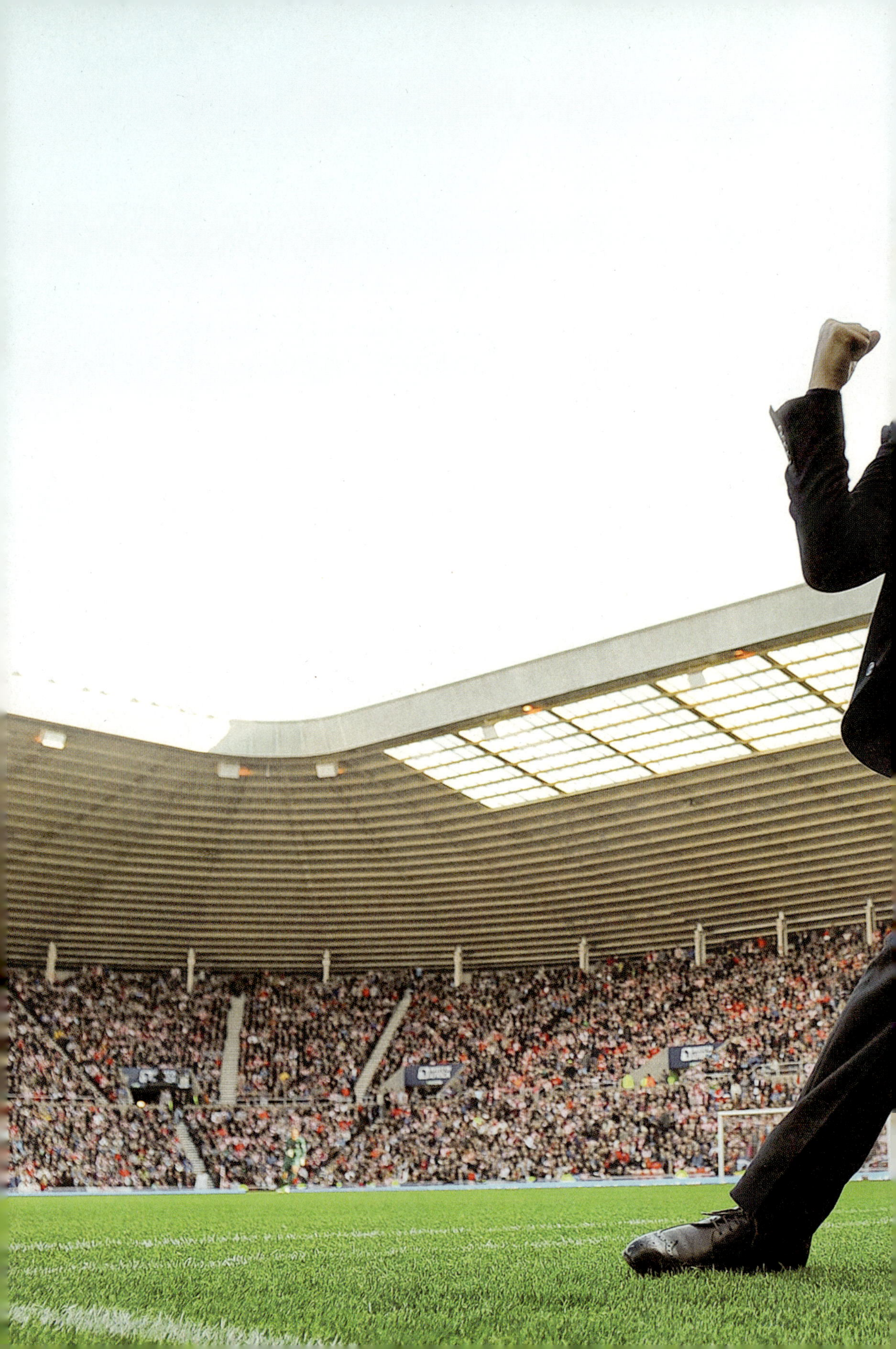

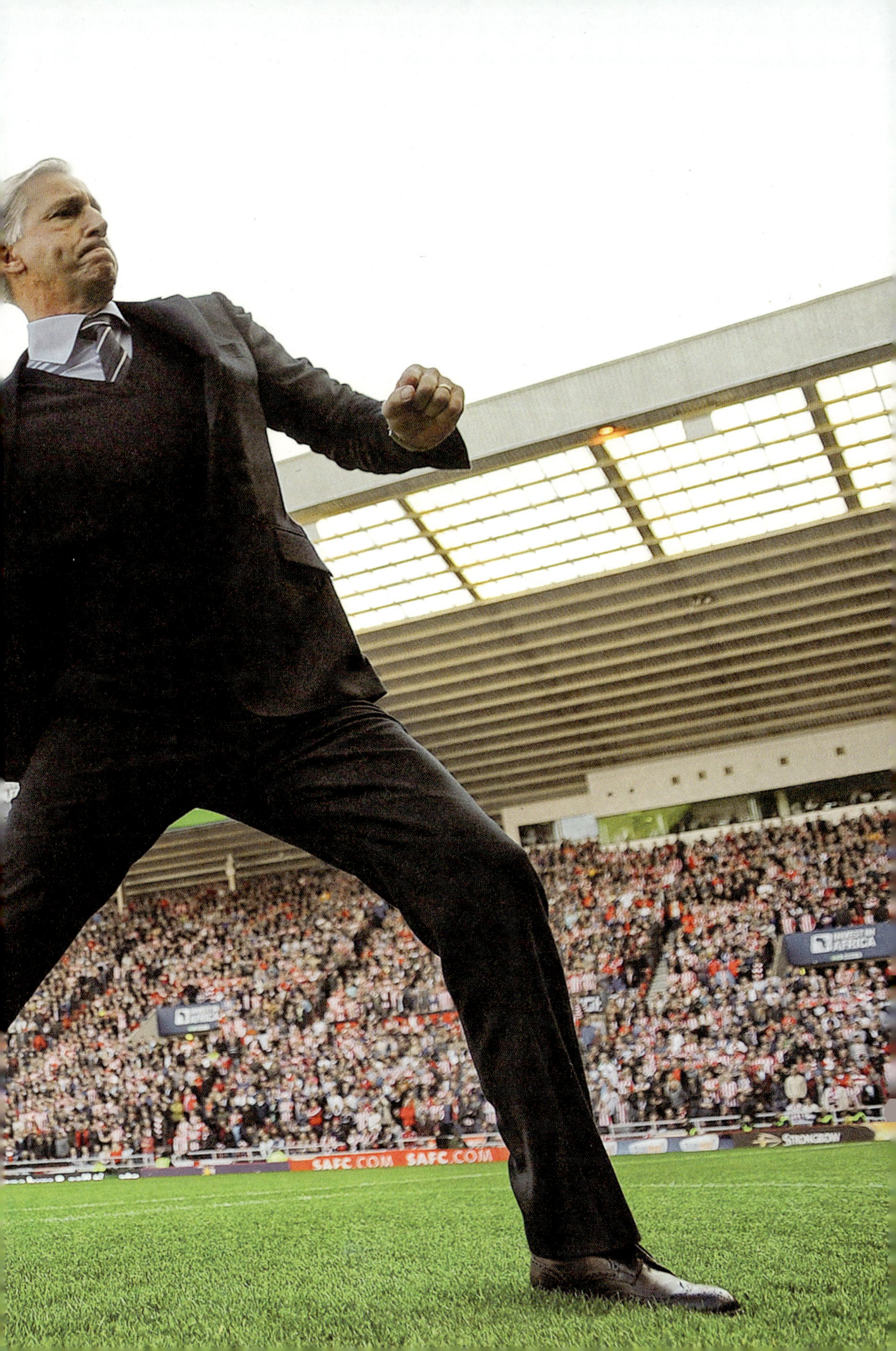
INVEST IN AFRICA
SAFC.COM
SAFC.COM
STRONGBOW

和高度紧张之中，那么教练和风细雨般的温言安抚则会奏效，他会给整支队伍注入镇静剂和强心剂。在这方面有一个实例，其解决方法极其富有想象力。一支球队发现自己将在一场重要的决赛里迎战赫赫有名的劲敌。于是，教练雇了当地一位喜剧演员，请他在比赛前给队员们讲笑话——甚至在他们进换衣间换球衣的时候，那位演员还在不停地讲笑话，这样就营造了一种轻松欢快的氛围。这一举措带来了意想不到的丰厚回报。进入球员甬道后，等待入场仪式的这段时间，这些站在劲敌身旁的球员还在回味刚才的笑话，一直笑个不停。这种反常的表现让高出他们几个段位的对手不由得焦躁起来——那些人实在想不明白对方为什么会有如此怪异的行为。这彻底扰乱了对手的情绪，最终对手丢掉了这场比赛。

上一页：2012年英超联赛，桑德兰光明球场。在对阵桑德兰队的比赛中，纽卡斯尔联队主教练阿兰·帕杜正在庆祝球队进球。

另外一种不同寻常的做法是这样的：某位教练站在队员过道上，跟对手球队的每一位球员握手。然后，他回到自己球队的更衣室，对他自己的球员描述令人生畏的对手球队的每一个球员的糟糕状况："布朗又去夜总会了，你能看到他的眼袋都出来了。史密斯还拎着他的手提袋。琼斯肯定和老婆大吵了一架……"如此种种，主教练把对方球队的每一个人都损了一遍。虽然他自己的球员把这当作一个大笑话来看，然而，这种做法确实让他的队员们释放了紧张情绪，并增强了自信。

在激励球员方面，也许最匪夷所思的事情要数一位澳大利亚球队教练的做法。在一次重要的比赛前夕，由于他觉得自己球队的临场作战情绪没有被完全激发出来，于是他脑洞大开——给他的球队播放了一部反映纳粹暴行的电影。在观看集中营毒气室和机枪扫射戕害无辜的人们20分钟之后，教练让这些球员想象他们每个人都有一个亲人——儿子、妻子或者母亲——被关在这座集中营，然后跟他们说："你要为亲人报仇。"面对之前曾无数次轻而易举打败他们的对手，这支球队的球员们以势不可当之势冲进球场，手起刀落、干脆利落地赢得了这场比赛，象征性地"屠杀了"他们的对手。然而，这种别具一格的激励手段最终适得其反。当这件事情公之于众，这位想象力过于丰富的教练被迫辞职；澳大利亚足协主席发表声明，称这位教练的行为已经"违背了足球运动的初衷"。

另外还有一个很容易被教练弄巧成拙的手段，那就是故意激怒整

3·部落英雄

> 2014 年世界杯比赛，巴西累西腓。在与克罗地亚队的比赛中，墨西哥队的主教练米格尔·埃雷拉庆祝本队的首粒进球。

支队伍或者个别球员。如果教练觉得球员们变得懈怠懒散，他就会公开挖苦他们。有这么一个例子，伦敦有一支球队，球员都来自南方。在一次采访中，教练称他的球员打法不够凶悍，因此他想找一些北方球员来加强这支队伍的攻击性，他还说："毫无疑问，北方的球员作风更加硬朗。"他的球员听到这个消息时都极为光火，可是他们嘴上并没有说什么。但是，他们心里都憋着一口气，要证明他们的教练大错特错了。于是，他们咬紧牙关，在接下来的一场比赛中，以 6∶0 轻取对方。再接下来的一场比赛中，他们对阵的是"更强悍的北方佬"组成的球队，这些愤怒的南方球员在场上拼得更加厉害，最终以 7∶1 获胜。在这之后，球员们也都释怀了，他们原谅了教练之前说过这么刺耳的话语，并承认：在教练刺激他们超常发挥之前，自己确实踢得不咋的。但是，这位教练使用的是一个很危险的方法。如果球员们在这几场比赛中表现不好，那么他说的话很容易给他和球员的关系造成永远难以愈合的创伤。把这种方法用在某个球员身上，那就尤其危险了。即便这会逼迫球员在场上有更为出色的表现，可是他很难忘记自己的教练对他的公开抨击；而不久之后，假如大家听到这名球员转会的消息，那也是在意料之中。以后当他回忆起这件事情，可能会把它付诸笑谈，他还会说起那些攻击他的话语（比较有名的一个例子就是"他看起来像是人猿泰山，踢起球来却像个娘儿们"）。但是，除了那些神经极其大条的球员之外，这样的公开羞辱一般会让球员如鲠在喉，永生难忘。使用这些小手段的主教练们其实在冒相当大的风险。如前所述，如果他们舍得花时间去研究，其实有很多心理工具可供他们使用，从而使他们激励队员的方法更加丰富和多元化。有一种技术被称为"自我暗示训练"。为了在赛前获得一种更积极的心态，球员被要求做一系列紧张和放松的交替训练。他要让自己舒服地躺着，闭上眼睛，深呼吸一会儿。然后，他要尽量绷紧身上所有的肌肉，继而把注意力放在自己身体的各个部分。这种肌肉紧张的状态持续一阵子后，他必须完全放松肌肉，人也松弛下来。接下来，他要不断重复这两个截然不同的过程：紧张—放松、紧张—放松。当他处在最紧张的状态下，工作人员要求他想象他即将对阵的对手。这种训练持续一段时间后，球员在球场上的表现会更加有攻击性，也更有成效。

另外一种方法是"自信训练"。如果一名球员丧失自信，在场上的攻击性不足，那么，引导他把注意力集中在一个"仇视的对象"身上，这个方法也许会有帮助。人们让他把意念集中在一个他厌恶不已的对象身上，然后让他不停地打沙袋。他每次击打沙袋的时候，脑子里都要浮现同一个场景，以此形成条件反射。这使他能把自身本来不具备的一些富有攻击性的行为与这个特定的情景联系起来。这时，他不必隐藏他的攻击性——就像在日常社交生活中不得已做的那样，他可以在激烈的运动中释放这种情绪，这种训练能帮助他适应攻击性被迅速唤起的这一过程。当他踏上球场的时候，他感觉到自己自信满满，他需要做的就是想象那个"仇视的对象"就在眼前，然后在这上面集中一段时间的意念。这会给他注入能量，找回他已经失去的动力。

一种类似的方法是在脑子里镌刻"打硬仗的情景"。在比赛进行不顺利的时候，运用这些方法来降低球员惊慌或者沮丧的情绪。球员们被要求回忆一段美好的往事，比如他在之前的一场比赛中一记精妙绝伦的进球，接着，要求他在一场艰苦卓绝的比赛之前，在脑子里不断重现这个片段。这有点像一首流行歌曲里的歌词"萦绕在我的脑海里，久久不能散去"。之后，在比赛中，如果形势对他不利，他就可以回想起这段特殊的记忆，以此激发他的战斗力。

另外一种可选的方法是"心理预演"。在这种训练中，球员需要想象他在比赛中可能遇到的最糟糕的情况。但是，他在赛前就已经在平静放松的状态下有过这种体验了。之后，他在赛场上真的遇到这种情况的时候，他应对起来就不会那么惊慌失措。

另外一些球员要面对的问题却不一样。他们既不是惊慌失措，也不是没有自信——他们过于好斗。其结果就是他们不断地犯规，然后被裁判予以各种处罚。在德国，人们研究了超过1800场比赛，结果显示，犯规行为有这么几个典型特点：输掉比赛的那一方比取胜的那一方犯规更多；客队比主队犯规多；比起进球较多的比赛，进球少的比赛犯规更多一些；排名较低的球队比排名高的球队犯规要多。比利时研究者也得出了相似的研究结果；看起来这个结果可以放诸四海皆标准，适用于所有的国家。

显然，在沮丧情绪的作用下，犯规的概率会升高。一支丢掉比赛的球队，一支没能多进球的球队，一支在联赛排名徘徊不前的球队，他们会有一种强烈的挫败感，导致他们在场上动辄就犯规。客队比主队犯规更多，那是因为主场的球迷们表现出来的敌意令他们不由自主地做出如此反应。

在这种沮丧情绪作用下容易犯规的球员，以及那些由于控制不住情绪、反复被裁判判罚的球员，他们可以受益于一种名为"脱敏"的方法。具体做法是：在他们进行特殊的放松训练时，让他们观看之前比赛中他们自己犯规最严重的录像片段。如果在这些球员身体极度放

› 2013年，布拉格伊甸园体育场。训练中，拜仁慕尼黑的主教练瓜迪奥拉和马里奥·格策一道会心欢笑。

松的情况下，让他看到录像上自己表现最粗野的一面，这有助于降低他们在今后的比赛中"情绪大爆发"的概率。

也许对比赛进行科学分析得到的最奇怪的发现是"友情因子"。每一位教练都会自然而然地认为：他的球队里的每一个球员都会把球传给场上最佳位置的队友。作为这项运动如此基本和浅显的要求，大家都认为在这上面不会有任何问题——至少是在匈牙利研究者更深入地研究这个问题之前。这些研究者发现，球员经常违背这个最基本的规则。球员会把球传给平时关系不错的队友，而不是那些交情很浅或者他们反感的队友。当然，他们不会总是这么做。他们一般会把球传给处于场上最佳位置的队友，但是，这种情况比我们主观认为的要少一些。比赛中，在他们这一方顺风顺水的情况下，友情因子起作用的概率很小。可是，一旦他们在比赛处于极度不利的情况下，或者突然被一种恐慌感攫住，友情因子就要大行其道了。为了稳妥起见，球员们会把球传给他们信任的密友，而不是其他什么人——即便他的密友在场上的位置并不理想。毋庸置疑，这种做法会让场上的形势更加恶化。而随着恐慌情绪的加剧，这种做法反而会愈演愈烈。

有一些教练凭直觉感到有必要去解决这个问题，即便他并没有精准地确定问题症结所在。维多利奥·波佐，这位意大利足球俱乐部的教练，当他带领球队去客场作战的时候，在住宿方面，他会有特殊的安排。如果两名队员闹翻了，还经常吵架，他就会坚持让他们住进同一个房间。而队员们常常会强烈抗议这种做法，因为和自己最要好的队友分享一个房间是球队的传统做法。波佐对这些抗议置之不理，但是，他就是通过这种办法消除了球员彼此之间的敌意，促进了整支队伍的和谐。

一个更为系统的做法就是对全体球员做一个友好度测试，并做出一张"友好关系图"。这张表会显示每个球员和其他球队成员之间的关系。在一个战绩颇佳的球队里，大多数球员的关系都很融洽；但在一个战绩不佳的球队里，你会找到更多的"独行侠"——他们独来独往，与其他队员缺乏情感上的联结。研究者通过比赛记录来分析传球的优先顺序，他们很快得出结果：球员不会给不合群的队友传球。利用这个研究结果，教练们可以选用以下两种方法中的一种：他们要么开始着手让这些孤僻的球员融入集体，与大家打成一片；要么把整个问题向球员和盘托出，让他们自己意识到这种行为的愚蠢之处，并自行纠正。借助这个方法，可以有效提高整个球队的凝聚力。

这项研究还透露出一个重要的侧面信息——这个问题牵扯到球队的稳定性问题。德国有研究者指出，比起球员进进出出、走马灯似的转会的球队来说，队伍稳定性强的球队的比赛成绩会更好。如果把这一点跟友情因子联系起来，个中原因就呼之欲出了。弄走球员们的一个老搭档，然后硬生生塞进来一个新的球员，这支球队原有的情感纽带就此断裂。有时候，一位球员新加盟一个俱乐部，球队的支持者往往会对他寄予厚望，而他们很快就会失望无比，因为在最初的几场比赛中，这名球员看上去基本没起什么作用。俱乐部有些成员就会被这个表象误导，认为这个球员不够努力，或者他还没有安下心来。但是，如果他们分析一下比赛的记录，他们就会发现：为了给新东家留下好的印象，这名球员会使出浑身解数。可很无奈的是，他的新队友们并没有给他输送足够多的传球。原因并不在于他没有把心思安顿下来，而是因为老队员们并没有接纳他，在赛场气氛高度紧张的时刻也不会去信任他。友情因子的问题越是摆到桌面上来讲，并且发动球员们展开讨论，他们就越容易克服这个因素对于赢得比赛的负面影响。

这里列举了一些探讨和解决球员积极性问题的方法，但是如果你梦想着足球部落多多少少会欣然接受它们，那就太天真了。很多足球教练认为，把太多的精力放在这种事情上，那就显得太不专业了。有些人则认为，对待这些玩意儿的态度，应该完全置之不理。有一位教练在他的俱乐部计划中写道："人们应该认识到，积极进取本来就是球员的必备素质，而不需要借助任何外在的机构来激发……哨声一响，我认为球员们都会全力以赴，至少要对得起他拿的这份报酬。这无所谓激励不激励。一个拿着不菲报酬的球员无须他的教练不断地去督促他。如果这么做有必要的话，那么他，以及整个足球运动，就太不堪了……"这种强硬的姿态仰仗的就是这种底气——他们可以随手买进状态异常稳定的球员，然后把那些喜怒无常的、情绪化的球员（即便他们有可能大放异彩）随手卖掉。而一位美国教练曾经吐槽的心酸话语，也许能生动地概括这种强势的姿态："今天你不努力工作，明天就要努力找工作！"在某些情况下，这种做法也许能奏效；但是，现在有迹象表明，至少有那么一些教练，他们现在把更多的精力放在如何激励球员上。随着运动水平的持续提高，足球比赛变得更像是两支在技术层面势均力敌的球队之间的心理战——可谓狭路相逢勇者胜（还可以说，狭路相逢智者胜），心态和决心是克敌制胜的终极法宝。因此，注重以科学的手段激励球员，这种趋势有望在将来蔚然成风。

客场恐惧症

在对手的地盘踢球的挑战

如果要证明心理因素对于赢得足球比赛具有重要的意义，那么"客场恐惧症"现象就是一个现成的证据。所有在对手地盘上踢过球的球队都体验过这种切肤之痛。客场恐惧症的主要原因是球队在不熟悉的赛场上感受到的满满敌意，由此导致的症状就是在客场打赢比赛和在客场进球的能力急剧下降。足球部落里的每一个成员，都意识到了这个问题；但是很少有人去细究其影响或是采取积极的措施抗衡其造成的影响。大家只是把它看作足球部落一个避无可避的痼疾。

客场恐惧症在足球这项运动诞生的时候就已经出现了。19世纪，英格兰足球联赛踢了12个赛季，每一场比赛的结果现在都有迹可循。如果把全部12个赛季主场取胜的次数相加，再除以客场取胜的次数，我们就可以用一个简单的比率来说明客场恐惧症导致的影响。结果显示，在英格兰足球甲级联赛中，这个比率是2.6∶1。这就说明，这些早期的球队，他们在主场比赛获胜的概率是客场取胜的2.6倍。

如果我们对"二战"之后——20世纪40年代到80年代期间——英格兰甲级联赛的所有比赛同样进行分析的话，主客场取胜的比率是2.1∶1。客场恐惧症略有好转，但是主场取胜的可能性仍然是客队取胜的两倍。

如果我们逐年计算主客场取胜的比率，结果显示，情况大致相同，没有太大的波动。19世纪最低的比率是1.7∶1（1896—1897赛季），而最高的比率是3.4∶1（1895—1896赛季）；但是大多数年度的比率都接近平均值。

"二战"后，最低的比率同样是1.7∶1（分别出现在1947—

› 2014年德甲联赛，本特尔球场。在与帕德博恩队交战之前，多特蒙德队的皮埃尔·埃莫克·奥巴梅扬在听音乐。

1949赛季、1950—1951赛季，以及1954—1955赛季），最高的比率是2.8∶1（1976—1977赛季）；同样，大多数年度的比率都接近平均值。

这些结果显示，在客场恐惧症影响最深的年份里，客场取胜的困难程度几乎是主场取胜的三倍；而在情况最好的年份，比起主场取胜，客场取胜的难度也几近是主场取胜难度的两倍。这说明，在足球比赛中，主客场这个因素的影响举足轻重。这个问题的意义如此重大，所以，任何一支球队只要能克服这个问题，他们就能很快崛起，成为足坛霸主。

这个想法促使人们做了一项对比研究——联赛中的顶级球队和垫底的球队分别受客场恐惧症影响的程度深浅。我们的研究对象是20世纪70年代英格兰甲级联赛所有的比赛，如果将顶级球队和垫底的那些球队每年的比赛结果做一下分析，那么就有可能发现，这两类球队受客场恐惧症的影响是否同等严重，抑或是顶级球队完全不受其影响。对这一时期所有的数据进行分析后，结果显示，主场取胜相对客场取胜的平均比率是2.2∶1；顶级球队的相应比率是1.7∶1，而那些垫底的球队的比率是2.9∶1。换句话说，无论是顶级的球队，还是垫底的球队，客场作战要赢球更艰难，在这一点上，他们同样深受其害，但是，垫底的球队受影响的程度几乎是顶级球队的两倍。因此说，顶尖球队对于在客场作战并不那么胆战心寒，但是他们仍然不能完全摆脱这个魔咒。

再来看另一组比较研究的结果。这次比较的两个对象是所有的甲级联赛的球队以及所有的丁级联赛球队。英格兰丁级联赛是在1958年至1959年赛季首次引入的，如果我们将从那时候起，直到20世纪70年代末的所有比

赛季	获胜 50 100 150 200 250	比率	赛季	获胜 50 100 150 200 250	比率
1946		1:7	1946		2:3
1947		1:9	1947		4:3
1948		2:4	1948		3:0
1949		2:0	1949		3:0
1950		1:7	1950		3:6
1951		1:9	1951		2:7
1952		2:3	1952		2:6
1953		2:3	1953		2:6
1954		1:7	1954		2:3
1955		2:0	1955		2:3
1956		2:3	1956		2:8
1957		2:0	1957		3:0
1958		1:8	1958		2:5
1959		1:8	1959		3:1
1960		2:0	1960		2:9
1961		2:2	1961		2:0
1962		1:8	1962		2:5
1963		1:8	1963		2:0
1964		2:4	1964		2:8
1965		2:1	1965		2:5
1966		1:9	1966		2:4
1967		2:3	1967		2:4
1968		2:6	1968		2:6
1969		1:8	1969		2:1
1970		1:9	1970		2:4
1971		2:1	1971		2:6
1972		2:5	1972		2:2
1973		2:3	1973		2:8
1974		2:3	1974		2:8
1975		2:2	1975		2:4
1976		2:8	1976		2:3
1977		2:1			
1978		1:9			

■ 主场获胜　　　平均比率
■ 客场获胜　　　2:1

■ 主场获胜　　　平均比率
■ 客场获胜　　　2:5

1946—1979英格兰足球甲级联赛
主客场比赛结果对比

1946—1976意大利足球俱乐部
主客场比赛结果对比

赛结果相加，就会得到以下比率：对于甲级联赛球队，主客场取胜的比率是2.1∶1，而丁级联赛球队主客场获胜的比率是2.5∶1。这个比较结果再次说明：实力较弱的球队受客场恐惧症的影响更大一些。

客场恐惧症并不仅仅是英国足球圈的弊病，研究者还对意大利的足球比赛结果做了计算，被研究的时段是"二战"结束后一直到20世纪70年代末。结果有些微不同：最低的比率是1.9∶1，最高的达到4.3∶1；但是，其平均比率是2.5∶1，这跟英国的平均比率很接近。所以，看起来这种现象不仅限于某个特定的国家。确实，很有可能，这是一个具有全球普遍性的现象。

"二战"后第一年，意大利和英国足球有一个有趣的相似点，即主客场获胜的比率的最低点都出现在那一个年份。那正是第二次世界大战结束后，这两个国家恢复足球联赛的头一个赛季。看起来，经历了严酷战争岁月和足球荒的人们能再次看到足球比赛，他们心怀感恩，甚至真心实意地欢迎客队的球员。由于没有遭遇本地人的敌视，客队的客场恐惧会比平常要稍微少一些。

衡量客场恐惧威力的另一个工具是看进球数量，而不是赢得比赛的场次数量。主场进球和客场进球的比率呈现的情况也很相似。以下就是一些数据：

19世纪英格兰甲级联赛（1888—1900）主场进球和客场进球的比率是1.8∶1。

"二战"之后，英格兰甲级联赛（1946—1979）主场进球和客场进球的比率是1.5∶1。

"二战"之后，英格兰丁级联赛（1958—1979）主场和客场进球的比率是1.7∶1。

从这些结果可以看出几个问题。从这个角度来看，我们会再次发现，从足球联赛发展早期直到当代，客场恐惧症的影响略微有所下降。另一点是客场恐惧症对参加丁级联赛的水平较低的俱乐部的影响，要更甚于甲级联赛中的那些巨无霸球队。此外，这些比率显示，虽然客场恐惧症严重影响进球，然而相对于其对比赛输赢结果的影响，它对进球的影响倒是不那么显著。大体上来说，客场获胜的难度是客场获胜的两倍，客场进球的难度是主场进球的1.5倍。

鉴于这些事实，到底怎样才能克服客场恐惧症呢？简而言之，答案就是两个字：不能。事关足球界从业人士的"水土不服"，这个问题太过根本，任凭你再足智多谋、再善于运筹帷幄也都无济于事。考虑一下"客队比赛日"对客队球员的诸多影响因素，第一点不利因素是：他们要起得比平常更早，准备去赶火车或者大巴——这些交通工具会把他们带到对手的地盘。如果为了避免比赛日的匆匆忙忙，他们选择在比赛场地附近的一家宾馆过夜，那么队员又必须面对这些问题——在一个不熟悉的房间里的一张陌生的床上睡觉。

第二点不利因素是：他们不能和自己的家人一起坐在家里温馨的环境中吃饭。当他们去客场作战的时候，他们可能就会在某家陌生的餐馆里、匆匆忙忙对付一顿。

第三点不利因素是：如果他们选择在比赛日那天风尘仆仆地赶过去，他们要面对的就是一段漫长而劳累的旅程。

第四点不利因素是：当他们快要到达对手

为什么是足球

的赛场时,他们会看到满眼陌生的球衣色调——主队的球迷们身穿主场球队主打颜色的球衣,气势磅礴地走在一条条大街上,然后纷纷涌向那座体育场。如果当地球迷发现了客队球员,他们就会嘲弄这些球员并起哄。而当球员们靠近体育场并从大巴上下来的时候,这种敌视的情绪会升级。当球员们进入专供客队使用的换衣间,由于不熟悉环境,他们又要应对一些琐碎的不便和麻烦。在一个陌生的地方,这些外来者要尽快熟悉环境。此时在外面,主队球迷们发出的巨大声浪会提醒他们:充满敌意的高声喝倒彩马上就要砸到他们身上了。而当他们仔细检查球场的时候,他们会发现,这里的足球场同他们自己的球场也有些微的不同之处。每一块场地都有它自己的特点——某块地方的起伏的坡度不同、球场排水系统不一样、更宽阔的环形跑道,等等。所有这些细节交互影响,客队球员会为此感到不安。

终于,比赛开场了。当他们跑进赛场时,迎接他们的是一片沉寂,或者是一片嘘声;这与主队进场时观众席上爆发出山呼海啸般的欢呼声形成了鲜明的对比。到此刻为止,这一天他们都被视为讨厌的入侵者,有太多的事情发生在他们头上,恶劣的情绪沉甸甸地压在他们的心头,以至于当开场哨最终吹响的时候,他们是带着巨大的心理包袱开始比赛的。这正是客场恐惧症和赛绩不佳的根源。

我们没有办法完全消除客场作战日的所有不利因素。用直升机运

› 2010年南非世界杯期间,法国前锋安德烈·皮埃尔·吉尼亚克和约恩·古尔库夫坐在布隆方丹机场外的球队大巴上。当时,法国队后院起火:为了声援前锋尼古拉斯·阿内尔卡,球员们拒绝训练。前者因对教练雷蒙德·多梅内克破口大骂被赶回法国。

‹ 2014年世界杯开赛前,澳大利亚队的球员在悉尼飞往巴西的飞机上休息。

送去客场作战的球员，此举当然会极大地缩短行程，并且会消除通常行程安排中遇到的很多细微的干扰。但是，对于大部分俱乐部来说，租用直升机的代价太昂贵了，而且对一些球员来说，这样的旅程也许更让人视为畏途。或许，另外还有一种变通方法。那就是将长途大巴的内部改装一下，将平常的座位改成能平躺的卧铺。球员们可以躺下来，在没有光线干扰的环境里聆听耳机里令人静心的音乐。这种安排会一改长时间打牌、设个小赌局或者玩电子游戏带来的情绪波动。但是，对于很多球员来说，玩牌或者沉浸在电玩带给他们的挑战，这才是消磨时间的有益方式。因为这样做会分散他们的注意力，暂时抛开对前路的一些担忧。如果一切听由他们自己做主，他们可能就会发现，情急之下，自己的脑子会胡思乱想，而当他们到达比赛场地的时候，他们的心理状况甚至更加堪忧。

如果对行程本身能做的改变实在有限，这里介绍一些办法，能用来改善球员到达客场之后的境况。他们可以联系这支球队的球迷俱乐部，事先做一些特殊安排，让他们的球迷们在对手的体育场门口集合。这样一来，等球员们到达场馆的时候，他们就会发现，那里不再只是客队球迷的汪洋大海，还有一大群穿着他们自己球队颜色球衣的球迷守候在门口，他们的欢呼声会陪伴球员走进球场的更衣室。更衣室内部也可以用球队自己的球衣装饰一番，那是特意挂在球队自己的主场更衣室里的那几件球衣。此举有助于把这间陌生的屋子变成"他们自己的"地盘，这会让他们感到更轻松自在。但是，为了消除"入侵敌人领地"带来的紧张情绪，除了以上这个举措以及安排尽可能多的球迷赶来一路为他们助阵，客队几乎已经无计可施。在今后很长的岁月里，客队恐惧症还将继续困扰着足球部落。只有那些最足智多谋的教练能够有办法让他手下紧张焦虑的球员们放松下来。

花招百出

算计与阴招

当今的部落英雄必须智商在线。快速跑动和精准射门已经不够用了,他的脑子必须转得快,而且还要懂得曲线救国。刚刚涉足职业足球圈的新手球员很快就会发现,他进入的是一个充满诡计和花招百出的世界——在那里,各种巧中取胜的花招和伎俩,几乎跟这项运动的专业技能一样重要。跟他踢业余足球的前辈们不同,他要面对双重挑战:足球场上正规的竞争以及非正规的那种——足球江湖上的兵不厌诈。

竞相出些花招,在这上头较量一番,这是所有的俱乐部乐此不疲的特殊"竞争";这在足球部落内部备受推崇,它被视为足球的第二种语言——两支球队在一场重要的比赛中一交手,就马上要启用另一套足球江湖的行话进行切磋。这里简要介绍一些现代足球场上最常用的计谋和伎俩。

1. 障眼法

这是诡计多端的足球教练们用来迷惑对手的手段。在赛前新闻发布会上,他们会豪气万丈地宣布,他们的球队拒绝采用懦夫式的防守战术,相反,他们要大打攻势足球来取悦观众。如果他们的对手信以为真,并针对他们将要采用的全攻型打法,决定场上阵型并制定相应的战术。可是,一旦开场后,他们就会发现,对手的情况完全不像他们所宣称的那样——他们筑起了强大的后防线,并择机打"反击战"。又或者,一位教练宣布,能打成平手,他就已经非常心满意足了。而一开场,他的球员立即大举进攻,直扑对方的球门。另一种手段就是

> 2006 年世界杯决赛，柏林奥林匹克体育场。对阵双方是意大利队和法国队。在用头冲撞意大利后卫马特拉齐之后，法国中场齐达内做了一个手势。

夸大一位球星的伤势，甚至连他能否出场都疑窦丛生，对手因此改变了他们的既定战术。而就在开场前，等球员阵容一公布，他们就发现自己被耍了。那位球星不仅能上场踢球，而且在比赛开始后，他们很快就会发现他正值巅峰状态。

2. 扮演超级好客的东道主

在国际赛事中，主办方有时候会使出浑身解数来招待他们的客人。客队很难回绝主人的热情；而这种热情如果适当地多出那么一点，它就可以充作一个非常有杀伤力的武器。一支外国球队来维也纳参加一场重要的比赛，主办方安排他们观光游览整个城市，这支球队出于礼貌就接受了。游览时间就安排在比赛当天上午，所有球员从宾馆整队出发，然后被要求"徒步"游览所有的景点。在步行数英里之后，他们已经感到筋疲力尽了。但是，他们的导游坚持，为了不虚此行，他们必须看一眼约翰·施特劳斯的出生地，他声称绕过街角就到那里了。可是，他嘴里的"街角"位于两英里之外。疲惫不堪的客人们拒绝配合，这时也顾不上什么礼节不礼节的了，他们再也不愿意动弹半分了。

给客人们准备具有当地风味的盛大宴席，这是另外一种花招。客人们希望品尝具有异国风情和够味的食物——这种食物非常符合他们东道主的胃口，而相比他们自己平常的饮食来说，那就太过怪异了。一支欧洲球队到中美洲打比赛，第二天他们要迎接一场恶战。东道主给他们准备了以下美味佳肴：第一道菜是大块肥肉炸成的酥脆的油渣；第二道菜是浇满褐色酱汁的锅巴；第三道菜是羊的下水，"颤颤巍巍的，就像是冷冻的胶冻"——其做法是"把羊下水放进仙人掌里，然后把所有东西埋到地底下放置几个小时"；东道主还给他们上了"一种漂着蛆虫的果酒"。欧洲足球队员在饮食上向来以保守严苛著称，面对这样的大席，他们中大多数人拒绝吃上一口，最后落得个饥肠辘辘的结果。而那些壮着胆子吞下这些怪异食物的人，通通由于"蒙特祖玛[1]的复仇"趴下了。

3. 黑招数

"损招俱乐部"那些人最喜欢的招数是在重大比赛前夜剥夺客队球员最需要的睡眠。把他们安排到嘈杂的俱乐部或迪斯科舞厅附近的一家宾馆，那是最小儿科的路数。还有一招就是"醉汉狂欢"游行。具体做法就是：在比赛前夜，让兴奋的当地球迷在客队下榻的酒店门前来来回回地游行，彻夜狂欢；他们要么大声唱歌，要么敲锣打鼓，按汽车喇叭，放烟花爆竹，无所不用其极。而当地警察只是象征性地出来约束一下这些球迷，维持一下秩序。

对于笃信宗教的国家，教堂也可以成为他们利用的工具。有一次，利物浦队去国外打比赛，他们非常懊恼地发现，有一个教堂与他们的宾馆只有一墙之隔，而那里的大钟每隔一个小时就会被敲响。这本来已经够让人难以忍受的了，但是，等他们安顿上床的时候，每次敲钟的时间间隔竟然神秘地变成了每半个小时一次。教练比尔·香克利风也似的冲进教堂，要求他们安生下来，还他们一个安静。但是，他被告知，敲钟的规矩不能被打破。他提议让他的训练员过来，用绷带把大钟团团围上，以此起到消声的作用。这个提议也再次被教堂方面礼貌地拒绝了。在这一夜剩下的时间里，他不得不和当地政府据理力争。最后他终于设法让钟声停下来，为他的球员们争取到了一点踏踏实实睡觉的时间。

在所有的招数里头，也许最迂回曲折的一个损招是把客队球员安排在一家妓院旁边的宾馆里。英格兰一家俱乐部教练弗雷德·福特曾经带着球队出国参加一次洲内足球比赛。他特地把他的年轻球员们安排在乡间的一家宾馆，那里离他们前去比赛的城市有好几英里的距离。但是，就在比赛前一天，他的东道主们说服他让球员们搬到城里住，这样就可以"避免第二天漫长而劳累的行程"。他答应了，而且对新的下榻处非常满意——直到他夜里去巡房。为了确认他手下的小伙子们都已经老老实实上床睡觉了，他一个个房间巡查过来。结果，他惊讶地发现，很多球员都不在房间里。等他意识到发生了什么事情之后，接下来注定是一个不眠之夜——他跑到隔壁的销魂窟里，把球员一个接一个地撵了出来。

---

[1] 蒙特祖玛（约1475—1520），是古代墨西哥阿兹特克帝国的末代君王，由于西班牙人的入侵，国家灭亡，阿兹特克文明灭绝。

4. 丑闻战术

在比赛打响之前的心理战中，最登峰造极的一个伎俩是把来访客队中的明星球员拖下水——给他们捏造一些丑闻。虽然这种构陷非常容易被戳穿，然而，由于大量的宣传以及由此导致的媒体干扰，这种事情还是很容易让对手心烦意乱。这方面最臭名昭著的一个例子发生在1970年世界杯的预选赛阶段。中招的是英格兰队的队长博比·摩尔，他被诬陷在哥伦比亚波哥大的一家商店偷了价值600英镑的翡翠手镯。尽管指控摩尔的证据漏洞百出且前后矛盾，他还是被拘押了四天，并不得不接受质询。最后，他终于被释放，并被允许重新归队。而在这之后还有后手：有人试图继续抹黑他的队友。前锋杰夫·阿瑟尔患有飞行恐惧症，在经历了一次糟糕的空中旅行之后，等他到达墨西哥城机场的时候，身体已经极度不适。最后报纸上登出他当时那副模样的照片，并配上文字说明，宣称他烂醉如泥。

拜当地报纸《先驱报》所赐，这场闹剧最后弄得满城风雨，这家报纸给英格兰队安上了一个名头——"酒鬼和小偷的球队"。这种评论虽说用心极为险恶，但是，这无疑在赛前成功地煽起了当地球迷对英格兰队的敌意，甚至发展到在开幕式上、当英国的国旗升起时，现场嘘声大作。对于博比·摩尔和他的球队来说，他们需要深刻理解足球圈里的花招百出，以此来减少这类状况带来的负面影响。

5. "安全第一"策略

令对方产生不安感的一个套路，就是坚持本地民众反对情绪如此高涨，客队球员必须由荷枪实弹的警卫或者警察重兵保护。曼彻斯特联队在国外一次比赛的时候就曾经中招：有时候，在东道主没有出动一支武装护卫队保护的情况下，他们就不允许离开下榻的宾馆。这些手段如果运用得足够逼真和夸张，它们就会给对方制造心理压力，使得这群本来就紧张兮兮的球员心里绷着的弦儿更加紧了，而这对主场球队来说就是利好消息。

英格兰队曾经也有类似的遭遇：在一次国外比赛之前，他们被拒绝进入赛场查看场地。而这道例行程序至关重要，因为这将决定球员们脚上的球鞋要换上哪种合适的鞋钉。对方给出的借口是：球场的所有路口都要上锁，防止客队球员"被外面闯入的人打扰"。英格兰队只好使出"撒手锏"——他们直截了当要罢赛，这才迫使对方官员让步，而他们才得以进场查看场地。

以上列举了赛前五种最常用的"阴招"，但是足球场上的花招百出，远不止这些。当开场哨一吹响的时候，一肚子心眼儿的球员还会使出更多的招数。它们包括：

6. 苦肉计

一旦一位球员被冲撞倒地，为了夸大对方犯规的严重程度，他就会像一只陀螺一样满地打滚，最后摆出一副因剧痛蜷作一团的样子。之后，他会勇敢地重新投入比赛——他站起身来，一瘸一拐地走着，但是看上去速度明显慢了下来。这种做法有三个好处：第一，他赢得了本队球迷莫大的同情，他们会对犯规的对方球员报以一阵嘘声；在接下来的比赛中，他们可能还会持续骚扰这位球员——只要他一拿到球就会嘲弄他，借此让他的动作走形。第二，演苦肉计的球员如此用心良苦，他可能会让裁判相信这次犯规情节很严重，有必要处罚犯规球员。第三，在场上，他会表现得像是一直没能从这次意外受伤中缓过来，在对方眼里，他就会没有那么大威胁了。就在他们放松对他的警惕的某一时刻，趁对方不备，他一下子就神奇地痊愈了。他会带着球快速往前跑，出其不意打进一个球。

将苦肉计演到极致的一种方式就是把时机选择在一场突如其来的混乱当中，一时间发生了这么多的事情，裁判也就不能看到他们使的小动作了，而这需要一个坚硬的脑壳和对自己下得了手的蛮劲。他选中一个目标，故意用头去撞击对手，并希望给对手造成尽可能严重的伤害。而他自己则旋即倒地，四脚朝天仰躺在地，造成一种他才是被冲撞的受害者的假象。这种表演甚至在国际比赛中也会出现，参与其间的甚至有顶级球员。在这种情形下，观众们开始吹口哨，吸引裁判的注意。而他看到的只会是一个球员恍惚地迈着步子，鲜血流下他的脸庞，而在他身旁的草地上赫然俯卧着一名对方球员。队友们围拢在那个几乎被撞蒙了的球员身边，而他嘴里还能喃喃地吐出这几个字："他撞我的脸，然后就躺下装死了！"而这时，裁判火速赶到，立即判罚了那位鲜血满面的倒霉蛋。裁判认定是这名球员犯规了，而那个平躺在地上的球员一定是无辜的一方。而当训练员们一离开球场，那个使诈的人一下子就站了起来，当面奚落他的受害者，然后优哉游哉地朝前场走去。那位可怜的球员被撞之后，头脑还是晕乎乎的，现在因为自己受到的不公平对待更是满肚子怨气。可以预见的是，他再也不能集中精力投入接下来的比赛。使阴招的人再次胜出。

在足球类项目的所有花招当中，苦肉计这记招数源远流长，它甚至比足球本身更为古老——这要追溯到民间足球发展的最早期。确实，早在15世纪，在英格兰就有文字记录，称之为如假包换的"奇迹"。准确地讲，此事被记载于亨利六世死后显灵的故事集锦。这件奇事的记录者，甚至做出如此评价："……我们的英雄冲进打斗的人群中，他的一名同伴——他的名字我不知道——朝着他冲了过来，不巧踢到了他，这让他接不到球。"这场

△ 2015年美洲杯足球锦标赛四分之一决赛中，乌拉圭前锋卡瓦尼和智利后卫冈萨罗·杰拉在做手势。

冲撞的受害者，一位名叫威廉·巴特拉姆的球员"承受了长久的、几乎不能忍受的剧痛"，但是当他一看到"英武的亨利国王"的辉煌形象时，他一下子就恢复了健康。至于这种奇迹的本质，现代足球运动员肯定心领神会。

当一名裁判看到一名球员蜷缩在地的时候，而对方球迷们却高度怀疑这名球员在使诈，他们高喊"给他一张红牌"；这个时候，裁判面临的挑战就是判断这名倒地的球员是否真的受伤了。和任何人一样，裁判也会怀疑这一类的意外，但是他们的处境相当为难。球员们在比赛中确实会遭受严重和真实的伤害，作为比赛中的判罚官员，他们承担不起这样的责任——做出错误判断，以至于忽视一名可能需要紧急医疗救治的球员。因此，假装受伤这一伎俩远比其他形式的花招更为奏效。

7. 假摔法

苦肉计的另一个变体是"假摔法"（taking a dive），表演的地

为什么是足球

点通常仅限于对方的罚球区。一名球员全速向对方球门冲击,这时,对方的防守队员过来铲球,冲撞不算激烈。可是,这名进攻的球员没有试图重新掌握身体平衡,反而故意让自己倒下。这个动作要做得非常夸张,(张开双臂)突然倒下,希望能够得到一个点球。可是,现在裁判对这类情况越来越警惕。然而,假如这种做法奏效,他就能够赢得比赛。因此,这类做法越来越普遍。今天的球场上频频出现这类情况,以至于场上裁判也想出对策,他们采用了一种特殊的手势——模仿跳水运动员从跳水板上跳下来时双臂张开的动作——以此表明他们并没有被愚弄。

8. 假装好心帮忙法

一种不太常见的手段是"假装帮忙,暗下黑手"。作假的人在弄倒对方球员后,他会弯下腰去,伸手把倒地的人拉起来。但是,在他做这件事的时候会给对方制造更大的痛苦。如果他运气好的话,他的受害者会发脾气,做出一些粗暴的动作,而到最后,受害者反而因为

有报复举动而受到惩罚。有时，我们会看到，两名球员轻轻地抬起对方一位受伤的球员，小心翼翼地把他送到场边，这样他就可以得到关注和照料。可是，一旦到了那里，那两名球员就会"一不留神"把对手掀翻在地，然后自己若无其事地走开。

最离谱的一个案例来自马丁·皮特斯，这是他在一次国际比赛当中的亲身经历。如果你被摔翻在地，他们会显得和蔼可亲，走进人群，弯下腰去把你抬起来，然后与你握手。但是，当他们伸出右手跟你握手的时候，他们会偷偷伸出左手掐你的前臂。这时候观众就会大喊："瞧这不识好歹的猪猡，人家跟他握手，他反而要揍人家！"

9. 利用盲区法

场上主裁判只有一双眼睛，即便有他的边裁协助，他也不可能看清场上的一举一动。众多运动员的身体会挡住他的视线。球员会特意在他的视野盲区做一些隐蔽的犯规动作，这是一种常见的足球场上的花招。在盲区里用手肘怼人是前锋最喜欢干的勾当——当他被对方一个人高马大的后卫盯得太紧的时候。当盯他的后卫从他身后贴近他的时候，这两个人同时会朝地面看去——这块草地上的足球甚至吸引了另一个半场球员们的注意力；这时，他突然用手肘往后怼了一下对方的胸部，然后就快速转移到一个安全的距离。面对这样的阴招，防守队员根本来不及做出什么反应，除了疼得龇牙咧嘴和忍受之外，别无他法——或许还有一点，以后对这名球员敬而远之。盲区拉扯对手的衣服是这种手法的另外一种变体，在对手没有察觉的情况下阻碍他的行进。此外，还有一种"假装被人从背后推倒"的手段。如果手法巧妙，他很容易为自己的球队赢得一个任意球。两队的球员跑去争头球，他们挨得很近，几乎前胸贴后背，他们都面朝同一方向。当球从空中朝他们落下的时候，在前面的那一位，他离裁判的距离更近一些，这时他的身体突然向前跟跄了一下，看起来就好像他的背部被人袭击了或者他被人从后面推了一把似的。由于这种行为是一种犯规动作——假如从背后推人这种动作确实存在的话，裁判很有可能会吹哨。就这样，利用盲区作弊的那个队员就会为他的球队争取到很大一个便宜。

◁ 2015 年非洲杯，马拉博。在赤道几内亚队和加纳队的半决赛中场休息时，加纳国家队的队员在防暴警察的保护下离开球场。

10. 激怒对方报复法

这种手段在之前的"假装好心帮忙法"已经有所提及，但是它也有可能以言语的形式出现。一名球员朝另一名球员走去，压低嗓门儿咒骂他；辱骂人的内容直戳人的心窝子——他死死抓住那人特有的、众所周知的一些软肋。这有可能是针对黑人球员的一句涉嫌种族歧视的话语，或许含沙射影提及他妻子红杏出墙的一些传闻。这些侮辱人的话最核心的特点就是：它必须足够狠毒、直击要害，势必能激怒敌人，马上使他的情绪失控，对你挥拳相向。挑起事端的人这会夸张地倒地，或是可怜地捧着自己的脸，像是一个挨揍的无辜孩子。这时，裁判会冲过来，对着中了阴招的人出示黄牌。"激怒对方报复"战术从此又添一笔胜绩。可是，这种战术玩起来有风险，尤其是在它挑衅的对象肌肉格外发达的情况下。

11. 小丑战术

时不时地，足球圈子里会出一个宫廷小丑一样的人物——他们因为在比赛庄重严肃的氛围下卖乖搞笑出了名。而他的目的仅仅是破坏对手球队的注意力。这种手段很少被采用，因为它有可能搬起石头砸自己的脚，反而影响到他自己球队的队友们，破坏他们自己的情绪。有一名英格兰队员伦·沙克尔顿曾经冒险采用了这种手段。在一次踢任意球的时候，他从球场上弄了一些浮土，并把它们堆成高尔夫球的球座的样子，然后小心翼翼地把足球安放在小土堆上面。正当他抬腿准备踢球的时候，裁判制止了他。他煞有介事地对场上的这位判罚官宣称，足球规则里没有哪一条阻止他这么做。等这场争论结束的时候，他的对手们已经暴跳如雷，耐心丧失殆尽，这样一来，他们的注意力已经涣散了。"小丑"战术其实根本没有打破任何一条足球规则，这可以说是他的阴谋的优势所在。

同样，沙克尔顿在另一个场合令人大跌眼镜的举动——严格地说——也是在规则范畴之内。当队员把足球传给他时，他用一只脚敏捷地定住球，然后很快就坐到足球上面。他完全是面无表情地蹲坐在那里，这让其他队员面面相觑、目瞪口呆。直到裁判怒吼："继续比赛！"这时，赛场上的小丑这才跳了起来，他带着球，一溜烟跑开了。这一次，气急败坏的裁判还是根本想不起来，这个小丑球员的行径到底触犯了足球比赛中的哪一条规则，因此他也没有权力去处罚这种让对方球员丈二和尚摸不着头脑的怪异行为。

12. 貌似无辜地举起手臂

把球踢出场外的球员，每一次他都会自然而然地示意裁判，由他来掷界外球。他当然知道，应该由对方球队来投掷这个球，但是，光举一下手臂也不会有什么损失，因此，他就会屡屡尝试。当足球滚过边线的时候，两名球员离球都很近，总有些模棱两可的情况，裁判不能看清楚到底是哪一只脚最后碰了一下足球。于是，当两名不同球队的球员同时举起手臂的时候，那个故意将球踢出边线的球员也许偶尔会侥幸得到这个机会。"貌似无辜地举起手臂"这种投机的行径激怒了一些体育评论家，他们认为这种行为很幼稚。但是，只要有一丝哪怕是最渺茫的希望存在，这种行径就永远不会消失。尤其是这种不诚实的行为无失大雅，远远算不上犯规，裁判也不会费心对此进行处罚。

13. 往前偷跑几步

另外一种微型计谋是"往前偷跑几步"。球员在掷界外球的时候，他会沿着边线偷偷往前走上几步，这样就离对方的球门更近一些。这种情况几乎在每次掷界外球的时候都会发生；不过由于此举能占到的便宜实在微乎其微，所以大多数裁判都会选择无视这种行为。只有当球员太过明目张胆——走上好几码，在这种情况下他才会出手制止。但是，这种行为会再三惹毛，甚至激怒看台上的人群。作为球场上的一种花招，它应用最普遍，然而也是最没有价值的手段——根本占不到什么便宜。

一种更有用的小动作就是在发任意球的时候往前走上去。足球规则要求对方球员必须站在罚球者十码开外的地方。但在实际比赛中，人们很少会遵守这条规则，即便裁判再三重申让他们离得远一点。球员使这种小花招有双重好处：一是他能够拖延罚任意球的时间，扰乱罚球队员的情绪；二是它同时能把自己挤进前方区域，给对手踢出这记罚球制造更多的麻烦。总会有一名防守队员比他的其他队友往前挤得更凶狠，这其实也是扰乱踢球者注意力的小花招的一个组成部分。这么做的话，他就会冒着成为裁判眼中的恶人的风险，而且如果他过度频繁地重复这样的举动，他就有可能被处罚。为了防止这种状况出现，有一些球队就琢磨出一种办法：在对方每次踢任意球的时候，让不同的球员轮流上阵，这样一来，就没有人会成为裁判特别关注的对象。

这里有一个"往前偷跑几步"的计谋差点搞砸的极端案例。这件事情发生在裁判示意十码远位置的时候，当他面对那一群努力挤到罚任意球的球员跟前的防守球员时，他伸出手臂向他们示意那条符合规定距离的界线。而那些球员对裁判的意图心知肚明，而他们坚持不肯后退半步，反而打起了拖延战术。但是，罚球的队员认为裁判张开了手臂，那是在示意他可以开球了。于是他就把球往侧旁一传，他的队友接球后立刻起脚，并把球踢进了球门。裁判判决此进球无效，坚持重新罚任意球；而这几乎引起了一场骚乱。此判决令进球的球员义愤填膺，他们控诉：由于对手偷偷摸摸往前挤的非法行径，致使他们被

为什么是足球

生生夺走了一个进球。在此后的一段时间里，这一事件造成了非常恶劣的影响。这件事也深刻地说明了赛场上的花招把备受干扰的裁判们逼进了极度为难的境地。

正如之前提到的那样，裁判们最终找到了对付罚任意球时试图接近罚球球员的办法。他们把泡沫喷淋器派上了用场——那些喷出的泡沫在一分钟之内就会消失。裁判带着一小瓶泡沫喷雾罐进场，用它在草地上画出一道白线，防守队员必须站到这条线的后边。如此明显的一道白线的存在，使得任何靠近罚球队员的企图立刻昭然若揭，而胆敢以身试法者就会受到惩罚。这一招数是在2001年发明的，最早在巴西使用。这种做法一下子就流传开来了。然而，现在并不是每一个地方都会用上这个办法，而且这种做法还没有被正式写进足球比赛的规则当中。不过这个方法如此行之有效，我们相信那一天终归会到来。

14. 点球策略

当一个点球被判罚的时候，踢点球的球员得到了他唯一一次在场上可以冠冕堂皇耍花招的机会。罚点球这件事，就是要骗过对方的守门员，误导他往错误的方向扑球。罚点球的球员必须动用肢体语言的所有小花招，避免暴露自己的真实意图。他可以在判断射球角度的时候假装趁众人不觉察，偷偷朝某个方向瞥上一眼——而实际上他绝对不会往那个方向踢；或者他可以在助跑阶段突然拐个弯，以此来迷惑守门员，掩盖他真正的进攻方向。

有一个人采取了更为极端的方法。他朝着罚球点上的足球跑去，不过他并没有起脚踢球，而是把脚放在足球的上方——没有直接接触球。而当守门员腾空而起、从侧旁截球的时候，他镇定地把球轻轻推进球门正中。而当他因为这个小花招受到指责的时候，他辩解称，这是他自己惩罚守门员的做法，因为在球还没有踢出之前，守门员就已经要过来扑球了。他这一举动又给裁判员增添了新的麻烦：因为他不能根据现有的足球规则，指责这名球员触犯了其中某一条规则。从此之后，其他球员纷纷效仿——他们尝试在罚点球的时候，在助跑阶段突然停顿片刻。但是，裁判们几乎总是会把这种行为划归到没有绅士风度的做法范畴，并坚持要重新罚点球。因此，这类特殊的小花招现在已经非常罕见了。

15. 拖延时间法

一支球队马上就要获胜，而且场上时间已经所剩无几了，这支球队就会挖空心思，想尽一切办法拖延时间。其中有一些方法让裁判很棘手，他很难对其判罚；但是如果球员作弊手段太过明显，裁判就会补时几分钟，从而彻底摧毁他们的企图。作为一种行之有效的场上花招，如何有效地拖延时间也必须花些心思。开短距离球门球也算是一种实用的办法。守门员开球时，他把球踢给自己的防守队员，这算是开短距离的球门球，他的队友随即将球踢还给他。但是，他们必须非常留神，必须保证在足球飞离罚球区之前完成这套操作。由于这种做法是不被允许的，裁判不得不要求他重新开球门球。而就在此时，宝贵的场上剩余时间已经被消耗殆尽了。一种更简单粗暴的做法就是"不小心"把足球踢飞了，这球直冲天际，径直飞向观众席。而这时就有必要拿出一个备用的球，可是，同样，宝贵的时间已经所剩无几了。现如今，这一招已经不再灵验了，因为场边的球童手里有大把的备用球，随时准备把这些球扔进场内充当比赛用球。

以上我们介绍了最常见的足球场上的花招，既有赛前未雨绸缪的，也有在比赛中间随机应变的。所有这些交织在一起，就给那些马虎的球员挖了一个雷区；而要做到应对得当，这就需要球员脑子转得快，思维要相当敏捷。在普通大众中广为流传的足球部落的英雄们的卡通形象通常是头脑迟钝、连话都说不利索的傻瓜，这显然是错的。另一方面，有很多人赞同詹姆斯·瑟伯对足球运动员的那句著名的评论："即使他没有公牛那么蠢笨，他也比公牛聪明不到哪里去。"甚至在足球部落圈子里头也会听到这样的说法。据说，曾担任多家球队教练的托米·多切蒂曾经说过这样的话："他们有脑子？很多球员连国家领导人是谁都不知道。"这听起来有点像希区柯克肆无忌惮、毫不留情地谈论起电影演员。但是，至少还有一位教练站出来为球员们说话。有人曾引用布赖恩·克拉夫的话："你要是能在足球踢得好的人里头给我找出一个笨家伙来，我也能马上找出一个脑子有问题的球员来。"

实际上，一个事业辉煌的足球运动员，同时也必须是一个非常聪明的人。人们在这方面的认知错误在于：他们认定，各式各样的聪明才智只能用同一种标准来衡量。探讨聪明才智问题的很多权威人士，他们自身不过是在学术和书本知识方面有过人之处，而他们就会自然而然地认为，这就是衡量聪明与否的标准。但是，事实上，有很多伟大的画家，就他们遣词造句的本领来说，可以说他们不善言辞，有些甚至连话都说不利索。画家的世界全是图形和颜色、图案和形象，而他这种特殊形式的聪明才智，世人有目共睹。足球运动员的聪明才智体现在肌体强健上。他的智慧也是造物主的恩赐，只不过它没有体现在语词、数字或者形状上，而是体现在奔跑、跳跃、转身和击球动作上。同伟大的画家一样，他发现很难把自己最微妙的情感用语言表达出来。但是，如果单凭这个就说他头脑简单，那就是大大低估了他。且看他在错综复杂、花招百出的足球世界里游刃有余的表现——就像我们在这里展示的那样，这就很能说明问题。

英雄的绝杀技

体魄强健与出神入化的球技，体能训练与技术指导

› 2014 年，巴西国家队队员丹蒂在巴西里约热内卢附近的科马里庄园训练中心接受体检。

足球部落球员的个人技艺取决于两个条件——出神入化的控球能力以及具备运动健将的健硕体魄，后者能为他提供踢满 90 分钟比赛所需的体力。

认识到这两个条件的性质完全不一样，这一点很重要。一个拥有出众球技的球员，他能够完美地停接球，在他的脚下，足球被玩得令人眼花缭乱，而且极其服帖；可是如果他体力跟不上，在快速跑动的比赛中，他很快就会疲惫不堪。再看另一位球员，他的体力超级充沛，在终场哨吹响之后，他还能以全速持续奔跑很长时间；而他的球技确实乏善可陈。所有的顶级球员，在这两项上必须同样出类拔萃，这一点至关重要。

教练们最初的工作，只是做简单的体能训练。在每个赛季一开始，在第一场比赛打响之前的数个星期，球员们会结束一年一度的休假，再度集合，接下来他们要完全听从体能训练员的安排。例行训练要求非常高——这是一种突击训练和芭蕾舞练习的混合体。每周他们要花大量的时间用于长距离跑步和体能训练。等到俱乐部联赛的首场比赛开场之时，他们的体能正值巅峰状态。

大多数球员都不喜欢体能训练，但是，他们都会参加训练，因为这是他们的职业生涯必不可少的一个组成部分。有人评论道："赛季前的训练是整个赛季的基础……你会因为身体疼痛忍不住大声喊叫，你的脉搏如波涛般汹涌。你忍不住会想，你为什么要参加比赛；你试图说服自己，一定会有更轻松的谋生之道。但是，你知道你必须承受这些，想达到巅峰状态，别无捷径。"

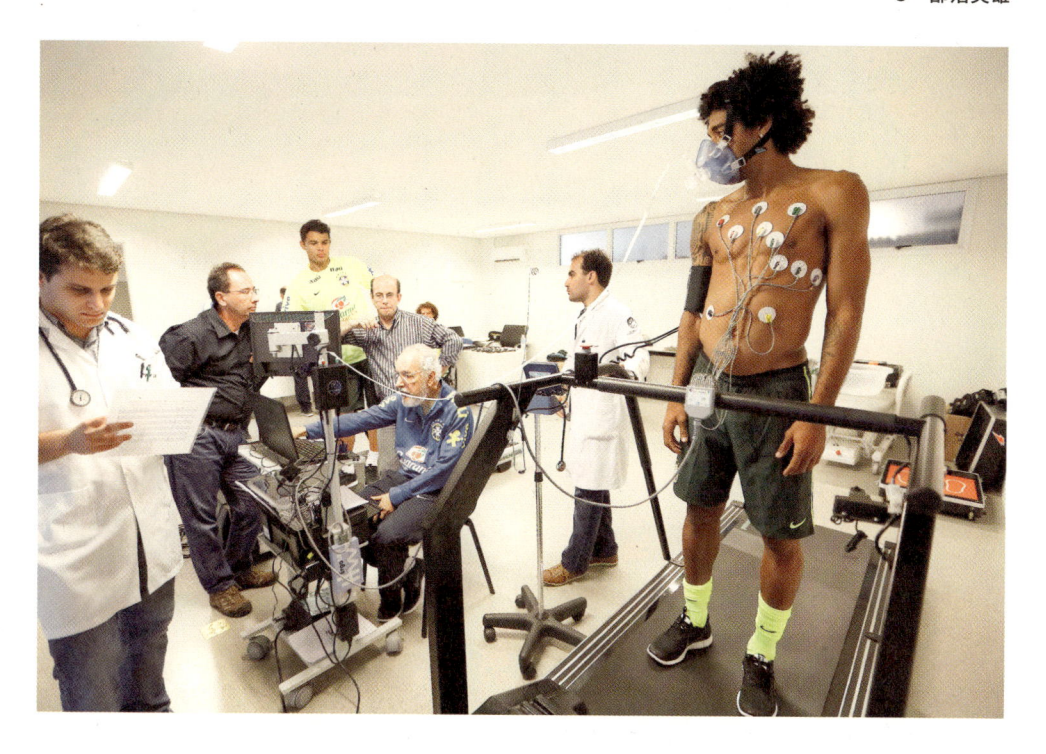

"强健的体魄"与"适合参赛的体魄"之间有着很大的区别,而后者是首要目标。由于在九个月漫长而艰辛的足球赛季期间,球员很容易从巅峰状态跌落,因此球员们要一周接着一周严格按照要求训练,甚至在激烈对抗的比赛开始之后还要继续坚持训练。赛前训练的常规模式是:首先进行一整天异常艰苦的训练,一段时间后改成半天训练,球员只需要在早上训练,而那时正式比赛已经开始了。

在造就了一批具备"适合参赛的体魄"的球员之后,训练员们要面对更为艰巨的任务——提高球员的球技。这里的问题在于,良好的控球技能以及比赛节奏,是很难被教会的,在某种程度上,可以说是与生俱来的能力。而对于很多球员来说,这一部分的能力只能通过实战来提高。练习赛在训练中占据了很重要的地位。但是,教练们同样喜欢引入特殊的、新鲜的训练科目,他们声称,这些训练将会提高球员们某一方面的灵活度。话说到这里,就出现自相矛盾的东西了。

球员们反对的不是更为单纯的一些基本技术——射门、传球、带球和头球等。有时,他们甚至被安排去学习芭蕾舞,由专业舞蹈老师指导,或者用舞蹈的路数来提高他们的平衡感。但是,随着教练们的要求变得越来越细致,他们引进各种不可思议的、稀奇古怪的训练模式,深受其害的球员们开始感到,他们的天分被压制了。埃蒙·丹菲说:"好的技术指导应该是告诉人们如何去展现自己的才能……不应该搞什么强制性训练,而是要解放天性。很多教练把技术指导看成是让球员臣服于他们特定的一些理论的手段。"他称这种方法是偏离正道的做法。某教练规定,这个星期他的球员在练习赛中必须只能用头球射门;或者只能

为什么是足球

"一脚触球"——球员不能连续两次去踢足球,必须等到别人踢一脚后他才能去碰球。球员们竭尽全力,支撑他们的信念是这类训练会加强他们某一方面的技能。但是,训练的效果往往是他们再也提不起劲头来投入这样的训练。这样的常规强化训练,甚至会导致"过度补偿"的现象。因此,到了比赛日那天,他们做其他的技术动作都没有问题,可就是不会用头球去射门或者运用一脚触球技术。教练十分恼火,指责球员们太过一意孤行。可事实上,球员们牺牲了自己本能的运动反应来迎合教练的要求,而且在这些所谓的比赛取胜要素上面,他们进行的操练也超出了寻常的训练量。可是,结果却事与愿违。

其他的训练手段,比如"特定练习",球员被要求在场上同时用两只足球训练,或者是朝着训练场四周角落里的四个球门任意射门。这些训练如此刻板枯燥,所以,球员们很容易就会放弃这种训练模式,一窝蜂地重新投入球队日常的对抗赛训练。埃蒙·丹菲抱怨这些教练研究了太多纸上谈兵的书籍。他这样评论其中的一位教练:"他会继续研读他手头的这本书,里头的东西确实像天马行空一般。然后,他就会拍脑袋想出这些不可思议的训练方法,而这些东西跟足球运动本身没有半毛钱关系。它们只不过是纸上谈兵罢了……教练把这些东西都用在特定训练上,这种做法很滑稽。还有,他们从执教手册上学到的那些奇怪的理论,天哪……你每个星期六出来一回,而其他时间你一直要接受这样的训练;这简直就能毁了你。它会让你抓狂!节奏对于这项运动非常重要,而这些玩意儿恰恰会完全毁掉你的节奏。"

大部分球员会赞同这种评价,他们私下都认为,教练们只是更关心自己的形象,他们不肯给球员们一个机会来提升他们与生俱来的能力;他们坚持这样的训练方式,好像这样一

‹ 2014年欧洲冠军联赛,德国维尔廷斯球场。在对阵沙尔克之前的训练课上,皇家马德里队的加雷思·贝尔正在训练。

› 饮食至关重要:高糖饮食会帮助一支球队在下半场进更多的球,并且少丢球。

ⱽ 下一页:1932年英格兰足总杯比赛期间,在迎战利物浦队之前,切尔西队的球员轻松备战。

3 · 部落英雄

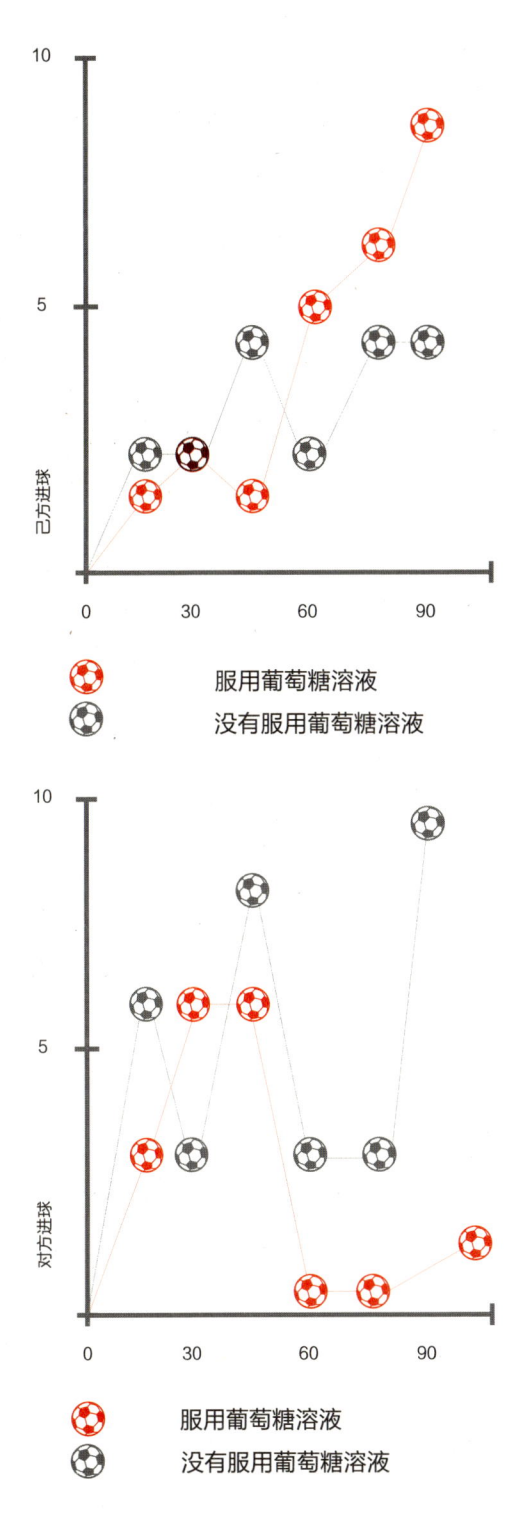

来，他们在人前就会显得无所不知、更加睿智。最好的训练方法看起来应该是这样的：把精力集中在艰苦的体能训练、良好的饮食、玩转控球、运球等球技，大量地打训练赛，再加上传授新的团队战术和策略。如果从教学计划中删除那些更为复杂的指导体系以及刻板生硬的训练模式的话，相信大部分球员会非常欢迎这个举措。确实，有那么一些人声称：任何一种训练，如果操之过度，对球员都没有好处。他们提议，只有比赛本身才能磨砺技艺。在他们看来，丰富的实战经验才是唯一恰当的训练方式。他们还认为，真刀真枪上场历练才是掌握比赛所需技能的唯一手段；而所有新兴起的、把注意力集中在高强度训练的训练思路，只不过是现代足球职业精神的一种非核心的体现方式。现代足球职业精神就是把足球运动员视作全职员工，他们享用巨额的工资，那就必须让人看到他们在工作。很多权威人士声称这种方法夸张至极，然而，我们必须承认，有一些运动项目的顶级运动员极端厌恶刻板地遵照排得满满的训练计划行事。

不幸的是，这种离经叛道的观点，在现实面前却举步维艰。近年来，足球运动发展的速度日新月异。如果早年那些足球巨星——以现在的标准衡量，他们接受的训练量远远不够——从时光隧道穿越到现代的足球场上，只能落得个令人嗟叹的英雄末路的结果——不管后人读到的足球发展史上关于他们的记述是何等的浪漫和传奇。如今的足球运动员，他们别无选择，只有接受这套训练体系。如果他想在绿茵场上功成名就，他就必须忍受每年高强度的体能训练。

193

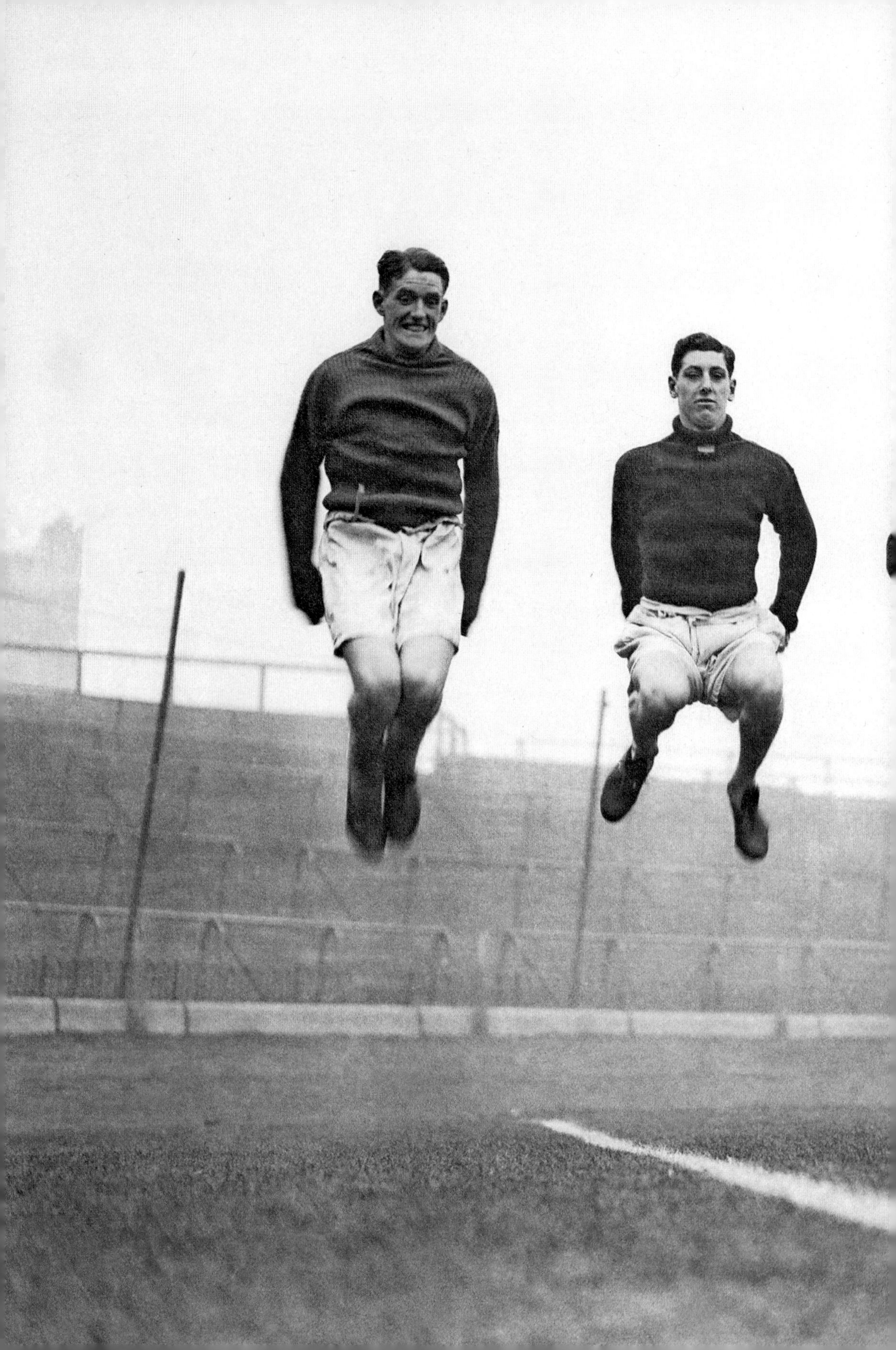

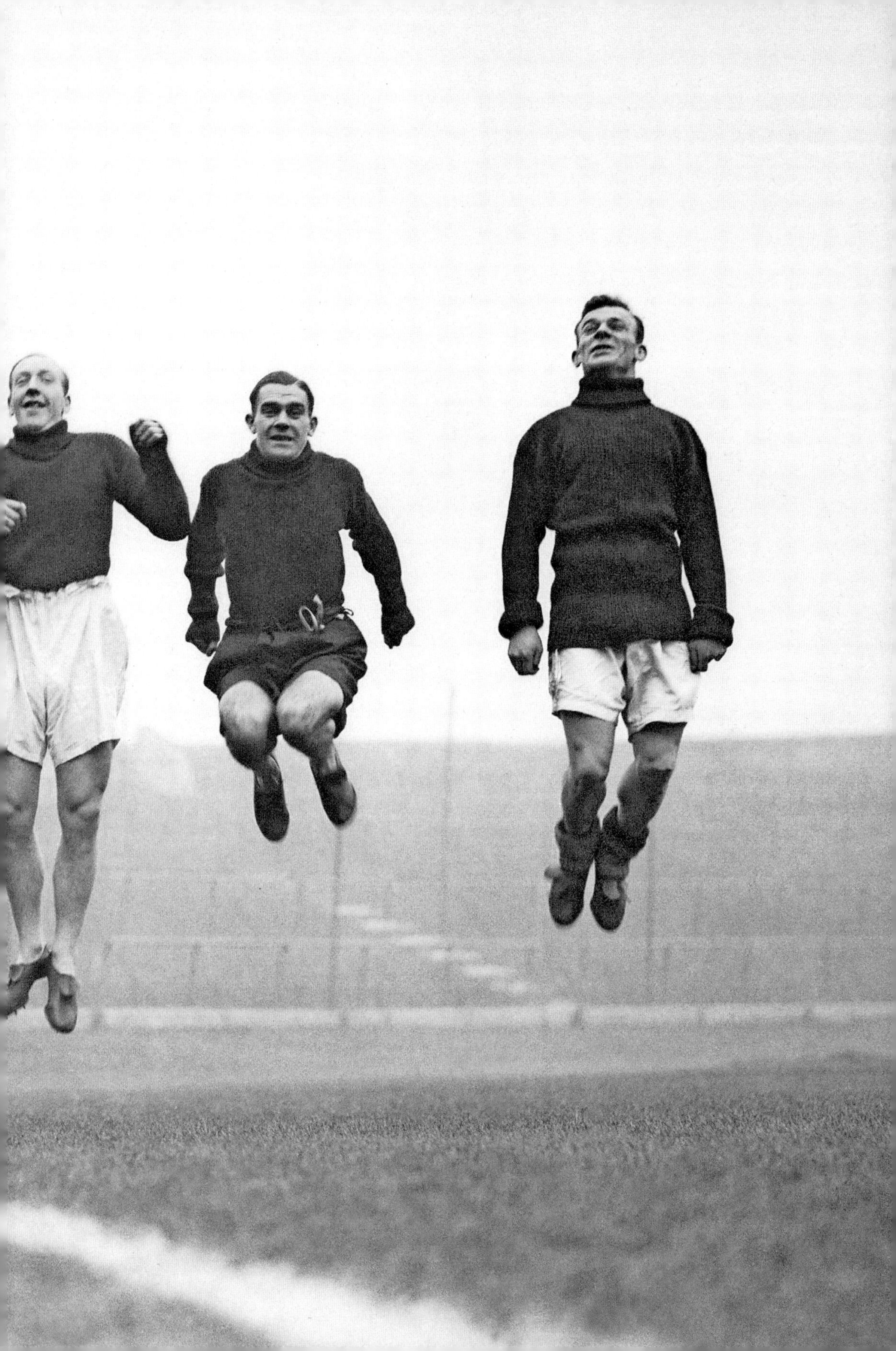

英雄的迷信

神奇的辟邪方法和幸运符

　　由于足球部落英雄从事的是高危风险的职业，所以他们中很多人都非常迷信。每一次他们踏上赛场的时候，他们会面临受伤的风险；如果对手大比分击败他们的话，他们有可能颜面无存。绿茵场上，运气这东西有可能起到四两拨千斤的作用。足球是圆的，它有可能瞬间就让刚才还占上风的球队陷入很难堪的境地。湿滑的草坪有可能让球员摔倒，从而丢掉一次进球的机会；又或者，掌控在一方脚下的足球会撞到一个隆起的小土堆上，然后出人意料地正好弹到对方前锋的脚下。

　　在他们准备每一场比赛之前，受伤、名誉扫地、突然滑倒、足球鬼使神差地改变方向——所有这些不好的念头都会在球员们的脑子里闪过。他们心里明白，不管自己接受过多少指导、训练、技术或者体能训练，这些都不能给他们提供绝对的庇护，也不能帮助他们平平安安躲过这些风险。他们同样清楚，一旦坏运气找上门来，倒霉事就会发生在众目睽睽之下，那可是成千上万双评判的眼睛啊。他们要承受的痛苦不亚于被公开凌迟，他们犯下的任何一个错误，都会暴露在光天化日之下，一切都避无可避。

　　面对这些威胁，他们试图寻求一种他们的经理和教练也无力提供的额外帮助——那就是神灵的庇佑，他们试图通过搞迷信活动获取这种超自然的助力。他们自己也不清楚，那些做法怎么就能起作用，但是他们照做不误，"就是为了以防万一"。他们也经常自嘲自己的做法实属匪夷所思、愚蠢不堪，但是，他们也终究不敢完全抛弃这些做法。还有一些平时最为理性的球员，他们对待这种事情也是如此地郑

› 2012年俄罗斯足球冠军联赛，莫斯科卢日尼基体育场。在莫斯科斯巴达队与喀山红宝石队的比赛之前，阿特约姆·雷布罗夫亲吻球门柱。

重其事，甚至到了这种地步——费尽心机确保他们的这类活动顺利进行，无论如何都不能受到任何外界干扰，或者被打断。

比赛前夕，正是此类迷信活动开展得如火如荼的时刻。根据随机调查，一百项迷信活动中，不少于40%的活动都是集中在比赛前夕的球员更衣室内进行的，那里的紧张气氛达到了顶点。其他很多祈求"好运"的行为，则是在去比赛的路上、通往赛场的球员甬道里，或者干脆就是在球场上完成的。

但是，早在比赛举行的前几日，这种神秘的仪式就已经开始了。大赛前夕，球员们不断积累的心理压力开始影响球员生活的方方面面。有些球员开始留幸运胡须，有人留八字胡，还有人则留络腮胡。外出比赛时，球队会坚持住在他们的幸运宾馆，而坚决不会入住曾经给他们带来坏运气的宾馆。队里的一名球员在打包行李的时候，会在包里塞进一枚幸运银币；有人则会拎着别人的包，而不是背他自己的包。还有一些队员，他们会严格按照一定的顺序，一丝不苟地打包行李以及开箱取出个人物品。有的球队会倾巢而出，到一个特定的高尔夫球场打一场球，否则他们就会走霉运。有一位球员坚持带上他的妻子——不是为了卿卿我我，而是他妻子不在他身旁的时候，他总是运气欠佳。由于这是出国比赛，路途遥远，他的要求没有得到满足。他雷霆震怒，这自然也影响到了他的比赛状态。

有一支伦敦球队流年不利，遭遇了一连串的失利，这让他们坚信，自己这边有不祥之人。他们每每外出比赛，不管他们到达下榻宾馆的时间有多晚，家乡报社的一名记者总是会守候在那里，欢呼雀跃地迎接他们。这个记者为人友善，跟他们也意气相投。但是，长此以往，球队的人竟然把他跟球队一直走"背"字联系了起来。最后，他们坚信，他们所有的坏运气都要归咎于这个人。这名记者的存在成了一个凶兆；于是球队竭尽全力躲着这个记者走。

有时候，被贴上这种"不祥"标签的不仅限于某个人，还有一块特定的比赛场地。有一个体育场一度被认为受到了吉普赛人的诅咒。那里最早是吉卜赛人的营地，后来被征用，在这块地上面建了一座足球场。有一些人觉得，那些被迫流离失所的吉卜赛人会诅咒这个地方。在随后的那些年里，以这个体育场作为主场的球队，丢掉了四场杯赛的半决赛，以及三场杯赛的决赛。到了1946年，他们再次挺进英超足总杯决赛。这次，他们再也不敢掉以轻心了，他们冒不起这个险。他们派出足球队的队长，找了一个吉卜赛人解除了这个诅咒。旋即他们以4：1的比分赢得了这场决赛。

比赛当天早上，当球员们醒来的时候，一系列新的荒谬的程序就要开始启动了。有人决定剃掉会给他带来坏运气的胡须，另一个人则照例外出理个发，然后沿着一条特定的路径散个步。有时甚至还要牵扯到其他人，这个球员的妻子必须在家擦玻璃——因为上次他在球场上所向披靡的时候，他妻子正在擦玻璃；而基于同样的原因，那个球员家的孩子们，他们必须整天穿着特定颜色的衣服。甚至连教练都必须穿着幸运服装在他们面前露个面，因为他知道，不这样做的话，可能会引起球员们的焦虑。另外，带来好兆头的也有可能是一双蓝色的袜子，每一个球员都会细致地打量他们的教练，确保他没有忘记穿上蓝色的袜子。

至于在比赛之前的那顿午餐，当球队坐下来吃饭的时候，那就有更多的讲究了。有时候，他们入席的次序都有严格规定，因为他们会无端地担心，随意入座会打乱他们的幸运入座顺序。他们吃的食物以及进食的方式可能也要受到迷信思想的限制。

当球队的大巴开往特定的球场时，它必须沿着之前同样的行车路线——当然，那是球队上一次踢赢比赛的时候走的路线。很久以前，曾经发生过这么一件事情，著名的英国业余球队流浪者队，有一次前往荷兰的莱顿参加比赛。在那里，把他们带到比赛场地的是一架四轮大马车，由四匹通体黑色的马拉着，而马车通体装饰着葬礼上使用的黑色羽毛，马车走的那条路还要穿过当地的一个墓地——比赛场地就在墓地旁边。在随后的比赛中，流浪者队不败的神话就此打破。比赛之后，球员们断然拒绝原路返回，那条路太过晦气（一手安排此事的人也太过阴险恶毒），他们害怕会影响以后的比赛。

3 · 部落英雄

随着比赛日的临近，球员们自己也通常浑身披挂着幸运符。首先是一对特殊的袖扣；第二样东西则是一次比赛获胜之后，一位年长的球迷赠送给他的一个黄金幸运符；第三样宝贝是一副太阳镜，下雨天他也照戴不误。其他的东西可能还包括套在脖子上的一个大奖牌，他还可能把一只玩具兔或者一只幸运兔腿，又或者是其他什么布制的幸运符——塞进口袋里。

他们来到更衣室，又一套新的仪式闪亮登场。同样，他们要穿戴一些特殊的东西——幸运球袜、幸运鞋带、幸运球鞋；他们还要郑重其事地亲吻一下幸运婚戒。

在更衣室，还会上演一些特殊的举动：毛巾要挂在挂钩上，而不是放在它通常放置的长凳上；换衣服的时候，嘴里要嚼两块口香糖；按照惯例喝一大口威士忌，这不是因为想喝点酒，而是为了讨个吉利；有一个球员，像宗教仪式上抹圣油一样，他会口含威士忌，冲着球鞋顶端喷上一口，然后喝口水，再喷上一次。有些球员进更衣室也有讲究。有人为了避免撞上坏运气，会特意走在最后面；有些人总是会从靴室入口进来，从来不走正门；有些人已经穿戴整齐，等到离开场还有整整 40 分钟时，才掐着点走进来；有人就一直坐在同一个角落里等候球赛开场；另外还有人在离开更衣室之前，他必须郑重其事地跟每一位队友握手，否则他在场上的表现就会受到影响。

一板一眼遵照一定的流程行事，其中最不含糊的要算是更换衣物的流程。有一些流程相当简单——先套上左脚的袜子，再套上右脚的；或者是先穿右脚的鞋子，再穿左脚的。还有一些就复杂得多了。有一个球员，他必须先

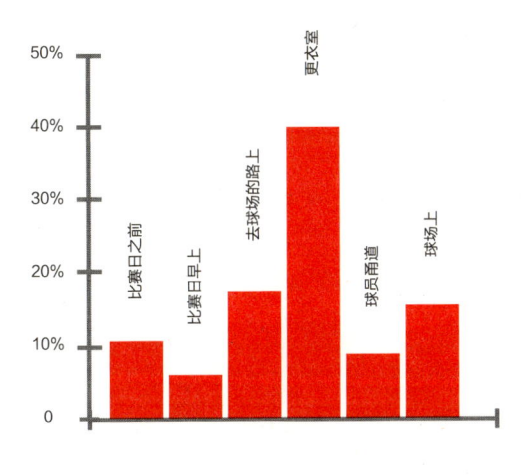

︿ 在 100 个足球迷信行为中，40% 发生在比赛前的更衣室内——球员在紧张的等待过程中会做一些仪式性的动作。

脱下裤子、穿好下体弹力护身，然后才会脱掉上衣；另外一名球员在穿戴整齐之后，就会把所有衣物全部脱掉，然后再穿一次；有的球员会系上鞋带，再解开，这样连续做上三次。

至于"穿戴仪式"最特殊的一个例子，发生在1939年朴次茅斯队成功获得足总杯冠军期间。体育专栏作家约翰·科特雷尔记录下了那次杯赛决赛终极对决之前的一个花絮："严格遵照杯赛联赛前的传统，朴次茅斯队的元老级右边锋弗雷迪·沃勒尔弯下腰去，隆重地为俱乐部教练杰克·迪恩套上一对洁净的白色护脚。这是一对具有神奇魔力的护脚，平时都珍藏在朴次茅斯足球俱乐部的保险箱里。按照规矩，应该先穿左脚的护脚；这样它们就会给你带来好运。杯赛联赛到目前为止，他们每场比赛都能妥妥地凯旋……而他们自己的球门只被攻陷过一次。然而，这一次，朴次茅斯队将不仅仅仰赖这双幸运护脚。为了让队员们确信他们都是天神的宠儿，沃勒尔在自己的衬衫口袋里放了一只微缩的马掌，在每只袜子里都放了一小枝欧石南，在每一只球鞋里都放上一个六便士的幸运硬币，还在他的一根吊袜带上系了一个瓷质的白色大象。"看来，确实有神奇的力量在发挥作用，他们以4∶1击败了他们的对手——那些球员明显更受欢迎。

在一些仪式性的做法中，时机挑选也是非常关键的一个因素。有一位球员，除了没有穿上球裤，其他衣物都已经穿戴整齐，而球裤就抓在他自己手上，就等着裁判吹响开场哨。只有等他听到哨声之后，他才会飞快套上裤子，然后飞速夺门而出。英格兰队的队长博比·摩尔也有非常类似的做法。对他来说，有一件事情非常重要——就是在比赛之前，他是更衣室里最后一个套上球裤的人。摩尔的队友马丁·彼得斯被他的样子逗乐了——他站在那里，手里抓着球裤，然后就等着其他人穿戴完毕。彼得斯后来承认："我经常会逗他，而他从来没有意识到这个。当他最后套上球裤的时候，我就会把自己的脱掉。而他马上就会跟着脱掉球裤，在我没有重新穿回裤子之前，他是绝不会重新穿上球裤的。"

博比·摩尔不是唯一一个有这种遭遇的球员。罗德尼·玛什曾经回忆道："在比赛之前，吉米·兰利在更衣室里总是坚决不去触碰足球。他要是不小心碰到球了，他会疯的。阿兰·穆莱里和他一起为富勒姆队效力的时候，阿兰总会拿这个去逗吉米。阿兰是个很无聊的家

△ 2014年欧洲联赛，在那不勒斯队和波尔图队比赛之前，一个巨大的牛角雕塑摆在圣保罗体育场前面——红色牛角是那不勒斯人传统的护身符。

伙，他会抓起一个球，要么向吉米踢去，要么扔过去。吉米为了躲开球，总是满地蹦跶。"

这很让人诧异，竟然会有球员用这种方式破坏其他球员尊奉的仪式性动作；而这样做有可能让对方在即将打响的比赛中惶惶不安。如此不尊重其他球员奉行的迷信做法，这是相对比较罕见的例子。在大多数情况下，球员们都会尊重其他人坚信的做法，避免给他们招来坏运气。如果他们的迷信行为中间出了岔子，朋友们总会尽全力来帮忙。伟大的贝利曾经有一次把他的球衣送给球迷，而在此之后，他的比赛非常不顺利。他央求一个朋友，务必找到那个球迷，并把球衣要回来。一个星期后，这个朋友带着那件失而复得的球衣回来了，说他自己大费周折才找到了这件衣服。贝利可以说是感恩戴德，披上这件战袍，王者风范立马又上身了。他的朋友小心翼翼地不让他知道实情：其实他的追索徒劳无果，他只是找到了球王在之前那个星期不小心丢掉的球衣。迷信行为产生的巨大力量，实际上全部藏在人的思想意念里。

当球员离开更衣室，列队走进球员甬道的时候，这些仪式还没有结束。他们列队往外走的次序也很有讲究。一名球员总是会走在队伍里的第三个位置；另一个球员，总是排在倒数第二位；再有一名球员，他总是要走在第十位这个位置；而最受欢迎的位子就是最后一个。假如一支球队里有两个人都喜欢走在队伍最后面，那么问题就来了。在某个杯赛决赛的赛场上，敏锐的足球观察家将会看到这种两难境况的处理方案。当球员列队进入球场的时候，走在队列最后的两位球员，他们会小心翼翼地并排走上球场。在球员甬道里进行的其他仪式性活动，包括站成一个规整的圆圈，然后转着圈走。这时他们要么从来不带上足球，要么总是带上一个足球，也有可能会举托起一个足球往天花板上拍两下。

等到他们走上赛场，有些球员会仪式性地用一只手触碰足球场内的草坪。很多信奉天主教的球员会在胸前画十字，并亲吻自己的拇指。有那么一个球员，他的举动就算不上怎么高雅了——他会从嘴里掏出口香糖，把它捏成一个小球，然后用脚把它踢开。如果这种象征性的踢口香糖球的行为失手了，接下来他在场上就踢不好。另一个球员一定要在热身阶段第一个射门，而守门员根本不敢去扑球——即便这仅仅就是一次射门练习，因为如果他把球扑住了，接下来这位踢球的球员的状态肯定不会好。另一名球员则会把他的球鞋脱掉，然后再把它们穿上。还有球员会去亲吻球门柱。守门员会小心翼翼地把他装有随身用具的小包放在球门的右手边。如果他不小心把包放到左手边了，又或者有人移动它了，他可能就没有办法"如有神助似的去扑球"了。

所有这些花样百出的足球迷信活动，都曾经被某些球员或某些球队当作仪式庄重地执行过。他们的每一种活动都被记录下来了，或是在球员们的回忆录里，或是在足球历史研究者的文章中有所体现。有报告显示，类似的非理性行为，在全球各地都有发生——只要有重要的比赛，或是部落英雄们备受焦虑煎熬、忧心忡忡。另外，还有一个事实，有一些球员会特地强调，他们跟那些队友不一样，他们根本没有什么迷信思想，他们认为这整套做法非常愚蠢，浪费时间和精力。然而，这样的球员是少数派。也许，他们的言下之意就像是一位球员所声称的，"我的迷信思想就是：不要告诉其他人我迷信的是什么"。

有一些球员，他们极度看重自己具有神奇力量的仪式性做法，其执迷程度令人咋舌。入选世界杯最佳阵容的中场队员杰克·查尔顿，他为了不破坏自己赛前的例行仪式，甚至不惜推掉俱乐部球队队长的职位。他要最后一个走进球场，对他来说，这一点至关重要。而要是当队长，他就不得不站在队伍首位，带着他的球队出场。他为了不冒风险，甘心把队长这个荣耀的位子拱手让给比利·布雷姆纳。

但是，要论起最为纷繁复杂的魔性的仪式流程，可能非守门员阿兰·劳夫莫属。他曾经公开承认，连他自己都"担心会漏掉他的比赛日流程中的某些步骤"。他要做的流程是这样的：

1. 比赛当天早上，他坚决不能刮胡子；
2. 必须带上一个蓟花图案的钥匙圈（蓟花是阿兰的家乡苏格兰的国花）；
3. 他必须带一个旧的网球上赛场；
4. 他必须在口袋里装上一个微缩的足球鞋。那是他某天下午在他球门的网里发现的；
5. 他必须戴上一枚星星形状的小奖章；

6. 在更衣间里，他必须用第 13 号挂钩；
7. 他必须在守门员的球衣下面穿上他最早穿过的 11 号球衣——那是他效力的第一家足球俱乐部的旧球衣；
8. 在他经过球员甬道的时候，他必须拿球对着墙壁拍三下；
9. 等他靠近球门的时候，他必须对着空门射一个球；
10. 整场比赛中，他必须尽可能频繁地擤鼻子；而他塞在自己的守门员帽子里的几条手帕，就是为了这个准备的。

他在自己这张令人生畏的流程单的最后总结道："没有走完这整套流程，我就觉得自己打不了比赛。（做完这些准备）我无所畏惧，甚至会有连进七球的可能。"

人们很可能会嘲笑这些细致到无以复加的辟邪方法，并怀疑它们是否有用。正如迈克尔·帕金森在他的模仿秀节目《足球明星的迷信行为采访录》中表现的那样："当我走进那口白热化的大锅时——明天那里又会重新变成温布利球场，之前的十天时间里，我都不敢挖鼻子；我脚上穿的是两只左脚的球鞋；我要带上我老婆的幸运提包；我要穿着我爷爷的背心。这些都是我的幸运符。这看起来很可笑，但是，这样做就会把利物浦队／纽卡斯尔联队撵出杯赛。"但是，事实上，比这还荒诞的行为正在世界各地上演，每个赛季里的每个星期，都有大量的人在这样做——而那些人本来都是理智的、踏踏实实踢球的球员。我们必须接受这个事实：做那些事情是非常有意义的。但这并不意味着，做这些迷信活动与场上比赛的任何结果有着某种超自然的或者神秘的联系。即便是身涉其中的球员们坚信这种联系的存在，这也不一定就是事实。如果他们能让自己相信，他们奇怪的行为能够帮助他们踢得更好，那么情况就真的会朝这个方向发展。其原因就在于，这些仪式会帮助他们减轻焦虑，给他们增强自信。在一场原本势均力敌的较量中，如果一方更相信他们自己的能力，这就会成为唯一能左右战局的关键性要素。

正是基于这个原因，在高风险的职业体育生涯中，迷信现象总是大行其道。这就像在原始人类的部落里，生活处处充满风险和危险，于是，奇幻的想法便应运而生。

英雄的勇敢

勇气和阻碍，疼痛和伤病

现代足球场上的暴力事件如此之多，以至于球员在比赛开始时跑进球场就已经是勇气可嘉的行为。如果一场 90 分钟的比赛直至打完，都没有一个球员因伤接受过治疗，这种情况是十分罕见的。而且，几乎没有一个球员能够安然度过整个足球赛季，却没有遭遇过严重的伤痛。

事实上，伤病威胁并没有使部落英雄们踌躇不前，这是由于人们普遍接受暴力就是这项运动中固有的一部分。那些渴望成为职业球员的年轻人在参加试训前就预料到没有艰苦就不会有荣耀。后来，他们几乎把伤疤当作勇气的勋章，就像原始部落的成员所经历的仪式性"印记"那样。好在对于足球部落成员来说，疼痛并不是在冷血中造成的。它发生在战斗的高潮时，精神上和生理上的兴奋状态使其更容易承受。不仅如此，许多球员在面对过高强度的身体撞击时还表现出了非凡的勇气和决心。

› 2014 年，足总杯第三轮比赛，阿森纳队在伦敦酋长球场对阵热刺队，阿森纳队的西奥·沃尔科特受伤倒在球场上。

有许多记录在案的例子可以证明，有些球员尽管骨折，仍能坚持到比赛结束。守门员戈登·班克斯在年仅 16 岁时，曾在扑向进攻前锋的脚时手臂严重受伤。在没有意识到受伤的情况下，他带着断臂完成了比赛，并且他的肘部至今仍然有一个螺丝钉，成为这一次顽强拼搏的纪念。另一位门将贝特·特劳特曼在一场英格兰足总杯决赛中，在颈部受伤的情况下坚持上阵。前锋吉米·格里夫斯在手腕受伤的情况下打了一场比赛。而在一场甲级赛事中，因打入七球而扬名的传奇人物泰德·德雷克曾在比赛中两只手腕都受伤，但他仍顽强地坚持到终场哨声响起。德雷克的态度有一个值得一提的特点，他受伤后总是表现得更加凶猛和有力,受伤越严重,他就越坚决,因此,有了一句著名的评论:"要是德雷克的腿断了,但愿上帝会保佑他的对手。"

足球场上最伟大的战斗总是发生在飞毛腿前锋和顽强的后卫之间。从两者相遇的性质来看,最受折磨的是前锋。前锋试图跑过对手或者绕过对手,而后卫往往被迫将他们铲倒或者故意犯规。出色的后卫可以合情合理地阻断前锋且不会造成伤痛,但随着前锋的速度越来越快,技巧越来越高,许多后卫被迫故意犯规,他们蓄意以"技术性犯规"将敌人放倒。他们的座右铭不再是"遵守比赛规则"(play the game),而是"遵守玩人规则"(play the man)。

正是这些技术性犯规造成了大部分严重受伤的情况,如果某位现代前锋碰巧天赋异禀,那么在足球赛季开始不久,他的腿就会"五彩斑斓"。当乔治·贝斯特因此而受到特别严重的伤害时,他的教练举行了一次特别的新闻发布会,以展示这位明星球员受伤的小腿。一位记者评论道:"它们看起来好像是穿过了铁丝网。"荷兰球星约翰·克鲁伊夫在荷兰联赛的一场正式比赛之后发现了5处新伤,这是"常态"。巴西天才贝利同样是逆来顺受的,他说:"我慢慢接受了领先者的生活是艰难的,他会比大多数人受更多的伤,而且很多时候这些

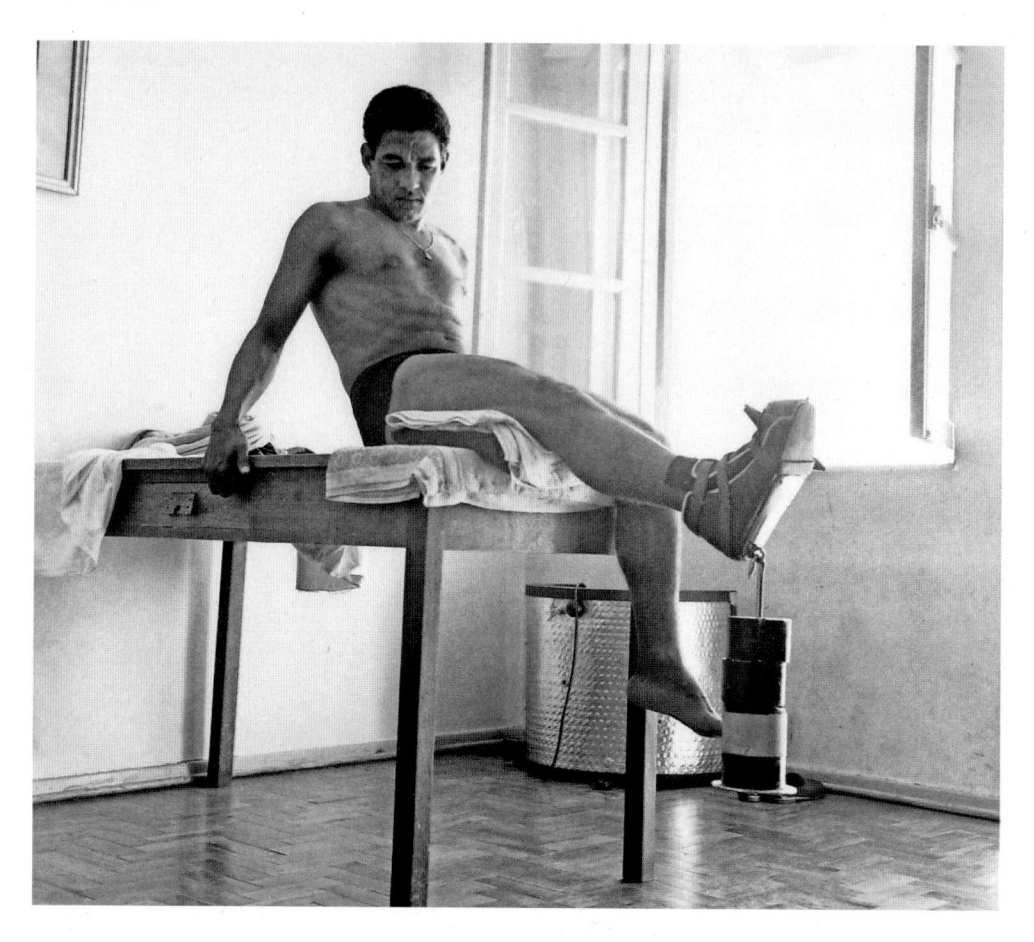

巴西球星加林查在1966年严重受伤后在治疗室做右腿的重量练习。

伤并不是因为意外。"他甚至对艺术性地执行其"打手"职责的后卫表示愤慨的"钦佩"。谈到意大利球员贝尔蒂尼时，他写道："贝尔蒂尼是一位艺术家，他对敌人犯规从来没有被抓住过。每当他接近时，他都会设法铲到我的肋骨上，或者一拳打到我的肚子，或者在抢断时踢我的小腿。我必须承认，贝尔蒂尼是一位艺术家。"

1976年，一位足球教练将大块头的野蛮后卫和特技专家一般的英勇前锋之间的冲突，比作在斗牛场内经常看到的情况："必须停止犯规。否则，只有那些对血腥运动感兴趣的人才会打算来踢足球，这就是一种斗牛。"对于一名受重伤的明星前锋的经理或教练来说，这种情绪是可以理解的。即使前锋本身，尽管他们很勇敢，也会偶尔认为这种斗争变得太野蛮，并且被迫表达他们的厌恶。1971年，乔治·贝斯特勃然大怒道："什么破坏者和强悍的后卫都是废话。我叫他们肮脏的浑蛋。"

不幸的是，我们必须了解在这种反应背后有一个事实，即如果后卫未能对晃过自己并且正朝着球门直奔而去的前锋制造袭击，那么他的支持者将会喝倒彩，并且他会很快在球队中失去自己的位置。另外，如果他像愤怒的公牛一样放倒折磨他的人，并用野蛮的技术性犯规从后面实施侵犯，他的支持者会发出响彻云霄的欢呼声。所以，很难责怪足球场上饱受诟病的后卫使出他们的残酷手段。

一些人认为，解决措施必须来自比赛的立法者。他们可以选择两种方式来减少暴力，但由于一贯的传统，他们不愿采取行动。第一种解决办法是让裁判有权对场内任何位置的严重犯规判罚点球，而不是将这种判罚仅限于禁区内的犯规。由于点球是比赛胜负的关键，所以残酷的攻击会产生比现在要危险得多的后果。在现有的惩罚制度下，对于"禁区"外的恶意犯规，裁判被迫使用黄牌警告或红牌罚下场，再加上任意球。由于将犯规球员罚下场的激烈行为会导致在余下的比赛中双方对抗能力失衡，所以裁判极不愿意使用红牌。"打手"们非常了解这一点，因此希望能够通过黄牌和任意球逃脱重罚。在许多情况下，他们认为暴力行为所获得的好处超过了这种惩罚。它不仅消除了对手攻门的直接优势，而且还有额外的好处，可以在比赛的剩余时间内有效减慢对手的攻击速度。害怕送出点球的心理会让很多故意犯规者在放倒对手之前三思。

另一种处理非常残酷的犯规的方式是将其视为法律意义上的"侵犯他人身体罪"。伦敦大律师爱德华·格雷森主张"体育人身安全法"（Safety of Sports Persons Act），其措辞如下："任何人在任何体育活动之前、之中或之后故意或肆意对任何相关人等造成任何伤害或损伤，即属犯罪。"科林·塔茨教授同意他的观点并指出，在他看来，这是"违反比赛规则，也违反法律规则的暴力攻击，因此应服从对其的管辖和处罚"。

在极端严重的情况下，可能需要采取这种措施，但足球官员们很快指出，这些措施会削弱其刚强的本质特征，从而轻易地摧毁这项运动。英格兰足球总会秘书无礼地回复科林·塔茨教授道："法律介入体育……已经成为许多追求知名度的人所热衷谈论的话题。球场上的公正无疑是粗野的公正，但在这项运动中被普遍接受，并且这项运动完全依赖于它。"一些厌倦了外部干涉的球员也有更激烈的反应。两句带着讥诮意味的典型言论是："今天的足球暴力正在成为一个问题，但它还不够多。""我们将不得不对这些暴力事件做些什么，否则人们会继续购买门票。"大多数球迷都有同样的感觉，坦率地承认享受凶狠铲抢的比赛。除了出色的技巧和运动表现之外，勇敢是他们期望看到英雄表现出来的品质之一。如果暴力接触的威胁大大降低，勇敢就会消失。

因此，似乎最好通过诸如"扩大"点球判罚范围等建议措施来保持平衡，这将使裁判严格惩罚最极端的暴力行为，而不会使比赛软化至不再令人兴奋的程度。这样，受伤应该能得到控制，当然了，肯定还是会发生真实的事故。

这类事故历史悠久，有些已证明是致命的。已知最早的踢足球致死事件发生在1321年。此事的罪魁祸首是一个名叫威廉·德·斯帕尔丁的教徒。"在比赛中，当他踢球时，他的一位信徒朋友（也叫威廉）跑向他并撞到教徒所携带的插在鞘中的刀上，这位朋友受了重伤，六天后就死了。威廉·德·斯帕尔丁得到了宽恕，因为他没有受到任何指责，他对其朋友的死亡深感内疚，并担心他的敌人可能会说出不利于教皇的话。"

在接下来的几个世纪中发生了许多其他的死亡事件，而足球仍然是一项混乱激烈的民间体育运动。一旦实施了一套规则并且让足球成为有组织的活动，其参与人数就会迅速下降，但这项运动仍时不时地出现受害者。例如，在1878年的莱斯特巡回法庭中，一名球员被指控用"突出的膝盖"击顶并弄死对手。在第一次世界大战期间，一名不幸士兵的坟墓上的木制十字架上刻着铭文"他死于足球赛事"（He died of Footballitis）。这句不同寻常的铭文是为了纪念一个在战壕里和战场上数百次逃脱死亡的人，却因为在与其战友进行友谊赛时被踢了一脚而最终躺在这里。

阿森纳后卫鲍勃·本森遭受了一场特别令人痛苦的死亡，在"一战"中，他在位于伍尔维奇的阿森纳军需品工棚中工作，制造炮弹。他的健康状况非常糟糕，很快就失去了战前的身体素质。有一天，在一次战时阿森纳比赛中，他坐在旁边的观众席上，他遇到了自己无法拒绝的挑战。球队的其中一名球员未能到达球场，本森立即自愿替代他的位置。观众还记得他的光辉岁月，都站起来热烈鼓掌欢迎他，结果他真的很用心踢球。在半场结束之前，他进行了一次大胆的解围，并因心脏病发作而昏倒在地，一名队友将他带出球场，他小声地向这位队友说出了遗愿："比赛应该继续进行到结束。"

但是，也许最不寻常的足球死亡事件其实发生在战场上。1916年，当英国东萨里步兵团攻打德国阵地时，一支连队的上尉命令其队员在穿越无人区时要运球。一位战地记者用下面的话记录了这个奇怪的事件："上尉提供了四个足球，每个排一个，命令他们在必须穿越的1.25英里的阵地上全程保持运球比赛。连队在从战壕走出去时列队，排长开球，开始了与死亡的比赛。这位英勇的上尉本人在冲锋陷阵中早早倒下，而在排山倒海的机枪子弹下，人数开始迅速下降。但是，在嘶哑的鼓励或鄙夷之中，足球仍然被踢向前，直到它们消失在浓烟中，而浓烟后面是德国人的射击。然后，当炸弹和刺刀的战事结束，并且已经将敌人清理出去时，萨里人去寻找他们的足球，并在攻占下来的穿越地带中找回了其中的两个。这些足球将被送到位于金斯顿的军事仓库，作为值得保存的战利品。"

在两次战争之间，在埃布罗克斯公园举行的格拉斯哥流浪者对阵凯尔特人的比赛中，发生了一起意想不到的死亡事件。凯尔特人的年轻门将约翰·汤普森勇敢地扑到流浪者中锋的脚下，最后一次挽救了自己的球门。他设法挡开了球，但进攻球员的脚完全踢到了他的脸上。由于敌方守门员受伤，一些流浪者球迷感觉到了胜利的曙光并开始欢呼，但是流浪者的队长意识到对方受伤的严重程度，跑到嘈杂的人群中，伸出双臂恳求大家静默。这位年轻的门将的生命即将逝去，但是在将他从地面抬上担架时，他做了最后一次动作，挣扎着抬起身体,并凝视着后场,他的球门现在空无一人。这就好像即使在临终的时候,他也无法摆脱那根深蒂固的对于自己的球门无人保护的焦虑。

不幸中的万幸是,这些都是意想不到的罕见情况;如前所述,普通的受伤从不罕见。最近,某运动培训班的负责人估计,在20世纪70年代,每13场职业赛事就有一次受伤事件(严重程度达到至少需要三天的休息和治疗)。这是平均水平,有些球员似乎异常幸运,而另一些球员则悲惨地很容易发生事故。而且他认为,随着比赛的竞争程度日益激烈,这个13:1的比例正在上升。

大部分的受伤发生在头部和腿部。当互为对手的两名球员试图在同一瞬间头球时,头部的碰撞常常会导致脑震荡。牙齿和鼻子被飞过来的球鞋或戳过来的手肘打断。热刺队门将最近被一名前锋的肘击打掉了很多牙齿,以至于牙齿卡在喉咙,几乎窒息而死。但是,有一名法国队中卫所遭遇的头部受伤最为怪异。在翻了一个完整的空翻后,他的头撞向了自己的球鞋,把自己踢得昏迷不醒。

腿部受伤包括割伤、瘀伤、韧带撕裂、软骨损伤、肌腱断裂和骨折。无数著名球员都受到过膝关节问题反复发作的困扰。抵挡不住伤病攻击的往往正是软骨,那些确保膝关节顺畅移动的软骨块儿。虽然我们倾向于将膝盖纯粹视为弯曲装置、铰链,但它其实也会旋转。它在弯曲和旋转时最容易受伤,而在对抗性很强的足球比赛中往往就是这种状态。严重地扭转可能造成软骨严重受损。膝盖周围有韧带,这些都是坚韧的纤维束,其任务是提供最大的抗压力。无论球员是双腿伸直的站立状态还是膝盖弯曲的奔跑状态,韧带都可能因旋转拉力受伤,或因撞击所产生的纯粹自然力量而受伤。

所有球员都知道自己的膝盖是多么脆弱,不知道有多少著名球员都因为暴力犯规而被迫过早地瘸着腿离开足球。所以当队友们看到一个朋友被无情地砍倒,看着他抱着一个膝盖在地上痛得打滚时,队友们有时就会火冒三丈,这是可以理解的。这些事件特别可能引起冲动,并且在许多场合中会导致那些仍然保持正直的球员打起架来。裁判必须非常快速地平息这些感情冲动,因为它们总是有可能蔓延开来,致使两支球队的所有球员都陷入战斗,并且不是通过足球的象征性战斗,而是直接通过紧握的拳头开战。如果只涉及两三名球员,裁判仍有可能将他们罚出场并重新开始比赛,但是一旦全队都开始打架,官员们特别无选择,只能放弃比赛。谁都知道这是危险的做法,因为它可能导致失望的粉丝骚动。最闻名的一次是在巴西的一场比赛,当时不仅所有球员都在争吵,还有替补球员、教练和助教也在互骂。在整个球场上发生了如此多的冲突,以至于一大群摄影师进入草地来拍摄特写镜头,并且很快整个场地就一片混乱,到处都有人在跑,在踢打和拳来拳往。几分钟内,阶梯看台上的粉丝也纷纷效仿,一场大型骚乱已经开始。在这一切中的某个地方有一个心慌意乱的裁判,他的哨子瞬时失去了意义。

有一次,这类球员暴力甚至是在终场哨声之后爆发的,这次事件被称为"伯尔尼战役"。当时巴西对阵强敌匈牙利,整场比赛踢得特别火爆。当比赛结束时,球队离开比赛场地并排队走向更衣室,一名巴西球员声称被一个瓶子

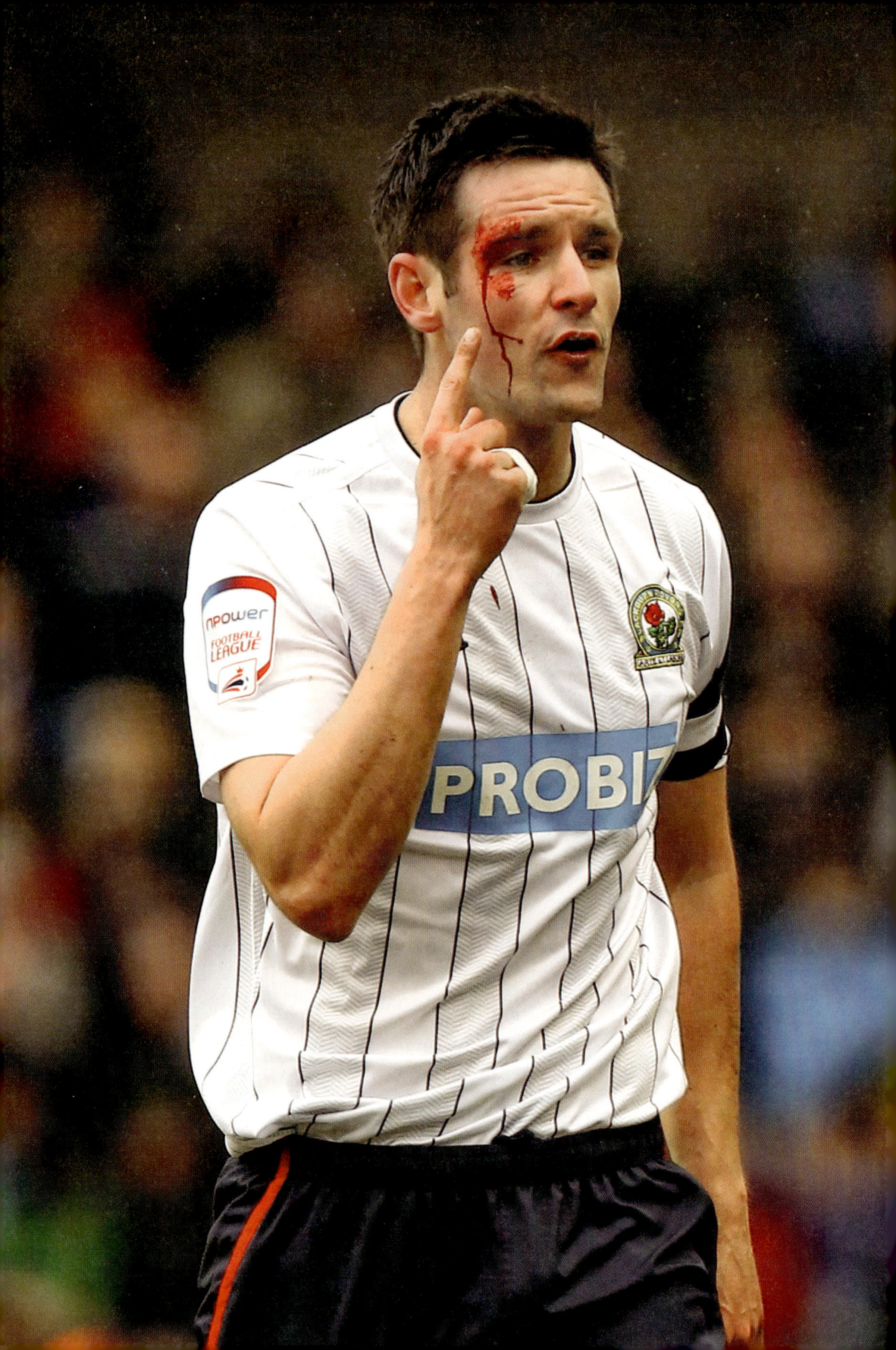
npower
FOOTBALL LEAGUE
PROBIT

‹ 布莱克本流浪者队的斯科特·达恩表示，2013年在伦敦泽登球场举行的米尔沃尔对阵布莱克本流浪者的比赛中，有人做出了肘击动作。

击中了脸部。一些目击者认为瓶子是由对手的一个愤怒的支持者扔出来的，但是巴西人坚称那是匈牙利队中的一员。唐·阿泰约描述了接下来发生的事情："巴西人立即冲进匈牙利更衣室，导致几十名国际球员在护裆和脏球衣中间用球鞋和擦剂瓶相互殴打的壮观奇景。伤得最重的是一名匈牙利人，他的脸颊被划开了一道大口子。"

幸运的是，在争吵达到如此惊人的程度之前，大多数球员冲突都会被某个人平息下来。在场上，常见的模式是愤怒的球员去打对手，然后被同伴阻止。如果劝阻来自他自己的队友，而该队同时又提供了足够冷静的建议，通常就可以避免更严重的麻烦。这种"拉住我"的场面在酒吧斗殴中很常见，对疲惫焦虑的裁判们很有帮助，可以让他们冲到两个咆哮的对手之间，并施加进一步的抑制影响。

如果部落官员们抱怨现代足球运动员缺乏自我控制能力，他们必须记住三件事：首先，比赛总是在非常紧张和生理兴奋的氛围中进行的，肾上腺素在体内飙升，这对于激动人心的比赛是必不可少的，但这也意味着球员们将面临任何形式的暴力行为。其次，球迷要求不惜一切代价赢得胜利，这会增加强烈的心理压力，而这些压力持续地从喧闹纷杂的阶梯看台涌向球员。最后，球员们都被挑选并训练成勇敢面对激烈对抗的人，这种勇敢的目的是赢得比赛，但是当暴力事件爆发时，勇敢和暴力就变得没有什么区别。在当时头脑发热的情况下，很难期望仅仅因为规则被破坏就让他们失去勇气，这是各种正式决斗的固有弱点。他们很容易爆发成真正的决斗，而赢得欢呼的被许可的勇气瞬间就成为赤裸裸的攻击性行为。

胜利的炫耀

跳跃和拥抱

在进球得分后，足球部落马上就会进入其主要的快乐表达状态之一："胜利的炫耀"。随着他们的支持者在阶梯看台上咆哮、跳舞、鼓掌，部落英雄们在放纵的跳跃和拥抱的疯狂爆发中庆祝他们的"杀戮"。这是部落生活的巅峰时刻，大家都充分享受着，所有的物理障碍都消除了，所有常见的抑制措施都一扫而光。

胜利的表达并不总是这样。在足球的早期，胜利的时刻通常只是比握手和微笑更激动一点点而已。正如一位年长的退役球员所说："过去没有这种狂欢。当我们得分时，每个人都表现得好像没有什么特别的事情发生过。作为队长，我做得最多的事情就是拍拍进球的人的背，然后说'做得好，老伙计'。"足球界对这种更为放肆炫耀的新趋势有不少批评者，其中包括威严的英格兰足球总会裁决机构成员。据说，这些部落长老表示对职业球员的失控情绪感到羞愧。这些批评者的总体态度可以归纳为："希望这样的夸张表现只不过是一个过渡阶段。"

部落的胜利炫耀似乎给有关各方都带来了欢乐，并且看起来并无害处，而对这种炫耀发起攻击言论的原因可能有两个。第一个原因纯粹就是传统主义。部落长老的任务是保持部落仪式的纯粹和不变，并在原则上抵制所有变化，这可能会刺激到某些人，但它仍是一个重要的角色，不容嘲笑。如果没有对现代趋势的顽固抵制，足球部落的独特品质最终可能会丧失，其尊严也会降低。在此基础上，人们很容易理解他们对拥抱、亲吻和挥手等花哨动作的不认可，这些动作对他们来说肯定是更有剧院的味道，而不是运动场。他们无疑会将这些表现视为从严肃比赛堕落成令人眼花缭乱的演艺事业的初兆。

› 2006年在开罗举行的非洲国家杯比赛期间，在科特迪瓦对阵利比亚的比赛中，科特迪瓦球员在球场旁边跳舞庆祝迪迪埃·德罗巴的进球。

英国人有着古老而受尊重的传统，喜怒不形于色，而批评者进行攻击的第二个原因则可能与该传统有关。对于内在情绪的外在表现，不同的文化所持的态度会有很大差异。对于某些人来说，比如生活在地中海附近的人，有一种外向的传统，允许成年男子亲吻和拥抱，几乎没有什么社会限制。就他们而言，只有势利小人或者感情有缺陷的人才会无法用身体行为来表达自己的感受。在其他地区，如远东和北欧，缺乏控制被认为是未开化或幼稚的行为。正如一位批评者所说："当你得分时……你不会跳某种印第安人的战舞，而且你的行为不会像大部分的孩子那样。"

因此，批评者所说的是，现代足球运动员那种胜利的炫耀既不符合传统，也非英国式的，而且由于足球从传统上来说是英国的体育运动，所以有双重原因让人对这种新趋势表示皱眉头。然而，对于任何公正的观察者来说，显然他们正在输掉这场战斗。一个有意思的问题是，他们在保留其他许多古老的部落习俗和态度方面一直都广受好评，为什么偏偏在这方面会如此呢？

首先，这种趋势并不是最近才出现的。它在第二次世界大战后不久就开始了，当时，由于电视机的普及，足球经历了一场大规模的扩张，全世界都为之痴迷。并且得益于更快的喷气式飞机旅行，足球队能够更加轻松快速地去各个国家参赛，足球民族性的融合达到了该项

为什么是足球

目前所未有的规模。来自地中海和南美洲的拉丁国家的球员在北欧变得更加为人熟悉，对于英国及其他北方球队中更克制、更内敛的英雄来说，当那些球员踢进重要进球时从全身迸发出来的快乐是令人震惊的。最初，人们会嘲笑拉丁人狂野的拥抱，但过了一段时间后，他们开始认为禁欲主义的英国人看起来十分冷酷。握手和拍背的老传统开始给人一种错觉，认为英国人并不那么在乎进球，而压抑的北方人被迫抛下自己的克制，并尽情享受几个温和的拥抱。

不久之后，所有不善于表达情绪的球队都赶上了情感自由奔放的拉丁人，并且在他们进球后欣喜若狂的表现与拉丁人无异。令他们惊讶的是，现在这件事看起来十分自然，结果也予以明断，在如此激动的情绪体验中，这是自然而然就做出来的事情。行为"怪异"的并不是那些拉丁人，而是北方人自己。在进球得分的巅峰时刻这种特殊环境下，拉丁式拥抱才是适当的，而非英国式的拘谨。

对于北欧足球的部落长老来说，球员的新"滑稽动作"非常令人震惊，似乎像华尔兹（他们的身体接触）对他们祖父辈的影响那样。更糟的是，这些身体亲密关系不仅是公开的，而且是男性对男性的。然而，尽管受到轻蔑，并且被指责太女人气，拥抱仍在继续，甚至有增无减。现在，它们已经保持了很多年，成为一种常规的部落展示，已经变得根深蒂固，它不是"昙花一现"，而是成为足球部落行为保留节目中的一个新传统。面对最初这么强的敌意，它们成功的秘诀是什么？

为了理解这一点，有必要回顾一下该动作的起源。当我们是婴儿的时候，我们第一次体验到拥抱、拍拍和亲吻时是在我们母亲的怀抱里。这些身体接触很快就变成代表着爱和被爱。当我们长大后，我们开始回报。作为年幼的孩子，我们会去抱着我们的母亲，就像过去她抱着我们一样，结果是相互都体会到了爱的拥抱。这里重要的一点是，这不是性爱，而是有性意识之前的爱。当青少年时期出现性意识时，父母和子女之间的亲密关系会下降，甚至有些尴尬。不久之后，年轻的成年人将他们的身体注意力从父母转移到性伴侣身上，并且亲密的身体接触开始再次增加。幼年时爱的拥抱现在变成性爱的爱抚。在某些文化中，正是由于性爱成为新的重点，导致性伴侣之外的身体亲密关系受到抑制。如果亲密的朋友之间确实发生了友好的拥抱，那么他们也会表现得很低调和正式，因为担心这个动作可能带有一些性意味。

在一些其他文化中，则没有发生这种限制。幼年时没有性意义的爱的拥抱在亲密的朋友中保留下来，表达了彼此间温暖和深厚的感情。它以原始的非性意义形式持续到成年，没有任何"北方的"禁忌。

由此可见，足球运动员的拥抱绝不是从性领域"借来的"，而是性领域从童年的性前阶段借用了这些行为。它们对广义的爱是非常基本的，以至于当特别激动的情感时刻到来时，对一个人来说，用自己的手臂搂着亲密的朋友并热烈地拥抱他是世界上最自然的事情。所以"奇怪"的是对相互拥抱的球员的男性气质的诽谤，而不是球员的行为。这就是为什么尽管受到批评，球员们仍在某种程度上认为，在打

> 下一页：2013 年，在斯坦福桥球场的切尔西队对阵利物浦队的英超联赛中，利物浦球员马丁·斯科特尔在破门得分后，与队友路易斯·苏亚雷斯一起庆祝。

进重要进球的这个欣喜若狂的特殊背景下，他们所做的事情是"正确的"。实际上，他们某些表面上看起来很性感的行为是一种文化事件，而不是生物学意义上的真相。这就是为什么拉丁人的奔放会感染北方球员，而不是北方人压抑的情绪表现传染给拉丁球队。

虽说如此，我们仍需探讨进球后究竟发生了什么。有两个层面：得分选手的炫耀和队友的回应。这些行动可以分为两大类：第一类涉及在进球时自发的原始情绪反应。第二类涉及近年来出现的更人为的、复杂的、预先计划的行动。第二类庆祝活动相对较新，并且越来越有创意和普及，但它并未完全取代旧的、更加自发性的反应。当一个进球非常重要时，更原始的情绪反应仍然会出现，但是当进球不那么重要时，就会出现更多花哨的夸张表现。

先来看看第一类：原始的情绪反应都有些什么形式？

1. 进球后狂奔

在进球之后，进球的球员往往马上在球场上狂奔，通常会张大嘴巴。正如一名著名球员所说："我表达兴奋和得意的特殊方式就是奔跑和跳跃，像暴跳如雷的袋鼠一样在空中疯狂挥舞着我的手臂。"这种展示有两个原因。其中之一是进球的球员在压抑了比赛的紧张情绪之后，感受到了不受抑制的能量的急剧飙升。狂奔有助于缓解这些紧张。另一个原因是，快速移动消除了得分球员等待祝贺的任何暗示。一名球员解释说："我不会……自负地等待着我的队友们的称赞；事实上，他们中的一些人有时会抱怨说，当他们试图向我表示祝贺时，我表现出的速度超过了我在比赛中其余时间的速度。"

2. 举起手臂

有些射手对射门得分的反应不那么夸张，他们转身背对球门，并将一只手臂垂直举过头顶。这更多的是向喧哗的观众敬礼，而不是面向自己的队友。这一行为一直被批评者所攻击，"就像某个从战场上凯旋的独裁者收获民众对他的喝彩"，并且狠批道"球员必须注意自己的举止"。然而，英雄接受观众欢呼的做法是完全合理的，不容许鄙视，这是对观众的礼貌。相比之下，如果安静地慢慢跑回到中心点，

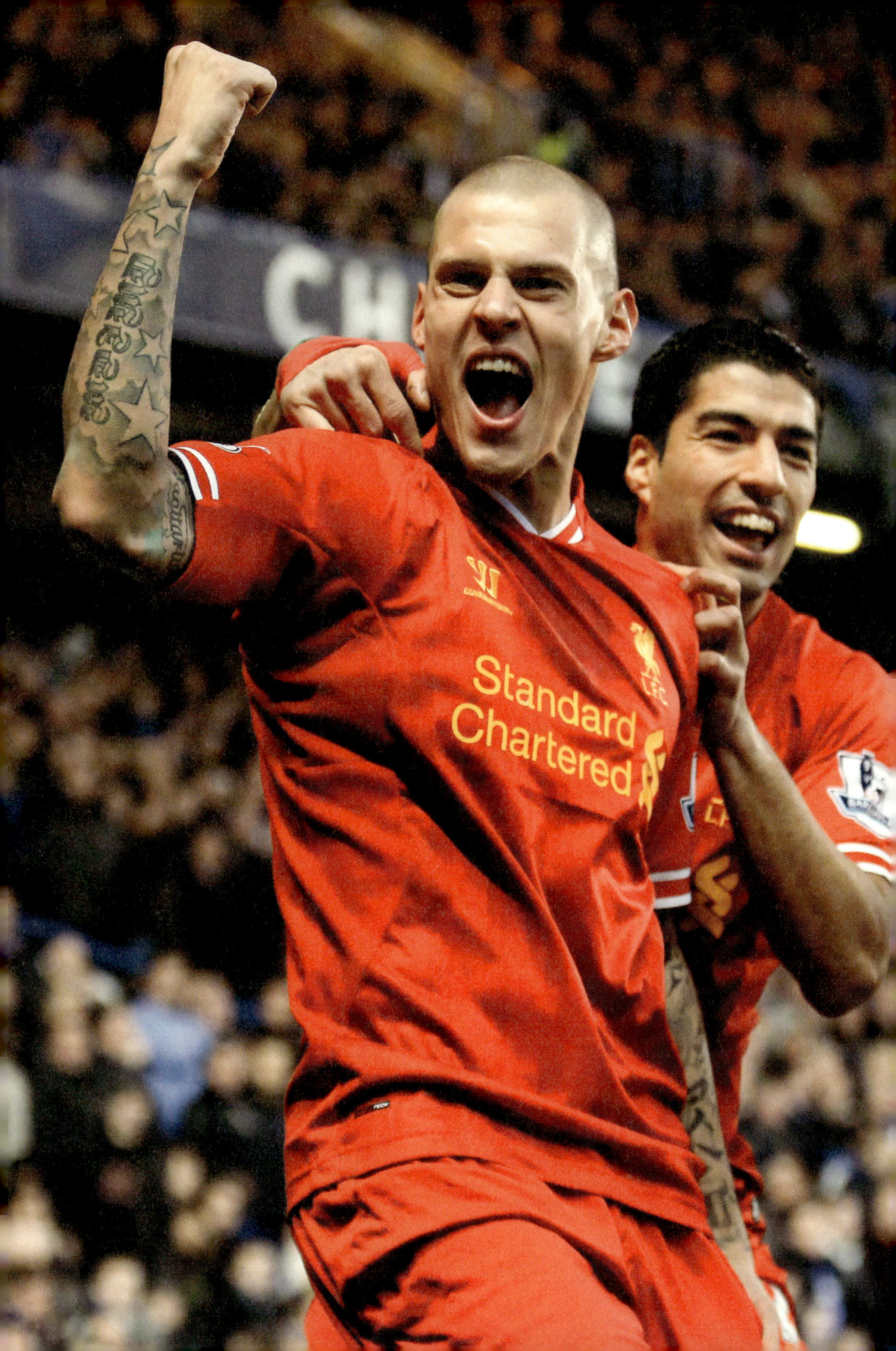
Standard
Chartered

忽略他们的欢呼声，这将是不礼貌的行为。

举起手臂的炫耀有三种形式：手掌摊平的版本，就像罗马式敬礼；握紧拳头的版本，比较像共产党或黑豹党的敬礼；以及食指版本，其食指指向天堂，就好像向上帝发出信号——再进一球。

3. 跃起并在空中挥拳

当射手沿着球场往回跑时，他突然举起拳头并跳起来，然后用力地从高处挥臂猛击动作将拳头带下来。这一拳击在空中，但象征性地落在被击败的敌人头上。这种挥臂从上向下重拳击打是人类基本的攻击动作。在很小的孩子中就会看到这种情况，比如他们第一次在幼儿园打架时，以及在成人闹事的恐慌时刻。拳击手的正面重拳必须通过后天学习才能掌握，但从上向下重拳击打似乎是天生的，当我们想要象征性地展示我们的胜利力量时，我们就回归这个动作。

4. 双臂高举在空中

也许所有胜利的炫耀中最常见的就是双臂完全举起。其效果是让得分选手看起来更高大。在描述他的感受时，他很可能会使用"我觉得自己有十英尺高"这样的话，他举起手臂是这种感觉的身体表达。用动物术语来说，进球后，他立刻感觉自己在团队中的地位提升了。在整个动物世界中，高地位都是以升高或扩大个体的方式显示的，因此就这方面而言，进球球员是在执行非常基本的动物行为。

5. 跃起且双拳高举在空中

在这个动作中，进球球员将自己的身高增加了两倍。他举起的手臂将他的身高增加了大约两英尺，向上跳跃则又提供了两英尺的距离，给他一个转瞬即逝的"身高十英尺"的片刻。这种组合的效果跟放大身材的效果差不多。

6. 战舞

这并不是对土著人的战舞的丑化、滑稽的模仿，而是一些奇怪的小动作，类似于原地跑步，或者双腿跑得非常快，但身体只是非常缓慢地向前移动。它似乎是进球后狂奔的"精简版"，代表以象征性的形式表达的情感流露。

7. 后倾

在这个动作里，射门得分者的身体自膝盖起大幅向后倾斜，并稍稍举起紧握的拳头。这是另一种用肢体语言表明他是"被击败的反面"的方式。正如双臂高举在空中的姿势是射门失败者重重坐下的姿势的反面，后倾与失败的前锋垂下头、耷拉着肩膀也形成强烈对比。通常只会在球进入球门的那一刻才会看到后倾，之后它就让路给其他炫耀方式了。

8. 拥抱的邀请

在这个动作中，球员张开手臂跑向彼此，手臂要尽可能大幅度地张开，标志着"我即将拥抱你"。这是在进球后狂奔的过程中完成的，有时候在邀请拥抱和双臂高举向空中之间存在明显冲突，解决方式是手臂指向斜上方。

9. 拥抱

当球员们相遇时，他们用手臂搂着对方，在一个完全正面的拥抱中抱紧对方。当他们这样做时，其他球员开始奔向他们。

10. 多人拥抱

随着越来越多的球员聚集在一起，他们尽最大努力让自己的拥抱加入原来的拥抱中，将手臂搂在彼此的肩膀上，形成密集的一大群人。

11. 正面跃起熊抱

普通拥抱有一个古怪的延伸，第一位到达射手处的球员跳起来扑向射手并成功地拥抱他，但是不仅用手臂抱，还要用双腿夹住，就像一个小孩跳进父亲的怀里。通常这会导致进球球员摔倒在草地上，而他的祝贺者仍然紧紧箍住他。

12. 后面跃起熊抱

有时候，跃起缠抱会从身后进行，在这种情况下，这两人可能会向后倒，并带着困惑叠在地面上休息。

13. 卧式拥抱

如果得分手将球打进球门之后倒在地上，或者如果他被跑过来拥抱的队友压在地上，那么拥抱可能会在草地上继续，这时看起来的确非常像性接触。然而，拥抱者仍然完全没有察觉到这种意外的相似性。有一段时间，他们的脑中几乎是空白，他们不会觉得尴尬。正如一名球员回忆说："我记得是扑向离我们最近的人……我们像疯子一样一起在地上翻滚。"对于瞧不起这种行为的人来说，他们看起来可能像性感的爱人，但对于他们自己来说，他们觉得自己像疯子一样，在短暂的瞬间放松下来，免除所有的责任和现实压力。

14. 集体拉起

倒下的球员有时可能会被其队友拉起来，然后在他的身体被拖着向上时，他会被拥抱。同样，这在表面上看起来有点色情，但球员可是完全沉浸在另外一种心境中。

15. 亲吻

让一些老年观众惊讶的是，他们有时会看到球员在拥抱时还会加一个吻。这种情况并不常见，如果发生这种情况，动作通常只是有短暂的实际唇部接触，并转向将脸部压在一起。许多对富有表现力的胜利炫耀持赞同意见的球员也觉得接吻显得过分了，有一个人说："我并不反对偶尔的拥抱，因为它可以非常有男子气概。但我必须说我反对接吻，我觉得把亲吻留到比赛结束会更好，然后最好是亲吻异性。"在这里，古老的亲密禁忌再次突破，大多数人会认为亲吻是有性意义的行为。然而，亲吻像拥抱一样，具有非性意义的起源。它起源于一种母亲与子女之间的古老接触，作为一种断奶的手段，咀嚼过的食物从母亲的嘴巴传递到婴儿的嘴巴（在商业婴儿食品出现之前的几个世纪）。通过这种方式，亲吻在有性意识前就具备爱的特征。在许多文化中，男性对男性的亲吻仍然代表一种温馨的友谊，但在西方，成人之间的这种亲吻已经具有非常强烈的色情意味，即使在进球得分球员最放纵的炫耀中也难得一见。

16. 弄乱头发

在大家聚集在一起时，弄乱头发是极为常见的，就像在父亲和儿子之间通常会看到的那样。在不那么激烈的情况下，或许进球得分相对不重要（比如落后的球队从 5∶1 追到 5∶2，但完全没有赢得比赛的希望时），弄乱头发的动作只是在进球球员走回去并经过其队友时所获得的祝贺。

17. 轻拍背部

轻拍背部是一种类似的低强度动作，可以被看作是唯一的炫耀形式，但它也可以用来作为集体拥抱的补充。通常也会加上拍头，这也是一个模拟父亲行动的做法。

18. 握手

即使在这纵情的时代里，维多利亚时代的礼貌性握手并没有被完全淹没，并且仍然会偶尔看到，凯旋球员回到自己的位置准备重新开始比赛的过程中，经过每个队友时都会握一下手。然而，今天最常见的用法是作为在比赛时下场的球员和他的替补球员之间的礼节。

简单的炫耀方式就是这么多了，但是最近那些更有预谋的表演呢？它们是如何开始的？这很难确定，但似乎它们是从美式橄榄球"借来"的。在那里，当一组球员庆祝达阵时，他们有时会聚在一起，执行一个短暂的、同步的非洲风格的舞蹈动作。当足球运动员看到这些动作时，其中一些人认为自己做这件事很有趣，并盘算着自己将如何执行。这种预先计划好的炫耀很受欢迎，并且很快就有许多变体出现。当进球不是至关重要的时候，这些有预谋的表演是最常见的。以 2∶0 领先的球队如果打进第三个球，就最有可能尝试这种方式。

这些有预谋的表演并不总是团体表演。有些球员发展出特殊的个人庆祝方式，成为他们的标志性行为或标签。这类有预谋的炫耀实在有太多方式，无法一一列出，我们在这里选择了其中的一些进行介绍：

1. 跪地滑行

进球球员冲向其欢呼的支持者，然后突然双膝下跪，在草地上滑行，双臂伸出。就好像他下跪表示对其俱乐部（或足球之神）的尊敬，同时用伸出的双臂表示要拥抱观众。这种庆祝形式起源于南斯拉夫。一个好笑的变体是，观众可以看到进球球员在结束滑行时，角旗在他的双腿之间，（好像是不小心地）创造像生殖器的炫耀。

2. 趴地滑行

进球球员用力向前俯冲到草地上，腹部贴着草地滑行，双臂和双腿伸出。这是有意讽刺假摔骗点球的行为，由德国球员尤尔根·克林斯曼发明。它被称为"做克林斯曼"。

3. 闭嘴手势

这个动作是进球球员竖起食指并压在嘴唇上，仿佛他在说："闭上你的嘴，这个球会让你保持安静。"虽然这起源于圣彼得堡，但其实是由足球教练何塞·穆里尼奥让这个动作火起来的,他在对手球迷旁边的边线上做这个动作,当时他们的队长刚刚在杯赛的决赛中踢进了令人尴尬的乌龙球。他被指责蓄意嘲笑对手球迷,并且一名裁判禁止他走到边线。

4. 恳求掌声

这是所有胜利炫耀中最没有吸引力的。进球球员用手势请求观众给予更响亮的掌声。这种行为显得不够谦虚,使这个人看起来有种蹩脚的傲慢,尽管如此,这种方式仍非常普遍。它有两种形式:第一种,球员转向观众,用一只手罩在耳朵旁边,仿佛在说:"我听不到你们的掌声,声音不够大。"第二种,他伸出双手,手掌向上,并且双手在空中继续反复向上挥动,好像在说:"再多一点,再多一点,请让你们的掌声再响一点。"只有当一个球员已经忍受观众长时间对其喝倒彩,然后进球得分时才真正有理由做这个动作。在这种情况下,他有一切报复的权利。

5. 得意的父亲

进球球员跑到球场的一侧,并模仿在怀里摇晃婴儿的动作。这个动作起源于巴西,庆祝的是该球员刚刚成为父亲。最初在罗马开始的另一种选择是进球球员吮吸自己的拇指,作为对其幼儿的颂歌。这两种动作已经传播到其他俱乐部,取得了不同程度的成功。即使我们知道球员的这些动作是献给他自己的孩子的,但这仍然会让他在硬朗的比赛中显得"柔软"。在极少数情况下,球员会将球放在他的球衣下,作为对他怀孕的妻子的敬意,这也会让他

显得有一点点傻。

6. 杂技

进球球员做出空翻、前滚翻、后翻或侧手翻。这已经成为尼日利亚球员的常规套路,如今在许多俱乐部中也可以看到。最引人注目的杂技例子发生在 2002 年世界杯决赛中,尼日利亚前锋在一个重要的进球后完成了连续六个完美的后空翻。有些球队教练已经禁止其球队成员进行任何类型的杂技动作,因为这有可能对有价值的球员造成重伤的风险。这种做法看起来可能过于谨慎,但有记录显示,一名印度足球运动员在一次重要的进球得分之后,因失败的空翻庆祝而造成脊髓损伤,最终不治身亡。

7. 击打心区

进球球员用右手击打胸部左侧,心脏上方的位置。这种手势有几种可能的解释。这可能意味着:我的心属于我的俱乐部,或者因为刚刚进球使我很激动,或者我的心脏正在兴奋地狂跳。

8. 亲吻标志物

进球球员亲吻他手指上的戒指,或者球衣上的俱乐部徽章。亲吻戒指是对球员的妻子致意,而亲吻徽章则是对其俱乐部致意。有时候,球员并不是真的亲吻球衣上的徽章,而是用拇指和食指捏着徽章,将其从身体上拉开,以强调这个进球是其俱乐部的荣耀,而不是他个人的荣誉。有时可以看见有文身的球员会亲吻其中一个文身,大概是为了纪念那些不可磨

3·部落英雄

△ 2014年在巴西举行的世界杯，德国对阵加纳的比赛中，德国的米洛斯拉夫·克洛泽做了一次后空翻，以庆祝其球队的第二粒进球。

灭的深藏于内心的人。

9. 脱衣服

有些进球球员在打进具有特殊意义的球时会感受到一种不可抗拒的冲动，想要撕下球衣并半裸着在场上跑来跑去，例如，当进球意味着晋级或赢得杯赛的决赛时。即使他们知道这可能会导致他们被黄牌警告，他们也会这样做。在这个庆祝活动的一个更有预谋的版本中，他们脱去足球衫后会看到里面有一件背心或T恤，上面写着一些信息。在一个因意大利球员而广受欢迎的滑稽版本中，重要的进球后还包括将球衣拉过头顶，并盲目地在球场上跑来跑去。

10. 跳舞

进球球员执行短暂的排练过的舞蹈动作，有时是自己一个人，有时是与周围聚集的队友一起。一位英国球员因为每次进球后表演夸张的机器人舞而出名。

以上是最近几年出现频率越来越高的十项有预谋的胜利炫耀。除

为什么是足球

了这些常见的例子外,还有个别极有创意的例子,有时候只会出现一次的离奇表现。例如,一名尼日利亚球员在进球后跑到角旗处,跪下且四肢着地,像小便的狗一样对着角旗跷起他的腿。

一些更古怪的庆祝活动受到了部落长老的惩罚。一名意大利球员因为向对手支持者做出法西斯敬礼动作而遭到罚款和停赛。一名英格兰球员因交叉手腕模仿戴手铐的手势而被罚款,他做这个手势是为了支持因危险驾驶致人身亡而被判入狱的前队友。2013年,一名希腊球员被罚款5万欧元,并在整个赛季被禁赛,因为他向人群做了一个纳粹敬礼的动作。同年,一名法国球员被罚款并被禁赛5场,据称当时他用一个"quenelle"动作来庆祝进球。这是一个反犹太人的手势,右臂和右手保持平直,明显地指向地面,同时左手抓住右肩。它是旧纳粹"希特勒"敬礼的反向形式,被现代法西斯分子用作隐秘的敬礼。

最声名狼藉而又最可笑的原创胜利炫耀是由英国球员罗比·福勒做出来的,当他进球后,他跑向白色边线,弯下身来,用鼻子用力吸了一下,仿佛吸食可卡因那样。他这样做是因为他被对手俱乐部的球迷诬告吸毒。尽管这是一个非常有创意的姿势,并且无可否认是好玩的,但却在毫无幽默感的部落长老中产生了最糟糕的效果,他被罚款6万英镑,并停赛4场。

所有这些就是足球部落胜利的炫耀。在更极端的形式下,它们经历了三个历史阶段。首先,只有拉丁球员在执行它们。其次,其他人开始学习它们,并愈加密集地使用它们。作为一种"新潮流",它们被过度使用,每次进球后都迎来更长时间的身体接触和手势炫耀。在经过这个时期之后,其使用密度略有下降,所以它们越来越多地被留给真正重要的进球。现在,它们在重要比赛中可以得到充分的展示,

› 2013 年英超联赛，在伦敦举行的西汉姆联队对阵西布罗姆维奇的比赛中，法国射手尼古拉斯·阿内尔卡庆祝第二个进球时做出了"quenelle"手势。因为这个手势被认为是一个反向的纳粹敬礼，并因此被认为是反犹太人的手势，阿内尔卡被罚款 8 万英镑，禁赛 5 场。他否认他的手势具有这种意义。

‹ 1999 年英超联赛，在利物浦的安菲尔德球场举行的利物浦对阵埃弗顿的比赛中，利物浦的罗比·福勒在白色的边线上模仿吸食可卡因，庆祝他的首个进球。虽然这是在足球场上有史以来最有创意的进球庆祝动作之一，但福勒被其俱乐部（利物浦）罚款 6 万英镑，英格兰足球总会对其罚款 3.2 万英镑，并因为他的行动而罚他停赛 4 场，但是他为自己辩解说，这是他对一些指责他吸毒的埃弗顿球迷的嘲讽性回应。

或者在常规交锋中以更低的密度出现。最后阶段是最真实的阶段，这些行动形成了对球员情绪的真实反映，而不是对新潮流的盲目跟风。在经历了这些初始阶段并克服了所有的攻击性和嘲讽性言论之后，胜利的炫耀现在显然是得以保留了。

英雄的失败

姿势和表情，沮丧和绝望

有三种时刻会让所有的部族英雄都感到恐惧：裁判员做出严厉判罚的时刻，如罚点球或罚下场；对手进球的时刻；以及终场哨声响起，标志着敌人胜利的那一刻，这是预计会失败或失败到来的时刻。这些都是受罚或输球的队伍感受到一大波情绪低落的场合。与胜利的球员一样，这种特殊的情绪也带有一系列特定的姿势和动作。

在许多方面，这些动作与快乐对手的动作是相反的，特别是在重要进球之后的几秒钟内。进球球员在快速移动，失败者则是静止的或缓慢移动的；进球球员跳起来，失败者则重重地坐下；进球球员很吵，脸上表情丰富，而失败者则沉默且面无表情。这种对比是惊人的，并且可预测度非常高。

与沮丧的姿势密切相关的是愤怒的姿势。当前锋差一点就打进一个重要的进球时，他感觉到这是一次微小的失利。尽管事实上这是一次"错失的成功"，与直接的失败不同，他以类似于沮丧和绝望的情绪做出反应。结果是他在痛苦时刻的表现与他在遭受被敌人征服的痛苦时所看到的表现类似。

以下是对最常见的失败反应的12个简要分类：

1. 表达愤怒

在裁判判罚点球或判定进球有效时，如果对其决定的有效性存在疑虑，失利的一方可能会冒着风险愤怒地质疑。他们的脸上充满愤慨、怒火或沮丧，他们去和裁判对质并争辩自己的论点。这一切都无济于事，只有一个可能的例外，裁判本人不能改变主意，只是因为他的决

> 2014年7月13日，在巴西里约热内卢马拉卡纳体育场举行的2014年世界杯决赛，德国在加时赛后以1：0战胜阿根廷，阿根廷前锋塞尔吉奥·阿奎罗在输球后的反应。

定必须坚定不移，但如果能说服他去咨询他的其中一个助手，就仍然有一线希望。如果助手发现了越位或裁判没有看到的其他侵犯行为，那么他就还有一点点可能会纠正并且实际上推翻自己的决定。因此，表达愤怒并不完全是浪费时间。但必须保持某种程度的克制，否则裁判也会很生气，并对抗议球员出示黄牌。

一旦明确裁判不为所动的态度，表达愤怒就迅速瓦解成不信任的姿势和疯狂的暗示。愤怒让位于夸张的耸肩、夸大的紧握双手，以及许多的摇头和敲击太阳穴，表明不快乐的球员相信神明已经抛弃了他们，或者这个世界已经发疯了。

2. 沮丧的脸

射手若是被迫看着自己的妙射被守门员奇迹般救出，或者几乎进球却只能干着急地看着球掠过门框外面，他就会摆出特殊的挫败姿势。他伸出双臂或握紧拳头，头向后仰，仿佛在向天空呼唤。他的脸扭曲着，发出无声的呐喊，嘴巴张大，闭着眼睛，向观众表示他自己的失望和他们的失望一样大。

3. 盖住额头

沮丧的前锋仍然仰头向天，然后可能在其表达中添加另一个元素——两个手掌盖在自己的前额上。这是心烦意乱的球员所使用的几种常见的手对头的动作之一，并且具有双重功能。它既是"隔离"又是自我安慰。双手的位置挡住了这名前锋的视线，使他看不见眼前的恐怖情景。这种类型的隔离广泛应用于许多形式的不愉快遭遇，并有助于减少视觉输入，使当时的情况稍微容易承受一点。自我安慰的元素来自双手与头部的接触。这是一种自动接触，是普遍接受的手段，当一个人感到需要使其安心的拥抱，却没有人可以立即拥抱他时就会用到。

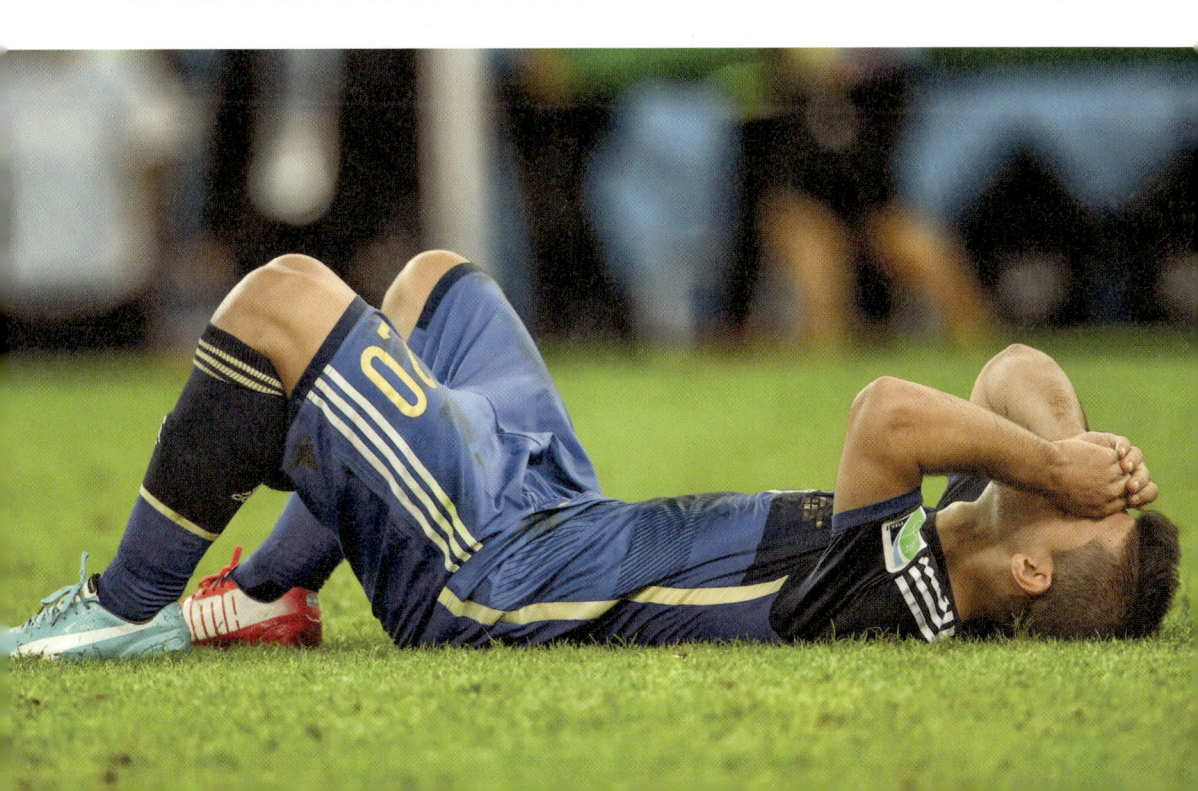

4. 扣紧头发

这与盖住额头类似，但没有隔离的元素。双手伸向头的后部，紧压着头发，同时眼睛继续研究前方的场景。同样，这是一种自我安慰式接触。

5. 扣紧颈部

另一个变体，双手的手掌放在颈部两侧。它给执行者一种假象：有其他人冲上来以一种安慰的方式拥抱他。

6. 夹紧头部

这是一种"马眼罩姿势"，其中前臂几乎包住脸部，以隔离灾难现场，而双手则紧紧地扣在脑后。它使得球员看起来像一匹戴着大号眼罩的马。

7. 盖住脸

这是隔离和自我安慰的终极版本。球员站着，两个手掌紧紧贴在脸上，手指向上。它不仅关闭视觉输入，提供安慰性的自动接触，还覆盖住所有的面部表情。

8. 低头

简单地低下头，眼睛看着下方，这是伴随着失败的身体总体萎靡不振的一部分。当胜利的队伍高昂着头欢蹦乱跳时，被击败的球员展现出相反的姿势。这个低头的动作使他们看起来更矮小，如果被问及当时的感受，他们在语言上也会表达出同样的情绪。

9. 双手叉腰

双手叉腰是失败时最常见的姿势之一，本质上是一种反社会的姿态。双手放在髋部上，肘部向外侧突出，像有尖头的障碍物，阻挡任何可能靠得太近的人。实际上，肘部在说"走开"。当进球得分球员相互拥抱时，输球者使用双手叉腰来作为一种"反拥抱"，再次传递出与其成功的对手相反的身体信号。一旦这个特定的行动被确定为失败的姿势，就会发现它可以被观察到的次数是惊人的。它是非常普遍和无意识的动作，几乎每个进球都会让被击败的一方突然出现许多的双手叉腰，球队中至少有一半人用这种特殊的姿势站着，而对手的狂野庆祝活动则会自行消失。

10. 身体瘫倒

在对方获得最终的胜利后，失败方的能量立即消散，许多人会瘫倒在草地上。他们留在那里一会儿，颓然地坐着、蹲着，或趴着，然后闷闷不乐地把自己拖起来离开。然而，这种极端的反应形式只发生在一场极其重要的比赛（晋级或降级的比赛，或者是高级别的决赛）结束时，此时球员已拼尽全力，经过特别紧张的过程之后，他们绝对已筋疲力尽。在这样的场合中，压力往往非常大，以至于即使是胜方有时也会发现自己无法像往常一样快乐地跳跃。他们也可能会以与败方几乎相同的姿势短暂地瘫倒在草地上，但通常两者在身体语言方面存在轻微的差异。瘫倒的胜方往往更会让人想起祷告和感恩的态度，而不是完全崩溃。

> 下一页：2010年，一名情绪低落的英格兰球迷站在曼彻斯特球迷看台上，此刻，巨大的屏幕上显示着德国以4:1击败英国。

11. 勇敢的面孔

在如杯赛的决赛这样的比赛中，被击败球队的成员一般会走过他们的球迷，感谢球迷的支持，其中就可以看到许多矛盾的身体信号。球员们试图用勇敢的面孔对待失败，试图在心理上将其转化为接近胜利的样子。当他们走过去时，他们举起手臂表示勇敢的致敬，或不顾一切地竖起大拇指，但这些行动与他们眼中的极度失望和强装出来的微笑中的脆弱相互矛盾。

12. 哭泣的脸

极度失望的终极表现是公开地哭泣。虽然这可能会在球员到达甬道和更衣室等不受公众打扰的地方之前爆发，但更常见的情况是避开观众的注视，因为它被认为是没有男子气概的。尽管如此，令人惊讶的是，当一场伟大的胜利从他们手中被夺走时，部落英雄往往会哭泣。这并非反映出软弱，而仅仅反映出他们面对最伟大的交锋时难以置信的紧张程度。

史蒂夫·海格威描述了利物浦在杯赛中输球后他的感受："当然，我们上台领取失败者的奖牌，我们试图为利物浦球迷展现出勇气。但是……回到更衣室，我哽咽难言，因为我是失败者之一。我流下了眼泪，泪如雨下，但我用毛巾盖住了头和脸，这样就没有人会看到。后来，我发现我不是唯一一个哭泣的人。"这是无法再控制哭泣的典型画面；相比之下，贝利描述了一个更为不寻常的公开事件："我们在塞内加尔的达喀尔比赛……在那个特殊的日子里，我表现特别出色……前十分钟里，我两次骗过守门员，使他离开自己的位置，我带球绕过他，将球打入网中。在第二次进球后，我突然看到他向裁判伸出手，我看到他在哭，好像他的心脏会破裂一样……然后，守门员萎靡不振地从球场里走出来，仍然无法控制哭泣，必须先找到替补球员才可以让球赛继续。"在他多年的职业生涯中，贝利肯定有许多次让守门员想要哭泣的冲动，但这也许是他或者其他前锋能如此引人注目地取得成功的唯一机会。

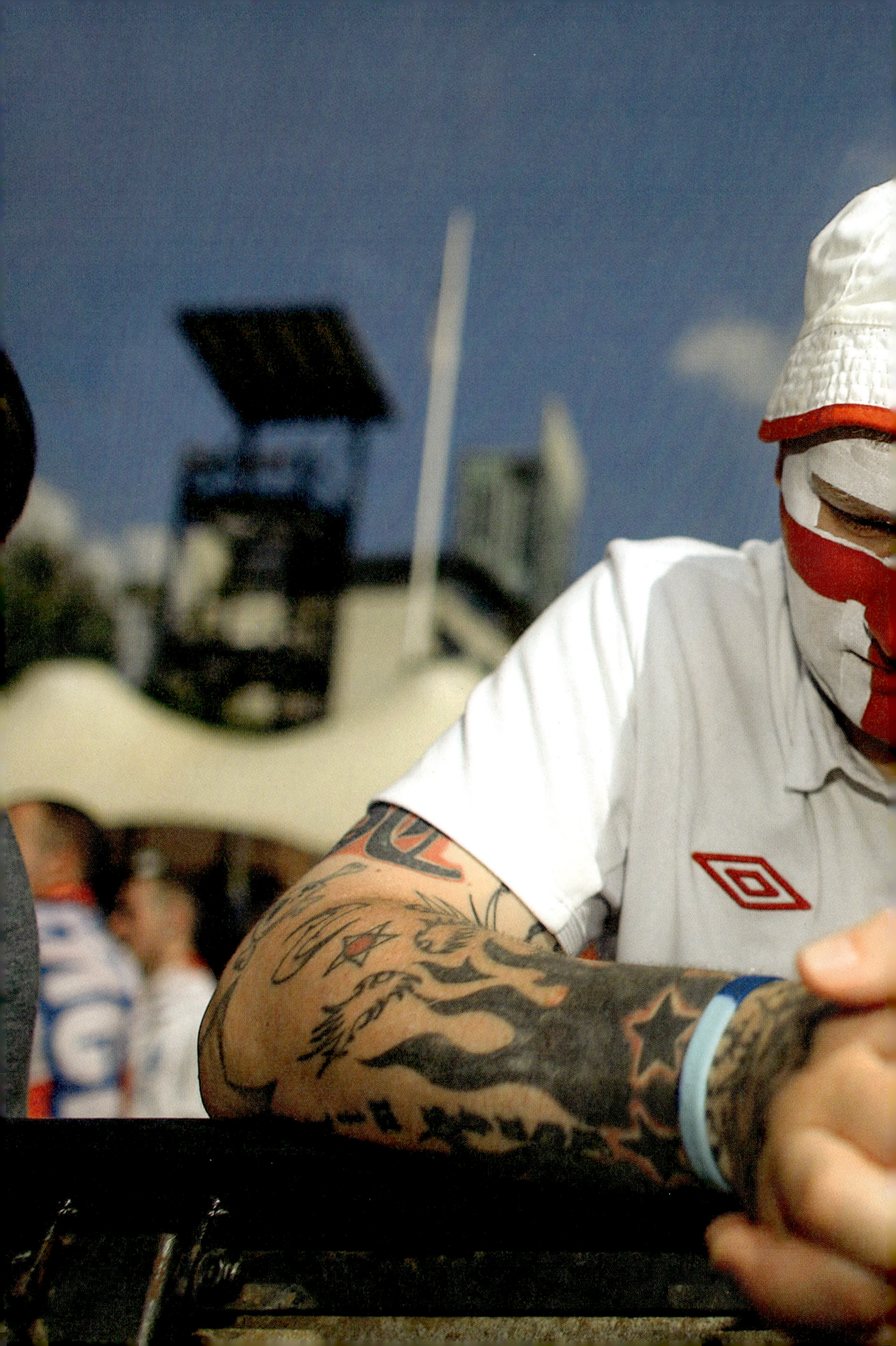

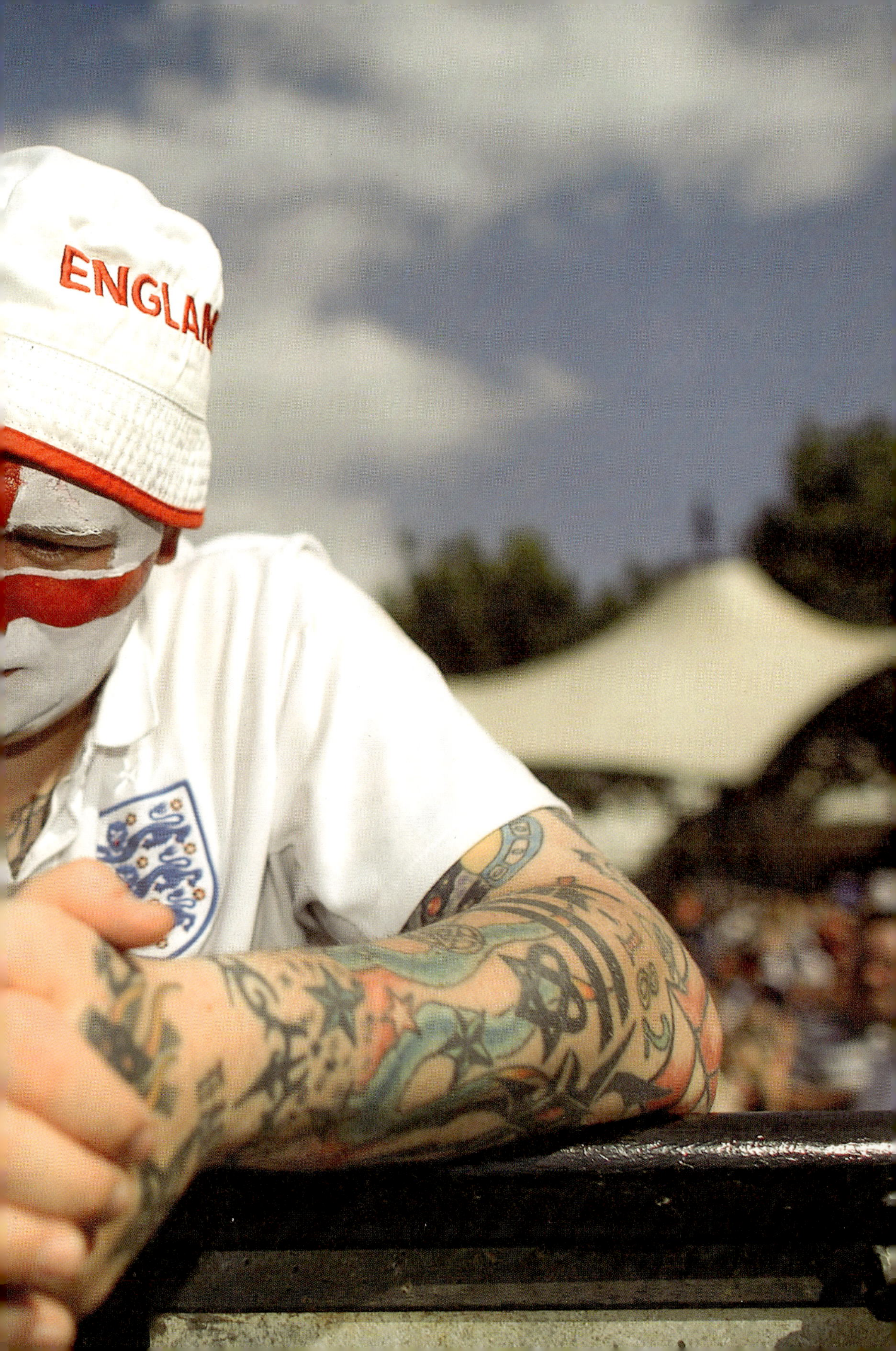
ENGLA

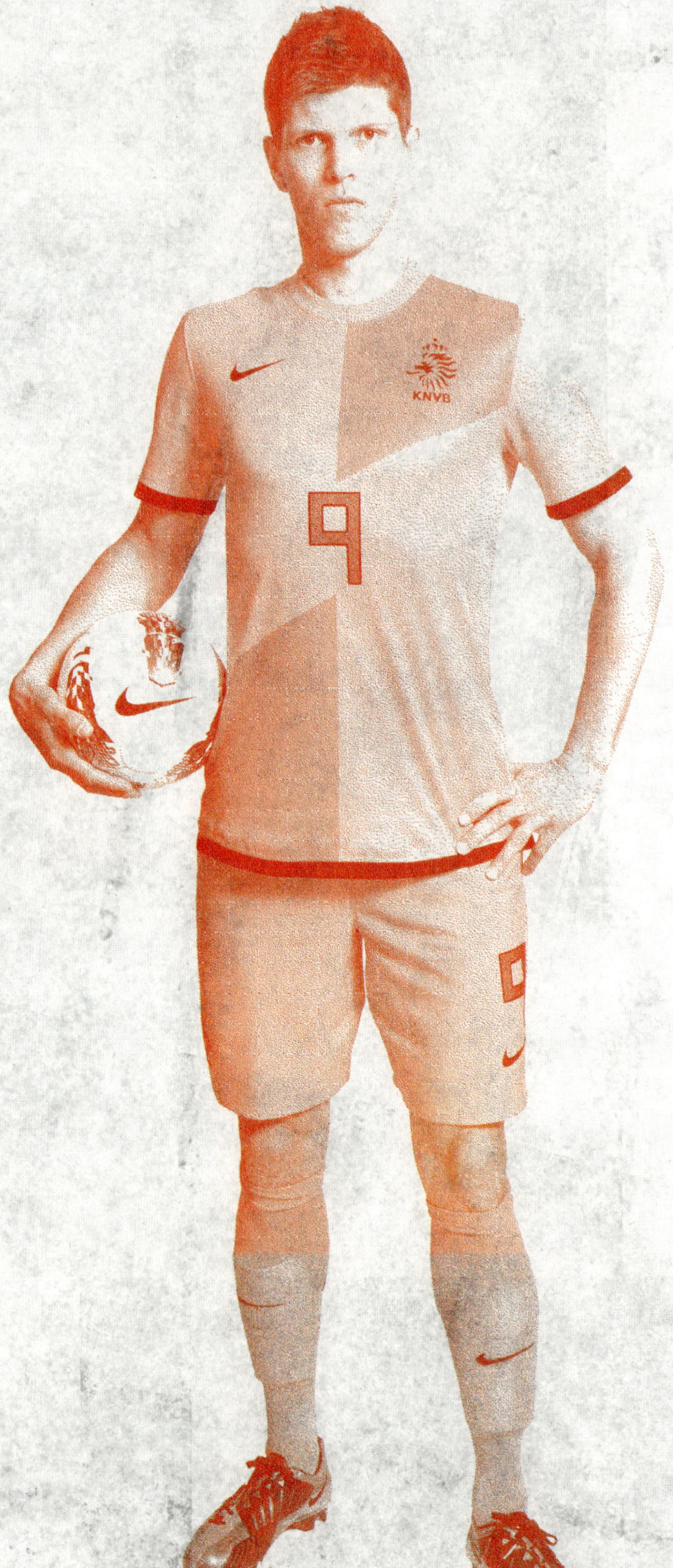
KNVB
9

部落标志物

4

足球

从棕色膀胱到棕色皮革，再到多色足球

　　球是足球部落所有活动的焦点。作为一个物理意义上的物体，它的主要特性是不偏不倚的移动能力。无论外力来自哪个方向，充气足球总能做出同样的响应，外力是影响球速和足球飞行路径的唯一因素。这么显而易见的道理似乎根本用不着说，但它正是足球游戏的精髓所在。比如说，英式橄榄球和美式橄榄球使用的卵形球及扁平的冰球就缺乏这样的特性。这些球不是圆的，所以受力的位置会影响它们的运动方式。在橄榄球运动中，快速踢球会让球的方向变得无法预测；而扁平的冰球基本只能在一个平面上运动——也就是冰面上。从另一个方面来说，正因为足球是圆的，我们才能在赛场上看到那么多出神入化的"踢球技巧"。足球不偏不倚的特性让球员得以精益求精地磨炼自己的"脚下功夫"，他们能够非常准确地控制球的飞行轨迹和方向，就像出色的杂耍艺人或杂技演员一样。极高的可控性和敏感度让现代足球从野蛮游戏的泥泞中崛起，发展成为一种几近艺术的运动形式。

　　当然，现代足球的精准度应该归功于全世界标准化的高质量足球生产工艺。辛苦练习多年的球员必须保证万里之外陌生球场上的比赛用球和自己训练用的球一模一样，无论是尺寸、重量、质地、硬度还是弹性。但曾经有一段时间，情况并非如此。国际足球运动发展早期，各国都有自己偏爱的足球制式，由此引发了很多争执，有时候甚至会造成相当戏剧化的结果。比如说，20世纪20年代，一支欧洲球队前往南美洲比赛时就曾提出抗议，说主办方提供的球太小太重。他们坚持要用自己习惯的更大、更轻的足球，为了维持日常训练，他们正好带了两个这样的球。双方爆发了激烈的争执，比赛不得不推迟了半个

∧ 给老式的棕色足球充气，1923年。

多小时。最后，南美东道主做出了让步，同意使用欧洲制式的足球，但这却激怒了当地的观众。一位目击者称："比赛开始后没过多久，球就被踢到了观众席上，场边的观众立即掏出刀子恶狠狠地在球上戳了几下，就像跟那个无辜的英式足球有什么深仇大恨似的。场内换上了另一个球，但第二个球刚飞出界，一位观众立即就抱着它离开了赛场。最后，客队实在没有办法，只好同意使用主队制式的小球。"

哪怕在欧洲内部，直到20世纪40年代，这样的争执仍时有发生。在一次国际性的比赛中，又出现了客队坚持使用大球的情况，不过，就在他们进了一个球以后，根据一位记者的报道，主队守门员"以魔术师般的手法换掉了场上的球，因为片刻之后，客队球员就发现他们踢的还是小球"。

让人高兴的是，这样的情况已经不复存在，因为 FIFA 创立的国际足球联合会理事会针对比赛方方面面的问题做出了严格的规定。现在，全世界采用的都是符合官方足球规则的标准制式足球。规则第二条原文如下："比赛用球应为圆形；它的外壳应用皮革或其他经过许可的材料制成。比赛用球的结构中不得使用可能伤害运动员的材料。比赛开始时,圆周不长于70厘米(28英寸)、不短于68厘米(27英寸);重量不多于450克(16盎司)、不少于410克(14盎司);压力等于0.6~1.1个标准大气压(600~1100克/平方厘米、8.5~15.6磅/平方英寸)。比赛进行过程中,未经主裁判员许可,不得更换比赛用球。"

有了现代的生产工艺,专业比赛用球才能达到这么高的精度,但情况并非一直如此。现代足球的起源和发展是个相当有趣的故事。

史前人类肯定知道,圆球更容易滚动,因为自然界中有很多圆形的水果和坚果,还有光滑的鹅卵石。很难想象史前时代的孩子竟然没有想到这样的圆球很适合拿来抛接玩耍,不过在早期的岩刻和岩画作品中,我们确实没有发现成年人认真玩球的证据。有一点倒是可以确认,早在石器时代,人类就开始磨制形状相当漂亮的石球了,我们在马耳他的一座古庙中就发现了几个石球,有人提出,这可能是古人的"保龄球",但这个说法可信度不高。这些石球更可能是某种机械性的用具,比如说原始的滚珠轴承。古人也会把石球当成武器或工具来使用,毫无疑问,在我们的先祖眼中,这是球最主要的功能。

目前我们发现的世界上最古老的玩耍用球来自古希腊,其中三个球存放在大英博物馆。这几个球呈红色、绿色和黄色,亚麻布的外壳里填充着切碎的芦苇和稻草,这样的球太过精巧,不适合剧烈运动,应该只能简单地滚动或抛接。当时人们用它来玩的很可能是一种室内的消遣游戏,而不是有组织的竞争性比赛。

其他文明也发明了类似的游戏用球,有些球的外壳是亚麻布的,有的用弯曲的皮革缝制而成,里面的填充材料也是五花八门,包括泥土、谷子、植物纤维、玉米苞叶、毛发和羽毛。这样的球很适合抛接玩耍,却不能胜任更暴力的跑踢运动。充气的动物膀胱可以制成移动性更好、弹性更强的球,但从技术上来说,这样的球也不适合拿来踢,因为它一旦受力过大就很容易爆掉。出于这个原因,竞争性的踢球游戏并不流行,无论是在古代的希腊、罗马还是欧洲。虽然后来人们用皮革缝制出了更坚韧的球壳,但为了保持弹性,球的内层材料仍是脆弱的充气膀胱,这样的球依然无法承受太大的力。因此,中世纪的球类游戏用的都是实心球,人们在皮革的球壳里填上软木屑,或者其他轻质材料。这样的球适合以抛接奔跑为主的游戏，例如传统的忏悔节足球（Shrovetide Football），现代的英式橄榄球及类似运动正是由此发展而来的，与古老的球类游戏相比，现在这些运动只不过是对准确度的要求提高了一点。

直到橡胶传入欧洲，人们才解决了这个难题。哥伦布第二次远航美洲时，欧洲人第一次发现了橡胶的特性，当时他们看到美洲土著在玩一种"用树胶做的"球。欧洲人惊奇地发现，这种球比欧洲的球更轻，弹性也更好。

美洲土著的球类游戏并不是一时的风潮或孩子的消遣，它在美洲古文明社会生活中的重要性不亚于今天的足球之于我们。橡胶的存在让美洲人制造出了坚固、高弹性的球，所以早在公元前500年，中美洲地区就出现了一种严肃的竞技性运动，当地人称之为"蹴球"（Tlachtli），或者"Pok-a-tok"。欧洲探险家看到的游戏背后有着2000年的悠久历史，而且对抗性极强。阿兹特克和玛雅文明的每座城市几乎都有一个神圣的球场，分别由七个男人组成的两支队伍在场上展开激烈的角逐，他们用的实心橡胶球大小和现代的保龄球差不多。球场上设有专门的看台，人们押上巨额赌资来竞猜比赛结果。早在那时候，球场上就经常出现骚乱和冲突，阿兹特克的末代皇帝蒙特祖玛甚至曾经亲自参赛，以此来解决一场激烈的争执。为了解决争端，蒙特祖玛以球员的身份下场与特斯科科的首领一决高下（如果你对数字感兴趣的话，这场比赛的结果是蒙特祖玛2∶3负于特斯科科）。传说输了球的队员会被杀掉，这是古代美洲人"激励球员"

的方式，但这种说法多有夸张。传闻的来源是古人留下的一组浮雕，两支七人球队的比赛结束后，获胜方队长手中拎着输家队长被砍下的头颅。但毫无疑问，这些画面表现的是一场具有特殊宗教意义的重要赛事，而不是普通的日常比赛。

古代美洲之所以会出现这样一种社会性的重要运动项目，显然是因为当地居民发现了橡胶树弹性十足的奇妙汁液。巨大的赛场，挤满热情观众的看台，精心组织的赛事，暴乱与赌博，以及强烈的仪式意义，这一切都因橡胶而生。这种物质和由此诞生的好用的球促进了美洲蹴球运动的发展，创造出了影响力足以比肩现代足球的现象。你可能会觉得，欧洲探险家发现橡胶以后，弹力球立即就会迅速普及，引爆全世界球类运动的发展浪潮。但历史并非如此。直到几百年后，欧洲人才开始大规模生产橡胶产品，橡胶这才成为一种重要的商品。转机发生在19世纪，一位名叫麦金托什的先生发现了一种优秀的生橡胶溶剂，于是他造出了著名的"麦金托什橡胶防水布"和其他以薄橡胶板为原料的产品。高强度橡胶气囊应运而生，这种气囊能承受高压，所以它成为皮质足球理想的内层材料，有史以来第一次，人类制造出了既能承受暴力踢打又能维持十足弹性的球。所以，要是没有橡胶技术的发展，现代国际足球运动肯定不会是如今的模样。橡胶技术和足球运动在19世纪同时强势崛起，这绝非出于意外。

早期足球运动使用的球外层是棕色皮革，内层衬以橡胶，整个球相当沉重，在最初的几十年里，它的样子基本没有什么变化。球的外壳通常由18块鞣制过的皮革制成，表面分成六个大块，每块各有三条皮革。工匠用五股的麻线从背面将皮革缝在一起，只在侧面留出一条很小的系带缝。接下来，他们把球内外翻转过来，再把放了气的橡胶囊从系带缝里塞进去。充气完毕后，拉紧系带，就算大功告成。采用这种方法，一位工匠一周大约能做40个球。这种新球坚固耐用，能承受赛场上的大力踢打，所以它很快成了风行世界的标准用球。

这种足球的主要缺陷在于，球员用头去顶球的时候，要是不幸撞到了球上的系带，而且球速又很快的话，那他可能疼得要命。还有一点，下雨的时候，皮革会吸水，球上也会裹一层泥巴，所以皮球会变得越来越沉。随着时间的流逝，研究人员为这两个问题找到了答案。他们发明了一种新的充气阀门，取代了原来的系带；皮革的表面也涂了一层防水材料，这样球在雨天就不会吸水了。

1951年，白色的足球首次获准进入赛场，此前所有足球都是传统的深棕色皮革。人们觉得白色的球更容易被观众看见，从那以后，白色就成了最主流的足球颜色，不过在下雪的时候，人们会改用红色或橙色的球。

近年来，足球的外表又出现了一些时尚的新花样，不过大部分花样都没有流行起来。传统主义者更喜欢简单朴实的足球，因为赛场上的球常常处于高速运动的状态，任何标新立异的图案都可能扰乱观众的视线，让你找不到球在哪儿。他们说，如果一定要在球上印点儿图案，那至少得是对称的，事实上，最受欢迎的新式足球的确都是这样。

无论印着什么样的图案，所有现代足球都采用了新的格子样式。传统的18个格子被32个更小的格子取代，五角格和六角格交替出现，其中五角格比六角格略小一点。

有些新式足球的格子不是对称排列的，部分球员对此不太买账。32格的大框架依然保留了下来，但格子上叠加了一些不规则的黑色条带。这种球被踢到空中的时候，快速旋转的黑色条带可能让人看得头晕目眩，所以一些球员非常反对这样的设计。

但是，谁也不会抱怨新式足球的工艺和材料。这些球的制造标准很高，表面覆盖着特制的聚氨酯材料，防水性能极佳，哪怕在倾盆大雨中也能保持完美的球重。现在，有的足球完全由合成聚氨酯材料制成，防刮划性能极强。阿兹特克人一定会骄傲地认为，现代足球是他们制造的原始橡胶球最完美的后代。

我们暂且放下足球的技术细节，转而审视它的象征意义，对于这一点，不同的人会有不同的看法。显而易见，在阿兹特克人眼中，球是太阳的象征，所以在漫长而激烈的蹴球比赛中，运动员不能用手触碰球。蹴球比赛的目标是设法让球穿过球场侧壁高处的石环，据说球的飞行轨迹代表着太阳在天空中周而复始地运行，而石环则象征着日出和日落。比赛结束后，人们会举行仪式，把球烧掉。这个说法听起来相当迷人，不过我们必须承认，古代美洲人修建的球场的确总是顺着太阳在空中的运行方向——从东到西。

在世界的其他角落，另一种关于足球起源的富有想象力的解释是这样的：球代表着被砍下的祭品头颅。激烈对抗的双方争球是为了把它夺回来埋在自己的土地上，传说这样的魔法会让庄稼长得更加茁壮。不过，根据另一个版本的故事，足球象征的是敌人被砍下的头颅，野蛮的古人通过这种方式最后一次侮辱敌人。这个传说来自英国的泰晤士河畔金斯顿，这座城市每年都会举行忏悔节足球赛来纪念古代的一场胜利。1790年的一份记录这样写道："丹麦军队的首领被杀掉以后，他的头被人们嘲弄地踢来踢去；从那以后，当地就形成了在那一天举行足球赛的传统。"

德比郡的阿什伯恩每年仍在举行忏悔节足球赛，这个游戏的目标是把球送到某个队自己的球门（一座古老的水车轮）处，让它接触球门三次。一旦有人完成这一壮举，比赛就宣告结束，本年度特制的比赛用球也将成为进球者的战利品。显然，在这种古老的游戏中，足球的象征意义和现代足球完全不同。在中世纪的游戏里，球是人们竞相争抢的战利品；而在现代足球运动中，它是一枚瞄准敌方球门的导弹。前者把球视为"猎人"带回家的战利品，后者则把球当作杀戮的武器。

这样的变化让现代足球成为一种以攻击为核心的游戏，我方的球门会不断遭到敌人的袭击；而在早期的游戏中，球是被保护的对象，我们得设法守住它，敌人则千方百计想把它抢走。

对某些人来说，这些象征意义完全无足轻重，在他们眼中，现代足球是人类身体技巧的抽象竞赛，类似一种规模更大的棋类游戏，而关于球的部分不过是多余的"野蛮"元素。法国作家让·季洛杜曾总结过这样的观点："足球是游戏之王……人类所有的伟大游戏都与球有关……在我们的生活中，球是逃离规则的最便捷的途径，这就是它最有用的特性。在这个世界上，球拥有一种尚未被完全驯服的天外之力。动物性的存在是内敛的，而球与这种特性全然无关……足球之所以风行全球，是因为它最大程度地发挥了球的效果……除了球本身的特性，即弹性与独立性以外，球队里11个精明的头脑和11个人的想象力还赋予了它额外的动力。我们之所以禁止运动员在足球比赛中用手碰球，是因为手的入侵会使球不复成为球，球员也不再是球员。手是作弊者……球不允许任何作弊，这让它更显崇高。"

球服和装备

球衣、球裤、球鞋、鞋钉和护胫

自足球运动诞生以来,球员身披的战袍和装备几经变革。球服和装备的发展历程可以说是保护性与自由度之间的对决,它们需要保护球员免遭恶劣天气的侵扰、预防球员受伤,与此同时,它又不能妨碍肢体的运动。这是一场一边倒的战斗,在这个过程中,对肢体自由度的追求逐渐获得了压倒性的优势。

翻开19世纪球员的老照片,你会发现球服"覆盖身体"的程度高得令人惊讶。1872年,参加有史以来第一届杯赛决赛的球员穿着沉重的球鞋和厚厚的羊毛长袜,七分裤盖住了球袜上缘,或者干脆塞在袜子里面;他们上身穿着厚厚的羊毛长袖运动衫,头戴紧贴头皮的渔夫式帽子,有的帽子还有短短的尖顶。穿成这样,球员的双腿完全被遮了起来,这大大降低了擦伤或划伤的概率。

早期比赛中,很多球员还会佩戴类似板球护具的护胫,坚硬的板子完全遮住了他们的小腿正面。显然,佩戴这种护具会拖慢球员的速度,但19世纪的球赛节奏比现在慢得多,场面也沉闷得多。随着比赛节奏逐渐加快,为了顺应身体的需求,球服开始朝轻量化的方向发展。除了守门员以外,其他球员都摘下了帽子。时至今日,球帽只会出现在两个场合——守门员有时候会戴帽子来遮挡刺眼的阳光,入选国家队的球员也会得到一顶帽子作为奖励,这是传统留下的遗迹。你需要"披挂出征",为国家而战,所以你会得到一顶尖顶帽作为纪念品——谁也不会戴它,但这顶帽子会被小心地收藏起来,成为明星球员的宝藏之一。这件奖品就是最古老的球服留下的历史遗迹。

随着球赛变得越来越激烈,球服也开始变轻变短。运动衫的袖子

› 2014年FIFA世界杯期间,巴西阿雷格里港,法国队与洪都拉斯队的比赛即将开始,法国队的球衣整整齐齐地挂在更衣室里。

˅ 下一页:训练课开始前,利物浦队鲜艳的战靴。2014年,新泽西州,普林斯顿大学。

越来越短，球裤的裤脚从小腿上升到了膝盖上方。现在，球员的膝盖暴露在寒冷的空气中，而且很容易受伤，但只有这样的短裤才能保证球员跟得上比赛的节奏。笨重的护胫原本绑在球袜外面，现在人们缩减了它的尺寸，把它藏到了袜子里面。但球鞋却和其他配件背道而驰，它变得更结实、更沉重。

虽然球裤变短了，但它仍紧贴着球员的双腿，这是下一个即将被打破的传统。新的球裤变得更加宽松，球员的大腿肌肉无疑更容易受寒，但现在，他们的大腿和膝盖一样变得灵活多了。不过以现代的标准来看，当时的短裤还是有点长，差不多垂到了膝盖下面。整个20世纪上半叶，球服的样式大体如此。随着时间的流逝，短裤的裤脚可能往上提了一两英寸，不过总的来说，"宽松阔腿短裤加沉重球鞋"的风格仍是赛场上的主流，直到第二次世界大战爆发。

"二战"结束后，球服再次经历了重大的变革，这主要是因为航空业的爆炸性发展催生了越来越多的国际性比赛。来自足球故乡——北欧寒冷国家——的球员飞往温暖的地中海和南美洲，遇上了另一支足球血脉，他们截然不同的风格令人热血沸腾。这些地区的球员面临的气候问题和北欧人恰好相反。在快节奏的比赛中，他们最大的困扰是炎热，而不是浸骨的寒冷——正是这种寒冷迫使早期的北方球员穿得那么严实。为了解决过热的问题，球服变得

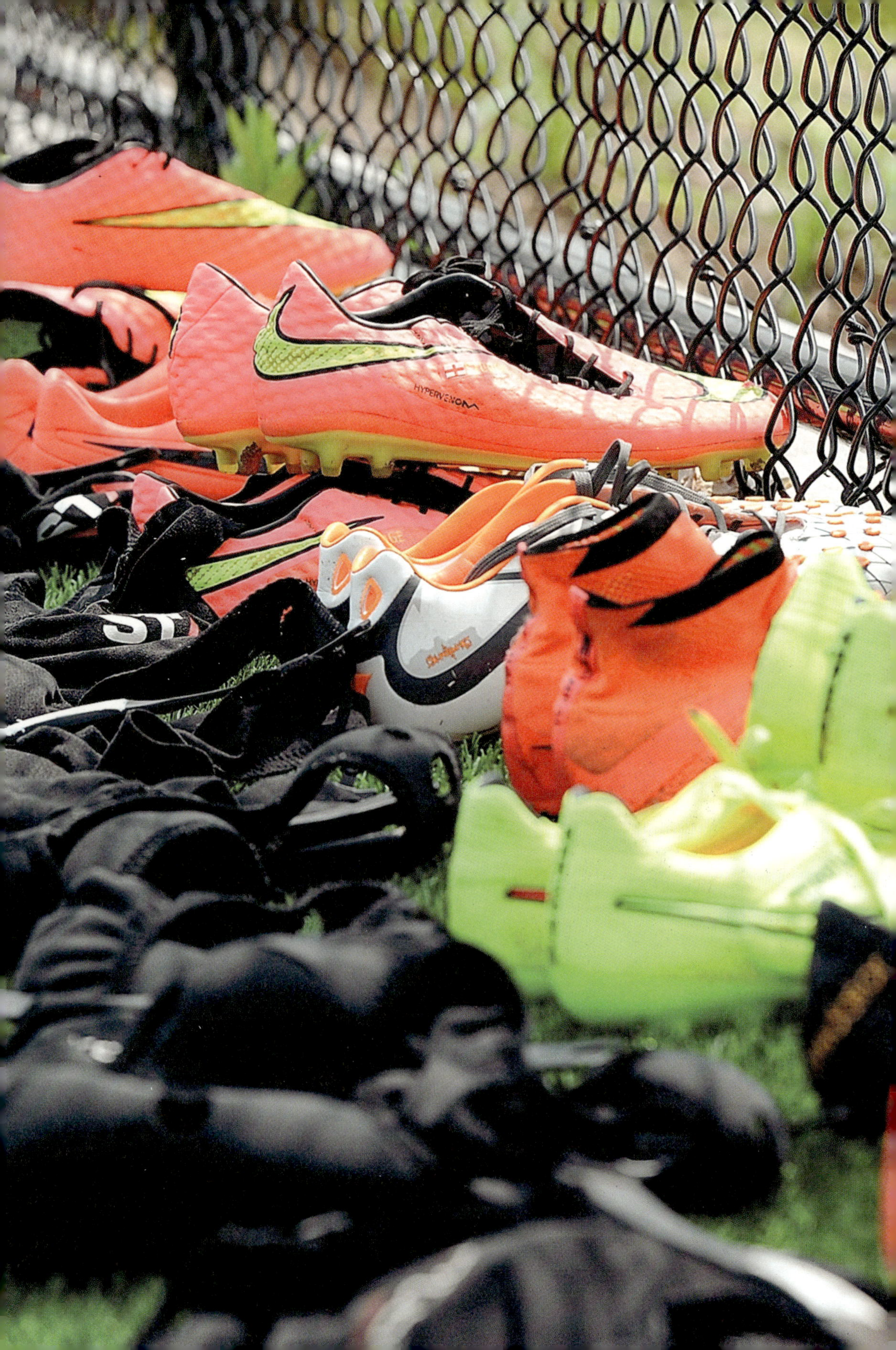
HYPERVENOM

更短了。炎热地区的球员偏爱短得夸张的球裤、轻质的衣料和短袖球衣，他们的球鞋轻而柔软，简直就像是加了钉子的田径鞋。换句话说，他们的穿着和其他项目的运动员差不多。这些衣着轻便的球员在北方赛场上的首次亮相可以说是震惊全场。北方的糙汉子觉得这种飘飘荡荡的球服根本遮不住身体，看起来十分软弱，甚至有些"娘娘腔"。但南美球员在场上的表现很快改变了北方人的态度。他们的技术和速度都无可挑剔，言论的风向很快就发生了逆转。现在反倒是北方的球服看起来傻乎乎的，宽松的短裤突然显得笨拙而过时。几乎在一夜之间，球裤就变得越来越短，最后，迷你球裤反倒成了整个足球世界公认的标准样式。沉重的老式球鞋也消失了，博物馆的玻璃柜是它们最后的归宿。

护胫也变得更小，不少球员甚至彻底抛弃了这种护具，比赛进行到下半场，他们更喜欢把袜子卷下去，冒着小腿受伤的风险来获得更高的自由度。

在北欧冬天最冷的几个月里，这种新式的球服的确会带来一些老式球服极力想要避免的问题。赛况没那么激烈的时候，球员的腿冷得厉害，所以有的人默默——几乎是悄悄地——换上了老式的长裤长袜。他们穿的肉色紧身裤类似芭蕾舞者的服饰，外人几乎看不出来。不过这样穿的球员还是很少，因为大部分人害怕遭到观众和其他球员的嘲笑，但对于前锋来说，厚实的长裤很有必要，因为在争抢集中于本方球门前的时候，他们常常需要孤独地在前场站上好一会儿。

对守门员来说，寒冷的问题更加严峻。如果己方球队恰好占据了上风，那守门员就得长时间无所事事地站在两根门柱之间，冷得要死。要是在这时候，敌方队伍突然获得了控球权，撕破己方后卫线直奔球门，那么瑟瑟发抖的守门员就必须设法动员自己僵硬的肢体，做出准确的扑救。隆冬时节，很多守门员放弃挣扎，换回了原来的长袜、厚运动衫和长裤。有人还戴上了厚厚的手套，除了提高抓握力，手套还能帮助他们改善手指的血液循环。

轻薄的球服从20世纪50年代起风行全球，到了60年代末，短裤也更加普及了，接下来的几十年里，球裤变得越来越短，这一趋势在20世纪七八十年代达到了巅峰。与此同时，人们开始采用颜色更鲜艳的新织物材料来制作球衣，在忠诚的支持者眼里，球队的标志色变得更加醒目。球衣的领口也变得五花八门，有圆形的，也有V形的，有的球衣有领子，有的没有。每支球队各有自己偏爱的球衣样式，在越来越激烈的比赛中，什么款式的球服最高效？这个问题似乎没有定论。同样悬而未决的还有短袖和长袖之争，有时候一支球队会同时提供这两种球衣。

到了20世纪末，球裤越来越短的势头走向了终结。1991年，宽松的长短裤卷土重来——自20世纪50年代以来，这还是头一回。20世纪90年代，迷你短裤突然变成了让人难为情的过时装束。很快全世界的球员重新用及膝的短裤遮住了肌肉发达的大腿。这种样式一直延续到了今天。也许我们终于找到了最完美的球服款式，但浮躁的时尚或许正酝酿着下一轮的变革——而预测变革从来就是个不可能的任务。

颜色

部落颜色的分布

乍看之下，你或许觉得部落英雄身披的鲜艳颜色不过是一种装饰，但事实并非如此。鲜艳的颜色在绿茵场上绘出了一幅幅流动的美丽图景，但视觉效果并不是它的主要功能。

事实上，颜色是重要的部落信号。就像很多动物和花朵的颜色一样，球队的颜色也承载着"主人"想要传达的重要信息。功能方面的要求限制了颜色的多样性。比如说，没有哪支球队会穿紫色旋涡打底的粉红波点球服，也不会有哪个俱乐部让他们的英雄穿着灰棕色条纹球服出征。有的颜色和图案一看就很刺眼，更经不起仔细的审视，所以根本不可能出现在球服上。

针对英格兰、苏格兰、法国和意大利顶级球队的一项调查显示，在这四个地区的联赛中，最流行的球衣图案都是纯色的（球裤和球袜的颜色通常与球衣有所呼应，或者干脆选用黑色或白色，形成鲜明对比）。英格兰和苏格兰最流行的颜色是蓝色，而法国人和意大利人最喜欢红色。红色在英格兰位居第二，意大利第二流行的是蓝色，苏格兰和法国则是白色。

除了红色、蓝色和白色以外，黄色和橙色组成了第二梯队，不过这两种颜色相对不那么常见。较少出现的颜色包括绿色、紫红色、灰蓝色、栗色和紫色。粉色、灰色、棕色和黑色的球衣则更为稀少。

除了纯色以外，最流行的球衣图案是竖直的粗条纹。横条纹（也就是人们所说的"条箍"）在某些地区也比较流行，虽然有的大陆国家完全就不用这种图案。其他常见图案还有对角斜纹和左侧的一条竖纹。"四格"和"对半开"的图案相对比较罕见。

› 2014年FIFA世界杯期间，巴西阿雷格里港，法国队与洪都拉斯队的比赛即将开始，法国队的球衣整整齐齐地挂在更衣室里。

英格兰
苏格兰
法国
意大利

颜色在英格兰、苏格兰、法国和意大利的顶级俱乐部中出现的概率。红色、蓝色和白色最受欢迎（我们将红白或红黑配色的球衣归类为红色，蓝白配色归类为蓝色，以此类推。因为在这种情况下，正式比赛中考虑双方颜色冲突时肯定是以较鲜艳的那种颜色为准。只有在两种同样强烈的颜色同时出现时，比如红色和绿色，我们才会将它归类为"双色"）。

这些颜色和图案为何会成为主流？为什么英雄的球衣上不会出现花朵、波点、水滴、曲线或旋涡图案？为了回答这些问题，我们需要分析部落颜色的基本功能。作为一种视觉信号，部落的颜色必须满足以下要求：

1. 它必须让穿着者看起来更显眼

这一条就枪毙了不起眼的棕色和灰色，还有那些过于苍白纤弱的淡色。出于同样的原因，过于零碎或者不规则的图案也不能出现在球衣上，因为它们会成为球员的"伪装色"。

由于足球比赛的特殊性质，某些鲜艳的颜色和简单的图案也不适合出现在场上。足球是圆的，所以球衣上不能出现圆形的图案；你在任何球衣上都找不到大波点或者圆圈（虽然这些图案在马术世界的骑师身上相当常见）。足球比赛的背景永远是绿茵场，所以球员们在场上奔跑的时候，哪怕是最鲜艳的绿色球服也可能淹没在赛场的背景中。因此，绿色在所有"鲜艳"的颜色中是最罕见的。

这条要求最重要的一点在于，球服尤其是球衣的颜色应该让球员在远处看起来尽可能显

英格兰联赛 92 个俱乐部的球衣颜色分布

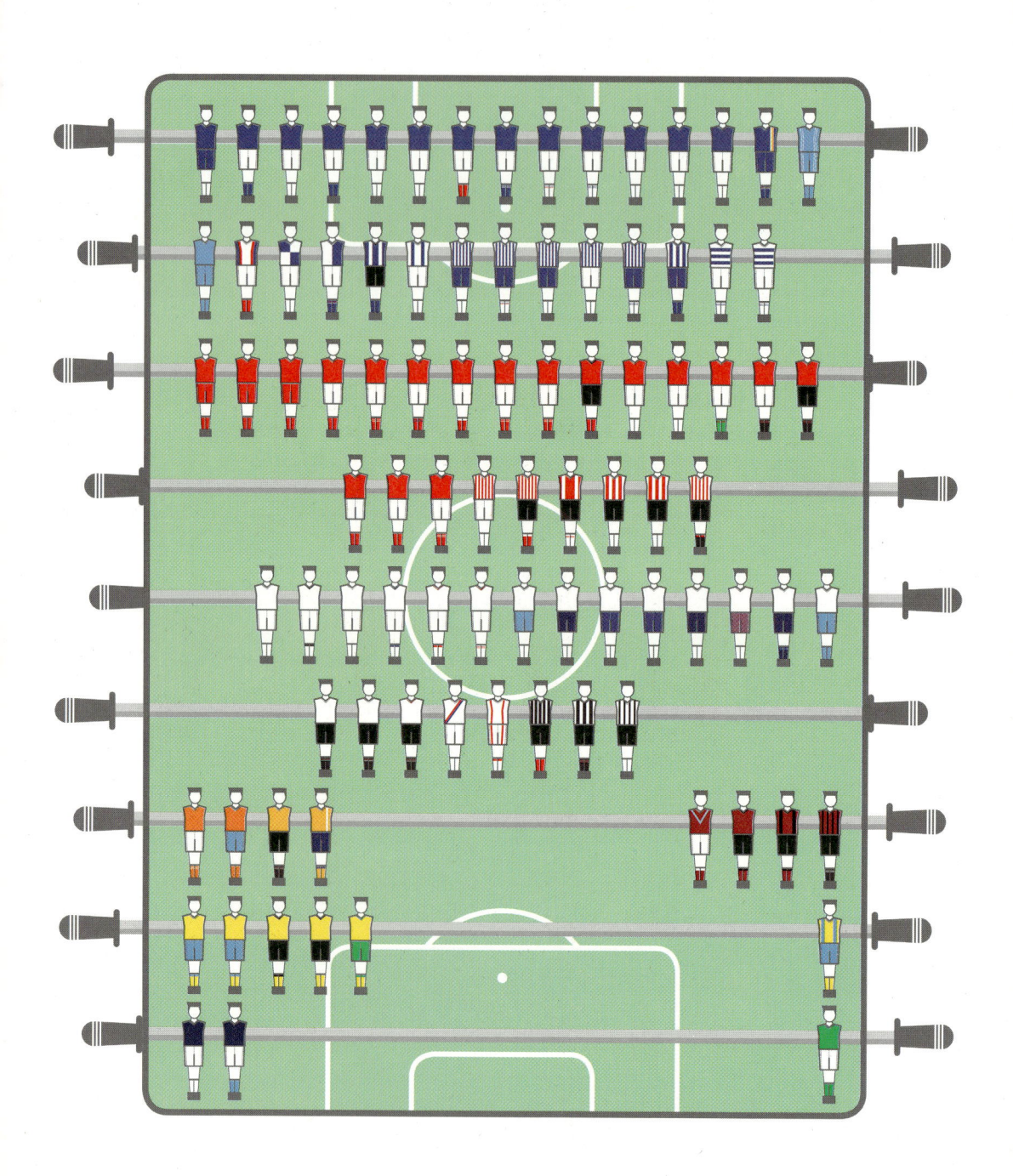

244

眼。如果距离很近，那颜色就不是问题；在几英尺的距离上，就算球衣沾满了泥巴，你也很容易看出它的颜色。不过，在长距离传球的时候，球员常常需要在几分之一秒的时间内靠余光的一瞥判断队友的准确位置，在这种情况下，简单鲜艳的大面积颜色就是最好的指引。出于这个原因，大红色是所有颜色中价值最高的一种。

2. 它必须让穿着者看起来和对手不一样

场上的两支队伍的颜色反差越大越好，对球员和观众来说，这一点都很重要。为了达到这个目标，我们有两种方式可供选择。在赛马的世界里，每位骑师的比赛服都有一套独特的色彩。为了避免混淆，他们需要精心设计色彩和图案的组合。但他们不需要备用的比赛服，因为每一位参赛者的服装各不相同。他们以个人为单位参赛，而不是团队。而在足球比赛中，球队只有在遇到冲突颜色的时候才需要更换球服。这意味着每支球队都能在主场穿上自己的颜色，同时准备另一种颜色的球衣（客场球服）以备出征在外时与主队冲突，问题就这样解决了。无论如何，球队哪怕在客场作战时也不一定需要换掉主场队服，不过一旦出现冲突，客场球服就能解决问题。

出于心理方面的原因，球员更喜欢穿自己的主场队服，在客场被迫换上第二种颜色的时候，他们通常不太高兴。追随球队远道而来的忠实粉丝——他们通常挥舞着俱乐部标志色的旗帜和围巾——也更愿意看到自己的英雄身披熟悉的战袍。出于这方面的压力，人们总会尽量避免颜色冲突，因此球服的设计总是尽可能地保持简洁。比如说，如果某个俱乐部的球服上同时出现了鲜艳的红色、黄色和蓝色，那就意味着无论主队的主色是红色、黄色还是蓝色，他们都需要换上客场球服。而这三种颜色涵盖了大部分球队的主色，所以这家俱乐部的球员几乎每一次客场作战都需要更换球服。与此相对，如果他们的主场球服只有一种主色，比如说红色，那么他们只有在拜访其他"红色俱乐部"的时候才需要更换球服。正是出于这个原因，简单的纯色球服大行其道，与此同时，复杂精致的颜色搭配在足球场上几乎绝迹。虽然大家都渴望拥有全世界独一无二的球服，但尽可能多穿主场球服的需求压制了这样的欲望。

3. 它必须让穿着者看起来和邻居不一样

如果某个大城市里有两家大型足球俱乐部，那么出于"划分地盘"的考虑，他们必须选择反差较大的颜色。两家俱乐部的粉丝都希望和另一家俱乐部的支持者划清界限，在一年一度的同城德比中，这样的矛盾尤其尖锐。因为按照规则，他们都应该穿上自己的主场球服。正是出于这个原因，曼联选用了红色作为主色，而曼城是蓝色的；利物浦队选择红色，埃弗顿是蓝色；AC米兰是红黑配色，国际米兰则是蓝黑。在某些超级大城市里，这个问题尤其严重。比如说，伦敦至少有12家专业的联盟俱乐部，本地球队的颜色冲突也因此达到了顶峰。

4. 它必须赋予穿着者心理上的优势

鲜艳的颜色不仅能让传球的队友更容易找到你，还能对敌方球员造成心理上的威慑。它会在无意识的层面上传达这样的信号："我什么都不怕——我敢于展示自己。"颜色越鲜艳，穿着者就显得越凶猛，所以足球运动员特别偏爱危险的动物。拥有特殊防御武器的动物需要向潜在的敌人展示自己的能力，譬如有毒的蛇、带刺的胡蜂和善于放屁的臭鼬。它们靠"警告色"向潜在的敌人传达信息，天敌只要一看见它们的颜色就会迅速做出反应。毒蛇常常长着鲜艳的橙黑色斑纹，胡蜂以显眼的黄黑色条纹著称，臭鼬披着黑白条纹的皮毛。几乎所有有毒动物或危险动物都拥有"警告色"，有的动物看起来真像是穿着一身球服，二者相似得惊人，尤其是条纹的图案。对比色斑纹的优势在于，无论背景如何变化，这样的斑纹看起来总是很显眼。对于有毒动物和足球运动员来说，情况都同样如此。

这种暗示"有毒"的颜色和图案可能也会让场上的敌人产生一种无意识的警惕：如果靠

‹ 在西格纳伊度纳公园的超级杯比赛中战胜了拜仁慕尼黑以后,多特蒙德队的球员欢庆胜利。2014年,多特蒙德。

∨ 安德列治队在2015年的欧洲青年联赛中击败了波尔图队,队长赫威·马蒂斯带领队员庆祝胜利。布鲁塞尔,康斯坦特·范登·斯托克球场。

得太近,我就可能"被蜇"或者"中毒"。这种心理上的优势就算非常微弱,却仍不容忽视。球员自己可能对这种说法嗤之以鼻,但当对手高速向你冲来的时候,你很难说他身披的球衣颜色对你完全没有影响。如果对方身披鲜艳的对比色,看起来就像一只巨大的蜇人昆虫,那他带来的心理威胁肯定大于身披柔和颜色球服的敌人。

考虑到这一点,最受欢迎的部落颜色应该是红色、黄色和橙色,而不是现在的红色、蓝色和白色。蓝色似乎不够凶猛,缺乏成为流行色的潜质,哪怕深蓝色也同样如此。白色则过于干净,缺乏存在感。从另一方面来说,很多危险动物都身披黄色和橙色,相比之下,这两种颜色在足球部落中的曝光率完全配不上它们的特质。为什么会这样?

看起来这里面还有另一种特殊的心理因素在起作用,它抵消了颜色在球场上的威慑功能。黄色是太阳和沙子的颜色,虽然它热烈、欢快、充满感染力,但与此同时,它还象征着懦弱。英语中的"黄色条纹"(yellow streak)是"懦弱"的代名词。"他是黄色的"这个侮辱性的短语尽人皆知,这可能是黄色难以流行的主要原因。橙色倒是没有这个倒霉的标签,但它却有另一个缺点。橙色是一种中间色——介于

红色和黄色之间。在足球部落里,所有中间色都备受冷落,和各种流行色的灰阶版本(如灰蓝色、粉红色等)同病相怜。中间色容易让人产生"优柔寡断"的联想,缺乏坚定、果敢的特质。橙色到底是偏黄的红色还是偏红的黄色?这样的犹疑抵消了它的锐利,所以橙色在足球部落中并不流行。

我们再来审视一下最受欢迎的几种颜色。红色的流行很容易理解,它是所有颜色中最醒目的一种,尤其是在距离较远的情况下,而且红色具有强烈的象征意义,它代表鲜血、能量、生命、力量、权势和紧张。在任何运动项目中,红色都是最完美的代表色,有时候我们甚至难免会好奇,为什么红色在某些国家的流行度会低于预期?

蓝色的大为盛行就不太好解释了。从很多方面来说,蓝色都和红色截然相反。它象征着和平、冷静、和谐和忠诚。也许秘密就藏在它传达的信息中。蓝色会让队友感觉舒适,这或许是它最大的魅力所在;而鲜艳的红色球服会向敌人传达暴力的暗示。如果情况的确如此,那么蓝色就能够安抚球员的情绪,帮助他们建立自信,这足以弥补它缺乏攻击性的弱点。

白色的流行也很难理解。确切地说,白色不是一种颜色,而是无色。白色象征着死亡、

最流行的球衣图案

虽然大部分俱乐部选择了纯色球衣,但有的队伍更喜欢有图案的球服。球衣的设计通常比较简洁,最常见的是竖条纹的图案。下面列出了现在常见的球衣图案。

| 纯色 | 衣袖对比色 | 竖直均分 | 四格图案 | 竖条纹 | 横条纹 |

| 竖带 | 斜带 | 领口V形饰带 | 一对竖条 | 一对横条 | 中央色块 |

恐惧、冰雪、寒冷、纯洁和无辜——你很难说这些特质和运动有什么关系。此外，白色球服在赛场上很快就会被弄脏，变得灰扑扑的。尽管如此，白色却是足球部落里最受欢迎的三种颜色之一。白色之所以如此流行，除了它看起来很显眼以外，唯一的解释是，这种颜色还有另一重象征意义：白色是英雄的标签。在大量俱乐部草创的19世纪末20世纪初，有两个短语非常流行："你这样做很白，""他的黑暗面。"在这样的语境中，白色象征着荣誉或者说公平处事，而黑色则代表腐化和罪恶。黑色和白色的象征意义源于老旧的种族主义观点：白人是高贵的，黑人是野蛮人。时至今日，尽管种族主义已经日渐式微，但这两种颜色在人们心目中的印象却留存了下来。遇到糟糕的事情时，我们会说这是"黑暗的一天"，恶人则是"黑心的坏蛋"。与此相对，白色代表勇猛、荣耀和英雄主义。也许正是出于这个原因，白色才成为足球部落里最流行的三种颜色之一。

刚刚我们介绍了部落颜色主要的四种功能。回顾漫长的历史，我们会发现，这几十年间，象征部落的颜色和图案几乎没有任何变化。早在19世纪，纯色、竖条纹、横条纹和四格图案就已风靡绿茵场。早年间横条纹尤其流行，但到了今天，这种图案已经日渐式微。现在只有苏格兰的俱乐部保留了大量横条纹球服，那里的人们似乎更偏爱传统的图案；不过在欧洲大陆上，横条纹几乎已经彻底消失。

近年来，时装设计师对运动服产生了新的兴趣，一些漂亮的图案开始出现在简洁的球服上。美国人似乎特别偏爱大胆的设计，他们给俱乐部的球服印上了星星和水波纹等新颖的图案，不过在其他地方，这样的创新还不多见。另一种变革的影响要广泛得多：广告悄悄登上了球员的上衣，但人们却并不欢迎这些花花绿绿的玩意儿。大公司愿意付高价资助俱乐部，他们希望自己的公司名字能出现在本地英雄挺起的胸脯上。从商业角度来说，这样的做法或许无可厚非，但这无疑会损害球员的英雄形象，夺走部落英雄的尊严，让他们沦为街头披挂着广告牌的人肉布景板。悲伤的是，今天的很多俱乐部面临着越来越严峻的财务问题，所以在球服上印制广告的趋势似乎愈演愈烈。

符号

部落徽章和标志

　　和土著部落一样，每个足球俱乐部都有自己的神圣图腾。"官方俱乐部徽章"通常注册了版权，任何人都必须经过部落长老的许可才能复制或使用它。徽章是俱乐部独一无二的图腾，它就像飘扬的军旗或皇家王旗，部落的子民尊敬它，保护它，团结在它周围。

　　徽章的主要功能是增强部落的情感联系。作为一个独特的视觉符号，它的出现会唤醒部落子民的忠诚感。只要看到俱乐部的徽章，无论它出现在俱乐部的横幅上还是角落的砖墙上，忠诚的部落民立即就会心跳加快。此外，徽章还是一种身份的标签，它被印在俱乐部的奖章、领带、便笺纸、计划书、锦旗、纪念品和旗帜上，也出现在俱乐部的体育场和办公室里。无所不在的徽章维系着部落的凝聚力，与此同时，对于敌方的部落民来说，它也是一种威胁和警告。

　　很多部落英雄的球服上都印着俱乐部的徽章，它通常出现在左边的胸口处。把徽章放在球员的心口，这样的举动具有重要的象征意义。对于部落的追随者来说，这意味着英雄的心"属于俱乐部"。虽然实际的情况可能并非如此——英雄可能真的忠于自己的俱乐部，但从另一个方面来说，他也有可能正在绝望地寻求转会——但场上激战正酣，所有人都沉浸在强烈的情绪中，在这样的时刻，这一点并不重要。只要绿茵场上的鏖战仍在进行，醒目徽章下的那颗心脏就只为看台上的支持者而跳动。

　　纵观历史，俱乐部徽章的发展主要分为两个阶段。早年间大部分俱乐部的徽章直接采用本地纹章的图案，最常见的是本城的市徽。不过后来，很多俱乐部抛弃了这样的设计，主要是因为太多本地组织采

↑ 2014年，都灵队在都灵奥林匹克体育场迎战佛罗伦萨队，主场球迷拉起了一张巨大的横幅，上面画着两头斗志昂扬的公牛。

用同样的图案，而足球俱乐部需要更独特的标志。少数以市徽为图案的俱乐部徽章被保留了下来，但大部分都被更现代的设计取代了。

总体而言，新徽章几乎都比原来的市徽简洁。早期徽章的另一个劣势在于，它们实在太复杂了。这些纹章图案有太多烦琐的细节，让人难以记忆和复制。它们缺乏俱乐部图腾所需的富有冲击力的主元素。新徽章通常以单个图形为核心，譬如说某种动物，这样更便于记忆，而且在远处也能一眼看清。

俱乐部挑选的新徽章主图案通常是某种鸟或者野兽。这些图腾动物不光是富有冲击力的视觉符号，它们还经常成为追随者对俱乐部的昵称。

俱乐部选择徽章上的动物主要基于两个原则。第一，凶猛的动物代表球员的力量和坚定的决心，所以顺理成章地，狮子、老虎、狼等大型食肉动物大行其道，鹰、雕、猫头鹰之类的猛禽也很受欢迎，因为它们行动敏捷，面对猎物从不留情。除了食肉动物以外，力量强大或者生性好斗的动物也是不错的选择——不惜碾碎一切的大象，发起冲锋的公牛，长着巨大鹿角的牡鹿，晃着巨角的公羊，无畏的种马，或者嗜血的斗鸡。第二，这些生物都是理想的标志，它们能为绿茵场上鏖战正酣的球队带来进取的勇气和力量。

图腾动物的另一种流行趋势乍看之下有些难以理解。很多俱乐部选择了温良无害的小鸟，例如鸫鸟、蓝知更鸟、喜鹊、金丝雀和海鸥，这些鸟儿看起来似乎并不适合出现在战况激烈的赛场上。从某个角度来说，俱乐部做出这样的选择有其道理——它们通常披着部落的颜色（红色俱乐部选择鸫鸟，黑白俱乐部选择喜鹊，金丝雀适合黄色俱乐部，诸如此类）或者跟部落的地理位置有关（海鸥出现在海滨城市的俱乐部徽章上）——但这些鸟儿体格上的弱势让他们的选择显得有些古怪。不过，秘密藏在小鸟的另一种特性中：它们能在空中敏捷地飞行。高速飞行的鸟儿既象征着球员的高超技艺，又能代表绿茵场上飞速掠过的足球。

虽然动物是最流行的图腾主元素，但也有一些俱乐部选择了其他图案。比如说，武器就是一种很受欢迎的主题，尤其是剑和矛。登上徽章的武器包括大炮、斧子和锤头，相关的图案还有骑士、剑手、战士，以及城堡、塔楼等堡垒建筑。这些与战争有关的图案蕴藏着显而易见的侵略性，难怪人们常常把球赛比作战争。

出于某些原因，美国最流行的徽章图案是另一种代表力量的标志。大自然的野性力量为俱乐部的图腾和昵称提供了新的来源。我们在美国的俱乐部徽章中看到了飓风、龙卷风、暴雪、翻涌的巨浪、地震和灼热的火焰。掠过绿茵场的足球不是轻盈的鸟儿，而是划破宇宙的彗星。

球迷总爱依据俱乐部的徽章标志来给球队起个昵称，但美国和欧洲的俱乐部对待昵称的官方态度截然不同。在欧洲，无论球队的昵称多么广为人知，多么流行，俱乐部官方也绝不会把它加到球队的名字和头衔里。而在美国，昵称经常登堂入室，成为俱乐部官方名称的一部分。比如说，按照美国的模式，英格兰的诺维奇俱乐部应该叫"诺维奇金丝雀队"，而不是一本正经的"诺维奇城市足球俱乐部"。同样，德比郡足球俱乐部应该叫德比公羊队。欧洲俱乐部的传统是球队名称前面只能冠以所在城市的名字，这和现代美国的品位截然不同。美国人喜欢花哨的头衔，他们把部落徽章上的图案纳入正式的官方名称，以这种方式将昵称"推销"给球迷，而不是被动地等待俱乐部的图腾标志在球迷心中缓慢地自然扎根。在欧洲人眼里，刻意在足球部落中引领风俗或许是一种美国式的"急功近利"，但在考虑这个问题的时候，我们必须记住，足球在北美地区的地位依然很低，美国的足球联盟正在奋力对抗那些经营已久的敌人：美式橄榄球和棒球，为自己争取一席之地。他们急于获得更多公众的支持，对他们来说，欧洲足球俱乐部偏爱的古老传统的尊贵头衔实在过于奢侈。

关于俱乐部的官方名称，这里还有一个有趣的脚注。赫尔城足球俱乐部历史悠久，110多年来，它的官方名称从未更改。这家俱乐部的昵称叫"老虎"，俱乐部的老板希望按照美国的习俗，把自己球队的官方名称改成"赫尔城老虎队"。然而让他深感惊讶的是，他的提议遭到了球迷的强烈反对。俱乐部的支持者组建了一个名叫"若更名，毋宁死"的行动组织，他们征集了 15000 个签名，以此来游说俱乐部管理层保留旧名。他们说："我们要保护自己的俱乐部，不能屈从于老板的自负和心血来潮，这个人完全靠不住。"老板执意要求管理层同意改名，但却遭到了拒绝（投票结果是 47 票反对，27 票赞成）。这些固执的保守派激怒了老板，他威胁说不改名就要把俱乐部卖掉。

名字的小小改动竟能激起这么大的争议，这实在是出人意料。这件事反映了终生支持者对俱乐部历史延续性的重视。部落传统永不消亡。

> 2010 年，拉齐奥与国际米兰开战在即，拉齐奥队的象征——一只强大的老鹰——出现在罗马奥林匹克体育场上。

> 下一页：2012 年，阿贾克斯队在阿姆斯特丹球场击败 VVV 芬洛队，夺得冠军。比赛结束后，队员们在公共澡堂里高举奖牌。

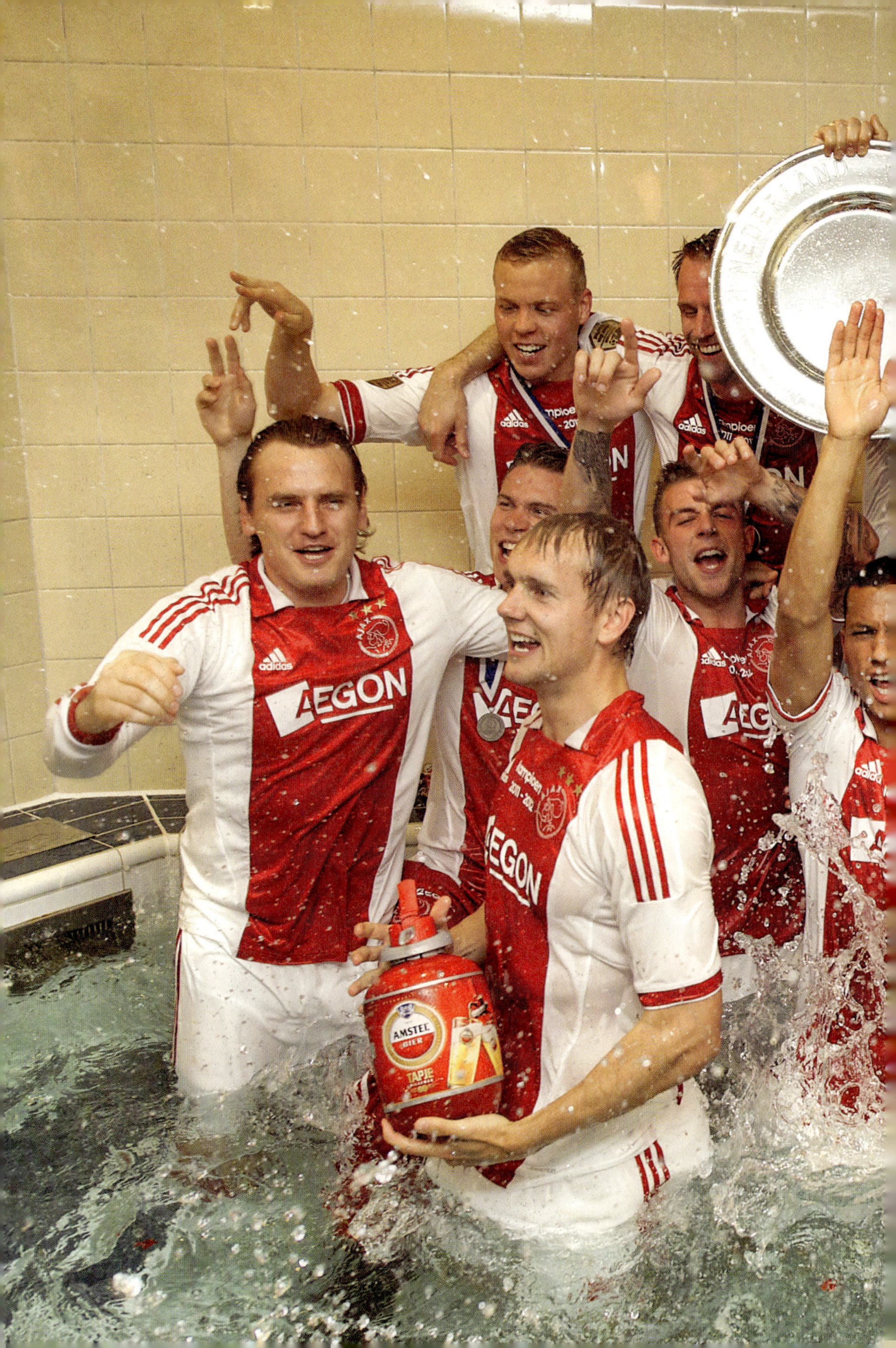
AEGON
adidas
AMSTEL
BIER

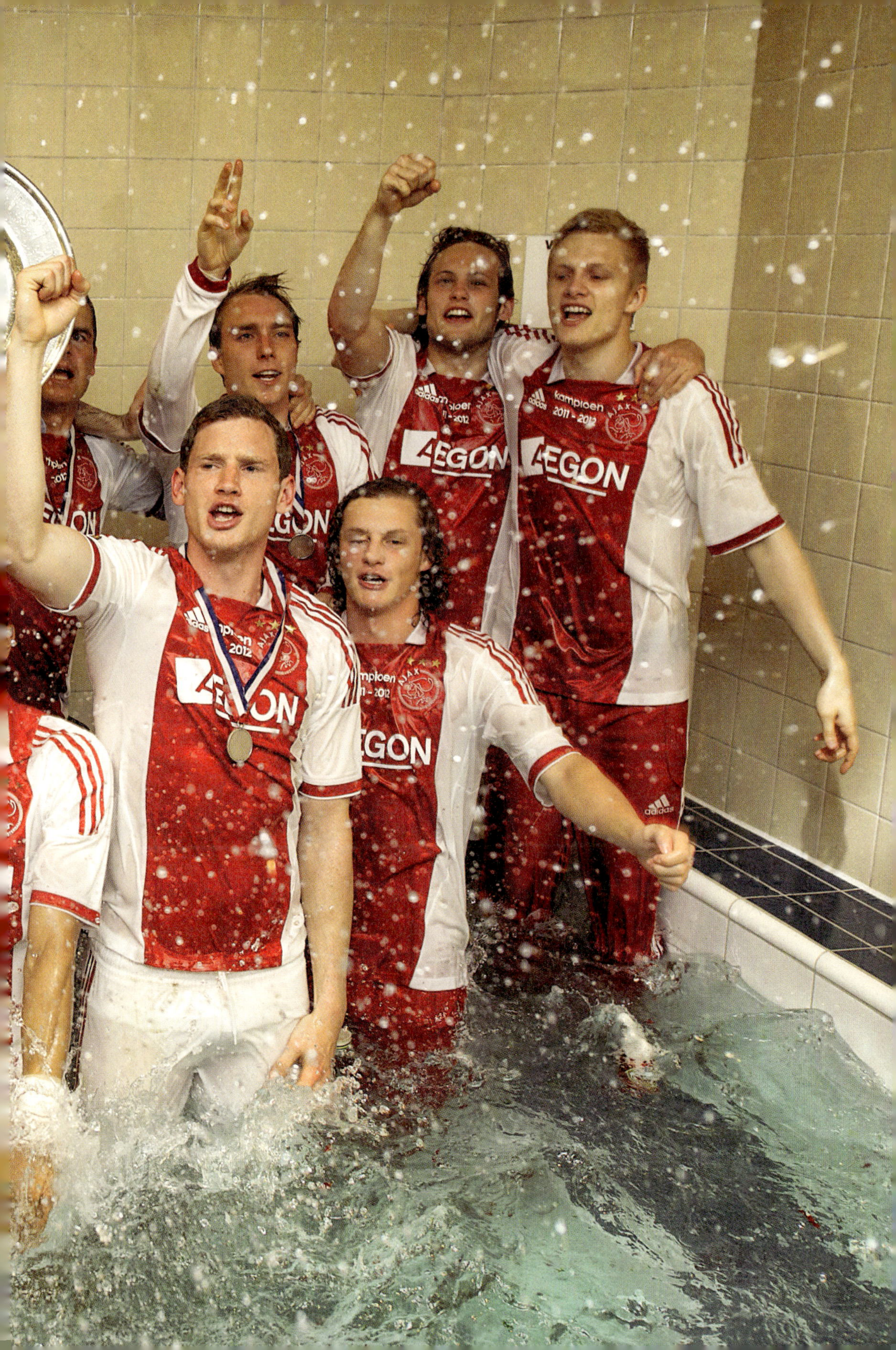
AEGON
kampioen
2011 - 2012
adidas

战利品

奖杯、帽子、盾牌和雕像

足球部落获胜者得到的象征性奖品被称为"战利品",这个名字拥有特殊的意义。在古代,得胜的战士会把自己在战场上获得的某些东西挂起来,作为那场胜仗的纪念品。罗马人常常带着战利品回到家乡展出,以此来炫耀己方的又一次伟大胜利。到了近代,巨兽猎人用"战利品"这个词来指代自家墙上的动物头颅标本,它代表着一次成功的猎获。在这两种情况下,凯旋的英雄带回家的战利品都有着强烈的象征意义,这样的传统可以追溯到人类早期的原始狩猎生活,在那个年代,部落里的男性最重要的任务就是带着猎获的动物尸体回家,为欢庆的盛宴提供充足的食材。

现在,获得战利品仍是每个足球部落的英雄最重要的任务。漫长的"狩猎"季节结束后,冠军带着他们垂涎已久的战利品凯旋,供忠诚的追随者瞻仰欢呼。英雄们拿着奖杯在街道上游行,最后意气风发地出现在某个露台上,高高举起奖杯,让所有人都能看见。然后,他们离开大众的视线,回到室内参加欢庆的盛宴,战利品骄傲地摆在最显眼的地方,就像部落子民饕餮兽肉时摆在人群中央的巨大兽角。

不过,足球部落典型的战利品不是成对的兽角,而是一个巨大的银杯。我们不禁要问,为什么足球部落会选择这种标志性物品作为部落的奖品?为了回答这个问题,我们得回到古时。埃内斯特·克劳利曾描述过古人的饮酒习惯:"祝酒,即拉丁文所说的'propinatio',有几种形式。第一种是共饮,敬酒者先饮一口,然后把杯子(在古希腊,这只杯子将成为被敬酒者的财产)传给其他人。"这条线索至关重要。为了表达对某人的敬意,你向他敬酒;你先喝一口来证明酒里

› 2014 年,德国队在 FIFA 世界杯决赛中击败阿根廷队,德国队队长菲利普·拉姆举起大力神杯。著名的大力神杯如今上面是一个球体,但人们仍习惯于叫它"奖杯"。

没有毒,最后被敬酒者会得到这只杯子,作为这场宴会的纪念品。在这里,杯子成了"获得敬意"的象征。

不过还有一点,古希腊宴会上的礼物是一只小酒杯,但获胜的足球英雄得到的奖杯却很大。要理解背后的原因,我们还得回顾这项传统仪式在英格兰的发展历程。几百年来,英格兰的大型宴会一直有传递"爱之杯"的传统。爱之杯是一个巨大的杯子,里面装满了酒,或者其他适合庆典的饮品,围坐在餐桌旁的人会传递这只杯子,轮流享用饮品。每个人都得喝上一口,然后把它递给邻座的人。这种方式相当于每个人都在向身旁的朋友敬酒,邻座就是你"尊贵的上级",这是一场忠诚的集体展示。宴会上使用的巨型"爱之杯"是现代运动赛事奖杯的原型。酒杯为什么会变成奖杯?或许是在某一场为体育明星举办的宴会上,主人遵照古希腊传统把"爱之杯"赠给了主宾。我们很容易想到,这个举动很快就变成了固定的仪式,主宾得到仅供展示的特制奖杯,其他人改用普通的玻璃杯互相祝酒。始于19世纪的现代足球不过是顺理成章地继承了既有的传统。

第一个重要的足球奖杯是英格兰足球协会挑战杯,通常简称为"足总杯"。举行淘汰制锦标赛的想法最初诞生在伦敦一家报纸的办公室里,1871年7月20日,《运动员》报的办公室里来了七个人,其中包括英格兰足球总会秘书查尔斯·阿尔科克。阿尔科克提出,杯赛可以增加足球这一新兴运动的趣味性。在英国的精英学校哈罗公学念书时,阿尔科克就曾为校内淘汰赛引发的强烈情绪而深深动容,他认为,如果将足协内的俱乐部组织起来举办同样形式的比赛,那么也能在全国范围内激起相似

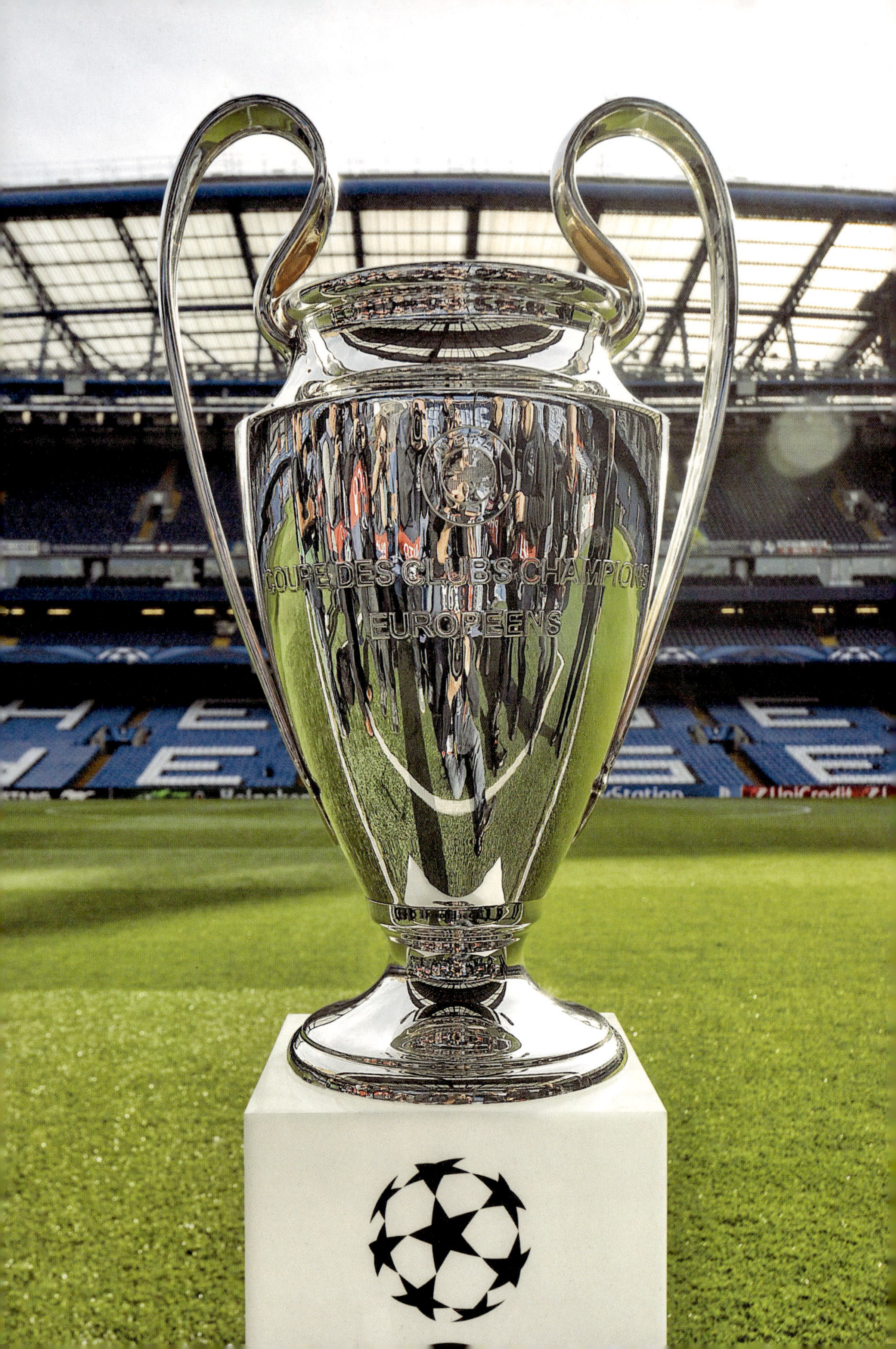
COUPE DES CLUBS CHAMPIONS
EUROPEENS

◁ 2014年，在伦敦斯坦福桥球场举行的欧洲冠军联赛赛中，切尔西对阵马德里的半决赛开始之前，冠军联赛的奖杯就放在球场旁边。

的反响。那一年的10月16日，英国足协采纳了阿尔科克的想法，他们花20英镑买了个镶嵌在乌木基座上的小银杯，它的高度差不多18英寸（约46厘米）。这个奖杯的形状类似高脚酒杯，两侧各有一个弧形的把手，宽阔的杯盖上站着一尊运动员的小塑像。杯子的容量大约是1夸脱（约等于1升）。

15支球队加入了600多年来的第一届杯赛。1972年3月16日，第一届足总杯决赛在伦敦椭圆体育场拉开帷幕，2000位观众到场观看了这场比赛，为了见证足球史上的这一重要时刻，他们每人花了1先令的门票钱。比赛结果大爆冷门（其实这种情况经常出现），弱旅流浪者队击败了夺冠热门皇家工程师队。

这一事件彻底改变了竞技足球的面貌。足球史学家杰弗里·格林评论称："奖杯的影响力……无可估量。奖杯犹如火星，一下子就点燃了足球运动的篝火，'小锡雕'的魔翼很快就席卷了整个英国大地，越来越多的俱乐部臣服于它的魔咒之下。它彻底改变了足球运动的模式和目标。"

今天的我们很难想象没有奖杯的球赛，不过显而易见，奖杯极大地促进了足球运动的发展，很快它的影响力就突破了英国的国界，向着全球蔓延。1930年，全世界影响力最大的足球杯赛诞生了，它就是我们熟悉的世界杯。今天，世界各地大大小小的杯赛琳琅满目，有国家级的，也有大洲级乃至国际级的，奖杯的尺寸和价值也不断提升，相比之下，1872年的足总杯就显得太寒酸了。有的奖杯实在太大，决赛结束后，筋疲力尽的胜利者得咬紧牙关才能把它举起来。有的奖杯甚至已经不再是杯子，而是一座雕像或者一块盾牌。最早的世界杯算是奖杯和雕像的混合体，传统的高脚酒杯演变成了长翅膀的胜利天使，她高举双臂，托起头顶的杯子，不过这个杯子实在太小了。巴西三次夺得世界杯后，该国足协获准永久保留这个奖杯，所以FIFA需要设计一个新奖杯。这一次，胜利天使头顶的杯子彻底消失了，取而代之的是一个实心的球体。不过，"奖杯"的概念深入人心，所以在每一位足球部落的成员口中，这尊雕像仍被称为"世界杯"。

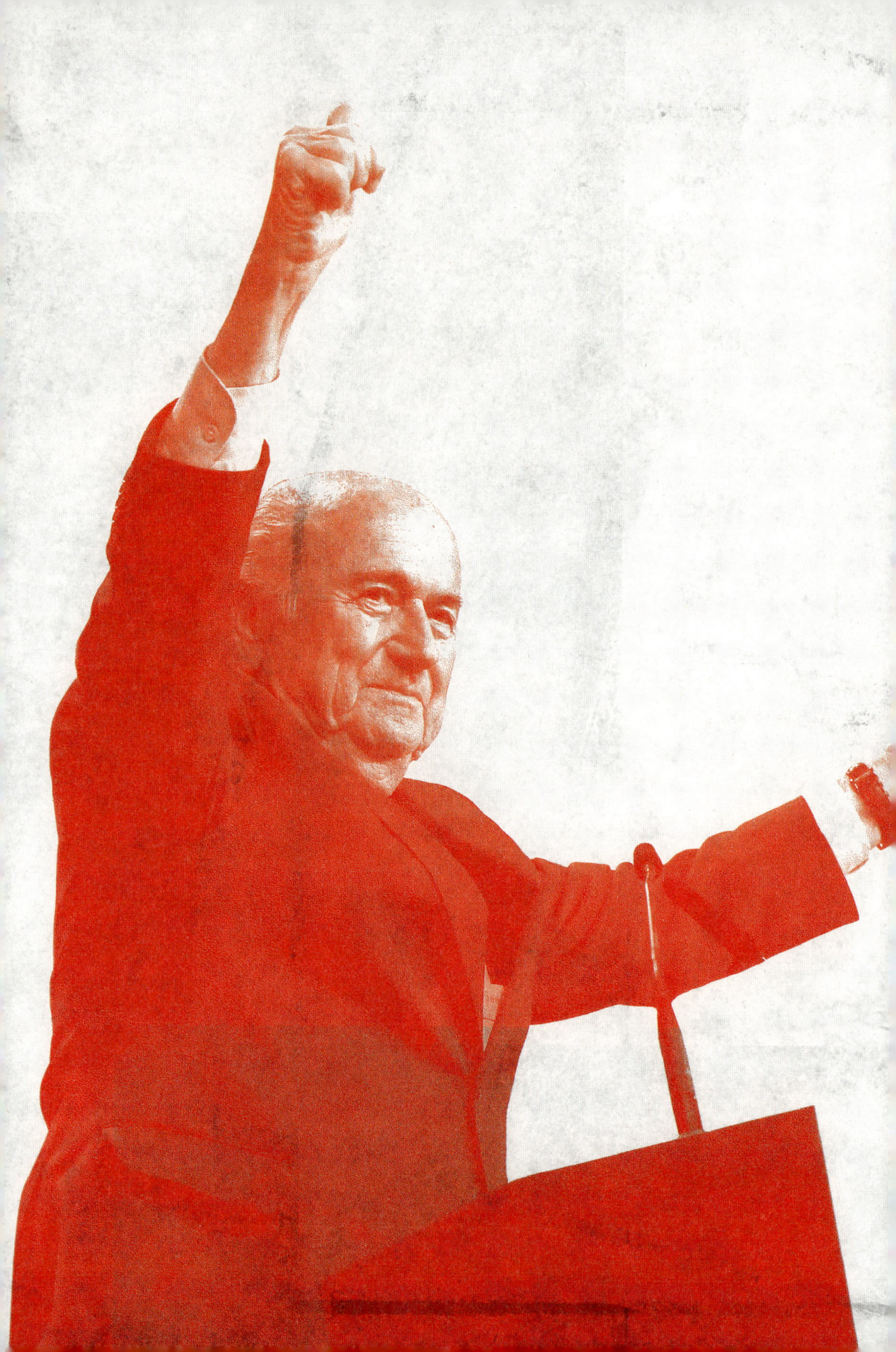

部落长老

5

部落议会

主席和董事

  每个足球部落的头顶都高踞着一个部落议会。英格兰足球部落的最高管理层被称为俱乐部董事会（the board of directors），因为在遥远的过去，人们将刻有部落长老名字的木板（board）挂在密室的墙上。这间密室是部落的"秘密圣地"，时至今日，密室演变成了董事会议室，古老的传统以一种新的形式延续了下来：会议室的墙上挂着现任董事的彩色照片，照片下方印着每个人的名字。

  作为部落的神经中枢，董事会议室中央放着一张会议桌，董事们围坐在桌子周围，举行日常的董事会议。会议的座次遵循严格的规定，最上首是主席的座位，他的两侧分别是副主席和秘书，其他董事按照职权依次向下排序。董事会议的流程十分正式，每个议题的结果通常都不出所料。和其他任何委员会一样，足球部落的董事会议也默守着一条不成文的奇妙规则："越不重要的事情讨论的时间越长。"这部分是因为真正重要的议题早在开会之前就已经有了结果，会上的讨论不过是走个过场，譬如说卖掉某位球员。所以部落长老们有足够的时间来慢慢讨论下个赛季的规划应该有几页，以及其他鸡毛蒜皮的小事。会上的争论火药味十足，而且常常拖到深夜。

  不过有时候，董事会也会发生分裂，日常的沉闷流程瞬间被打破，旷日持久的大戏就此拉开帷幕。我们克制而理性地说，这场闹剧神似猩猩群的领袖被赶下台时的场景，会议室里的吼叫和手舞足蹈常常会被泄露出去，出现在当地的报纸上。辞职的威胁和反制让会议室里的空气变得异常凝重，直到最后尘埃落定，新的主席登基成为部落领袖，又或者旧势力获得了最后的胜利，老迈的王者伤痕累累，但却屹立不

› 会议室里的部落长老。1981年，伊普斯维奇城足球俱乐部主席博比·罗布森（左二）在波特曼路的会议室里与董事们举行俱乐部董事会议。

倒。一般而言，争斗的余波还要过一段时间才会平息，沸腾的积怨还会在部落的走廊里扰攘一阵子，直到部落的财富因为绿茵场上的惨败而蒙受了损失，明面上的争端才算是告一段落。董事会恢复了表面的和平，部落长老们关注的焦点重新转回彩票的售卖，入场费的价格，泛光灯的保养，大门的维修，以及其他同样能决定局势走向的创新议题上。

过去一百年来，英国足球俱乐部的面貌和日常活动基本没有什么变化，所以显而易见，董事们的行为也一直遵循固定的模式，就像球赛本身一样，他们最主要的任务是维护部落的古老传统，而不是像其他行业那样寻求发展和扩张。唯一的变化是，现在的部落长老更重视进球的数量。

重要的比赛日是董事们的关键时刻，在这一天，他们需要履行另一个主要职责：扮演主人和客人。仪式开始于主场俱乐部的董事会议室里，东道主在这里欢迎远道而来的客队董事。主队的每一位董事都得小心翼翼地和每一位客队董事握手，接下来工作人员送上饮料，宾主友善地闲聊几句，情真意切的关心和慰问掩盖了同样情真意切的敌意。每位董事都能在敌方阵营里找到和自己同病相怜的人，然后做出得体的回应。事实上，他们都在默默盼着对方一败涂地，但在这样的欢迎仪式中，除了偶尔的几句玩笑以外，你绝不能公开流露出这类念头。

董事们都很熟悉比赛日的友好应酬，不过敌对部落的其他人员不必参与他们的表演。在这样的仪式上，双方队员通常都会假装没看见对方，他们在匆匆亮相之后很快就会回到自己独立的更衣室里。双方球迷鱼贯进入观众席上事先划好的区域，开场哨还没吹响，他们就已经开始唱着叫着羞辱对方了。只有董事才需要粉墨登场，微笑着跟对手闲聊，说些言不由衷的赞美和恭维。

铃声或蜂鸣器的报警声突然响起，宣告仪

式的这一阶段正式结束，球员上场的时间到了。董事们穿上外套，依次离开会议室，进入场边的董事包厢，这个封闭区域的座位是专门为他们预留的。在这里，他们终于正式分成了两组，主队和客队的董事包厢分居球场两端，遥遥相望。这种物理上的隔离与刚才会议室里的其乐融融形成了鲜明的对比，不过在比赛期间，隔离主队和客队董事很有必要，这样他们才能肆无忌惮地大声嘲笑对手的场上策略有多蠢，表现有多糟，而不必担心伤及宾主的颜面。

等到中场哨声吹响，宾主尽欢的场面又回来了，主队董事领着客人回到会议室里，开始举行茶歇仪式。不过这一次，聊天的氛围就有些微妙了，长老们不再高谈奇闻逸事，转而评论场上的情况，可能还会抱怨几句裁判。其他比赛的半场结果出现在电视屏幕上，为所有人提供了一个转移话题的好机会，等到蜂鸣器的报警声再次响起，长老们又会回到包厢里，继续观看下半场比赛。

终场哨之后是常规的"干得好！"仪式。输了球的董事们努力挤出微笑，不情愿地伸出手跟赢家董事挨个儿握手，每握一次他们总会说一句"干得好！"或者"祝贺你们！"赢家董事则回答"谢谢"，就好像比赛是他们亲自赢下来的一样。

宾主双方第三次——也是最后一次——回到会议室里，参加放大版的茶歇仪式。主人通常会举办一个简单的宴会，虽然谁也吃不下多少东西，但主人还是得准备食物，因为这是表演的一部分。长老们呷着茶，矜持地吃着点心，点评几句刚才的比赛，他们说的通常都是些高度可预测的套话。当天其他比赛的结果出现在电视屏幕上，缓解了会议室里的紧张气氛。看完比赛结果以后，长老们手里的茶杯换成了侍者送上的酒杯。再聊上几句奇闻逸事，客人就会礼貌地告辞，主人祝他们一路平安。客人离开后，主队董事要么举行一个小型庆祝仪式，要么愁眉苦脸地开始分析"哪儿出了问题"。这样的会议通常需要球队教练的参与，如果球队赢了，教练就会表扬手下球员的优秀素质，吹嘘自己指挥若定；要是输了，他就会解释说，都怨队员太蠢，不听他英明的指挥。会议结束后，比赛日的全套仪式也宣告终结，董事们各自回家，等到第二天报纸上的新闻出来以后，他们还得回味一次昨天的狂喜或恼怒。

这样看来，俱乐部董事的角色似乎相当简单。事实上，人们常常觉得董事的存在就是个笑话。一位著名的国际球员曾在自传中专门留出了一章来介绍"董事的足球知识平均水平"，但在这个标题下却是一片空白。这很好地概括了很多教练和球员对董事的看法。一位春风得意以至于无所畏惧的足球教练曾公开说自己俱乐部的董事就是一帮"面条"（这个词在当地方言中的意思是"蠢货"）。这位教练还说过，"董事唯一需要做的重要决策就是找个正确的人来处理俱乐部的所有事务"。另一位教练甚至更加刻薄，他说最理想的董事会只需要三个人，"两个死人和一个快要死的人"。

人们对俱乐部董事的这种态度由来已久。足球运动发展之初，在专业的足球教练出现之前，俱乐部董事都是本地的商业领袖。虽然这些商人对足球所知甚少，但他们却坚持要插手俱乐部的事务，比如说选择球员，而他们的决策常常带来灾难性的后果。更琐碎的球队日常管理工作则由队长负责。不过，随着足球运动的发展和比赛的专业化，人们发现有必要聘请一位退役的球员来充当董事会与球队之间的桥梁，现代足球教练便应运而生。早期足球教练的日子相当难过，董事们总觉得自己在技术上懂的比他多，尽管教练才是真正踢过球的人。教练提出抱怨的时候，得到的回答通常是"我看了三十年球，我知道自己在说什么"。后来终于有一位教练反唇相讥："我老婆也看我开了很多年车，但我可不敢把驾驶座让给她。"

双方的矛盾到达了巅峰，最终足球教练提出，一切与比赛有关的事情都应该交给教练团队负责，包括球员的选择和管理，球队的战略、策略和训练，董事的权力仅限于处理俱乐部的商业事务。现在，大部分俱乐部的董事会接受了这样的定位，但实践证明，教练们奋力争取到的胜利其实是一柄双刃剑。他固然获得了球员的控制权，但现在，一旦球队表现不佳，教练必然面临如潮的责难，董事会巴不得送他去堵枪眼，把他送上部落的祭坛。

考虑到部落议会成员的权力有限，实际上他们根本无权对球员指手画脚，所以有的人很难理解为什么有人想当足球俱乐部的董事。有时候你会听到这样的说法："他们是为了赚钱。"但实际情况却并非如此，至少在英格兰的俱乐部，这种说法完全不成立。英格兰的联盟规则明确禁止董事从俱乐部获取任何报酬，这是早期业余足球时代留下的遗泽。如今球员和教练的薪水突飞猛涨，俱乐部其他文职人员也能得到专业级的报酬，只有董事还保留着维多利亚时代的传统，整个俱乐部里或许只有他

们才算是狂热的业余爱好者。所以我们看到了一个奇特的悖论，现代影响力最大的运动项目竟是由一群不拿报酬的兼职爱好者运营的。他们为什么要这样做？

俱乐部主席阿瑟·韦特为我们提供了一个答案，他说："他们之所以会加入俱乐部董事会，是因为他们为足球而疯狂。要当足球俱乐部的董事，首先你得是个疯子。"很多董事想必对此深以为然，尤其是在他们跋涉200英里（320千米）在冬日下午的寒风中看着自己的队伍毫无悬念地惨败之后。

愤世嫉俗者会说，真相是董事的傀儡角色赋予了他们虚幻的权威感。虽然董事除了看着自己的部落踢球以外基本无事可做，但他们却可以陶醉在手握大权的幻象中。《犯规》杂志多次表达过这种观点，这本刊物自称是"足球论文的替代品"。一位评论员曾经写道："归根结底，之所以有人愿意当足球俱乐部的董事，是因为他想控制俱乐部的雇员和支持者。他对权力的极度渴求昭然若揭。"《犯规》的其他作者更是对董事极尽嘲讽，他们觉得现代足球俱乐部根本不需要董事会："自足球运动诞生以来，专业足球俱乐部的董事对待球员和俱乐部的态度几乎没有任何变化……他们固执地保留着陈腐的业界关系、专制的控制手段、僵硬的管理方式和狭隘的视野，他们让足球变成了今天的样子……董事们……构建了保证自身权势永存的寡头政治，它的影响力大得难以估量……董事的角色和职责仍是一百年前的样子……但要满足现代足球运动的发展需求，尤其是球迷和球员的需求，他们的角色亟须变革。"

你也许觉得这些话说得很重，但比起激进

为什么是足球

派足球作家克里斯·莱特博敦在《终极足球手册》中的言论来说,其他人的嘲讽又显得很温和了。莱特博敦在"足球词汇表"中对董事做出了这样的定义:"董事。每个足球俱乐部都有一个董事会……他们都是些无所事事的蠢汉,加入董事会只是为了得到一个好听的头衔。"在他笔下,董事会的遴选机制是这样的:"候选人需要接受社交能力测试——其中一项内容是让他们以足球从业者的身份坐在一个房间里。七十分钟后,如果某位候选人一句话都没说过,那他一定是做董事的好材料。"

现代足球俱乐部的很多董事恐怕不认识这样的自己。如果听到别人说董事都是极度渴求权力和虚名的独裁者,那他们肯定会哈哈大笑。在他们眼里,俱乐部董事一般是挚爱这项运动,情愿为之奉献一生的成功商人,他们愿意付出大量的时间和精力来关照自己的俱乐部,帮助俱乐部解决财务问题和其他危机。如果说他们的角色在外界看来有些过时,请不要忘记,长老的确是部落传统主要的守护者。他们坚持传统的规则,是因为直觉告诉他们,正是这些烦琐而古旧的仪式氛围赋予了足球莫大的感染力。不过,这种态度的问题在于,如果它获得了成功,那些激进的足球评论员就没什么东西可写了。舆论对部落长老的敌意部分源于此。为了活得更好,他们需要变化和混乱、发展和革命,但对于足球部落里那些固执的保守派来说,这些东西显然都很陌生。

俱乐部董事真正的主要工作通常都在幕后默默进行。他们会花很多时间推敲和策划部落

活动的商业转化，但支持者对这些事儿基本不感兴趣。俱乐部事务耗资甚巨，要想部落繁荣发展，审慎的财务管理必不可少。在运营良好的俱乐部里，常务秘书负责处理日常事务，商业经理负责推广活动、募资和彩票，球队教练负责球员相关事宜，而董事会就是他们的顾问团。

特殊的"名人董事"为俱乐部董事会增添了一抹新的色彩。这方面最著名的例子是流行歌星艾尔顿·约翰，他不光当了董事，还在1976年买下了沃特福德足球俱乐部，成为董事会的主席。他这样做不是出于一时的冲动或宣传的需求，而是因为他深爱着足球。如果俱乐部的比赛和演唱会日程发生冲突，他不惜搭乘直升机赶场，而且他为俱乐部的日常运营付出了大量精力。1979年，约翰公开表示："现在，俱乐部是我生命中唯一最重要的东西……音乐对我来说一直都很重要，但我必须优先履行我对沃特福德俱乐部的职责。"唯一让他感到不满的是，出任俱乐部主席几乎毁掉了足球带给他的乐趣："安静地坐着观看比赛简直是种折磨。当我还是个普通董事的时候，我可以随时跳脚，那真是太有趣了。现在我只能矜持地坐着，默默忍受。而且每次输球我都觉得太丢人了。"

‹ 2009年，皇家马德里俱乐部和米兰俱乐部的董事在马德里萨拉卡因餐厅出席东道主皇马举办的赛前午宴。

其他足球俱乐部的主席想必也感同身受，艾尔顿·约翰的全情投入终于让他赢得了部落长老的尊敬，尽管他穿得和其他人格格不入，生活方式也根本谈不上保守。最重要的是，其他董事知道他为了出任沃特福德俱乐部的主席而做出了财务上的巨大牺牲。为了避税，大部分身家丰厚的明星会选择在国外生活，但约翰宁可忍受英国财务系统的盘剥也不肯放弃俱乐部。他在沃特福德俱乐部做了14年的主席，最后于1990年离任；从1996年到2002年，他又再次出任了这一职位。

艾尔顿·约翰对沃特福德俱乐部的付出完全出于真挚的热爱，足球部落的很多运营者显然也怀着同样的热情。对于那些嘲讽"傀儡董事"和"虚荣主席"的不实评论，这就是他们最后的回答。几乎所有部落长老都是这样。某些董事或许真的有些自命不凡，但无论傲慢还是谦逊，专横还是虚心，他们都对这项运动有着一种近乎病态的热爱。批评者总爱忽视这一点，这实在很不公平。无论是年轻的明星还是年迈的商业大亨，所有董事想必都会认同比尔·香克利的这句名言："有些人把足球等同与生死，我对此深表失望。我敢向你保证，足球远远比这重要得多。"

部落法官

联盟和协会,裁判和边裁

高高在上的部落法官盘踞在所有足球部落头顶。大部分地方性部落议会对他们又敬又怕,国家级和国际级协会与联盟里的高级官员负责做出裁决和惩罚,解决争端,执行跨部落战斗的规则。

普通的部落民对这些法官毫无热情,完全不感兴趣。他们只是赛季日程的制定者,负责安排谁和谁什么时间在哪里对战。球迷知道肯定有人负责这方面的事情,但在他们眼里,这些部落法官不过是在办公室里填写表格、为激动人心的大赛安排场馆的办事员而已。场上的球员才是真正的部落英雄,相形之下,这些官员都是些毫无流行特质的灰色影子。

对球员来说,部落法官是在他们犯错时跳出来施加惩罚的年迈君王,也是在重要的决赛和国际大赛开场前跟他们握手的人。

事实上,所有主要的足球组织都是垄断性的巨头,所以他们拥有封建君主般的权势和军事法庭般的苛刻。他们强硬的手段在现代民主社会中显得那么格格不入,所以经常遭到抨击。不过从他们的角度来说,足球部落中的竞争和对抗如此激烈,只有最严厉的裁决才有可能控制住一触即发的场面。有时候人们觉得他们过于严厉,不懂得变通,但请不要忘记,这么多年来,他们成功处理了那么多跨部落事务,有效地平衡了各方面的诉求,所以足球才没有染上困扰其他球类运动的诸多弊病。他们尽可能地压制了政治干扰、药物滥用和赌球,其他某些运动项目就没这么干净了。当然,足球部落里偶尔也会出现这方面的问题,但法官们很快就会以娴熟的手法处理得干干净净。

过去,正是部落法官的高效工作让他们自己始终居于幕后的阴影

∧ 2015年，柏林奥林匹克体育场，欧洲冠军联赛的决战即将在尤文图斯队和巴塞罗那队之间打响，比赛开始前，主裁判乔历·卡基亚领着边裁们穿过球场。

中。悲伤的是，2015年5月，这样的局面被打破了。几位最高级的部落法官——国际足联的某几位官员——因敲诈、电信诈骗和洗钱等罪名被告上了法庭，涉案的贿赂和回扣金额高达1.5亿美元。这里我要澄清一个重要的问题：以上所有罪名与国际足联具体的球赛组织工作无关。管理足球部落的规则、在这些规则被打破时施加惩罚、确保比赛结果的公正性，国际足联的这些职责并未遭到玷污。贿赂和贪污行为影响的只是赞助商的选择和世界杯举办国的确定。这些事儿牵涉的都是大笔的生意，与比赛本身基本没什么关系。虽然国际足联官员的财务舞弊规模堪比黑手党，但这不会影响每一场比赛的公正性。出于这个原因，普通的足球部落民对这个案子基本不感兴趣。要是他们觉得国际足联做了什么手脚，导致自己的俱乐部不公平地输掉了比赛，那他们一定会挥舞胳膊大声抗议；但既然只是国际足联里的几只肥猫贪心地揩了点油，那么哪怕这些金融罪案规模惊人，也丝毫无损于足球的美丽。

但这件事依然损害了部落法官的公众形象。从传统上来说，国际

为什么是足球

足联和其他管理机构最重要的任务之一是维护部落的尊严和可敬的形象。用官方行话来说，任何"玷污这项运动"的行为都应该遭到猛烈的抨击和最严厉的惩罚。既然部落法官自己都已腐化堕落，那他们很难再要求别人公正无私。

走出足球部落高级法庭那个神秘而模糊的世界，我们有必要仔细观察一下部落的"低级法庭"。作为部落法官的代表，这些无畏的使者出现在每一场比赛的赛场上——我说的是主裁判和他的边裁们。这些巡回法官必须站在绿茵场上，对瞬息万变的比赛做出不可更改的即时裁决；除此以外，他们还必须承受球迷的怒火。在部落长老臃肿的组织架构中，他们或许只是低级的官员，但只要开场哨吹响，比赛拉开帷幕，那他们就暂时成为场上的霸主，谁也不能干扰他们所做的任何一个决定，包括这片土地上最高级的官员。

足球部落民如何识别各种裁判

1. **盲眼裁判** 自居快节奏比赛之友。他似乎丢了自己的哨子,对场上的任何事情都视而不见。深受强硬派球员爱戴。

2. **哨不离口裁判** 对他来说,吹哨是一种习惯,裁判专用口哨就像长在了他的牙齿上。球迷痛恨这样的裁判,看到任何一点小错他都会吹哨,于是比赛被无数个恼人的暂停切割成了碎片。深受温柔派球员爱戴。

3. **主队裁判** 相信主队的所有野蛮犯规都不过是充满激情的断球,而客队则是一群野兽,所以他们的行为也和野兽无异。这样的裁判通常紧张、胆小、矛盾、焦虑。患有最折磨裁判的疾病:渴望被爱。出于某种神秘的原因,他们的腿常常白得像百合花一样。

4. **校长裁判** 把球员当成淘气的小学生来对待,只要有机会就会趾高气扬而轻蔑地白他们一眼。发出警告时铁定会嘲弄地招手,坚持叫球员"过来!"过于频繁地摆手指、严厉说教。遭到所有球员的集体痛恨。

5. **华丽裁判** 穿着无可指摘。永远知道电视摄像机的位置。手势夸张,经常亲自表演球员的犯规动作。仿佛学过芭蕾,据说还用摩丝给自己的头发定型。

6. **微笑裁判** 见多识广,相信幽默是化解紧张局面的良药。通常年纪较长,但矫健的动作又显得很年轻。做出严厉警告时总是面带微笑——哪怕用自己的母语痛骂急性子球员的时候也同样如此。球员的最爱。

7. **完美裁判** 坚定而公平,低调而果断。情绪性的爆发和喧嚣的人群左右不了他,情真意切的恳求也打动不了他。能在 50 米外分清滑倒和假摔。罕见的物种,但尚未灭绝。

赛场上的裁判面临的最大问题是,他清楚地知道,自己的每一个决定至少都会遭到 11 名球员及其支持者的痛恨。他不管怎么做都无法取悦所有人,人很难面对这样的事实。作为人类,他多少会受到场上气氛的影响。主队的支持者总是远远多于客队,裁判心里非常清楚,如果做出有利于主队的裁决,他得到的痛恨会少得多。出于这个原因,

‹ 2014 年,德国对战阿根廷的世界杯决赛在里约热内卢的马拉卡纳体育场落幕后,主裁判尼古拉·里佐利(左二)和边裁们摆好姿势拍照。

为什么是足球

他多多少少都会对主队有些偏袒——用足球界的行话来说，变成一个"主队裁判"。

有经验的裁判十分警惕这种风险，所以他们会有意识地抵抗自己内心取悦主队球迷的冲动。好裁判做得非常漂亮，但糟糕的裁判却输得一败涂地。输得太明显的裁判会激起客队球员的抵触情绪，于是他们在场上会变得更加暴力而残忍。要是主队以牙还牙，那么比赛很快就会变成灾难，软弱的裁判最终会失去对场面的控制。一旦走到这一步，他的裁决会变得越来越自相矛盾，球迷的怒火也会越来越高涨。最后看台上可能发生暴力冲突，有时候甚至会演变成全场骚乱。

虽然现在裁判的角色一般会得到尊重，场上也很少发生严重的事故，但在南美足球运动的早期，危机层出不穷。如果主队输了，裁判甚至可能真有生命危险。这位可怜人常常被揍得鼻青脸肿，离开赛场的时候就像做贼一样偷偷摸摸，为了避开场外等着收拾他的人群，裁判有时候需要假扮成警察甚至女人。一些饱受惊吓的裁判学会了在衣服下面偷藏武器。曾经有一位裁判因为宣布某个有争议的进球有效而被人在鼻子上揍了一拳，接下来他立即被整整一队球员围了起来，他们威胁说，如果不更改裁决那就继续揍他。就在这时候，裁判从衣服下面掏出一把锋利的刀子挥了起来。

同样是在南美洲，另一位不幸的裁判因为拒绝让主队罚一个点球而遭到了枪击。俱乐部主席掏出一把左轮手枪仔细瞄准裁判扣动扳机，子弹击中了他的头部。还有一位裁判不得不打倒逼上前来的警察逃离赛场，突如其来的一记勾拳揍得警察晕了过去，慌张的裁判穿过赛场，奔向球员甬道；进入甬道以后，裁判终于觉得自己安全了，于是他吹响哨子，疯狂地试图结束比赛。

中美洲的局面也差不多。某场比赛双方一直没有进球，临近终场时，裁判给了客队一个罚点球的机会，结果立即就被主队扔过来的石头砸了。除了美洲以外，其他大陆也发生过类似的事故。在西非，马里的一支主队因为裁判的某个判决大发雷霆，他们将裁判打倒在地，摔碎了他的表，还强迫犯规的客队球员跪在自己脚下乞求原谅。在哥本哈根，一支土耳其的客队因为某个裁决而在临近终场时输掉了比赛，于是他们用棍子把裁判打得失去了意识。

任何见过这种暴力场面的人都不会怀疑足球裁判是种高风险职

> 2015年5月29日，第65届国际足联大会期间，戴着头套的抗议者出现在苏黎世海伦体育场外，头套上的人物是饱受争议的国际足联主席塞普·布拉特。某家国家级报纸形容布拉特是个"自高自大、自鸣得意的苏黎世小矮人"，但他似乎毫不在意公众的反感。

业，难怪业界越来越招不到年轻的优秀裁判。幸运的是，近年来严重的暴力行为一直在减少。多亏了细致的训练课程，裁判的裁决标准也有所改进，除此以外，联盟官方对暴力球员所在俱乐部的惩罚也变得更严厉了。不过，虽然今天的裁判几乎不再面临人身威胁，但他们仍然逃不开其他形式的攻击，在比赛开始时踏入球场的每一位裁判都得准备好强壮的身体和冷静的头脑。正如某人所说，完美的裁判必须"像犀牛一样皮厚，像门钉一样耳聋"。

在这样的环境下，为什么还有人想当裁判？这个问题令局外人困惑不已。答案很简单，有的人就是无比渴望亲身参与到足球这场游戏中。如果他们不适合踢球，而且深知自己永远不可能成为一名真正的球员，那么以裁判的身份和球员一起出现在场上就成了次优的选择。或许每场比赛他都会遭到别人的侮辱、诅咒和唾骂，但他仍能近距离享受这项运动带来的激情。无论外来的攻击和羞辱有多猛烈，他们仍不愿放弃这份财富。足球部落的其他成员必须对裁判的付出心怀感激，因为要是没有他们，赛场将陷入混乱，整个足球世界也将分崩离析。

部落巫医

经理和教练，理疗师和训练员

　　每个部落都需要念诵咒语、施放魔法的巫医。在足球部落里，巫医被称为经理（manager）或教练（coach）。他的职责是利用个人魅力和几句仪式性的咒语把十多个桀骜倔强的专业运动员变成一群愿意为部落事业奉献生命——或者至少是肢体——的狂热信徒。他必须把球员心目中混日子的工作变成值得全情投入的伟大征途。为了完成这个任务，他必须——和所有优秀的巫医一样——兼具催眠师、精神病学家和巫师的本领。既然他永远无法上场踢球，那么他也不可能直接影响比赛。他的一切抱负都只能间接地通过球员去实现，要是不能用咒语征服球员，他就什么都做不成。

　　如果说好教练和坏教练最大的区别在于将自己的意志强加给别人的能力，那么伟大的足球教练必然个性强烈，事实也的确如此。最成功的教练都拥有过人的魅力和出众的能力——无论是在更衣室里还是在电视上——让听众舍不得错过他们说的每一个字。谁也不知道他们是怎么做到的，正如一位教练所说："足球教练不是教出来的。我们没学过管理，也没学过如何发表演讲，如何充当商人。我们都是自学成才。处在这个位置上，我们必须跟那些在生命中合适的阶段受过合适教育的人竞争。"靠着直觉和天生的狡黠，他们莫名其妙地适应了频繁曝光的公众角色，他们接受的采访和政客一样多，发言被引用的次数堪比作家。

　　足球教练是否能获得成功，部分取决于他们把足球游戏变成语言游戏的能力。还在场上踢球的时候，他们必须用佯攻和假动作迷惑对手；看来这些训练在他们脑子里留下了特殊的印记，为他们日后的职

> 人们在曼彻斯特的老特拉福德球场外竖起了一尊醒目的雕像，来纪念有史以来最成功的足球教练之———亚历克斯·弗格森爵士。

业生涯带来了莫大的好处。那些敏捷的动作深深刻在他们的脑子里，如果能将身体习惯的动作转化成语言，他们就得到了巨大的优势。他们在对话中反应迅速，横向思考的能力极强。他们可以回避难题，将试探性的评论转化为对自己有利的说法，巧妙地挡开侮辱性的言辞。他们熟练运用自己在绿茵场上千锤百炼的技巧，只不过现在是以言语的形式，而非脚法。

大部分教练都尝过跌落深谷的滋味。前一天他们还是三十多岁的"高龄"球员，挣扎着试图让自己的脚步跟上经验丰富的头脑；第二天他们突然成了"头儿"，对着年轻的球员用自己听了十五年甚至更久的腔调高谈阔论。虽然这样的转变总是来得那么突然，但很少有人提出抱怨。退役球员很难找到能让他们充满激情的工作。大部分球员对球队教练的职位趋之若鹜，所以谁也不会质疑自己的好运。他们如此渴求这份工作，哪怕这是整个足球部落里最不稳定的职位，他们也一点儿都不在乎。

平均而言，专业足球教练在同一家俱乐部服务的时间还不到三年。有的幸运儿在离开老东家之后去了高级联赛的豪门俱乐部，但大部分教练离职的原因是无法打造出一支赢球的队伍而被董事会炒了鱿鱼。发给媒体的公告通常会说某位教练提出了辞职，经过双方协商，最后友好分手。但正如某位离职的足球教练哀怨的表白："你爱信不信——没有哪个教练会主动辞职。"一个赛季又一个赛季，被迫离职永远是足球教练最恐惧的噩梦。

教练为什么会成为部落的替罪羊？原因一目了然。就算球队表现糟糕，哪怕面临降级，俱乐部也不可能解雇所有球员。谁也不会买这样的球队，已经陷入窘境的俱乐部也没有那个资本开掉所有球员，招一批新人从头来过。所以球员相对比较安全。同样的道理也适用于董事会。而且董事们通常持有相当比例的股份，

足以让他们逃脱年度股东大会的责难。俱乐部秘书与球队的技术决策无关，所以他也是安全的。最后只剩下教练一个人孤零零地待在部落的祭坛上。如果部落遭遇大旱，原始时代的巫医就将承受所有责难，不管他作了多少次法来祈雨，只要雨还没下，就不会有人对他心慈手软。足球教练的遭遇也一样。

人们的这种态度可以理解，但有时候的确很不公平。教练的策略可能遭到了董事会的干扰，上头逼着他做了一些他自己并不赞成的事情。现代的部落长老的确没有过去那么颐指气使，但他们可能会做一些微妙的暗示，让你无法视而不见。为了安抚他们，维护良好的关系，教练可能会做出一些让步。某些董事可能特别青睐某位球员，他们会不断向教练施加压力，为自己心目中的明星争取机会，就算教练以专业的经验判断这位球员有明显的缺点，可能让球队输掉比赛，但他有时候也会身不由己。就算比赛的结果最终证明教练的看法没错，但覆水难收，董事们转头就会忘掉自己在这场灾难中扮演的角色。他们可能还会忘记，由于俱乐部财务困难，他们在赛季刚刚开始的时候拒绝了教练的建议，不肯买入球队亟须的某位关键球员。

除了上述问题以外，教练还可能遭到球员的轻慢。他或许会发现，队里某些最优秀的球员不愿意配合，甚至跟他对着干。作为不可或缺的明星球员，他们不惮于挑战教练的权威，这些榜样又会削弱教练对其他球员的控制力。一位教练讽刺地总结过这种情况：“新来的教练要想取得成功，千万记得要把那五个讨厌你的球员和另外六个还没拿定主意的人隔开。”

另外，如果关键球员因伤长期无法出赛，导致球队阵容失衡，最终也可能让整个俱乐部一败涂地。

但是，面临解雇危机的教练就算提出这些原因，哪怕再加上其他情有可原的客观因素，他的命运也很难有所改变。等到俱乐部沦落到降级区，不满的情绪早已从董事会蔓延到了普通的球迷中。随着球队接连败北，每次输球之后，迎接教练的是支持者们高举的标语和"史密斯下课！史密斯下课！"的怒号。球迷也选中了教练来充当替罪羊，他们强烈要求用巫医的鲜血来净化部落酸涩的记忆。本地的新闻记者和足球评论员也会煽风点火，他们每周都会大肆开火，挑剔和放大教练犯下的每一个错误。

等到大坝最终崩塌,教练被迫滚蛋,他的未来将被乌云笼罩,只余一片灰茫。等着接替他的助理教练和退休球员多得数不清。尽管这个职位充满风险,但永远有人趋之若鹜。

所以,身陷重围的教练举世皆敌——上头的董事会,下头的球员,外面的支持者和媒体,没有人愿意同情他。所以哪怕在短暂的成功时刻,他(还有他饱受折磨的家人)也很难摆脱如影随形的不安全感,这一点都不奇怪。年复一年,正是这种永恒存在的焦虑感迫使教练们越来越偏爱谨小慎微的防御型足球。对失败的恐惧压倒了对成功的渴望,于是整个游戏不可避免地变得越来越胆小,越来越缺乏娱乐性。

这个问题很难找到解决方案。如果足球教练能组建强大的工会,保护会员免遭不公解雇,提高他们的职业安全度,那俱乐部董事会的确会遵守新的规则,但球迷可不会买账。看台上会爆发如潮的咒骂,教练在俱乐部里的日子很快就会变得无法忍受。巫医在部落里的角色注定了他们不适合现代的工会管理方式。他可能永远都是部落的替罪羊——前一刻被捧上巅峰,下一刻却遭到驱逐。但是,如果魔法真正有效,他们将得到足够的补偿。在教练席里忍受的漫长折磨,皱着眉头喃喃咒骂,咬牙切齿地对着场上的球员吼叫,恨不得亲自上场示范球该怎么踢……如果他足够幸运,再加上清醒的判断力,这一切都将得到回报,他将品尝到山呼海啸般的快乐和骄傲。如果球队顺从了他的魔咒,疯狂地咆哮着冲上荣誉的顶峰,那么他得到的胜利喜悦丝毫不亚于球员。在这样的时刻,几个月的痛苦折磨和如坐针毡的不安全感似乎都获得了报偿,这就是足球教练这个职位真正的魅力所在,每个人都能看见,它清清楚楚地写在他们容光焕发、喜不自胜、无比满足的脸上。

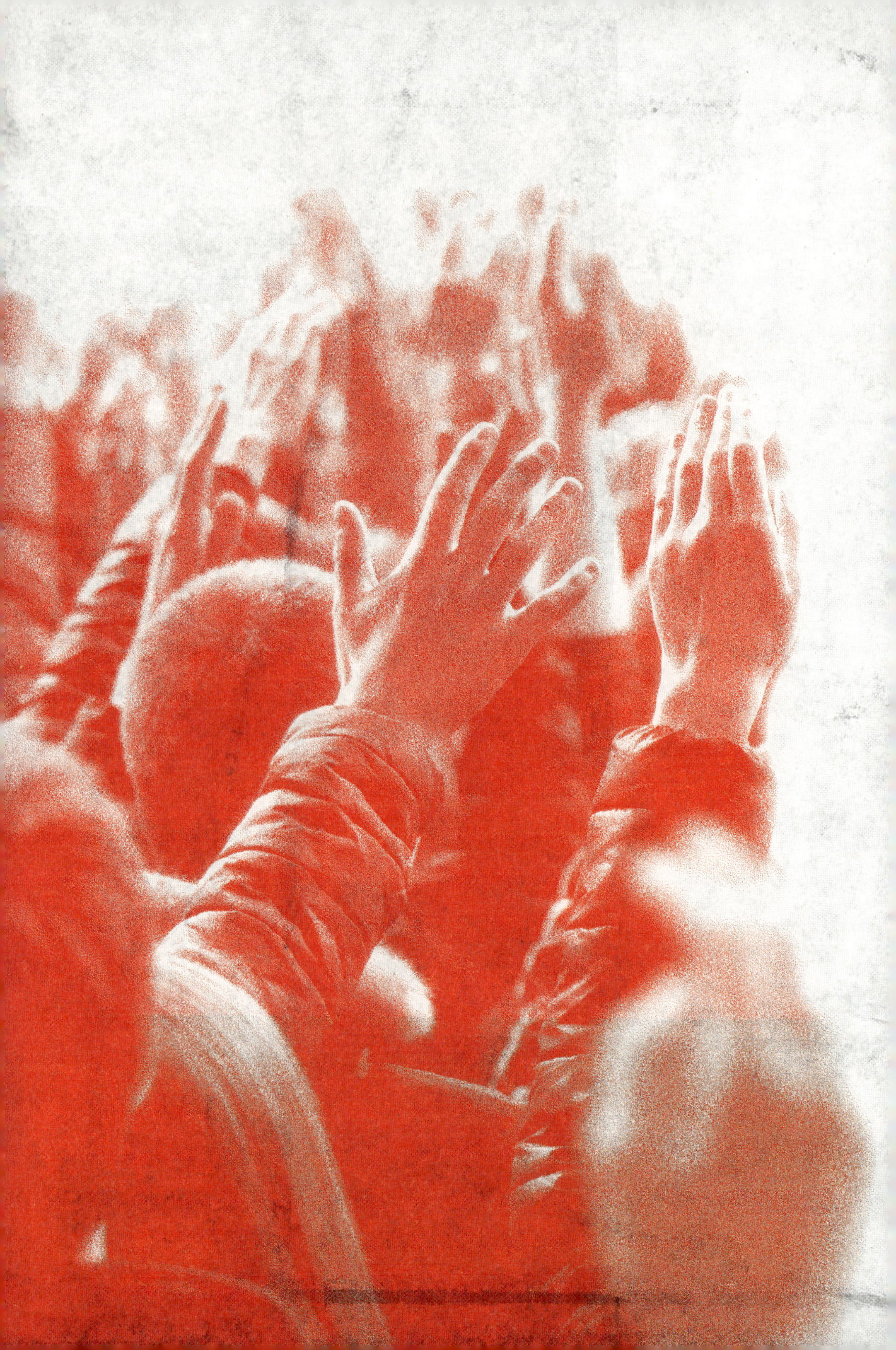

SOCCER

追随者

6

追随者的行列

支持者和记者

在比赛日，通往球场的道路上一派喧嚣，那幅场景就像一支中世纪的军队在为即将开始的战斗集结。人们摩肩接踵地列队前行，身上穿着鲜艳的服装，手里拿着旗帜和横幅，聚集在雄伟的竞技场，按照仪式般的节奏大声歌唱和喊叫，呼唤着他们的部落和英雄的名字，击鼓、吹响号角和鼓掌。这些人是部落追随者，是他们让足球比赛更加令人兴奋，其重要性甚至不亚于球员本身。如果没有他们创造的气氛，没有他们强烈的忠诚和渴望，足球这项运动就会崩溃，不只是出于经济原因，还因为它会失去自己的精神——它像部落那样给人带来的痛苦和欢乐。

在漫长的赛季，每周都有几百万人涌向球场，这些虔诚的追随者是什么样的人？他们从哪里来的？其中的绝大多数是城市居民，工业革命的后代。他们的一周通常是在工厂、办公室、商店，以及繁忙的城市街道上度过的。他们的工作缺少任何巅峰时刻，常常是单调而重复的，所以当比赛日来临，他们会热切盼望比赛将会带来的高度紧张和戏剧化的情绪高峰，用几乎难以忍受的兴奋瞬间打破自己波澜不惊的生活常规。

每个追随者对这项运动的技术性都足够感兴趣，可以在电视上观看任何一场足球比赛，而且会在特殊时刻支持自己的国家队，但他的心总是和某一支特定的球队在一起，而他对自己家乡俱乐部的部落般的忠诚超越了所有其他考虑因素。即使当他的球队表现不佳，连遭败绩的时候，真正的追随者的忠诚依然不会动摇。他也许会发出悲叹和抱怨，但他绝不会抛弃自己的球队。他已经知道，无论多么厉害的球

› 2012 年的布宜诺斯艾利斯，一支巴西球队即将在这里迎来与阿根廷拉努斯队的一场国际比赛。赛前，来自里约热内卢的一位巴西球迷嘲弄地指着自己的手机，屏幕上显示的是阿根廷前球员迭戈·马拉多纳。

队也不能赢得所有的比赛，而他会等待，等待一定会到来的胜利时刻。

最狂热的追随者对自己俱乐部统计数据的了解就像百科全书一样翔实，成百上千的部落事件更是件件如数家珍。他们可以像背诵乘法口诀表一样说出一连串球员的名字。比赛结果和进球统计回忆得分毫不差。他们的头脑中装满了球队组织、有争议的越位造成的结果、明星球员的冲突、联赛位次的变动、进球率、他们的英雄球员的转会日期，以及千千万万个其他比赛事件和数据。如果大学里有关于这些事情的考试，他们全都会是一流的学者。如果去教堂时也同样上心，那他们一定能够一字不差地把《福音书》背出来。

在比赛日进入体育场后，他们大致可以分成两类——老支持者和年轻支持者。老支持者前往场地两侧的看台，而年轻支持者则聚集在球门后面。不是没有例外，但这是普遍规律。乍看之下，他们似乎是一大团没有固定形状的物体，一大群脑袋伸着脖子盯着场上的变化，时时刻刻紧随其后，仿佛成了某个巨大生物的互相联结的细胞。但是再凑近一些观察，就能找到许多各有特色的类别——这些特殊类型的追随者总是在每次部落聚会上一次又一次地出现。下面是某些最有趣的类型的简要介绍：

老支持者

1. 死忠

这些追随者把他们的生命献给了俱乐部。对他们来说，自己的球队不可能犯错。他们的格言是"我们的队伍从不输球，只是偶尔时间不够用了"。赛果不佳总是被归咎于裁判不公、对手球队的野蛮行为，或者霉运缠身等理由上。如果任何人暗示他们的球队踢得不好，他们就会非常生气，而且他们从不骂自己的球队，即使在情况最糟糕的情况下。他们的偏向是百分之百的，而且对他们是极大的消耗。

2. 专家

这些人对球队的了解超过主教练，而且很愿意向后者解释所有事情，只要他愿意听。他们分析球队的每一个举动，而且总是强烈批评球队的选择,无论是球员的买卖还是排兵布阵。在看台的座位上,他们会让自己忍耐已久的邻座充分了解球队每次事件的前因后果,有时他们对自己的评论如此聚精会神,以至于错过了至关重要的进球。他们非常善于给自己的错误预测找借口,总是一副事后诸葛亮的派头。

3. 说笑话的人

这些追随者准备了一箩筐挖苦人的玩笑话,无论比赛是否暂停,他们都要把这些话吼出来。他们的评论几乎全都是夸张的侮辱。如果裁判没有吹犯规,开玩笑的人吼道:"他们不让他把自己的导盲犬带上场。"如果对方球员受伤倒地,他会喊:"他们开枪打马,但你没事,他们不打驴子。"如果裁判给了对手一个点球,他大叫:"他们给你做割包皮手术时扔掉了该留下来的部分。"如果某个球员踢得不够努力,他咆哮:"你的用处就像巧克力茶壶一样大。"

4. 喝倒彩者

像说笑话的人那样,这也是些大喊大叫的人,但他们的评论基于愤怒而非幽默。他们通常只会一些简单的辱骂,如"你们是一堆垃圾"或者"你们是一群基佬"。当比赛形势不利时,这些评论就会针对自己的球队,让死忠们感到非常不舒服,后者有时会斥责他们,让他们闭嘴。当比赛形势顺利时,他们就会陷入沉默,甚至很少在胜利时欢呼。他们之所以来看比赛,似乎主要是把它当成了一种发泄怨气的途径。当这种怨气发泄在对手身上时,通常表现为"你们是一群动物,回到动物园去"这样的形式。对喝倒彩者而言,比赛是一种特别的心理疗法,就像是去一座公共"泄愤屋"一样。

5. 殉道者

殉道者从不大喊大叫。他安静地自言自语,一边抱怨一边悲伤地摇头。甚至在比赛开始之前,他就知道结果不妙并从中感受到痛苦。他如此享受自己的殉道,以至于当形势顺利时,他会开始抱怨没有尽力的球员,或者悲观地预言"这持续不了多久"。他惧怕球队输球,更惧怕降级的威胁。他说球赛给自己带来这么大的痛苦,不明白自己为什么要来看球,但他总是会回到球场,看更多的比赛。

6. 怪人

每个俱乐部都有自己的一批古怪球迷,他们出现时经常穿着夸张的服装,或者随身携带特殊的食物,或者在比赛结束之前惹人注目地退场,咕咕哝哝地抱怨。他们生活在自己的世界里,但是似乎需要群体的衬托以便强调自己与芸芸众生的不同之处。没有人知道他们对球赛的真正感受,他们是自成一派的追随者。

7. 局外人

看台上的几乎每个人都经常看球赛并了解内情,但有时会有一些局外人混进来,由于缺乏对部落仪式的理解,他们通常会立即脱颖而出。他们可能是外国人或者这座城市的游客,他们的服装以及他们对球场事件的反应都会让他们引人注目。如果他们兴奋到喊了出来,一

> 挤在站台上观看比赛的人群。

下子就能听出他们的评论缺少部落的感觉,这时经常来看球的人就会交换"我们都懂"的眼神。

年轻支持者

1. 新人

年轻支持者中的主力军是粉丝,那些大批聚集在一起唱歌、鼓掌的狂热分子,不过在他们周边还有其他没有完全被他们接纳的年轻支持者。其中最年轻的是新人,这些小伙子才刚刚长到可以自己来球场看球的岁数。经常能够看到他们急切地在球员入口等待,手里拿着球星自传,希望能得到球星本人的签名,带回家给自己的朋友炫耀。他们是粉丝的后备军。

2. 粉丝

有许多方法可以鉴别出真正的粉丝。他们的服装常常以某种方式装饰成球队的颜色。他们会在比赛开始很久之前聚集在球场外,然后

为什么是足球

一起进场,占据自己特殊的位置,聚集在看台某一特定的区域。这是他们的神圣区域,在大多数俱乐部,该区域位于一侧球门的后面,根据神圣的传统,它被称为"主场端"(home end)。主场端常常拥有特别的外号——利物浦球场的 Kop 看台就是最有名的一个。作为粉丝的一员聚集在这种地方是一种部落特权,而且需要遵守特定的习俗和规则。所有粉丝都必须加入仪式似的吟唱,谩骂对手,并对部落英雄献上赞美。一个赛季可能会唱超过两百首不同的歌曲,而每个人必须在比赛之前学会唱这些歌。有节奏地鼓掌以及其他行动也是真正粉丝的表现至关重要的一部分。和场上的球员一样,他是自己部落主要仪式不可缺少的组成部分。正如我们在前面看到的那样,主场进球比客场进球容易得多,而聚集成群的粉丝制造出的狂热支持气氛是影响这种差异的最大因素。庞大的粉丝军团用咆哮和鼓掌表达自己的支持,还展示着球队的颜色,球员们会感受到更大的激励并更加自信。他们会感觉自己"不能让粉丝失望"。对这一点心知肚明,最热心的粉丝会专门组织大巴把他们运送到球队的客场,或者乘坐长途火车,给远离主场作战的球员创造更有支持性的气氛。这些旅行客场粉丝的数量很少会超过主场粉丝,不过某些球队能够享受到十分狂热的支持,以至于无论他们在哪里比赛,都有"在主场"的感觉。有时这些客场粉丝必须得到警方的保护,并从大巴停靠点或火车站集体出行,以免发

˅ 喝醉的球迷在比利时沙勒罗瓦的查尔斯二世广场休息,此时距离 2000 年欧洲杯英格兰队和德国队的比赛还有几个小时。

生球场外的斗殴事件。一旦进入球场，他们会被引领到远离主场粉丝一端的客队球迷专区，尽可能拉开这两个敌对团体的距离。那些经常去客场看球的粉丝是在他们的行列中最受尊敬的。

3. 领袖

在全体粉丝中存在几个特殊的类别。虽然任何俱乐部的粉丝大军都没有来自外部的组织，但他们都有某种程度的内部组织。有一些人承担着天生领袖的角色。有一些人是暴力行为领袖，会在爆发暴力事件时充当指挥。另一些人是吟唱领袖，他们发明新的歌和短句然后负责领唱，确定新的旋律，或者发起有节奏的鼓掌。还有一些人是旅行组织者，负责安排大巴、集合地点和其他交通细节。

4. 流氓

在粉丝成员中，有许多人时刻准备着在对手面前捍卫自己俱乐部的荣誉。对大多数人来说，这意味着仪式性的威胁，并不会发生真正的斗殴。他们会发出辱骂，成群结队地跑到对方球迷的神圣领域或附近"送别"对手，但他们很少会真的出手。他们的攻击性有强烈的"作秀"成分，所以他们表面上的危险程度甚于实际。

5. 恶棍

这是一类年纪稍大一些的特殊粉丝，他们与其他人的区别在于身上完全没有俱乐部的颜色。他们穿着普通牛仔裤和T恤衫，因为他们觉得自己已经过了那个强调外在展示的阶段，如今已经名声在外，用不着这些行头了。他们往往聚集在一起，而且是在爆发冲突时最容易将攻击性仪式变成真正斗殴的一群人。他们是对方粉丝最害怕的人。但他们会小心计划自己的策略，绝对不会失控。

6. 饮酒者

一类年纪稍大的粉丝将比赛前的大量饮酒作为一种展示地位的方式。他们在开球之前聚集在小酒馆和酒吧里，来到看台时多多少少是醉酒的状态。这会激怒一些粉丝，因为他们缺乏组织的行为会破坏协调一致的吟唱和鼓掌仪式，而其他人则把他们当成富于娱乐性的助兴表演。

7. 正派人

最后，许多年轻的支持者有意远离狂热的粉丝大军，他们来到赛场只是为了看比赛。他们会欢呼、叫喊和鼓掌，但他们不会加入真正粉丝的特殊吟唱和外在展示。他们也许是自己球队的忠诚支持者，但他们更喜欢保持个人的身份而不是成为粉丝军团的成员。

这些就是支持者的行列。球迷们绝不是乍看上去一盘散沙的一大批人，而是复杂的社会单位，充满了微妙的区别和类群，而且每一个类群都能识别出其他类群，并认为自己在部落聚会中占据着特殊的位置。

这些类群中有很多同时出现在全世界的几乎所有俱乐部。至于规律中的差异，通常总是存在可以解释这些差异的国别特色因素。例如，在不同俱乐部的地理距离非常遥远的国家，能够成群前往客场看球的粉丝会少得多。这会立竿见影地消除对抗因素，并大大改变粉丝的外在展示。

21世纪，粉丝行为还产生了另一项重大变化。官方在20世纪90年代决定禁止所有大型俱乐部的站立看台，引入全部都是座位的体育场，于是粉丝们密集地聚集在一起的情况大大减少了。他们仍然可以坐在体育场里某些自己更喜欢的区域，但原本密密麻麻地站在一起的人群的密度降低了。尽管新的座位规定是为了避免人群涌动和骚乱造成的死伤，但它也会产生抑制球迷活动的副作用。因此球迷曾经爆发过抗议，要求恢复站立区。2015年，一项针对英格兰球迷的调查发现，96%的球迷想恢复站立看球的传统。欧足联和国际足联绝不同意，他们坚持每一场国际比赛都应该在全部是座位区的球场举办。对于国内比赛，某些国家已经采取了折中方案，提供了一些"安全站立"区，在看台上安装了一行行栏杆。这样的看台能够阻止人群涌动，同时实现了站立看球。

观看球赛时是站立还是坐下的争论持续至今。对许多粉丝而言，解决方案非常简单。他们购买座位票，然后在观看比赛时站在自己的座位前。

最后，还有一类特别的追随者——记录者会出现在每一次部落聚会上。他们是部落的誊写员和预言者——体育记者和赛事报道员、广播和电视评论员，以及摄影师和摄影记者。他们记录比赛的每一个微小细节，并对各个俱乐部未来的命运做出轻率的预测。

摄影师负责搭建球门线后面的摄影装备，它们似乎是摄影产业的很大一块市场（有时还会成为身体高速飞翔的球员的不那么令人舒服的防撞护栏），而电视台的摄影记者就像狙击手一样盘踞在体育场四周高处，除了他们之外，大部分记录者都被局限在一个名为记者席（Press Box）的特殊玻璃亭子里。这让他们远离普通追随者，以至于他们的存在几乎不被提及或评论。对于球队的支持者们来说，他们是遥远的，就像电影放映员对于电影观众一样，直到第二天他们才会被记起，他们的话得到热切的审视，只为了确认那些广为人知并在终场哨响起之后被无穷无尽地讨论的事件。但他们是部落结构中至关重要的一部分，他们为这项运动投入的时间和空间雄辩地证明了这一部分在仪式上的重要性。

> 2010年，德国队在一场世界杯比赛中以4∶1击败英格兰队，在大屏幕上观看比赛的英格兰球迷露出了沮丧的神情。

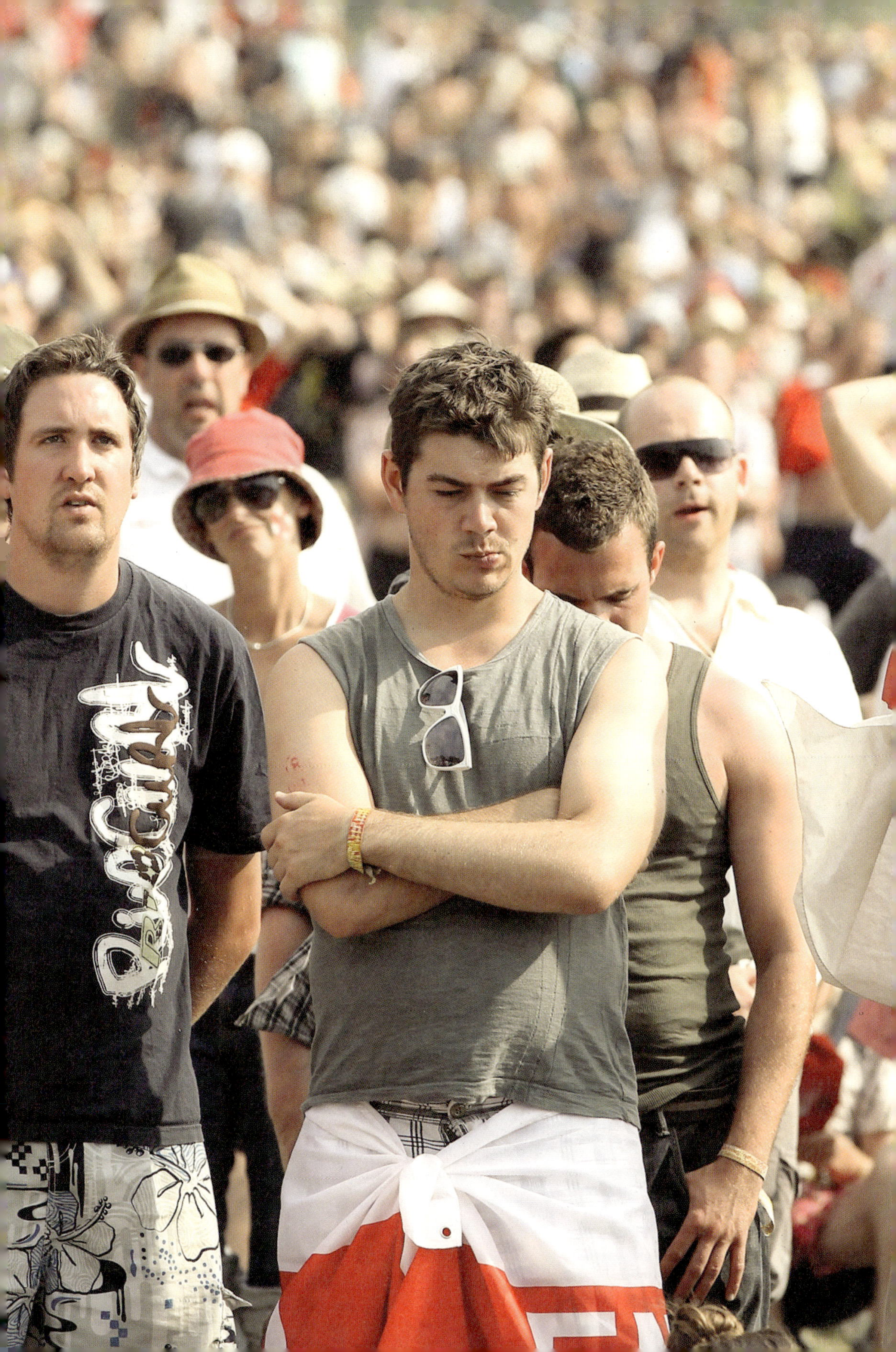

追随者的装饰

大礼帽和文身，战争彩绘和花饰

前往杯赛最后一天的决赛现场，你会感觉自己置身于一场化装舞会。现代社会的任何别的地方都不会有如此丰富多样的色彩和图案。事情并不总是如此。在足球运动的早期岁月，球迷们虽然忠诚度与今天不相上下，但他们的着装打扮却十分正式且单调。

在第一次世界大战之前的那些年，足球追随者会脱掉自己的工作服，穿上自己最好的成套正装去看比赛。用放大镜观察当时拍摄的观众席照片，就能对他们的看球着装分析一番。在任意选择的一张照片里，一百名观众中有九十名男观众戴的是布鸭舌帽，八名男观众戴的是圆顶硬礼帽。另外两名观众是女观众，戴的是大号女式软布帽。在男性观众中，几乎所有人都穿着带领子的外套和衬衫，还打着领带。四个人的浅色围巾紧紧地系在他们的脖子上，并掖进外套里。这是20世纪早期足球比赛观众的典型穿着，其他照片证实了这一点，只是圆顶硬礼帽的比例有时稍微高一些。

在两次世界大战期间，圆顶硬礼帽的数量开始下降，被软毡帽代替，但鸭舌帽仍然是主流。对于更敢尝试新鲜事物的人，此时的额外装饰是花饰和拨浪鼓，以及与球队颜色一样的鲜艳围巾。正装和领带仍然是典型的服装样式。

"二战"之后是一段经济紧缩时期，服装方面几乎没有改变，只是圆顶硬礼帽终于消失，而不戴帽子的比例大大增加。但是随着岁月的流逝，一大批足球装饰开始出现，除了传统的花饰和围巾之外，球迷身上有了球队颜色的帽子、旗帜、徽章和标志。这股潮流一直延续到今天，不过在很大程度上局限于比较年轻的粉丝。它会在重要的杯

> 1920年观看布莱顿队和西汉姆队之间一场比赛的支持者们。大多数人戴着鸭舌帽，身穿有领子的大衣，打着领带。

赛抵达高潮，到时候热烈的情绪常常会让年纪更大的追随者抛弃自己单调的服装，加入狂欢的氛围中去。

这些像孔雀一样艳丽的展示不只是为了乐趣。它们非常严肃，而且尽管伴随着狂欢节般的醉酒和欢笑，这些颜色和服装都是对部落的强烈忠诚的标志。任何对这一点缺乏认识、将它们视作笑话的人都会遭受严重的身体伤害。哪怕是看上去最可笑的服装，也会被这种热情十足的忠诚赋予一种尊严。

除了球队的颜色和俱乐部的徽章之外，粉丝的服装没有其他指导原则。任何图案、任何设计、任何徽章、任何一件衣服、任何他亲自制造出来的配饰，都是可接受的。整齐一致的效果当然会出现，因为在很多情况下，他会从自己俱乐部的商店买这些东西，而它们不可避免地来自大规模生产。但是对于重要的特殊时刻，他也会花费许多时间制作自己特殊的个性化装饰，为观众席增添一些多样性。

我们可以从上到下对粉丝的身体审视一番。此时的帽子有各种形状和大小。有的帽子颜色鲜艳，根据球队的颜色分为对比鲜明的色块。还有针织贝雷帽，顶端有一个装饰性的绒球，甚至偶尔还有彩色土耳其毡帽。但所有帽子中最引人注目的是大礼帽。它一次又一次地出现在杯赛赛场，而且是足球运动非常早的时代的遗存，那时还是19世纪。在那个追求正式的年代，大礼帽是那些经常去看第一批业余球赛的观众的标配，而且在20世纪初期，这些大礼帽仍然会被高级官员戴在头上。它们在20世纪20年代作为粉丝杯赛决赛服装的一部分重新出现，用球队的颜色拼出垂直的条纹，就好像粉丝们在说："现在我们是高级官员了。"

在太空时代，时尚的迅速变换没有夺走大礼帽的光辉。如今它也许已经难得一见，但部落长老顽固的传统主义依然回荡在足球部落，而且在某些最虔诚的追随者的头顶，大礼帽依然会在重要场合出现。有时它的高度会急剧增长，在极端的情况下甚至高达一米，到了很难

戴牢靠的地步。彩色条纹仍然存在，而且有时长得足以写下名字和口号。达到这种程度的"超级大礼帽"显然十分注重外观，以至于丝毫不考虑佩戴者身后观众的视线，这一点和传统的鸭舌帽形成了鲜明的反差——后者是一种在密集的看台上佩戴也不会影响任何人视线的帽子。但是在重要杯赛开哨之前，出现在看台上的许多巨大的横幅和旗帜肯定也会挡住很多观众的视线。不过比赛一旦开始，随着自身展示让位于观看球赛，这些东西通常就会从视线上挪开，只会在胜利时刻再次举起。

从帽子向下转移到头发，存在两种极端的展示方式。一种是将头发染成球队的颜色。为了让颜色足够生动，需要先将头发漂白，然后再染色。鲜艳的深红色和鲜艳的紫色都曾经出现过，而且在拥有两种颜色的俱乐部，偶尔也会有人把头发染成两种颜色，但所有这些事例都很少见。原因当然在于，这种部落展示方式不能在比赛结束后轻易地去除。它表明当事人对部落的虔诚远不只是表现在服装上，令人想起某些原始部落的永久性疤痕文身。关于足球的最极端的头发展示或许出现在某个年轻粉丝的头上，他给自己打造了一个特别的发型，用裸露的头皮呈现部落标志（一对交叉的锤子），这种效忠的姿态需要数月才能消失。

来到面部，展示方式也有两种。一种是面部彩绘，使用的同样是俱乐部的颜色。有时整张脸分成两半，一边各用一种颜色。有时会用更复杂的彩色图案覆盖整张脸，仿佛野蛮人的彩绘。

另一种面部展示方式是使用某种面具。可能是完整的头部面具，遮住了除了眼睛和嘴之外的所有地方，也可能更有戏剧性——头骨面具或者从玩笑商店里买的恐怖面具。这些装备不但能产生强有力的震撼效果，还能成功掩盖穿戴者的身份。

另一种更全面的展示方式需要穿上全身戏剧性服装，通常是俱乐部的动物吉祥物的形式，于是穿戴者实际上就变成了行走的标志或图腾。

回到我们的身体之旅，从面部向下来到脖子，我们就会看到长盛不衰的足球装饰，有特定颜色的围巾。它的人气持续飙升，每年卖掉数千条之多，许多俱乐部会基于同样的颜色推出几种不同的设计。围巾源自隆冬时节在寒冷的英国球场看台上保暖的需要，在英国足球支持者中的人气比在其他国家高得多。但它们的用处远不只是给脖子保暖那么简单。球迷们不但在相对温暖的春季杯赛决赛和八月新赛季开始时佩戴它们，而且还出现了一种越来越流行的潮流，将它们系在手腕上而不是缠绕在脖子上。这种手腕佩戴方式传播得很快，因为这样更方便挥动，另一个特别的原因是，这种方式说明佩戴者男子气概十足，根本不需要服饰的保暖功效。

继续向下，肩膀上常常披着俱乐部的旗帜，就像身披斗篷一样，而背部和胸部常常用来展示徽章、贴纸或花饰。有时球队的标志会永久性地文在手臂上。再往下就是裤子，贴纸再次出现，尤其是在到处都有的牛仔裤上。非常少见的一种情况是，裤子的裤腿从上到下缝上彩色丝绸饰片——这种装饰男女球迷都可以使用。

这些漂亮的裤子饰片揭示了普通人对服装

< 2014年在都灵举办的欧联杯决赛上，塞维利亚对阵本菲卡，本菲卡队的一名粉丝在现场助威，他的面部彩绘描绘的是苏佩加空难（发生于1949年，都灵队全军覆没）。

展示的潜在渴望。在得到美化日常着装的充分理由时，他们摆脱了惯常的束缚，勇敢地选择了自己的装束，如果是在情绪不那么激烈的社交背景下，这样的装饰肯定会让他们感到尴尬。重点在于这些裤子上的饰片不只是为了装饰。它们具有一遍又一遍地重复部落俱乐部颜色的功能。这是这一点让它们从一种相当矫揉造作的炫耀性的展示变成了宣扬忠诚的服装，让他们的穿着成为一种骄傲的骑士之举，而不是追求漂亮的自负举动。

这种方式，即使是最极端的服装也不会显得滑稽可笑。无论是在世界杯国际比赛期间从头到脚都是米字旗并身穿燕尾服的英格兰支持者，还是把俱乐部的颜色用在各种奇装异服上的球迷们，他们都保持了一种奇特的部落尊严。

更加彰显这一尊严的事实是，许多服装显然是自制的。它们不是用钱就能马上买到的东西，花在制作上的时间和精力反映了对俱乐部的忠诚。正如原始部落的仪式性聚会一样，它们清晰地表明，人们为这一重大事件投入了许多天的计划和准备。

在21世纪，所有这些部落装饰普遍出现了减少，但它们绝没有消失，而且场合越特殊，它们就总是越鲜艳多彩。

追随者的表现

号角和旗帜，鼓掌和叫喊

只是穿好恰当的服装然后就在观众席静静地看球，这对热情的足球粉丝来说是不够的。只是鼓掌或欢呼表示赞赏，或者发出嘘声或者喝倒彩表示厌恶，这些常见的行为也是不够的。更为狂热的那些部落追随者逐渐打造出了他们专属的群体表现方式。一些方式非常喧哗，另一些方式则会呈现一场视觉盛宴，但大多数方式同时兼顾视听，可以将足球聚会从简单的一场球赛上升为引人注目的部落仪式。

和许多服装一样，这些仪式令人难忘，因为它们是粉丝自发形成的。它们不是官方的行家里手加诸粉丝身上的。英式足球不像美式足球那样有职业啦啦队员，像乐队指挥那样引导粉丝。粉丝自己担任作曲，自己指挥自己。如果有领头的人，他们也只是神圣草皮球场周围众多粉丝中普通的一个，他们所做的只是在某个特定的时刻开始特定的表现，然后几乎立刻引发群体的追随。

1. 部落号角

有记录的最早的表现之一是摇动数百个木质拨浪鼓，发出嗡嗡的声音。这种拨浪鼓在把手上装有一圈木齿，摇动拨浪鼓令这圈木齿旋转起来时，会有一个扁平的木片撞击在每个木齿上。木齿旋转得越来越快，令空气中充满哗啦哗啦的声音。这是两次世界大战期间很受欢迎的一种声音展示形式，但不知出于什么原因，如今它已经急剧减少，代替它的是一种更加穿透耳膜的设备——汽笛。它原本是船上的便携式雾航汽笛，包括一罐气体和连接在罐子顶端的一个喇叭。按压一个活塞，气体就会在巨大的压力下冲出来，让喇叭发出巨大的声响。通

> 2014年非洲杯,利比亚国家队在的黎波里的一场比赛中击败了津巴布韦,赛后利比亚球迷聚集在烈士广场庆祝。

过有节奏地向下推动活塞,可以发出一阵阵震耳欲聋的声音,常常作为数千双手以类似节奏一起鼓掌的信号。

在欧洲大陆上,一些足球部落还会使用更传统的号角。许多追随者会随身携带军号、小号和其他乐器,不是为了演奏音乐,而是为了让他们在比赛过程中感到气氛不够歇斯底里时发出急促喧嚣的声音。他们常常和鼓手一起出现,有时会有好几排鼓手敲打着鼓面,就像一边敲打手鼓一边跳战舞的原始人一样。

对于英国人的耳朵,欧洲大陆上的这些号角和鼓声实在是太随意了。他们似乎会永远进行下去,却和球场上发生的事情没有足够的关系。英国足球部落喜欢让自己发出的声音随着比赛的情节而起伏。

有一类乐器演奏家特别令人愤怒。幽灵哨手会把裁判用的哨子带到赛场,并时不时吹出特别的旋律。幽灵哨声刚响起来的时候,听上去很像裁判出于某种原因停止了比赛,就连球员有时都会被蒙骗。但是再过一会儿就能听出这种旋律的哨声不是来自球场上的裁判,这就不会产生问题。有时裁判会向俱乐部官员报告这件事,接着球场的扩音器会播放对幽灵哨手的请求,请他们不要吹哨。这种请求的成功与否通常取决于站在幽灵哨手旁边的男性观众的块头和肌肉力量。

2. 纸片风暴

纸片风暴原本是南美特色，如今已经扩散到欧洲，它会在主队走到球场上的时候爆发，向球员们致意。这是一项所有人都喜欢的仪式，只有赛后必须把纸片打扫干净的清洁工除外。在世界杯的赛场上，细碎的纸片装在大袋子里带进球场，在欢乐的气氛下撒向空中。这些纸片是如此密集，以至于模糊了看台上巨大的人群。如果刮起一阵疾风，这场纸片风暴会持续几分钟，一团团白云围绕着正面看台打转。球场本身常常仿佛被巨大的雪花覆盖。

这种表现源自古代。它的起源是在婚礼、宗教节日和狂欢节上抛掷五彩纸屑。而抛撒纸屑是在特殊庆典上向人们头顶抛撒谷粒（通常是小麦或稻子）的非常古老的做法的变形。作为一种原始习俗，抛撒谷物常常被描述为祈求生育力的仪式，尤其是在婚礼上，这些食物被认为代表丰饶和多产。这样的阐释让它在足球队入场时的爆发显得有些奇怪，当然，要是把进球当作丰饶和多产的对象那就说得通了。一种更令人信服的解释是，这种习惯根植于驱赶邪灵的做法。按照这种说法，投掷谷物是为了安抚总是在重大事件发生时现身并试图搞破坏的邪灵。扔给邪灵优质食物可以让它们心生感激，不再作恶。据此推测，在足球比赛中这就意味着主队不会丢球，也不会有球员受伤。

另一种在重要聚会中对付邪灵的古老方法是燃放爆竹、烧火或者制造烟雾，而所有这些行为如今都能在特定比赛上看到。投掷烟幕弹（常常散发出相应球队的颜色）可以是一种有危险性的行为，经常遮挡观看比赛的视线，导致比赛中止，让慌乱的裁判员勇敢地想要踩灭正在燃烧的烟雾罐。但是就像纸片风暴一样，在迷信的人眼中，就连这些行为也是有古代先例的——而且没有人会比足球部落成员更迷信。

在举办重大足球比赛时，纸片风暴有时候会伴随着投掷出来的长纸带，为飘浮的碎纸云团添加醒目的条状白色效果。

3. 旗帜如林

关于足球的最广泛的展示行为就是挥动密集如林的彩色旗帜。虽然这种情景只用于最重要的比赛，但几乎出现在世界上的任何地方。在重大比赛中，一群扛着旗帜的人排列成行进入球场，头顶彩旗飘扬，好像中世纪军队的旗手一样。进入体育场后，他们会绕着球场游行一圈，在看台就位之后还会高举旗帜慢慢地左右挥动。当球队走上球场的时候，壮观的场面达到高潮。每次进球和终场哨声想起时，高潮重现。在现代社会的任何角落，几乎都找不到规模更庞大、更多彩的展示。

在常规比赛中，密集的旗林不见踪影，但人群中还是会有一些起代表作用的旗手，也能看到一些孤零零的旗帜在挥舞，挂在墙壁或屏障上。有些粉丝在去客场看球时经常将一面巨大的旗帜披在肩膀上，就像斗篷一样。如果自己的球队表现得特别好，他就可以在几位朋友的帮助下把旗帜展开。

在欧洲大陆，最近流行的一种趋势是制作越来越大的旗帜，其中一些巨幅旗帜大得能够挡住一整片观众的视线。然而抱怨却很少，因为旗帜的巨大尺寸是一种地位的展示——旗帜越大，部落的地位就越高，那么谁还敢

△ 伸展围巾的展示：2015年，法国西部城市南特的博茹瓦尔体育场即将迎来南特和巴黎圣日耳曼的一场比赛，南特队的支持者们在看台上高举围巾。

争论呢？

4. 围巾展示

英国球迷佩戴彩色足球围巾的习惯导致了两种特殊的展示行为：伸展围巾和旋转围巾。最常见且引人注目的是伸展围巾，指的是一大群支持者将双手高高举过头顶，将围巾水平展开。这样做可以最大程度地正面暴露部落颜色，当数百名甚至数千名支持者同时做出这一举动时，这些颜色的展示效果会非常壮观，直接向球场另一端的对手支持者示威。

伸展围巾通常出现在球队表现良好和将要赢得比赛的时候，但是无论任何时候都可能出现，只要聚集在看台上的粉丝被同样的情绪感染，想要展示他们共同的忠诚。这种行为通常伴随着合唱《你永远不会独行》（You'll Never Walk Alone），合唱有助于再次确认部落归属感。

旋转围巾的展示方式就不那么常见了。它源自将围巾系在手腕上而非脖子上的习惯。粉丝可以将一只手臂高高举起并旋转拳头，好像手里拿着一只隐形的老式木质拨浪鼓。这会让围巾在空中迅速转动，产生一片运动的彩色海洋。

5. 兴奋雀跃

球队进球时最自然的反应莫过于疯狂地跳跃，同时举起手臂在空中挥舞。因此它不是一种形式化的表现，而是情绪的爆发。然而在一些时候，它已经发展得很接近仪式行为了。在这些情况下，会有很多人突然开始笔直地跳跃，直到一整片观众上下翻腾，看上去就像狂野的海面。这种"原地纵跳"出现于20世纪70年代，很可能是受到了同期朋克摇滚音乐会上的舞蹈的影响。

兴奋雀跃有一项几乎已经消逝的重要传统元素，就是古老的"把帽子抛向空中"。在胜利时刻把东西抛到天上是早期很流行的仪式，但自20世纪50年代之后就很少见了。祖·梅沙在1964年的写作中提到了一场1950年的比赛，证实了这一点："我站在那儿……看到了一场从未见过的景象，哪怕是在温布利球场也没有见过……许多赛刊向上飞到空中，然后落下来，再被扔上去。男人、女人和男孩转着圈地跳舞，握手，拍彼此的背，把帽子（并不是他们自己的）扔到空中。我敢打赌那天一定丢了几千顶帽子，而我敢说没有人会在意。"

从那之后，戴帽子的男性观众越来越少，而赛刊也因为收藏属性变得越来越珍贵，这或许是把东西抛到空中的传统消失的部分原因。如今经常性地投掷东西似乎只出现在重大比赛中获胜的球队向粉丝们展示奖杯的荣耀时刻。然后，许多粉丝会将他们的帽子、围巾和吉祥物扔过围栏，希望某位部落英雄会把这些东西捡起来并佩戴在身上或者拿起来在竞技场上走动，为他们带来荣耀。通常会有几名队员遵从他们的意愿，让粉丝们知道这些饰品的献祭是值得的。

6. 同步鼓掌

这是一项英格兰球迷的发明，据说起源于利物浦的Kop看台。它肯定源自普通的鼓掌喝彩，但如今已经完全绝迹了。这种鼓掌方式不但听上去完全不同，而且还是在没有普通鼓掌的时候进行的。它有三种特质：特定的节奏模式；在展示这种行为的粉丝中有高度的同步性；双手举过头顶鼓掌，而不是像平常鼓掌时那样放在胸前。这会赋予它独特的断音，而且还很醒目。

不同粉丝之间的同步程度令人震惊。对一群同步鼓掌者的视频分析显示，他们的鼓掌时差在1/64秒之内。这段视频的拍摄频率是每秒64帧，通过逐帧比对鼓掌时手掌的位置可以发现，它们在每一帧里都是同步的。做这项分析的心理学家对这种程度的同步性十分惊叹："……断音鼓掌的精确性或许比受过良好训练的军乐队还高……误差范围最大只有几英寸。在大多数人眼中，看台上的这些人只不过是一群乌合之众，他们是如何达到这种引人注目的精确性的，简直是个谜……它整齐得几乎到了荒谬的程度。"

最流行的同步鼓掌旋律是"拍手／拍手／拍手—拍手—拍手／拍手—拍手—拍手／拍手—拍手—拍手"（连字符表示拍手之间的短暂暂停）。这段旋律结束时通常伴随着叫喊，球队的名字被大声喊出来。然后这段鼓掌旋律再次重复，循环往复一段时间，直到它减弱消失，或者被球场上的某些突发状况打断。

▾ 下一页：1923 年，西汉姆联队的支持者抵达温布利球场，第一届足总杯决赛即将在此开战。西汉姆联队将会在决赛中 0：2 不敌博尔顿流浪者队。

一种相对不那么常见的旋律是"拍手—拍手—拍手—拍手/拍手—拍手—拍手—拍手/拍手"（斜杠的拍手比其他拍手声音更大）。和上一种旋律一样，它也会重复几次然后减弱消失。

另外一些旋律和特定的吟唱有着紧密的联系，其中的拍手元素如下：

当俱乐部的名字被反复吟唱时，会穿插在迅速的三次拍手之间。例如：

联队！/拍手—拍手—拍手/联队！/拍手—拍手—拍手/联队！/拍手—拍手/拍手……

当看台上想起《你永远不会独行》这首著名的歌曲时，最后常常以两次迅速拍手和歌词的穿插作为结束："你永远/拍手—拍手/不会/拍手 - 拍手/独行。"它将歌词按照两个音节划分，与两次拍手形成平衡。

很流行的老歌 "She'll be coming round the mountain when she comes, when she comes..."（她会绕过山来到这里，当她来的时候……）被改编成了动员令，号召粉丝去看下一场客场比赛。比如，如果是在切尔西，他们就会唱，"如果你们都要去切尔西，拍打你们的双手"，但是不会像原来的歌那样重复最后一句歌词（"当她来的时候"），而是模仿歌词的旋律进行同步鼓掌：鼓掌/鼓掌/鼓掌。

在比赛将要开始时，等待球队出现在球场上的粉丝通常会唱起 "BRING ON THE CHAMPIONS"（让冠军上场）。这句是这样唱的：BRING-ON-THE-CHAM PIONS，然后用相似的拍手旋律重复：拍手—拍手/拍手—拍手/拍手。然后这一整段重复数次，直到减弱消失，或者直到冠军们真的出现在场上，看台上就会爆发出热烈的欢呼。

还有其他三种鼓掌方式，分别是"拍打时间"（beating-time）、"加速火车"（speeding-up train）和表示嘲笑的慢速鼓掌。拍打时间被用来为某些歌曲伴奏，如 When the saints go marching in（《当圣徒行进时》），是跟随歌曲节拍的鼓掌方式。火车鼓掌模仿的是火车在铁轨上发出的咔嗒咔嗒的声音，而且频率越来越快。它似乎是请求球队加快比赛节奏的一种悲哀的方式。慢速鼓掌也是按照某种同步的旋律进行的，它出现在两支球队的表现都令人乏味，让观众感到不耐烦的时候。然而这里存在一处东西方差异，例如在俄罗斯，慢速鼓

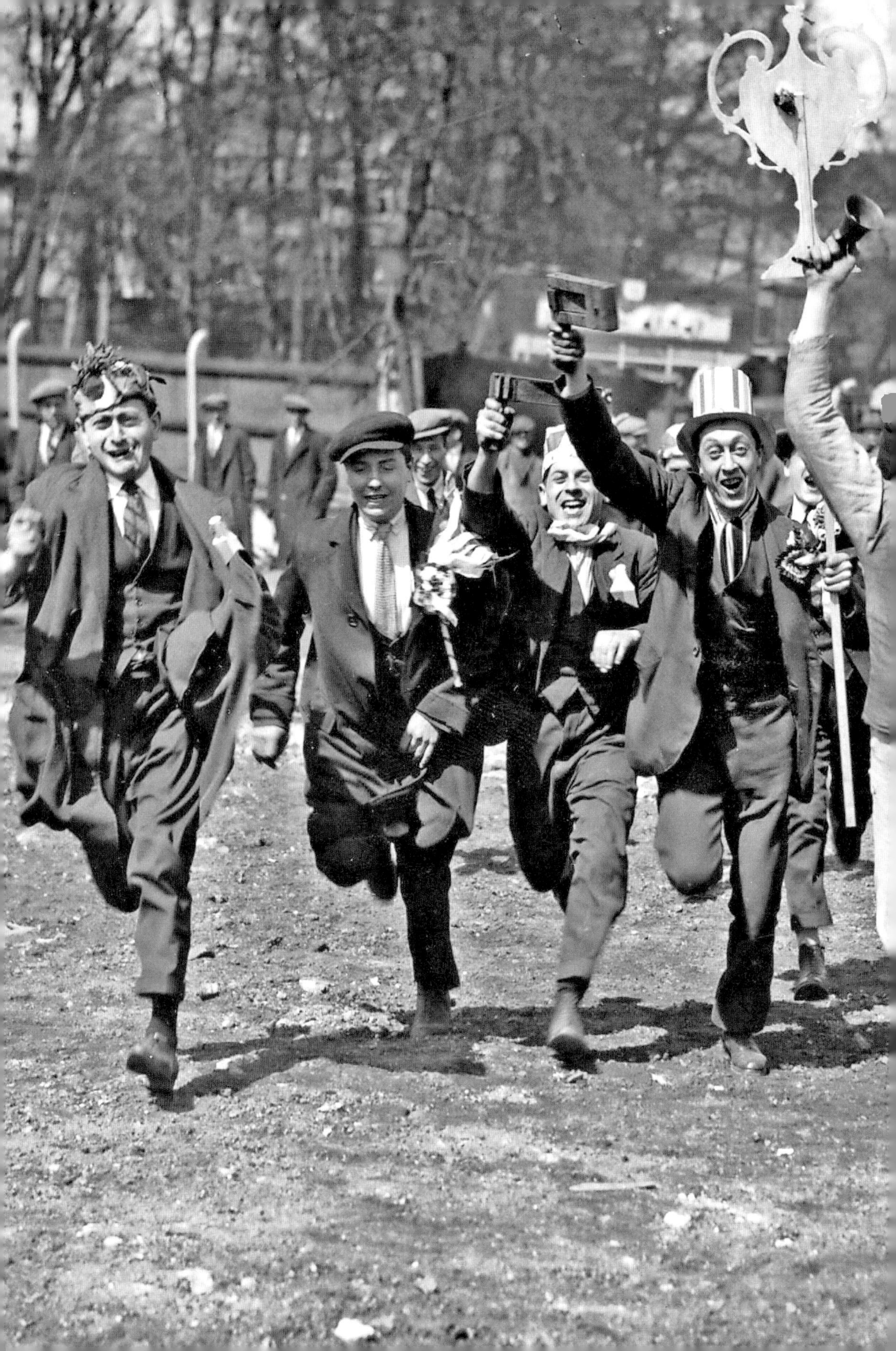

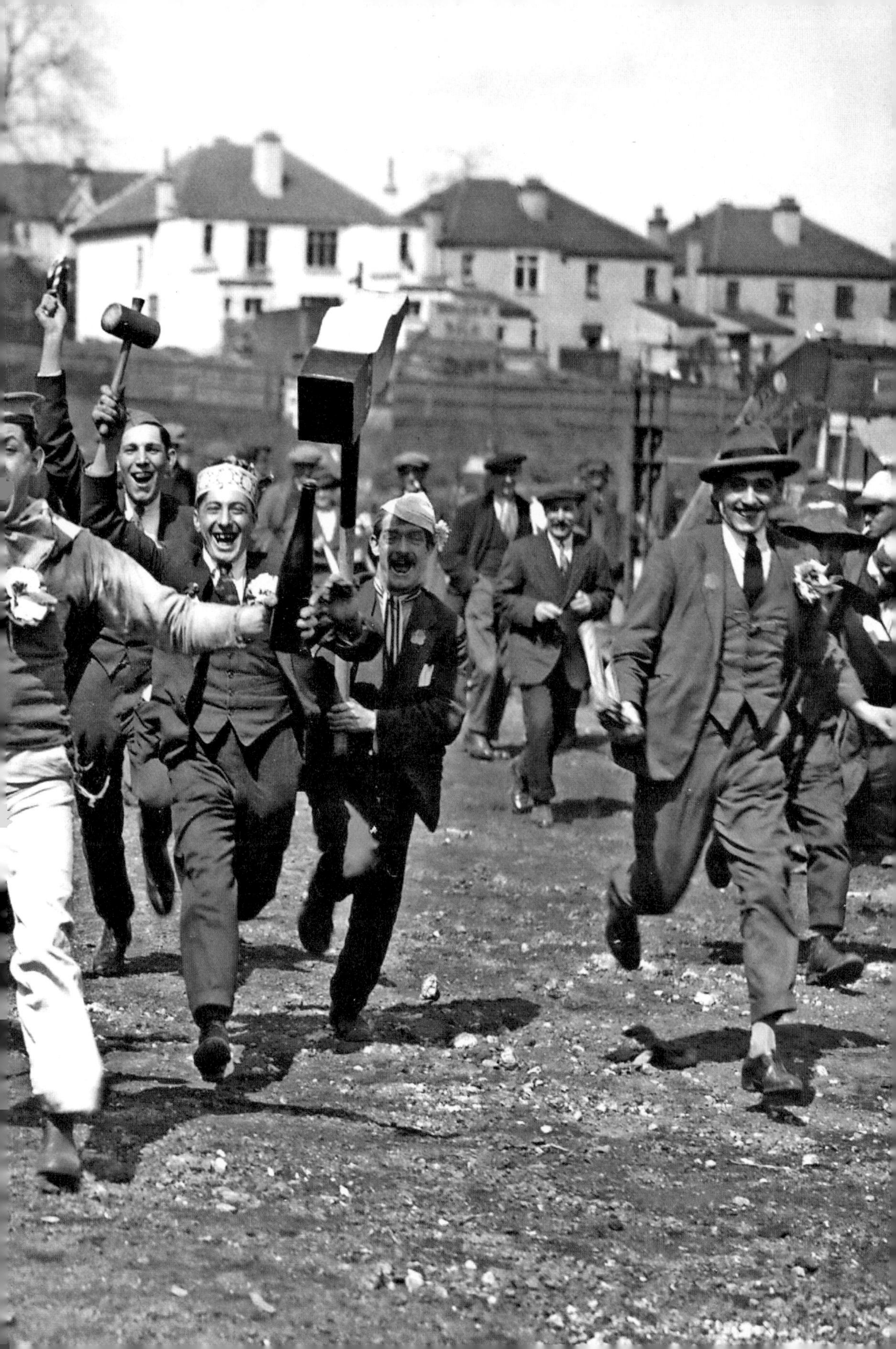

掌表示对表演者的高度赞赏，这与它在西方的含义截然相反。造访英格兰的俄罗斯球队或造访俄罗斯的英格兰球会会遇到令人十分困惑的场面，就像初次遭遇这种局面的戏剧表演者一样。

7. 多人手势

手势在足球比赛的赛场上很常见。赛况顺利时会用到胜利的"V"字形手势，竖起的大拇指，拇指和食指成环的OK手势和疯狂挥动的双手。当人群的情绪转为愤怒或嘲弄时，手势就会变成摇动的拳头、摇动的食指、侮辱性的"V"字形手势（英格兰），山羊之角手势（意大利），中指（美国），还有许多其他当地特色。然而这些手势大多数都不是群体性仪式的一部分，不会得到大规模展示，只是某些无法控制自己感受的个别观众的表现。常见的多人手势只有两种，在做这两种手势时，才会有许多只手同时举起做出完全一样的动作。它们是自慰奚落（Wanking-taunt）和进球奚落（Score-taunt）。

第一种手势相对新颖。使用它的是主场粉丝，时机是对手球员在球场上表现得不够有能力或者当客场粉丝唱的内容惹恼了他们的时候。数百只手伸到空中，手指卷曲，模仿男性自慰的动作。含义是对手粉丝十分缺乏男子气概，根本吸引不到姑娘，只能通过自慰满足自己的性需求。

只有球队即将获胜的粉丝才会使用进球奚落。每个粉丝都将手举在空中，用伸出的手指

代表球队的进球数。然后他会把自己的手往前伸，仿佛是在把进球数"扔向"遥远的对手。这个动作非常缓慢，并伴随着对比分的吟唱，例如"二比一，二比一"。

8. 丛林呼喊

大规模呼喊包括显而易见的嘘声（对手做出愚蠢的决定或者铲球犯规时）、欢呼（当粉丝自己的球队进球时）、喧闹（有希望进球时）、嘲笑（惨败时的抱怨）、呻吟（逃过一劫时松了一口气）和悲叹（惜败时表达失望）。吹口哨有时会代替嘘声，尤其是在意大利，但是在英格兰，吹口哨常常是请求裁判吹响终场哨，结束比赛的恳求。当然，这种情况只会出现在球队领先优势微弱且局面不稳时。

这些原始的非语言呼喊并非足球特有，不过与其他公共活动相比，它们在足球赛场上出现得更多。不过至少有三种丛林呼喊似乎是足球部落独有的。它们是集体咆哮（Massed-snarl）、守门员尖叫（Goalie-scream）和猴子呼喊（Monkey Call）。

集体咆哮是一种奇特的动物般的声音（发音为 arrrrgh），由一小群粉丝开始，然后在看台上扩散开，声音越来越大，创造出一种充满受挫攻击性的阴险气氛。

守门员尖叫是在对方守门员开球门球时站在他身后的主队粉丝们发出的。这种集体叫喊一开始是低沉的 errr，然后音调逐渐升高变成 ouuu，最后以高音的 aaah 结尾。效果就是呻吟转为喧嚣，然后音调飙升，变成尖叫。与此同时，还伴随着同步升高音调的口哨。这种声音会在守门员开球的瞬间达到顶点，目的是扰乱他的神志，阻止他开球。

最后是猴子叫喊，粉丝们发出的一种类似猿猴的声音，目的是令某个球员无法专注比赛。当它在 20 世纪 70 年代首次出现时，并没有受到重视。然而从那之后，事情已经发生了变化。对于任何形式的种族主义，社会都在变得越来越敏感，而面向黑人球员的猴子叫喊已经成为重大禁忌。国际足联已经插手，对于发生这种事情的俱乐部采取制裁措施。如果在一次警告之后仍然出现这种奚落行为，国际足联将强迫相关俱乐部在空荡荡的体育场里踢球。在极端情况下，他们会施加更严重的惩罚——降级球队、扣除分数，或者将球队从锦标赛中开

◂ 种族主义手势如今在足球赛场上越来越罕见，但是在 2013 年的伊斯坦布尔，土耳其俱乐部费内巴切和加拉塔萨雷开始比赛之前，费内巴切的一名支持者在客场球员上场时用手举起了一根香蕉。加拉塔萨雷队著名前锋、科特迪瓦国脚迪迪埃·德罗巴对此反应强烈，认为这是冒犯性的"丛林手势"。做出该手势的男子后来道歉，并否认自己有任何种族主义的企图。

除。例如，在下一届世界杯的资格赛中，官方观察员会在每一场比赛上汇报是否有粉丝使用种族主义奚落方式，如果有的话，他们的国家队可能会失去进入世界杯的资格。

如果这套办法管用的话，将会对根除足球中的种族主义起到巨大的作用，但它存在一个缺陷。一些粉丝十分好胜而且狡猾，他们会渗透到死敌的俱乐部中，加入他们的支持者，然后在看台上发出种族主义言论。他们希望通过这种方式清除死敌。

9. 死亡展示

在极少数的情况下，会出现死亡仪式。这些精心筹备的人为仪式是少数狂热分子的杰作，而不是大量支持者的群体行为。这些仪式有以下几种类型：其中之一是输掉重要比赛之后焚烧主教练的人像。事先做好假人，比赛结束后在球场边缘仪式性地将它烧掉。类似的做法是将主教练的人像吊在仿真绞刑架上，就像巴西队的主教练在 1978 年世界杯上的遭遇一样。

第三种仪式是在击败劲敌之后抬着仿造棺材（但大小和真棺材相差无几）环绕体育场。

‹ 汽车游行。1970 年世界杯，巴西队 4:1 击败意大利夺冠，快乐的巴西球迷正在庆祝。

获胜球队的一群支持者抬着棺材游行，这是对被征服的对手的最后的羞辱。棺材上通常印有字母，请输球的俱乐部"安息"。另一种方式是为对手俱乐部颁发死刑判决书。这些东西会被印成卡片，比赛开始之前在球场外分发或散布，恐吓对手的粉丝。

最后是更令人震惊的杀戮模仿，曾经发生在南美洲的赛场上。早在 1920 年，就有一位英格兰人报道称，当地支持者会在自己的球队表现良好时跳跃、吹口哨、欢呼，还会挥舞白色的手帕，他还补充道："这是那些神志比较清醒的观众，另一些观众挥舞的是左轮手枪。"他们用左轮手枪向天上射击空包弹，震慑客场作战的球员，让后者清楚无疑地知道当地人想对他们做些什么。

10. 汽车游行

当比赛结束时，那些开着自己的车去球场的粉丝会在车上覆盖俱乐部的颜色和标志，然后在回家途中进行最后的胜利游行，一边开车一边鸣笛并从车窗里伸出挥舞的旗帜。这种情况通常仅限于重要的杯赛，但是在长期敌对的同城德比战结束后也会出现。在前往赛场的路上，粉丝的汽车会从车窗里伸出围巾，随着汽车的行驶向后拖曳，还能看到俱乐部的贴纸和吉祥物，但"胜利者的汽车"会在回家的路上更加张扬，不但增加了喧闹的声音，而且有时全家都会从车窗里探出身子，或者非常危险地坐在车顶。在一些地中海小镇和村庄，装饰好的汽车会密密麻麻地沿着主街道游行，在传播喜讯的同时暂时中断社区的生活节奏，但是在更大、更复杂的城市，做到这一点很难，因此汽车游行在这里是更个人化且缺乏组织的行为。

这些就是部落追随者的主要表现，而且就像他们复杂的服装一样，这些表现强调了每一次足球事件背后的复杂社会性质。正如 J. B. 普里斯特利的精彩论述那样："如果认为足球只不过是 22 名雇员踢一个球，那也可以认为小提琴就是木头和羊肠线，《哈姆雷特》是墨水和纸。它是矛盾和艺术的结合体。"

追随者的暴力

暴力事件的爆发，警察和粉丝

在足球暴力最猖獗的 20 世纪 70 年代，一项民意调查显示，许多人由于群体暴力的威胁而远离足球比赛。大约 10% 的受访对象给出了这个原因，声称如果去观看本地球队的比赛，他们害怕会遭到敌对球迷的人身伤害。

他们的焦虑在多大程度上是正当的？比赛日曾经真的如此不安全吗？或者这只不过是耸人听闻的新闻报道培育出来的大众幻想？在那个时代有心理学家为此做了认真的研究，有助于揭开事情的真相。有一家大型俱乐部曾以暴力闻名，不但让警察频繁出动，并且安装了昂贵的遥控视频系统进行人群监控；在这家俱乐部，一整个赛季共有 273 人被逮捕。这相当于每场比赛在现场看球的庞大人群中平均有 9 人被逮捕。在同一个赛季（1974 年），一家较小的俱乐部的总逮捕人数是 83 人，平均每场比赛 4 人被捕。但是仔细审视这些事件就会发现，在这 83 人中，只有 5 名被捕者是参与了暴力事件才被捕的。

每周都有数千名支持者出现在观众席，而一整个赛季中只有 5 人被捕，这样一比较的话，这个数字似乎非常低。批评者认为或许警方的逮捕还不够频繁，只能代表冰山一角。为了检验这种评论，研究人员还检查了球场急救站的记录。结果发现在整整两个赛季中，一共有 311 人接受了某种程度的治疗，但是其中超过一半的伤情都是简单的意外导致的。这意味着平均每场比赛只有大约 3 人由于群体暴力的直接影响受伤。大部分此类伤情都很轻微，只有一些小划伤和瘀青。但最重要的发现总结在下列陈述中："在这些涉及故意暴力的事件中，不可能找到任何无辜旁观者受伤的案例。"换句话说，受害者肯定是

› 2010 年，意大利和塞维利亚之间的 2012 年欧洲杯资格赛在热那亚的费拉里斯球场举行，配备了防暴装备的警察面对着塞维利亚球迷。

年轻的暴力分子——在敌对支持者爆发冲突时冲在前面的狂热粉丝。

如果这些发现能够代表一般状况，而且迹象表明的确如此的话，那么在民意调查中接受采访的人就没有理由害怕在观看本地球赛时受伤，当然，除非他们本来就是去找麻烦的。

总而言之，即使在全座位球场出现之前的更为糟糕的时代，暴力本身也没有暴力的威胁更严重，而且只局限于敌对的粉丝。那为什么球场暴力如此令舆论哗然呢？答案部分在于暴力事件的引人注目和可预测性，而且它们的确偶尔会爆发。大多数普通的街头暴力没有固定时间，事先没有警告，通常发生在晚上的幽暗小巷里。与之相反，足球赛场上的暴力时间总是发生在既定的时间，不但有一大批观众的见证，还发生在媒体和警察的眼皮子底下。此外，媒体还会疯狂地夸张事件的状况，编造出有利于报纸销售的可怕故事。没有人可以否认，在极少数情况下的确会出现极端暴力的时刻，但有时媒体报道的方式让人觉得它们好像经常发生一样。由于足球比赛中总会出现几个精神状态不太稳定、货真价实的残忍的人，还因为这些人总是由于他们的反社会行为登上报纸头条，于是就连一个普通平常、吵吵嚷嚷的忠诚年轻支持者也被打上了暴徒的标签。在媒体的造势下，他变成了现代社会的"民间恶魔"。因此，当他遭到不公正的对待时，他的愤恨只会让事情变得更糟。如果感到被逼得太甚，他反而可能开始按照社会强加在他身上的规则行事。避免这种情况的唯一方法是隔离那些真正的麻烦制造者，采取行动阻止他们前往赛场。

为什么是足球

在20世纪后半叶,许多作者声称足球流氓现象"严重到了前所未有的程度",并质问"它何时才会结束"?甚至有人提议效仿古法,禁止所有足球比赛。然而,考虑到20世纪末在现场观看足球比赛的全球观众的庞大数量,严重事件的数量少得令人惊讶。只要检查早期民间足球的记录,就能清楚地看出当时的暴力比如今多得多。如果我们回到观赏性体育最早的岁月,情况甚至更为动荡不安。古罗马深受战车比赛流氓的困扰。战车比赛形成了两大派别:绿派和蓝派,而他们的支持者之间有着强烈的敌对情绪。不同的宗教信仰进一步增加了他们对彼此的憎恨,这一点很像今天格拉斯哥的同城俱乐部凯尔特人(天主教)和流浪者(新教)。史上最恶劣的体育骚乱发生在公元512年的1月,蓝派和绿派的支持者之间爆发了斗殴。战斗持续了几天并发展成了大屠杀,造成至少30000人丧生。

在中世纪,由于性质残忍和难以管教,民间足球屡遭各个皇室的明令禁止。与这些早期事件相比,20世纪末足球赛场上的那些群体性事件显得相当平淡。但我们值得近距离地看一看,到底发生了什么。

在比赛日,最早的攻击性迹象是"群体奚落"。当成群结队的粉丝在进入球场前聚集在一起的时候,他们可能会看见对手的支持者正在到来。这会导致奚落和嘲弄,以及当天稍后进行严重报复的威胁。也许会发生一些边跑边扭打的情况,但在这个阶段很少发生真正的斗殴。

当粉丝们聚集在看台上(在全座位体育场出现之前,他们都是密密麻麻地站在一起),他们的数量达到"关键密度"之后,他们就会开始下一阶段的敌对行为——"看台奚落"。这是仪式化的攻击性举动,全都是手势和言语。他们向彼此投掷的是侮辱,不是当作武器的实物。然而,在这个阶段或者在比赛进行中,一些无畏的(或者愚蠢)的粉丝会发现自己选错了看台位置,置身于一大群敌对粉丝之中,于是就会出现"看台摔跤"。闯入者可能会被推搡、冲撞和绊倒,有时甚至会遭到拳打脚踢,直到他们被赶出敌营,回到自己的堡垒。

当两拨粉丝在看台上近距离对峙时,会发生更严重的情况。这会导致"看台冲锋",其中一方做好准备之后朝另一方密集地猛冲过去,试图将对方赶回去。在两拨人短兵相接的地方,通常会有一定程度的拳打脚踢,直到重新建立某种平衡。

当球场上发生不公平的事情时，偶尔会出现"球场入侵"。最先进入场内的粉丝通常属于将要输掉比赛或者似乎以某种方式遭到不公平对待的球队，无论这种不公对待是恶意犯规还是裁判的糟糕决定。一群群的支持者翻越屏障，跑到草皮上来。他们的对手欣然应战，从球场的另一端翻越过来。比赛被迫中止，警察忙不迭地介入两方粉丝中间。在他们中间构成一道人墙之后，警察开始将粉丝赶回看台，逮捕少数领头的闹事者，将他们扭送到"控告室"。有时警方会惊讶地发现两支粉丝大军已经面对面了。在这种情况下，没有经验的观察者会以为自己将要见证一次球场斗殴，但是他错了。在两边领头的粉丝会停下来，彼此面对面，出言不逊地互相侮辱，但期望中的动手斗殴场面并未发生。一两个头脑发热的人或许会使用飞腿，还可能会有小规模的孤立的扭打场面，但除此之外就没有别的什么了。仿佛双方都在等待迟迟不到的警方干预将他们分开到安全距离之外。当警察真的来的时候，他们就几乎像是如释重负一样彼此分开。

"球场入侵"的一个变形是"攻击球员"，出现在某个深受憎恨的对方球员超出粉丝忍受能力的时候。此时就会有一名或更多粉丝从场边冲进球场，跑到他身边并对他拳脚相加。在一次令人难忘的事件中，一位老年支持者对于自己球队的无法得分极为愤怒，以至于从球门线后面的看台区冲出去，攻击了对方球队的守门员。一手拿假牙，一手拿拐杖，这位老人跑到守门员的身后，后者正在弯腰放置球门球，姿势倒是方便，结果他用拐杖狠狠地抽了守门员的屁股。在老人被警察押走的时候，上方看台的球迷们兴奋地齐声歌唱"爷爷，我们爱你"。

尽管许多球场必须竖起高围栏并在很大程度上消除了此类赛场干扰，但那个时代的许多球星都有遭到愤怒粉丝攻击的经历。然而就算比赛结束后离开了球场，遭到憎恨的球员仍然容易受到伤害。一位英格兰国家队的球员记录了在南欧进行的一场群情暴躁的比赛，他在比赛过程中被一个成熟的番茄和一只鞋砸到，赛后登上球队大巴时的遭遇更是惊心动魄："当我走到大巴车前面的时候，对方的一名支持者打了我一拳。我把他推开然后转身准备上车，这时我的眼镜掉了下来。我停下脚步，弯腰去捡，突然感觉眼前一黑。我的后脑勺被瓶子砸了。我被抬上大巴，好几秒钟都没有意识。然后我醒了过来，一边挣扎一边喊：'让我去找他算账。'几个队友拉住了我，血顺着我的脸流下来，我记得阿尔夫·拉姆西当时说的话：'打败他们就足够了。'如果我们输了，他们会朝我扔鲜花的。瓶子、鞋子和番茄说明我们赢了。"

攻击球员的变形是"攻击主裁"和"攻击边裁"，愤怒的支持者设法在警察干预之前接近不幸的裁判员，冲撞他们，对他们施以拳脚，或者把他们摔在地上。但这种情况极为少见。稍微更常见的是"投掷攻击"。和身体攻击相比，投掷东西具有双重优势。它不但可以越过障碍，还可以隐匿攻击者的身份。守门员特别容易遭到攻击，尤其是在球门后面的看台离场边非常近的球场。在守门员被身后的硬币或其他尖锐物品击中之后，一些俱乐部使用了网眼更小的球网。即使并未受伤，守门员的注

为什么是足球

意力也常常会被这种形式的攻击摧毁。曾经有一名守门员看到自己附近的草皮上放着一枚手榴弹，把他吓得不轻。虽然事后证明这枚手榴弹无法引爆并且很快就清除了，但它留下的心理冲击肯定给对方球队带来了巨大的优势。

当投掷物瞄准场上球员时，它们有时会造成严重的伤害并迅速扰乱比赛。巴西著名球员加林查曾经在一场南美洲的比赛中被瓶子砸到头，不得不接受缝针处理伤口，这件事显然对比赛结果产生了重要影响。即使是没那么危险的投掷物也会导致赛场上的混乱。曾经有一支英格兰球队在造访南美洲时被愤怒的观众投掷了许多橙子。一名球员试图消除紧张的气氛，他镇静地捡起一个橙子，剥掉它的皮，吃了起来，这样的举动显然让观众的心情变好了，还为他赢得了一些欢呼，但他的队友们就没有这样大智若愚的反应，比赛状态受到了不可避免的影响。

如果当地观众被客场球队的行为彻底激怒，有时会爆发另一种攻击性表现——支持者围攻。比赛结束后，凶狠的人群聚集在俱乐部建筑的外面，围攻客场球员的更衣室。有时他们只是堵住客队的出口，

˅ 切尔西在 2008 年欧冠决赛中输给了曼彻斯特，赛后切尔西队的支持者在与伦敦警方的僵持中向警方做手势。

从窗户口齐声辱骂他们，有时他们会更进一步，朝建筑物投掷物体，以此震慑里面的人。然后当客队大巴终于要离开球场时，它会被投掷石块，窗户被砸碎，里面的球员抱住自己的头，以免自己的脸被飞溅的碎玻璃划伤。年轻的客场粉丝乘坐的大巴有时也会被愤怒的敌对支持者用同样的方式砸碎玻璃。

有时这股怒火会被投向支持者自己的球队或主教练。如果连遭败绩，粉丝要求解雇主教练的话，他们就会向球场办公室发起围攻，朝办公室辱骂甚至投掷东西，让俱乐部的官员了解自己的感受。

在极端的情况下，还会有人试图拆毁俱乐部的建筑。这种"不动产破坏"曾经出现在几个国家，而且有时会升级为恶劣的纵火。心怀不满的客队粉丝在回家途中可能与对方支持者展开街头斗殴，或者通过砸碎商店橱窗和到处涂鸦来发泄。在一天结束时，将满腹怨气的粉丝送回家的火车有时会在类似的爆发中被撕成碎片。

用这种方式列出来时，这些骚乱听上去十分可怕，但必须强调的一点是，这些情况都很罕见。那些曾经爆发过暴力事件的俱乐部会遭到权威部门的重罚，不仅要缴纳巨额罚金，甚至还会因为无法约束自己不守规矩的支持者而遭到暂时关闭。俱乐部会被要求提供更强力的警力控制和对粉丝人群的更有力的监控，大多数地方都会马上采取这些措施。有两个国家（马耳他和印度）甚至在破坏性极强的事件发生后禁止了所有足球比赛，长达数周之久。

20世纪后半叶，足球赛场上的这些种类的暴力事件虽然罕见，但是它们破坏了足球部落的公众形象，为了防止它们的出现，部落权威花了很多时间和心思。许多建议直截了当，一些建议歇斯底里，还有一些深思熟虑。令人惊讶的是，最疯狂的建议是某些主教练提出来的，他们在极度苦恼中提出要将暴力分子淹死、枪决和鞭答。据说一名主教练曾经说："我认为死刑是很不错的制止手段。"

除了这些情绪爆发之下的建议，还有许多更认真的提议。其中的4项至关重要。它们是：

1. 在容易出现状况的看台区域使用闭路监视系统，找出混战中的侵犯者。
2. 禁止身份已确认的足球流氓现场观赛。
3. 通过精心规划分开场内的敌对粉丝，让他们永远都不会坐在相邻的位置。
4. 引入全座位体育场，消除密集站立看台上的人潮涌动。（更高的票价也发挥了作用）。

这些在20世纪90年代采取的措施产生了立竿见影的效果，21世纪的暴力事件大大减少。因为大多数事件都是由少数头目煽动的，所以电视监控是一项很大的震慑。另外，当站立看台被全座位区域取代时，整个气氛都改变了。之前观众可以四处走动，而现在每个人都固定在某个特定的位置，这在很大程度上消除了群体的混乱状态。

对于那些想要不受人群干扰地享受足球的人来说，足球场的这种新状况是一种巨大的进步。在许多国家，足球场内的暴力如今几乎是过去才有的事情。然而这并不意味着足球流氓已经在这些国家绝迹了。此类行为仍然存在，但是现在发生在体育场外。它已经变成了高度组织化的帮派战争，而它与足球运动的唯一联系是每个帮派对某个特定俱乐部的认同，它的成员都是该俱乐部的支持者。这些帮派常被称为"球迷帮",如今使用网络和手机计划他们有组织的暴力行为。他们总是在远离球场的地方安排对峙,在那里遭遇自己的对手并打架斗殴。如今使用可卡因而非酒精为自己增添动力,他们会选择远离闭路电视摄像头覆盖范围的地点。

> 2008年,圣彼得堡泽尼特队与莫斯科火车头队在莫斯科进行的一场俄罗斯足球联赛的比赛中,莫斯科火车头队的粉丝与警察发生了斗殴。

遗憾的是,足球暴力在少数国家并没有以这种方式得到控制和隔离。在意大利,即便是在今天,警察也会在举办重要比赛时成群结队地出动。造成这种现象的原因似乎源自1969年始于该国的一种部落现象,当时诞生了名为"Ultras"(极端球迷)的多个超狂热支持者团体。虽然他们本身并非足球流氓,但他们的行为会在重大比赛中创造出强烈的不安感,让人群的情绪很容易失控,造成全面骚乱。

意大利的Ultras团体对自发的即兴表现没有兴趣。他们的活动是精心计划和高度组织化的,包括一整套充满戏剧性的元素,这些元素的结合及编排都是为了创造令人生畏的气氛。Ultras成员密集地坐在看台上的某个区域,在那里展开巨大的横幅,展示特别的符号,挥舞大幅旗帜,歌唱俱乐部的歌曲,击鼓,放烟花,扔烟幕弹和发射明亮的照明弹——所有这些事情都可以同时进行。这种压倒性的表演会在比赛开始前上演于体育场,目的是让敌对支持者和客场球员都感到紧张不安。

在20世纪的最后几十年,这种有组织的群体活动从意大利扩散到了欧洲的其他国家,甚至影响到了别的大陆。这种强大有力的展示方式至今仍很常见,有时会爆发成为严重的足球流氓事件,干扰比赛。近至2015年,意大利的足球比赛还遭到严重的干扰并被迫中断。在这些事件中,建筑设施遭到毁坏,警方出动大量警员,逮捕了许多人。在某场比赛中,暴力的极端程度匪夷所思,甚至有一枚炸弹被扔进了密集的支持者人群中。当它爆炸时,几张座椅被炸坏,10名粉丝腿部受伤,最后入院治疗。气愤的尤文图斯主教练甚至说如今"在意大利只有疯子才会把孩子带到球场去"。

20世纪七八十年代的北欧就曾经是这个样子。为了足球部落的利益,我们只能希望仍在经历这种暴力的国家能够很快追赶上足球世界的其他国家。

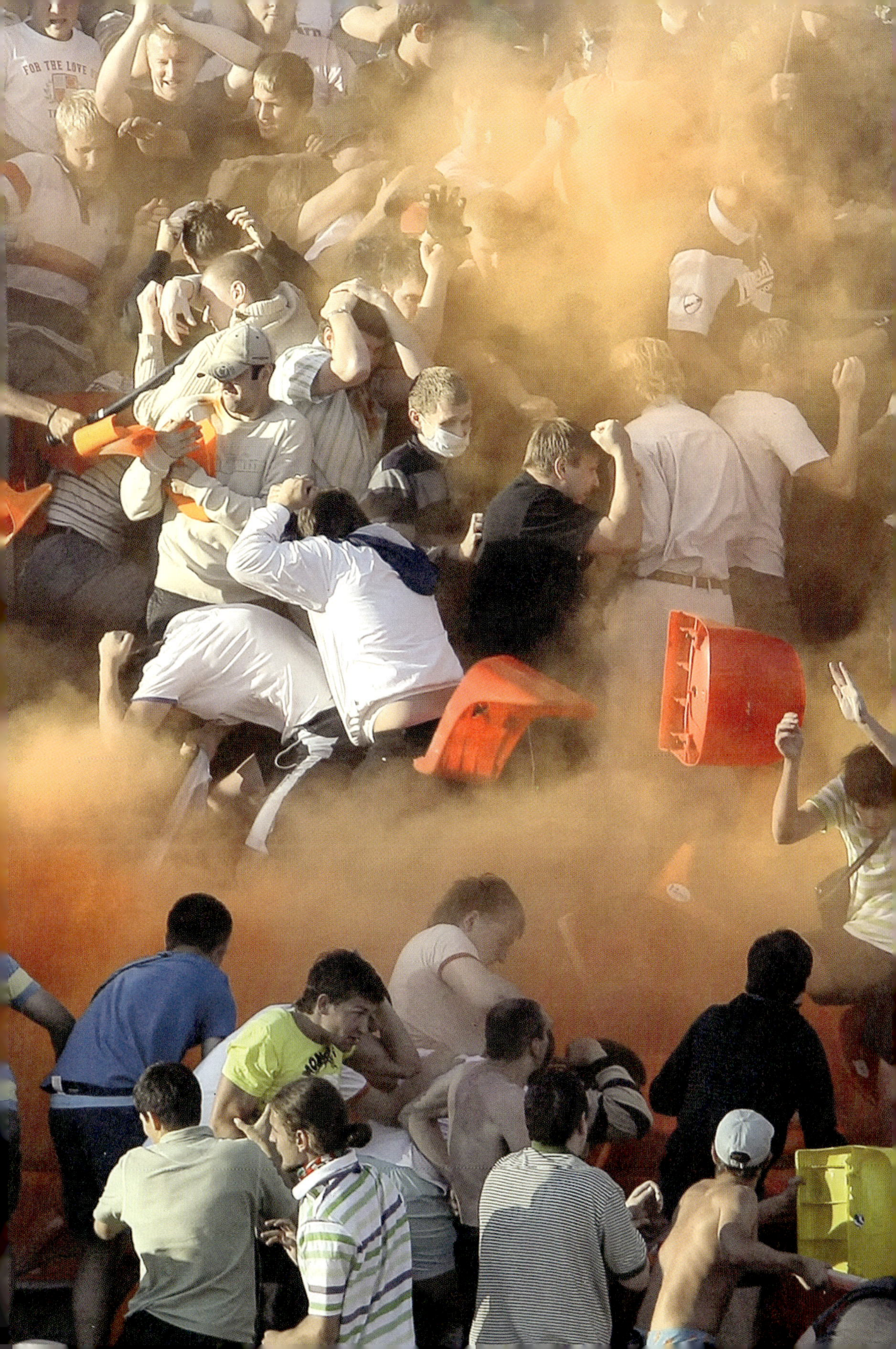
FOR THE LOVE

部落灾难

拥挤和坠机，死亡和骚乱

每个部落都发生过重大灾难，那些摄人心魄的细节被一次次地讲述，直到它们变成传说，而足球部落也不例外。在非常早的时候，观众规模太小，不足以产生严重的灾难，但是随着这项运动开始吸引大批观众，悲剧就不远了。它最先发生在1902年4月5日的埃布罗克斯公园球场，苏格兰球队格拉斯哥流浪者的主场。

在那一天，他们的球场被用来举办一场每年一度的热门赛事，苏格兰国家队和英格兰国家队之间的国际比赛，一共吸引了68114名现场观众。看台不久前进行了扩建和现代化改造，然而不幸的是，这些改造措施并不足以承受观众施加的巨大压力。

发生事故的是西看台，一栋高50英尺（15米）的巨大分层建筑物，由铁框架和铺在框架上的木板构成，早在开场哨声还没有响起的时候，它就在数千名密密麻麻的苏格兰支持者的重压下嘎吱作响，摇摇晃晃了。比赛开始时，观众造成的压力变得更大了，因为数千只眼睛都在试图追踪场上的一举一动。几分钟之内，上半部分的木板就承受不住并发生了塌陷，让许多无助的人摔死在下面。看台突然变成了一个巨大的陷阱，数百人掉进去并砸在地面上，最后掉进去的人比较幸运，他们的下坠得到了下面成堆垂死者的缓冲。

由于这些死伤者在掉下去时消失在人们的视线之外，其他看台上的观众并没有意识到发生了严重的事故。当恐慌情绪开始在西看台下半部分蔓延开来，一些观众被往前推到绿茵场上时，比赛暂停了一会儿，但是随后又恢复了。实际上比赛一直踢到结束，结果是1：1平。球场上的娱乐与隐藏在西看台后面的痛苦构成了尖锐的对比。下一期

∧ 1985年利物浦和尤文图斯在布鲁塞尔的海瑟尔球场打了一场比赛，这是比赛时球场内的支持者。39人在球迷冲突中丧生，当时利物浦的支持者踢倒了将他们与尤文图斯支持者隔离开的一道围栏，并将破碎的障碍物片段作为武器。

的《苏格兰人报》对此评论道："比赛继续进行这个事实对于人数众多的观众而言毫无疑问是令他们满意的，很多人是从很远的地方过来看球的。但是对于那些正在忙于抢救死伤者的人而言，时不时穿插在比赛中的掌声显得很不和谐，仿佛是死伤者发出的呻吟呜咽的伴奏。"

死伤人数一共是518名，组成如下：死者25名，威胁生命的重伤者168名，严重受伤者153名，轻伤者172名。现场就像鲜血泛滥的战场，参与救援的一位目击者记录道："半小时后，当所有伤员都转移出来，比赛继续进行的时候，我惊讶地看到看台上又重新站满了人。"死亡和灾难还不足以让足球部落的成员远离比赛。

这个论断也适用于紧接着的又一次重大灾难，1914年2月4日发生在谢菲尔德星期三足球俱乐部位于希尔斯堡的球场。在英格兰足球总会安排的一场优胜杯决赛的比赛中，一面巨大的挡土墙发生了倒塌，导致75人受伤，但是就像在格拉斯哥一样，比赛很快就重新开始了。记录这件事的书籍冷淡地写道："比赛恢复了，但星期三队1：0的领先优势没有扩大。"似乎只有一场世界大战才能终止比赛，悲剧的是，很快事实就证明的确如此。

在"一战"结束后的几年里，足球部落将会见证漫长的足球史上最令人难忘的事件之一。1923年4月28日，在足球传说中记录为白马杯决赛（White Horse Cup Final）的比赛将在新建成的伦敦温布利球场进行，等待这座球场的是彻头彻尾的混乱。那一天有将近50万人会聚在温布利球场观看博尔顿队和西汉姆队之间的决赛。负责建造新体育场的人自豪于它能容纳127000名观众，并且认为这绝对能够满足需要，因为去年的决赛吸引了不到53000名观众。但他们没有将崭新的国家体育场的吸引力考虑在内。他们采取了所有其他预防措施，甚至找来一个营的步兵穿着沉重的军靴在看台上踏步前行，用这种方式测试建筑的结实程度，确保不会重复1902年埃布罗克斯公园球场的灾难。但是在那个星期六的上午，当一群又一群热情的粉丝越来越多地出现时，他们意识到即使他们的看台能够稳固地矗立，他们所有精心安排的计划也会很快迎来全面崩溃。

下午1点45分，已经爆满的体育场关上了大门。再放人进来就会造成严重的过度拥挤。组织者震惊地发现，高高的围墙外有大约25万人形成的拥挤人群决心进入场内。事态进展迅速。被锁在外面的人群对体育场发动了大规模袭击，冲垮大门，拆毁围栏，涌入神圣的竞技场。人潮汹涌向前，直到又有大约10万人挤进球场。他们密密麻麻地占领了整个绿茵场，直到一片草的叶子也看不到为止。数百人在沸腾的人潮中晕倒，到这一天结束时，一共有不少于1000人接受了休克、崩溃或小伤的治疗。但只有24人需要前往医院就医，而且根据记录没有一名死者，实在可以说是奇迹了。

下午2点45分，国王到场，然后按照流程唱起了国歌，尽管大家并不明白目的何在，因为体育场里已经没有可以比赛的空间了。官员们心烦意乱，一筹莫展。警方和组织者似乎已经无能为力了。然后就像所有美丽的传说一样，这一天的英雄骑着白马降临了，他将拯救糟糕的局面。这位救世主不是身披盔甲的骑士，而是一位名叫乔治·斯科雷的巡警，骑在13岁的警用种马"比利"身上。他小心翼翼地骑到温布利球场草皮的正中央，然后开始慢慢转圈，一寸寸地逼退人群，直到中圈附近开始出现一小片绿色的草地。这匹大马用温和又坚定的姿态一点点地扩大了自己的领地，将人群推得越来越远，与此同时，马背上的骑手劝说前排的人手拉着手连成一条线向外推。他花了50分钟将人群推向边线，而此时将他们再往外推已经是空间上解决不了的问题了。

主裁判怀斯利决定在这种极端的情况下开始比赛，于是推迟了将近1个小时的比赛开球了。随着比赛的进行，球员们时不时无法停住自己飞奔的步伐，一头撞入人群不见踪影，再焦急地挣扎着回到赛场。中场结束时，两支队伍都只能待在场上，因为他们没有办法打开一条回到更衣室的路。在下半场，由于前面的观众被推到场上，比赛不得不暂停数次，但最终还是踢完了，博尔顿队赢得了足总杯的冠军奖杯。

第二次世界大战刚刚结束，这种混乱的事故又发生了一次，只是规模较小。那是在

1945年11月13日，神秘的莫斯科迪纳摩队造访英格兰，在切尔西的斯坦福桥球场比赛。这次又有成千上万的球迷被锁在已经人满为患的体育场外。他们当中的许多人刚刚离开被战火撕碎的欧洲大陆，摧毁建筑物不算什么新鲜事，而他们的军事训练再次显示出了良好的效果。他们将房间门拆下来，当作攻取大门的攻城槌；他们找来梯子，用来翻越屏障；他们气势汹汹地翻越围墙，就像在野战训练场上一样；他们突破了玻璃天窗，在这座被围攻的体育场里寻找每一个可以打碎的孔洞并通过它爬进去。超过一万名坚决的粉丝成功地强行无票入场，但是当比赛开始的时候，还有几千人在球场外挣扎。为了得到更好的视野，很多人紧贴在看台的屋顶，还有很多人向屋顶上爬，人数多得使屋顶发出嘎吱嘎吱的呻吟，仿佛马上就要倒塌，砸在下面密集人群的头上。幸运的是它坚持住了，而且在这一天结束时，官员们终于松了一口气，因为和白马杯决赛一样，没有人在这场闹剧中丧生。不过正如以往，数百人在拥挤中晕倒，其中不超过20人需要前往医院治疗，伤势最重的人断了一条腿。

然而，就在第二年，发生了一场结局悲惨得多的足球灾难。这一天是1946年5月9日的英足总优胜杯决赛，对阵双方是博尔顿队和斯托克队，比赛地点是博尔顿队的般顿公园体育场。酿成苦果的还是过度拥挤。人群的压力摧毁了一面砖墙，导致一拨人潮向前猛冲，撞在防挤栏杆上，后者不堪重负地倒塌了。在随之引发的人体雪崩中，33人被挤压致死，超过500人受伤，是当时足球比赛的历史上最大的死亡数字。比赛当时只踢了12分钟。在对伤者施救时，在警察的要求下，裁判让球员们回到了更衣室。然后，经过26分钟的暂停，比赛恢复并且一直踢到结束，和以往一样。球员们无从得知悲剧的全貌，而斯坦利·马修斯后来说："当我说我们的注意力很快就回到了比赛中时，我可能会遭到指责，说我冷酷，但这就是事实……在暂停结束并返回赛场几分钟后，我们就已经忘记，那些没多久之前还在为我们欢呼的人现在已经躺在地上，死了。"伟大的部落仪式就是如此惨烈。

这场灾难之后，一项特别调查分析了事故原因并强烈建议将来必须采取更好的安全规范，而且所有球场都必须设置观众人数最大极限。但是什么措施也没有做。官方慵懒倦怠，又过了许多年，似乎他们就要这样得过且过了。然后在1971年发生了一场更大的灾难。1月2日，

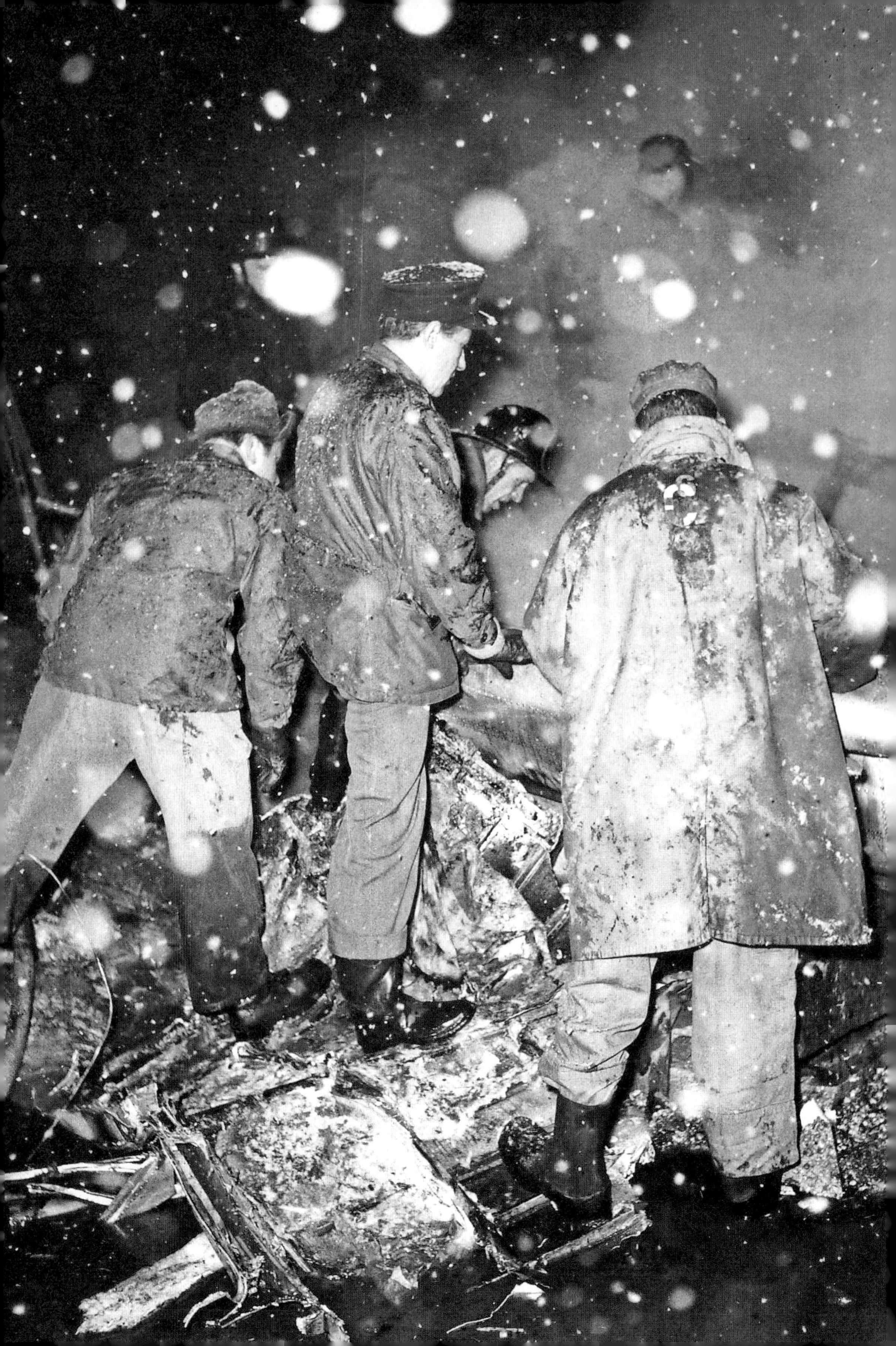

◁ 暴雪中的救援人员在英国欧洲航空公司伊丽莎白型班机G-ALZU"波利勋爵号"（Lord Burghley）的空难残骸旁；发生在慕尼黑的这次空难造成23人丧生，包括8名曼联球星，当时的这支曼联队被称为"巴斯比宝贝"（Busby Babes）。

在格拉斯哥的埃布罗克斯公园球场——第一次大型足球灾难发生的地方，总共有66人被挤压致死，超过200人受伤。在某种意义上，这是一次离奇的事故。这是主队流浪者队与他们的死敌凯尔特人队之间的一场比赛，在距离终场哨声还有一分钟左右的时候，流浪者队还在落后，大批闷闷不乐的主队支持者开始离场，朝出口走去。然后在距离比赛结束还有几秒钟的时候，流浪者队扳平了比分。巨大的欢呼声让提前离场的球迷急匆匆地冲了回去，而此时大批粉丝正准备离开。两股人潮在看台的一处陡峭区域正面碰撞，往下走的人潮吞没了往上走的人潮。随后发生的剧烈拥挤让粗重的金属管都发生了变形，人体层层堆叠，直到体育场变得像是一座停尸房。

这一次官方终于被迫采取行动了，但是直到1975年，《体育场安全法案》才最终得到通过，每个体育场都采纳了严格的安全措施，而且"官方场地容量"也大大缩小。

如果说对支持者来说，最大的危险是被挤压致死，那么对球员来说，最大的危险不是在球场的地面上，而是在空中。当"二战"结束后重新开始国际比赛时，顶级球员为了参赛需要进行大量航空旅行，为此曾经发生过两次重大灾难。第一次发生在1949年5月14日，当时的意大利联赛冠军都灵队结束了在里斯本的一场比赛，正在返回都灵的途中。他们的飞机一头撞在都灵市郊的苏佩加山上，杀死了整支一线球队，包括八名意大利国脚。飞机上还有所有预备队队员、经理、训练员和教练。所有人都死了。就在那一秒钟，欧洲最伟大的足球俱乐部之一被抹得一干二净。

九年之后的1958年2月6日，几乎同样不幸的命运降临在曼联队的头上，他们乘坐的飞机没能从慕尼黑机场起飞。他们刚刚去贝尔格莱德参加了一场欧洲杯比赛，但能够返回的人不多。八名明星球员在撞击中死亡，一同罹难的还有他们的训练员、教练、俱乐部秘书和八名随队记者。从那以后，尽管顶级球队的空中旅行越来越多，但是足球界再也没有发生过空难。

然而，还有一种类型的灾难值得一提。前两种类型——拥挤和坠机——已经足够糟糕了，但至少意外的成分居多。第三种类型更加恶劣，因为它涉及故意为之的暴行。这就是骚乱，不幸之中的幸运是它很少见。

为什么是足球

如今常常能听到足球"骚乱"的故事,但通常情况下这个词用得并不准确。几百名苏格兰粉丝在击败英格兰的比赛后冲到温布利球场的草坪上,打破球门门柱,扯掉一些草皮,这在体育场官员的眼中似乎是一场骚乱,但并没有人受伤,而且与部落档案中记载的最糟糕的情况相比,就像是儿童的嬉闹。

足球史上最黑暗的日子无疑是1964年5月25日,秘鲁国家队和阿根廷国家队在秘鲁首都利马的国家体育场进行了一场比赛,赛后至少有301人丧生,超过500人受伤。比赛的气氛已经非常紧张了,接着来自乌拉圭的裁判在距离终场哨声还有两分钟的时候判决秘鲁队的一个进球无效,人群在难以抑制的愤怒中爆发了。随后引发的骚乱非常猛烈,以至于警察使用了催泪瓦斯。这只是增加了恐慌和混乱感,人群投掷瓶子,向看台纵火,还拆毁了铁栏杆。然后警察开始朝人群开枪,杀死了四名球迷。恐慌迅速升级为歇斯底里的疯狂,恐惧混合着愤怒,导致庞大的人潮开始狂奔。他们拼命冲向仍然关闭着的出口大门,直到尸体高高地堆积起来,仿佛球场是个噩梦般的集中营而不是体育竞技场。官方宣布的死亡数字是301人,但有些人说这个数字少了。其他统计数字是318人或者高达350人。但即使在这场大屠杀中,古老的足球传统仍然保留了下来。当天晚上,一大群人前往总统府游行,要求伸张正义。但他们的要求到底是什么?要求调查追踪,找出在人群中开始骚乱并引起整个事件的暴徒?要求给死者的亲属提供抚恤金?都不是。他们的主要诉求是比赛结果应该宣布为平局。再也不会有其他案例能够更清晰地证明,足球部落成员对比赛的狂热超出所有其他考虑。

再过几年,南美就会见证赛场上又一次暴力事件的爆发。那是在1968年6月23日举办于布宜诺斯艾利斯的一场比赛。在河床队和博卡青年队的这场比赛中,年轻的暴徒开始将燃烧的纸扔进人群震慑他们。在这一点上,他们取得的成功超出了自己最狂野的想象,他们导致的奔逃人流杀死了73名观众,令超过200人受伤。

在20世纪60年代之后,几乎所有重大足球灾难都是奔流人潮或者离场时发生恐慌导致的支持者被挤压致死。其中恶劣的案例是1971年的格拉斯哥(66人死亡)、1982年的莫斯科(66人死亡)、1985年的英格兰布拉德福德(56人死亡)、1985年的布鲁塞尔(39人死亡)、1988年的尼泊尔(93人死亡)、1989年的英格兰希尔斯伯勒(96人死亡)、1996年的瓜地马拉(84人死亡)和2001年的加纳(127人死亡)。

其中一些悲剧导致了足球场设计和运营的改革。1985年的布拉德福德灾难是意外起火造成的,随后英国全面禁止了所有木质看台。希尔斯伯勒是球场站立区域的人群拥挤造成的,这导致了全座位球场的引入。

由于全世界范围内足球场的改善,足球灾难的数量在21世纪出现了下降,但它们并没有完全消失。近至2012年,在埃及的塞得港就发生了一场非常奇怪的事故。在比赛即将结束时,领先球队的支持者冲进了绿茵场,手里还拿着棍棒和刀剑。他们攻击了落后球队的球员和支持者。在彻底的混乱中,许多球迷被刺伤、殴打，最终踩踏致死。警方无法控制局面，最后出动了一支军队才恢复了秩序，解救了藏在体育场角落里的球员。

但是在所有重大部落灾难中，或许最不同寻常的是1969年发生在中美洲的一次事件。在那里举行的世界杯资格赛中，洪都拉斯和萨尔瓦多之间的一场比赛导致的野蛮骚乱让这两个国家彼此断绝了外交关系，战争紧随而至。这场所谓的"足球战争"是个经典案例，展示了足球比赛这种伟大的象征性仪式是如何失去仪式性，重回其原始根源的。虽然这两个国家的关系本来就很紧张，但是一场简单的球类比赛能够如此重要，乃至于成为一场全面战争的导火索，这个事实再次强调了这种运动的力量，以及它是如何支配那些热烈追求它的人的心灵的，甚至于有时将他们引向死亡。

凡事皆有两面，另一场足球比赛就产生了完全相反的效果。它没有开启战争，而是结束了战争。西非科特迪瓦的穆斯林和基督徒曾经爆发过一场残忍的内战，但是该国的国家足球队在2006年世界杯的预选赛阶段成功地停止了战火。赢得比赛后，球员们在电视直播中跪在地上，请求交战双方停止战斗。这一举动起了作用，和平协议最终在第二年签订。当这支国家队在非洲杯上比赛时，他们再次帮助双方的敌对军队首次和平地聚集在一起。

英雄崇拜

签名和偶像，粉丝来信和球星

部落的追随者崇拜他们的英雄，但是他们的仰慕并不像乍看上去那样直截了当。与其他形式的英雄崇拜相比，它有一些不同寻常的特征。为了理解这一点，可以比较一下足球明星的死忠粉丝与电影明星或流行偶像的追随者的态度。

好莱坞有一种说法是"你和你的上一部电影一样好"，但这个说法并不完全准确。影迷会记得很久之前的事，他们的偶像可以基于一些早期的优秀影片保持许多年的魅力。音乐界也是如此，但是当足球明星的巅峰岁月过去之后，他的魅力很难保留下去。造成这种差异的原因与"产品"的性质有关。演员拍摄一部电影，作曲家编写一段乐曲，歌手录制一首歌曲。他们制造的都是有形的东西。年复一年，他们的影片可以一次又一次地放映，音乐可以一次又一次地播放。他们最初的辉煌时刻总是保留在那里，可以让粉丝的记忆永远保持鲜活。

从理论上讲，伟大的足球明星也可以如此。按照完全一样的方式，他们最激动人心的表现也可以通过影片和录像带保存并一次又一次地播放。然而这样的事极少发生。亨弗莱·鲍嘉和埃维斯·普雷斯利是大众娱乐界的常青树，他们的作品总是会得到后来年轻人的欣赏，永远延续着自己的生命，但是鲍嘉和普雷斯利巅峰时期的著名球星如今除了年纪较大的支持者，已经基本上被遗忘了。其中最伟大的那些名字对于年轻球迷来说或许还有模糊的印象，但他们已经不被偶像化了。足球部落的英雄崇拜是一件变幻莫测、转瞬即逝的事情。

这并不意味着这种崇拜的热烈程度会有任何逊色。看台上观众的热情不亚于一场流行音乐会。但是这种热情和时间有着强烈的联系。

› 1966 年英格兰世界杯期间，巴西球星贝利站在位于柴郡利姆的巴西国家队下榻酒店的门外给粉丝签名。

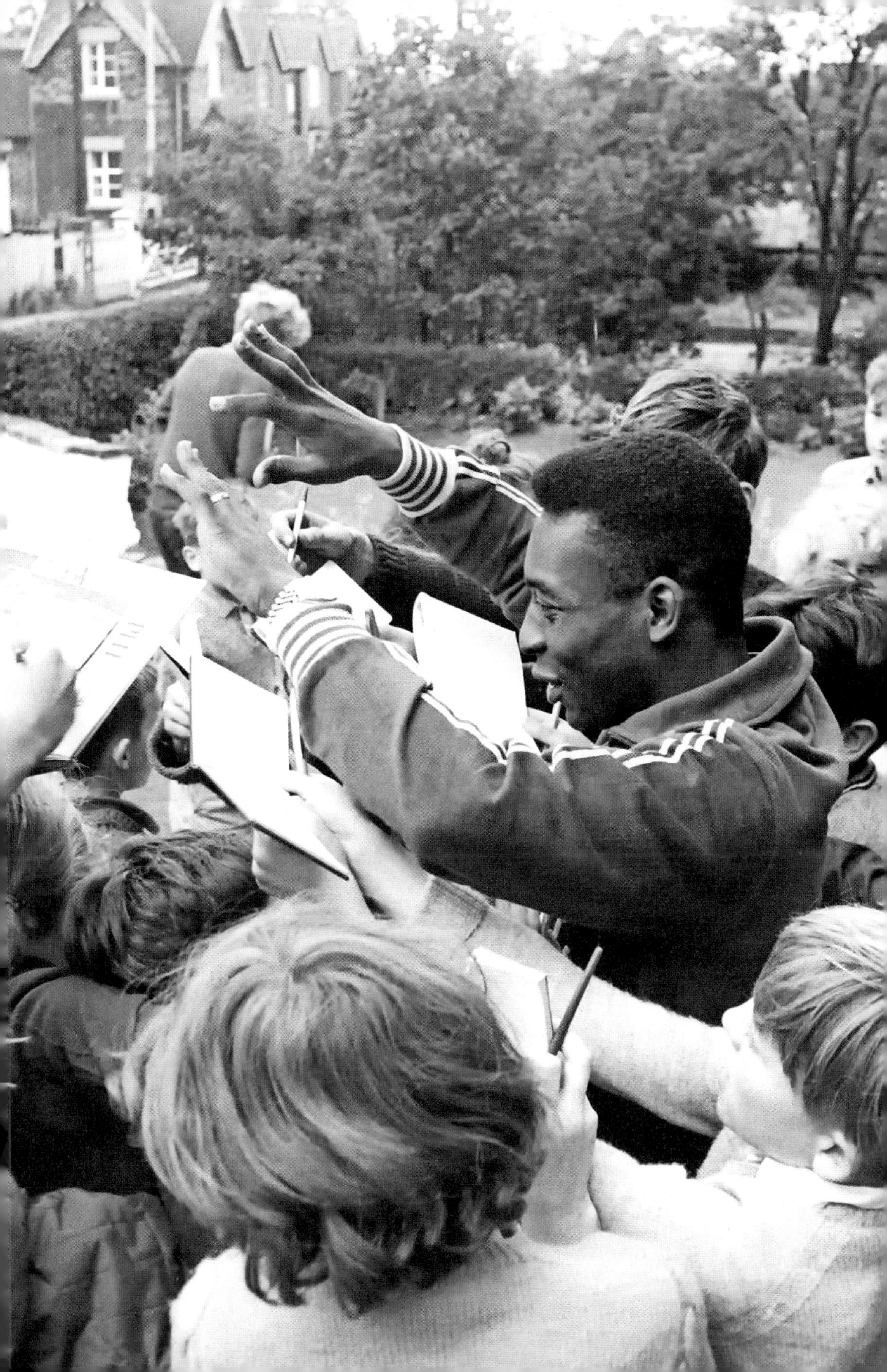

为什么是足球

让球星获得神明般地位的竞技场上的事件,只在它们发生的那段时间有着特别的意义。正在进行的比赛对于那一天和那个赛季来说十分重要,因为它只在这两个层次体现出竞争性。它缺少持久的重要性,因为到了第二年,所有球队都将回到相同的起点公平竞争,积分榜变得干干净净。一部电影或一段音乐可以在几乎任何时候欣赏,但一场足球比赛只有在特定时间和特定地点才会产生自己全部的魔力。因此明星球员的魅力也以同样的方式受到限制。

另外两个因素也不利于足球追随者形成忠诚、持久的英雄崇拜:球队和转会。被偶像化的球员是代表某个俱乐部的某个球员的成员。他或许拥有很大的个人价值,在队友中脱颖而出,就像配角演员组中的大明星,但是一位著名电影明星可以带动整部电影,而没有任何一名球员可以凭一己之力带动全场。与电影明星相比,他的技巧更强烈地依赖与搭档的配合。他们或许缺少他的光辉或美丽,但他们的才能对他的成功至关重要,因此他绝对不会在粉丝的仰慕中超出他们非常多。

转会市场对他神明般的地位造成了进一步的损害。持久的粉丝崇拜需要对偶像化的人物保持极大的忠诚。即使是最痴迷的粉丝,也很难在球星转会到其他俱乐部时保持这种忠诚。大球星不仅仅是抛弃了自己的部落,更重要的是,他如今在为某个潜在对手贡献自己的才能。做出转会这种行为,他不仅仅是不忠诚,而且是忠诚的反面。即使球星仍然还在自己的俱乐部,他虔诚的追随者在内心深处也知道,他可能会在某一天突然宣布自己要离开,加入一支敌对的球队,所以从某种意义上说,他们一直能够预料到他的变节。这一点最能摧毁英雄崇拜的任何长期希望,只将它限制在当下。

对于某位大影星而言,他的粉丝们不会被这种感情影响。如果他从华纳兄弟"转会"到米高梅,影迷不会觉得有丝毫差异,因为他们对任何一家电影公司都没有归属之感。他们的感情完全与最终的产品即电影本身相关。但是对球迷而言,"影片和工作室"——球赛和俱乐部——是不可分割的。所以,除非将来所有足球队都只能使用本地球员并且禁止转会,否则足球世界的英雄崇拜毫无疑问地将继续保持它现在短暂易逝的形态。

话虽如此,仍然存在少数超越普遍情况的例外。虽然大多数球员只是"俱乐部的英雄"或者只是某场比赛某个时刻的英雄,但是存在一些超凡脱俗的人,他们克服了所有艰难险阻,成为超越俱乐部、超越国家、超越所有限制和地方忠诚的真正的世界级巨星。这些神一样的人物无论到哪里都会受人尊敬,但他们的数量用两只手的手指就能数得过来。他们是贝利、马拉多纳、贝斯特、贝克汉姆、罗纳尔多、梅西这样的人物,他们属于自己独有的阶层。无论他们在哪儿踢球,都能看到粉丝对英雄的最极端的崇拜。有无数签名簿等着他们签名,数百台照相机不断按动快门,还有无数人伸出手想要触摸他们。

有时触摸大球星的欲望如此强烈,以至于他们会在被成群围住时遭到身体伤害。一位巴西球星在打进五球的精彩表现后被粉丝团团围住,失控的局面让他的下巴受了伤,最后这一天结束时他是在医院里度过的。

从前最伟大的英雄之一斯坦利·马修斯在

▽ 2014年，巴西国家队在位于里约热内卢附近的科马里庄园训练场进行集训。内马尔在一次训练之前与一名粉丝自拍。

那些见证了他非凡成就的球迷中引起了巨大的轰动，他们甚至产生了为他写诗的灵感，其中一首诗的结尾是这样的："面无表情的魔法师，灵动穿梭，如在弦上。仿佛有一支动人的乐曲，只有他才能听到，逐渐明晰了主题。他排练步伐，仿佛梦境中游刃有余的独奏者。"

对于自己的偶像，普通粉丝可能只是说一句"他太神奇了"，言语上的赞美仅止于此，但他内心的感受大概与这首诗相差无几。

部落纪念品

小锦旗和赛刊，贴纸和邮票

当足球部落的成员离开部落生活的中枢——球场，并回到自己私密的家中时，他感到暂时脱离了兴奋的气氛。这是原始部落的成员不会体验到的，因为他的小屋肯定是构成部落村庄核心部分的一个部分。他不需要提醒，时时刻刻都清楚自己的部落归属。但足球部落成员的家遥远地分布在城市的各个地方，常常距离球场数英里之遥，这就产生了一种特殊的需求——对纪念品的需求。

使用纪念品覆盖自己私人房间的墙壁和架子，可以再现部落聚会时的气氛，可以重温伙伴们一起兴高采烈的时刻。为了实现这一点，他必须搜寻部落的小玩意儿，把与自己的球队或俱乐部有关的任何东西都囤积起来。

最珍贵的纪念品是那些对他而言独一无二的东西，勾起他对特定事件的个人化记忆的纪念品——由他的英雄亲笔签名的赛刊，在球场边顺手牵羊的被丢弃的护腿，或者他为一场重要比赛亲自制作的横幅。有时这些特殊的纪念品是用非常极端的手段获得的。很久以前，一支英格兰的球队曾经在荷兰的瓦赫宁根比赛，一记势大力沉的射门让球门横梁断成了两截。观众们蜂拥到赛场上，把裂成两段的木头拖到一边并拿出他们的小刀，开始从上面切割碎片并带回家作为宝贵的纪念品，仿佛它们是圣十字架的碎片。一位现场观察者后来记录道："从横梁上切下来的那些小块木头，如今有些正静静地躺在玻璃匣子中，珍藏在瓦赫宁根那些漂亮的小房子里。"

1977年苏格兰队在温布利球场击败英格兰队之后，发生了一件类似的事情，但是破坏性更强。当终场哨声响起时，大批苏格兰球迷冲

› 2011年在德国城市多特蒙德举行的一场多特蒙德对阵法兰克福的德甲比赛结束后，多特蒙德队的球迷采集草皮作为纪念品。

进球场，许多人爬上球门，直到横梁在重压下断裂。在这个击败可恶的南方邻居的伟大日子里，他们热切地想要把纪念品拿回家，疯狂地撕碎横梁和球门网，有些人还用小刀割下了球场神圣的草皮。据估计，这场对纪念品的掠夺导致了大约18000英镑的损失。

  为了满足这种搜集的欲望并且同时避免偷盗和掠夺，俱乐部许多年来一直在"俱乐部商店"里出售各种官方纪念品。虽然这些产品缺少独特纪念品的那种个性化的魅力，而且它们通常是大型公司大批量生产而不是俱乐部总部制造的，但在许多部落成员看来，它们仍然是可以接受的。对于特别成功的俱乐部，需求几乎是无法满足的，负责纪念品营销的公司必须穷尽想象力，设计出足够多样化的产品摆上货架。

为什么是足球

　　除了通常的彩色围巾和旗帜、徽章和贴纸、花饰和小锦旗、服装补丁和领带、照片和海报，如今还能买到带有俱乐部标志的玻璃杯、装饰有全队脸庞和复制签名的马克杯、使用球队颜色的漂亮帽子、带有俱乐部标志的领带夹，以及套印俱乐部徽章和奖杯荣誉的装饰华丽的镜子。然后是俱乐部年鉴和记录簿、俱乐部颜色的手提袋、俱乐部T恤衫、俱乐部自来水笔、动物吉祥物，甚至还有"全队签名与徽章陶瓷门砖"，狂热的部落成员可以将它们安装在自己私人房间的门上，向所有访客展示自己的忠诚，并让自己的巢穴在某种程度上更像是俱乐部中心的一部分。即使在他结束了一天躺在床上睡觉时，他的队伍也不一定会被遗忘，因为现在他可以买到"可机洗、易护理、涤纶黏胶纤维、不褪色足球俱乐部床罩"。

˅ 2015年利物浦队与水晶宫队在利物浦安菲尔德球场的英超比赛开始前，摆放在一个纪念品小摊上的史蒂文·杰拉德（Steven Gerrard）T恤衫。

∧ 2014年的巴西圣保罗，人们正在购买巴西队的足球纪念品。

足球爱好者以这么多不同的方式表达自己对部落的热爱，在自己家里塞满可见可触摸的特别物品，好让自己时刻不忘对部落的热情和强烈的忠诚。被自己俱乐部的大量相关物品环绕着，他不会让自己挚爱的球队离开自己的思绪哪怕一刻。他的休憩之所变成了供奉足球的神龛。

部落吉祥物

泰迪熊和玩具，小男孩和老男人

和球员一样，部落的追随者也非常迷信，他们运用许多魔法仪式为赛场上的球队带来好运。他们身穿幸运服装，携带幸运符咒，做出特别的动作，希望这些行为能够影响比赛结果。和球员一样，这些预先措施大多数是私下做的，甚至是秘密完成的，仿佛将其昭告天下就会减弱其作用一样。但是在一个特别的方面，这种幸运魔咒是公开进行的，那就是俱乐部吉祥物引人注目的展示行为。无论这个吉祥物是人还是动物，都象征着相关俱乐部对自己球队走运获胜的愿望。

吉祥物有多种形态。它们经常是俱乐部官方徽章上的动物形象演变而成的动物玩具或图像，常常是狮子、马或者某种鸟。就拿卡莱尔队举例，它的俱乐部徽章在中央有一张狐狸的脸，结果有一名热忱的支持者总是带着一个狐狸标本去现场看球，觉得这样能够让命运眷顾自己的球队。其他狂热的粉丝在观看重大比赛时会穿上全套的动物服装，让他们的图腾动物焕发生机，增加其魔力。

北美洲的足球赛场上特别流行打扮成动物的人，但他们的身份与欧洲相当不同。在欧洲，打扮成动物的人是非官方的吉祥物，是观众的一部分；然而在美国，他们肯定是官方暖场队伍的成员，通常伴随着啦啦队员们的表演一起来到赛场，整场比赛的过程中都留在赛场边上，扮演额外激励者的角色。

在实际比赛中，欧洲球场的边线上不会出现这么突兀的东西，但是在比较早的时代，经常能见到某个衣着艳丽的人充当非官方的"官方"吉祥物，穿着球队颜色的衣服，在比赛开始前沿着球场的边缘游行。这种情况近些年来似乎已经消失了，不过出于众多原因，一位打

› 1998年法国世界杯的在售纪念商品——法国队吉祥物"福蒂克斯"，它是一只公鸡，反映了这个民族的传统象征。

扮得五彩缤纷的肯·贝利先生总是在英格兰国家队出国比赛时伴随在他们身边，成了英格兰的人形吉祥物。身穿一丝不苟的红色燕尾服和印有英国国旗的西装马甲，头戴黑色高顶礼帽，手拿旗子和盾牌，他在很多国家已经成为一个为人熟知且很受欢迎的人物。他的外表如此令人难忘，甚至对方的当地粉丝通常也会以友好且令人尊敬的方式对待他。在四分之一个世纪里，他几乎出现在英格兰每一场国际比赛的现场，直到1993年去世。

对于足球吉祥物来说，最意外的选择或许是泰迪熊。之所以说它出乎意料，原因有三个：第一，它基本上是一件儿童玩具，因此在理论上缺少纹章图像的强大力量。第二，它代表的是柔软可爱的熊崽，而不是令人敬畏的凶猛成年熊。第三，它和经常作为吉祥物的俱乐部官方徽章没有任何关系。例如，阿森纳和西汉姆的吉祥物都是泰迪熊，然而阿森纳的徽章图案是一门大炮，而西汉姆是一只巨大的锤子。但是尽管表面上缺少与足球部落的关联，尽管与官方俱乐部图案风马牛不相及，但泰迪熊总是一次次地出现在看台上、支持者的大巴车上以及他们用心装饰的房子外面。

泰迪熊为什么能够如此成功地打入足球界，个中缘由至今仍是个谜。它的诞生还要追溯到1902年的美国，时任美国总统泰迪·罗斯福的一次狩猎之旅造就了它。他表现出了良好的体育道德，拒绝射杀一头小熊，因为他说

它只是一只幼崽。这个故事不胫而走，并且成为政治漫画家最喜欢的一个主题，他们用这件事将总统先生描绘成弱者的保护者。这种动物被称为"泰迪的熊"，后来随着人们根据漫画家的画作制造玩具，这个说法缩短成了"泰迪熊"。所以现在非常受欢迎的泰迪熊，它的原始意义是象征了"免于灾难的生灵"。如今抱着他们的吉祥物——可爱泰迪熊的儿童对这种含义一无所知，如果说早期球迷将这种熊视为让他们免于灾难的魔咒，似乎过于牵强了。他们有意采纳这种象征意义的可能性微乎其微，更有可能的情况是粉丝的小孩有时会把他们最喜欢的玩具带到看台上，当他们的父亲的球队赢球时，泰迪熊立即与好运气联系了起来。从此以后把它留在家里就成了一件危险的事，后来又必须制造出专门的特大号泰迪熊，因为它们不是供儿童玩耍的，而是提供给严肃的成人粉丝，作为他们的迷信仪式的一部分。但即使果真是这种比较简单的解释，仍然存在一个令人欣喜的巧合，那就是这个吉祥物挑衅般地坐

‹ 秘鲁－智利联队的两名成员与他们的吉祥物"阿利托"（Alito），摄于1933年的伦敦厄普敦公园球场。

⌄ 2012年，阿森纳在伦敦北部的酋长体育场迎战切尔西的英超比赛开始之前，阿森纳俱乐部的吉祥物"炮炮龙雷克斯"（Gunnersaurus Rex）看着作为球队吉祥物的一名年幼男孩踢球。

在主队球门后面的看台上，令伟大之人不忍朝它射击（或者射门）。

最后，曾有一种和上面截然不同的吉祥物形式——男孩球员流行于多个俱乐部。作为每一场比赛的特别殊荣，会有一个小男孩穿上俱乐部的球衣、球鞋，陪伴球员们从球员甬道走到赛场上进行赛前热身。在这个热身阶段，他会在神圣的草皮上加入他们，与他的英雄们来来回回地踢练习球。然后当裁判过来取代他在中圈上的位置时，这名男孩就会走过去与他握手，然后在主场观众的掌声中跑下赛场。

在距今更近一些年的重大比赛中，发展出了"男孩吉祥物"的一种变形：每个球员在比赛开始前都会手拉手牵着一个身穿球队队服的小男孩（或小女孩）走上草坪。当两支球队排起队列，一支球队与另一支球队仪式性地握手时，每个小男孩（或小女孩）都站在相应的球员前面，握手仪式结束后，他们就会离开球场。从这样简单的典礼中，会诞生未来的狂热球迷。

部落的表现主义者

疯子、裸奔者和露臀者

在公共场合，人们的行为总是比在私下里更约束，这是一种普遍的倾向。走出家门置身于陌生人之间，在街道和商店、餐厅和办公室、公共聚会和娱乐场所，我们会限制自己的行动。我们在家里私下做的事成了禁忌。我们对自己的外表更加小心。我们遵守礼节。

在足球的早期岁月，部落追随者遵守这条法则。他们在去看球时穿上自己最好的衣服。他们有礼貌地鼓掌和欢呼。但是随着岁月变迁，气氛变了。随着球场上的业余选手被专业球员取代，观众人数越来越多并且对自己的忠诚越来越热忱，通常情况下的社会约束开始瓦解。色彩鲜艳的奇怪服装开始出现。更加狂热的支持者极尽炫耀之能事，大胆地向世界展示他们的部落颜色。在语言和服装方面，他们变得越来越不受拘束。

尽管有这种自由感，但绝大多数支持者仍然有一些不会去逾越的限制。然而对一些古怪的人来说，他们大胆展示的欲望极为强烈，以至于会超越这些限制，完成一些极端的自我表现行为。他们可以分成三类：疯子、裸奔者和露臀者。

疯子会假装某种类型的疯狂。当然，他们的神志完全正常，但是喜欢暂时用伪装的疯狂释放自己。有的人会穿上怪异透顶的服装，比通常的展示性服饰离谱得多；有的人会在街道中央乱逛，一边挥手一边在车流中进进出出，用最高的声调唱歌；有的人会爬到某个高处，摇摇晃晃、踉踉跄跄，仿佛快要掉下来摔死；还有人会一个人冲进神圣的草坪，沿着蜿蜒的曲线狂奔，仿佛在他脑海的幻想中，他已经神奇地成为一名伟大的部落英雄。

› 2001年，在巴尼特队与托基联队的一场比赛中，巴尼特队守门员丹尼·奈斯比特将一名裸奔者踢出去。

对于这种行为,通常的解释是这个人喝醉了,在发酒疯。但这只是部分的真相。如果这些人在其他社会环境下喝得同样醉,他们肯定不会有同样的表现。酒精或许诱使他们做出了恣意放荡的行为,但是部落机会的特殊气氛也很重要。就像部落武士通过战舞和吟唱进入癫狂,或者宗教狂热分子通过魔法仪式和咒语进入狂喜一样,他们是着了魔的人。他们暂时位于另一颗星球,受到四周兴奋的粉丝大军的影响,被推出了正常轨道之外。

不幸的是,由于常常造成过大的干扰,他们有时会被当成闹事的暴徒,被警察强行带走。更有经验的警察知道他们的本质是无害的怪人,会更加温柔地对待他们。只有比较爱摆架子和非常古板的部落成员才会觉得受到严重的冒犯。大多数人只是露出宽容的微笑,把他们看作讽刺漫画中的滑稽人物,知道这都是他们自己的兴奋之情导致的。

裸奔者是一类罕见而独特的表现主义者。这种怪癖指的是在公共场所进行高度私人的行为——在一大群旁观者面前赤裸着身体引人注目地奔跑。这种行为似乎首先出现于20世纪70年代初。最早的一批案例很可能是挑战和打赌的结果,但是它传播得很迅速,挑衅般疾跑的裸体在许多公共活动中震惊了毫无准备的观众。不可避免地,足球比赛的观众见识到了这种新形式的表现主义。他们并不会为此盛怒,而是在吃惊之余感到有趣,当勇敢的裸奔者跑出来时通常会得到一阵欢呼,而在身后追赶的警察或赛事组织者感觉有些尴尬,他们大概不喜欢被拍到自己在追赶某个裸男的照片。

裸奔者的表现很有趣。他需要先安静地脱掉衣服,尽量不引起注意,然后开始狂奔,尽可能地引人注目。最后,他需要像最初脱掉衣服时一样悄悄地消失，以免因为"有伤风化的暴露"而被捕。他的目的很简单，就是令人震惊一下。裸奔与"露阴癖"不同，后者是藏在暗处的男子突然跳出来，对着毫无防备的女性暴露自己生殖器的行为。裸奔的不同之处是它没有性意味。它的目的是令人惊奇，不是令人厌恶。足球场上的裸奔者面临一个特殊的问题——如何重新拿到自己的衣服。裸奔者跑出一条环路，在开始的地方结束裸奔，这种可能性非常渺茫，所以裸奔者只有两种选择，要么冒着结束时赤裸身体的风险，要么相当滑稽地将衣服装在一个随身小包里。后面这个解决方案似乎是最受青睐的，在观众看来进一步增加了这种不期而遇的娱乐项目的趣味性。

第三种表现主义者是露臀者。根据《卫报》在1974年的报道，露臀者是没那么极端的裸奔者的先驱："裸奔……主要由男性进行，似乎相当于美国50年代末和60年代初大学校园内主要由女性进行的一种行为。后者称为'露臀'。露臀指的是露臀者朝着想要展示的方向暴露臀部的行为，目的是给对方留下印象、表达抗议或进行羞辱。"将美国女学生当成这种奚落方式的起源者，这种认识实在具有误导性。她们或许让这种行为流行一时并且给它起了个新名字，但是"露出一个人的臀部"表示粗俗的侮辱这种行为有着千百年的历史。"亲我的屁股"（kiss my arse）和"给你看屁眼"（arseholes to you）等说法在更早的时候就广泛流传了。

露臀行为传达的本质信息并不像有人猜想的那样有性意味。基本上可以说，它象征着对目标排便的行为。因此，当足球场上的男性表现主义者做出露臀的行为时，有时会比没那么有敌对性的裸奔产生更激烈的反应。

两个例子可以说明这一点。1980年，格里姆斯比的支持者在客场看完一场比赛之后乘坐大巴回家，途中交通拥堵，大巴车后面跟着一辆家用轿车。坐在最后一排的五名年轻球迷脱下裤子，将臀部撅在后窗玻璃上，向轿车里的母亲、父亲和孩子们展示了引人注目的一幕。这名父亲非常生气，因为他年幼的女儿们竟然看到这样粗俗的一幕，于是他向这些冒犯者做出了愤怒的手势。而这反过来又惹恼了他们，于是当大巴在一个红灯前停下时，他们从车上跳下来，用脚踢轿车，威胁里面的乘客。车里的父亲打开车门走出来想要制止他们，一场斗殴就开始了。他12岁的女儿下车想要救他，结果两人头部都受了伤，需要去医院接受处理和缝针。如果他只是对这些露臀者一笑置之，就可以避免这样的麻烦，但这种行为的侮辱含义对他来说过于强烈，无法忽视。

前一年在阿森纳的海布里球场发生的事件也是如此。露臀行为再次导致震怒，而这次表现出震怒的是官方。当时的情况是这样的：阿森纳主场对阵考文垂；上半场主队未能进球，但客队侥幸攻入一球，而且显然是打在阿森纳的防守球员塞米·尼尔森的身上折射入网的。虽然尼尔森是一名后卫，但他决心弥补这次过失，于是他在下半场表现得十分勇猛并打入了扳平的一球。他没有像通常那样朝观众挥手致意，而是转过身去，把短裤脱了下来，露出自己的臀部，仿佛在说："你们刚才对我产生的任何不好的想法都可以到此为止了。"他的进球让观众们非常高兴，所以欣然地接受了这个粗俗的玩笑,但部落长老一点儿也不觉得有趣。他们的反应十分过度,声称他毁掉了这场比赛的名誉。一些正愁在报纸专栏上找不到争议话题的记者更是火上浇油,要求从此禁止他再代表阿森纳比赛。

尼尔森的朋友兼队友利亚姆·布雷迪在自传中强烈抨击了这件事的处理方式:"塞米是个天生爱搞恶作剧的人,他脱下自己的短裤,只不过是一种好玩儿的姿态……然而塞米不但被阿森纳罚款和停赛,他还受到了(英足总)官方更严重的处罚。这几乎就是他们的拿手好戏。这些人对微不足道的蠢事下手极狠,然而在对待兢兢业业地踢着一场场比赛的球员们时总是表现得很不明智。"

露臀行为绝不只限于英文世界。当一批英国摄影师在1980年来到意大利报道那里的国际比赛时,其中一人看到一辆满载意大利球迷的汽车朝自己开过来,于是在他们经过自己身边的时候拍了一张照。然后他看到这辆车突然掉头返回,慢慢地朝自己开了过来,他有些恐慌,不知道他们是不是感觉受到了冒犯,将要从车上跳下来威胁他。然而他却惊奇地发现打开的车窗里伸出来两个赤裸的臀部,于是他愉快地为后人记录下了这个场景。

˅ 在1988年为阿兰·科克举办的纪念赛上,温布利登队的球员们按照"疯狂帮"的方式列成一排,露出自己的臀部。

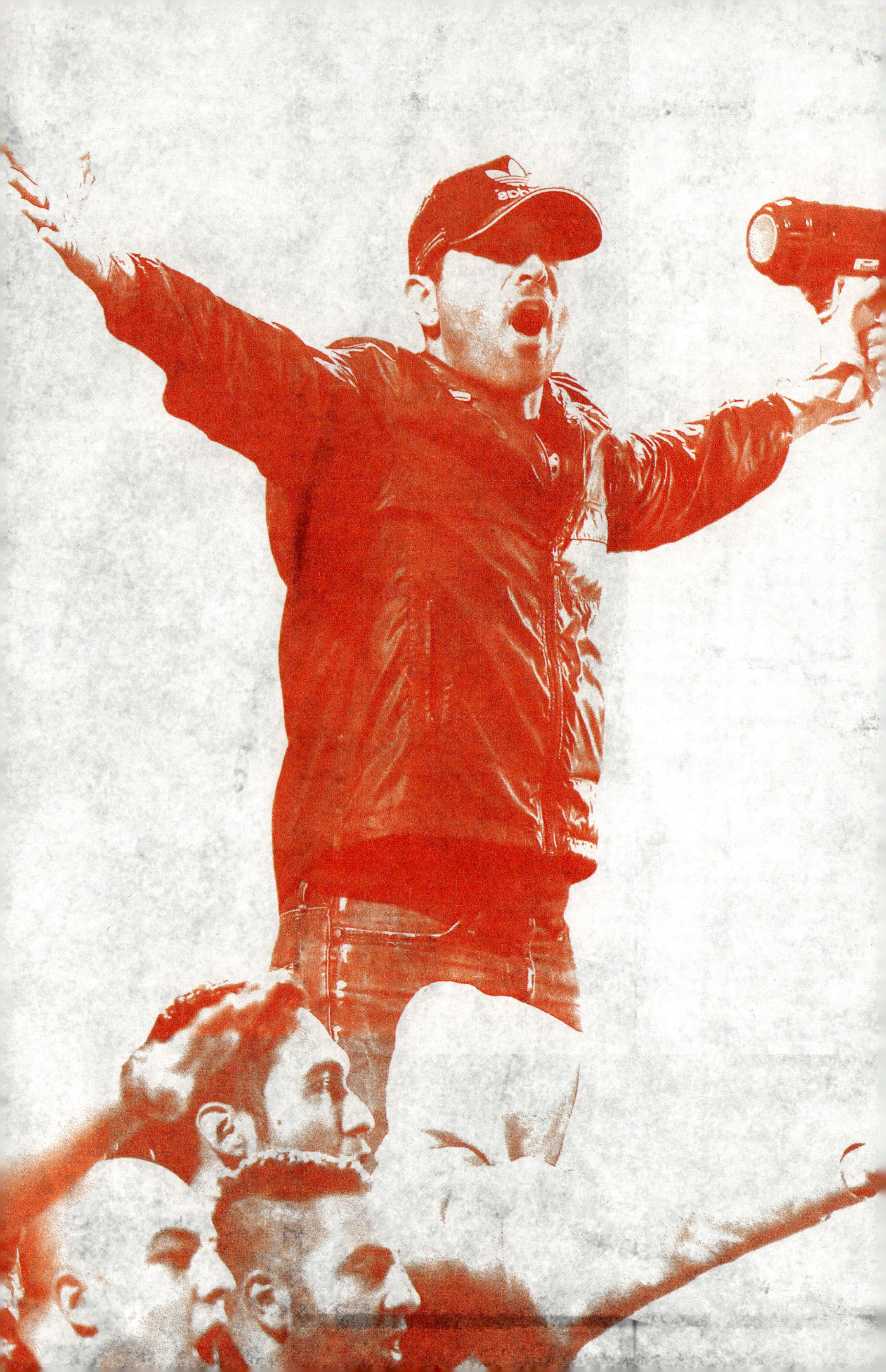

部落方言

7

部落语言

套话和笑话，口号和涂鸦

　　足球部落有自己的秘密语言，这套行话由传统俗语、技术黑话、俚语、颂歌和口号组成。这套"足球语"甚至经常冠冕堂皇地出现在国家级的解说和采访中，但在外行眼里，这些话像天书一样晦涩难懂。

　　足球行话的盛行激怒了很多人。他们觉得人人都能听懂的简单通俗的英语才是正道，他们还指责那些喜欢说行话的人为了追求套话宁可词不达意。但他们忽视了三个重要的问题。首先，球场上的很多事情的确很难用日常的语言来描述。观众和场上的球员都能敏锐地发现球员身体动作和球队战术策略的微妙之处，但这些东西却没有简单明晰的定义。很多牵涉到身体活动能力的运动和表演项目都有这方面的问题。比如说，芭蕾观众的文化素质可能比足球球迷高得多，但他们同样很难用语言来描述为什么某位舞者就是跳得比另一位要好那么一丁点。从表面上来看，芭蕾观众的描述似乎更准确，因为他们喜欢用一些很长的词，但要是刨根究底，你很快就会发现，谈到关键点的时候，他们其实和球迷一样含糊其词。通常情况下，对于体育或艺术方面的技术细节，我们的语言就是匮乏得可怜，所以套话才会有用武之地。

　　第二，球赛中的很多行为及其后果是绿茵场上所独有的，它不会出现在我们的日常生活中，所以根本无法用通俗的词汇来描述。因此，技术术语和行话便应运而生。

　　第三，抱团是部落组织永恒的渴望，他们乐于用语言来区分自己人和外人。部落民会故意使用外人听不懂的黑话，以此来彰显自己的独特身份。他们靠部落的"秘密语言"来炫耀自己渊博的知识，于是俚语大为盛行。

> 2015 年，比利时足球锦标赛的第 23 个比赛日，标准列日足球俱乐部即将在列日主场迎战皇家安德莱赫特体育俱乐部，主队球迷拉起巨大的横幅，上面画着客队中场球员史蒂文·德福尔被斩首的情景。

在这三种因素的影响下，难怪赛后接受电视采访的球星满嘴说的都是外人听不懂的词儿。但事实上，踢完一场激烈的球赛后马上就要面对戳到鼻子下面的麦克风，哪怕是最伟大的诗人或作家恐怕也说不出什么像样的话来。看看下面这段引语："你甚至会怀疑整场比赛都进不了球了。怀特在开场几分钟时错过了一个绝佳的机会；上半场快要结束的时候，琼斯的一个好球因越位而被吹无效；下半场刚开场，埃伦和戴森痛失进球机会。直到比赛将近尾声，中锋史密斯才巧妙地绕过莱斯特的后卫打进了一个球，对方守门员根本没机会扑救。"毫不精彩，缺乏诗意，更谈不上什么灵感和创意。简言之，听起来就像任何一位记者、教练甚至球员的赛后总结。但这段话来自《新政治家》杂志上的一篇文章，它的作者是20世纪最伟大的哲学家之一——A.J. 艾耶尔，他碰巧也是一位狂热的终身球迷。在描述球赛的时候，他雄辩的头脑很快也沦落到了普通球迷的档次。所以当你嘲笑某位在赛场上激烈拼搏了90分钟的天才球员面对记者提问竭尽所能做出的看似拙劣、字字不出所料的回答时，请务必记住这个例子。

我们本来可以忽略掉这些拙劣的言辞，只记住精彩的比赛，但问题在于，球员接受采访的时候，我们会近距离看到他的脸，于是他突然变成了一个人——与我们发生了更亲密的关系。比赛期间，场上的他在我们眼里不过是个遥远的身影，但现在，我们看到了他说话时的面部表情，所以我们开始关注他这个人本身，不再把他当成球队的一分子。所以当我们听到他笨拙地描述自己的感受和场上策略的时候，我们情不自禁地对他的话投以了过多的重视。你很难摆脱"这个人脑子真不灵光"的想法，哪怕就在几分钟前，你还在为他漂亮的技术赞叹不已。球员在场上的表演想象力和创意十足，充满激情，场下却拙于言辞，这是足球部落的常态。

谁也不会指望作家在绿茵场上蹦跳着介绍自己的新书有何重要意义，有鉴于此，顶级运动员或许也应该拒绝接受采访。金子般的沉默将迫使批评者以自己的方式去理解球员的表现。

不过，"词不达意"的批评只适用于对球

为什么是足球

赛本身和场上微妙细节的描述。在其他社交环境中，足球部落民——包括球员和教练——反应机敏、言辞锋利，丝毫不亚于他们在场上的雷霆表现。这一点在部落的幽默言辞中体现得淋漓尽致。球员下场休息时的闲聊经常充满了巧妙的讥讽，有佯攻，有反击，也有陷阱和暗绊，场上的硝烟蔓延到了休息室里。他们永远都在半开玩笑半认真地彼此羞辱——用语言给朋友使绊子，就像他们在场上所做的那样。

我们根本不可能用平实的语言来转述这些充满讥讽的对话。一旦落到纸面上，它们就失去了自己的锋芒。这些玩笑和语境高度相关，球员之间锋利而尖刻的幽默言辞有时候会传到支持者的耳朵里，最后化为足球部落特殊形式的口头笑话——口号。

每逢重要的比赛场合——杯赛决战、国际性比赛、升级战或同城德比——足球部落的怪诞口号和关注焦点会集中展现在横幅、招贴、旗帜和海报上。这些精挑细选的词句飘扬在大体育场的球迷队列中，汽车的车窗外，部落民的衣服上，墙上的涂鸦中，最后化为巨大的条幅，迎着场内正在热身的球员高举在看台上方。

这些口号主要分为两种：要么满怀敌意，旨在羞辱敌人；要么表示忠诚，表达对英雄的崇敬。有些最简单的横幅上只有俱乐部或球队的名字，但大部分标语有完整的口号，我们可以从中一瞥足球部落的幽默。某些涂鸦会借用其他典故来一语双关，通常是影射某位球员"反败为胜"的壮举或是"丢人的乌龙"，这样的例子不胜枚举。比如说，他们会在写着"耶稣拯救"的宗教海报下面加一句"但皮尔森重新打进了球"。

▽ 荷兰俱乐部 NAC 比达的球迷拉起巨大的横幅，宣示自己的无畏。横幅内容："我们只怕啤酒不够喝。"

类似的段子一经问世很快就会流传开来，人们对之稍加修改就能把它用到别的地方。比赛日的上午，球迷举着"耶稣拯救但史密斯重新打进了球"的标语招摇过市。球迷调侃宗教的行为还引发过一件趣事，20世纪70年代末的某一天，为了报复球迷对宗教的调侃，一群年轻的基督教徒混进了温布利球场，他们高举的标语上写着"耶稣获得了点球"和"基督是我的替补"。

部落的很多俚语不会出现在标语中。它们是部落民最爱的口头禅，最习惯的反驳语，而不是标语上的口号。这些黑话在俱乐部之间口口相传，传遍部落的大网，最终成为足球风俗的一部分。机灵人的俏皮话慢慢变成了部落共同的财富，无论遇到什么场合，我们总能找到一两句应景的段子：

教练对落败的球员说："要是软弱就能继承财产，那你们都能当百万富翁了。"训练员对筋疲力尽的球员说："哪怕你明天就会死，至少你知道自己死的时候非常健康。"

落败的教练对媒体说："就连拿破仑也遇到过水门事件。"

支持者评价昂贵的转会："用你的钱包砸他。"

国外归来的球员即将见到久别的妻子："好啦，你们看起来都很饥渴的样子。"

教练谈到如何和董事相处："像对待蘑菇一样对待他们。把他们关在黑屋子里，定时施点儿肥料。"

悲观的球迷问："你这周看联赛吗？"答："我为什么要看？我不好的时候他们也没来看我啊。"

教练谈媒体关系："我总是说，媒体应该有一席之地，只是他们还没找到那一席在哪儿而已。"

外界对部落语言最激烈的批评不是针对球员和球迷，而是针对广播电视节目上的解说员和记者。这些倒霉蛋必须设法填满比赛前后漫长的垃圾时间，这简直是全世界最困难的耍嘴皮任务。和其他所有人一样，他们宁可安静地观看比赛，但迫于职责，他们不得不没完没了地讨论技术细节。他们愿意相信这样的争辩能够赋予当天的比赛额外的意义，但现实却常常适得其反。鉴于我们前面讨论过的原因，他们的评论很难产生什么价值，尤其是对那些与比赛无关的人来说；冗长的技术分析只会让外人望而却步，而这些人本来有可能被部落的激情氛围吸引过来。一位批评者这样评论电视解说："电视台对待足球的方式就像欧洲以前对待黑死病……如果他们只播比赛，那自然万事大吉，但问题在于我们还得听他们那些毫无创意的唠叨：'很厉害……很快……正如伊安所说……了不起的力量……了不起的找人能力……了不起的下半场……绝对是个意志力很强的球员……从未停止奔跑……表现出了他的技巧……了不起。'"他刻薄地总结说，"这些话摘自独立电视台解说的意大利对战西班牙的那场比赛，都是些毫无意义的口水话。"

情况十分清楚：部落语言应该局限在它自己的小天地里——也就是部落内部。在这里，部落语言可以满足专家交换技术信息的需求，为部落的幽默、玩笑和闲谈提供合适的载体。一旦拔高到国家的层面，部落的方言就可能引发争议，沦为空洞的政党宣传套话。

部落颂歌

赞歌与痛恨之歌

　　无数部落追随者齐聚体育场放声吟唱,这是现代足球比赛最壮观的场面之一。世界各地的球迷都会唱颂歌,但要论颂歌的复杂度和强度,英国俱乐部的球迷是当之无愧的冠军,紧紧聚集在一起的球迷仪式般的唱诵几乎成为富有地方特色的艺术形式。

　　如果某位对足球一无所知的门外汉在比赛日当天路过熙熙攘攘的英国体育场,他很可能以为场内正在举行的是某种宗教庆典,或者至少是国际性的歌唱大赛,而不是严肃的体育比赛。走进体育场,他会看到济济人头齐声高唱,仿佛场上某个地方藏着一位看不见的部落唱诗班指挥。他会听到人们重复吟诵一串串富有韵律的节拍,最后终于归于寂静。有时候他们唱的歌词格外清晰,就连局外人也能听得清清楚楚;不过有时候,他们的颂词含混不清,令人迷惑难解。更复杂的是比赛开场后的吟诵,歌声中夹杂着欢呼与咆哮、怒吼和嘘声,随着比赛的节奏如潮水般起伏。在某些特殊的时刻,人们全神贯注地唱诵,甚至忽略了比赛本身。看到这一幕,你难免会得出这样的结论:有两场比赛正在同时进行——两支球队之间的身体对抗和两群支持者之间的声音对抗。

　　"斗歌"是怎么兴起的?可能的起源有几个。在体育比赛开场前唱赞美诗的传统早在维多利亚时代就已出现。不过在那时候,这样的唱诵相当正式,通常有音乐伴奏,人群前方还有一位站在小讲台上的指挥。现在我们仍能在某些特殊的场合看到这种传统的唱诵,比如说,每届足总杯决赛开场前,温布利球场上总会响起《求主同住》的歌声,但作为一种有组织的活动,它在很多地方已经销声匿迹。不过,这段

> 2014年,澳大利亚悉尼帕拉马塔体育场,亚足联冠军联赛半决赛在西悉尼流浪者队和首尔FC之间打响,流浪者队的球迷放声歌唱。

珍贵的部落记忆留下了深远的影响；大约在20世纪中叶，看台上的球迷以自己的方式重拾了这一传统。

"二战"结束后，航空旅行迎来了爆炸性的发展，国际足球赛事也随之迈上了新的台阶；在这样的背景下，20世纪五六十年代见证了"球迷文化"空前的大融合。这是部落颂歌传统的另一个主要来源。地中海和南美洲的球迷用全情投入的鼓声和掌声激励自己的英雄，这些声音传进了英国人的耳朵里。不过对于这一行为的具体传播路径，专家们有不同的意见。有的专家称："唱诵、挥舞标语的球迷最早出自意大利。"也有人对此抱有异议。他说，在1966年的英格兰世界杯之前，温布利球场的英国球迷"曾以冷漠安静的现场风格而著称。但世界杯为他们注入了激情，巴西球迷的鼓掌、唱诵通过1962年的智利世界杯传到了英国"。

除此以外，还有第三个来源。20世纪60年代，唱诵仪式兴起的同时，流行音乐的浪潮席卷了利物浦的酒窖和酒吧。披头士的时代来临了，默西塞德郡骤然成为流行文化的中心。利物浦足球俱乐部的年轻球迷将这些新歌带到了绿茵场上，他们在比赛开场前放声歌唱，以这种方式来表达："我们是当代音乐的焦点。"

部落的颂歌继续发展，来自不同源头的传统渐渐融合到了一起：维多利亚式的开场赞美诗，意大利的唱诵，南美洲的掌声和咆哮，还有披头士的狂热浪潮。它们融汇在利物浦著名的柯浦（Kop）看台上，新的部落仪式就此诞生，它像野火一样传遍了这片土地上的每一家俱乐部。

在继续介绍部落颂歌的发展历程之前，我们有必要解释一下"柯浦"这个词语。柯浦看台指的是利物浦体育场看台上的一块区域，它最初是一大片露天的斜坡；在全世界的足球部落中，柯浦看台是个著名——甚至有些声名狼藉——的地方。它是球迷心目中的母亲神庙和圣地，只容许真正虔诚的信徒踏足。比如说，要是你戴着蓝色的围巾走上柯浦看台，那你要么是疯了，要么是不想活了。

"柯浦"（Kop）这个名字的来源非同寻常。1900年1月22日夜，参加第二次布尔战争的英国军队在南非陷入了一场血战，很多人在战斗中丧生。为了解救莱迪史密斯的战友，他们必须克服一个巨大的障碍——攻下一座防御严密的小山，那座山名叫斯皮恩山（Spion Kop）。斯皮恩山之战持续了整整一夜，直到凌晨，英军才踏上了山巅，2000名战士的鲜血染红了山坡。但是，这场胜利持续的时间非常短暂，为了避免再次陷入苦战，英国指挥官被迫下令撤退，第二天布尔人就重新占领了斯皮恩山。这场战斗英军一无所获，但却展现出了莫大的勇气，幸存者将这段勇敢的记忆带回了家乡。这些英雄里有几个利物浦人，他们将斯皮恩山血战之夜的英勇传说带回了自己的城市。没过多久，他们就发现自己站在另一片斜坡上——利物浦安菲尔德球场一端的巨大看台——看着本地的球队在下面的赛场上奋勇拼搏，于是他们将在南非那个战场的名字赋予了脚下的看台。几年后的1928—1929赛季，人们在安菲尔德柯浦看台上方搭起了顶棚，这一样式一直保留到了今天。

20世纪60年代早期，骄傲的柯浦人不光会唱最新的利物浦歌曲，还开始根据赛场上的氛围修改这些歌。他们填写了新的歌词，其中有对双方球员的评价，也有赛场上的特殊事件。听到这样的歌曲，看台另一头的客队球迷很快就学着柯浦人的手法再次修改了歌词，高唱着宣示自己的立场，维护自己的英雄。填写或修改歌词的风气就这样像连环信一样在俱乐部中流传开来，席卷了整个国家。现在，唱着歌的很多球迷其实根本不知道自己最喜欢的颂歌是怎么来的，或者来自哪里。但这并不重要。足球部落的一项重要仪式已经诞生，很快它就不再仅仅局限于开场前的热身时间，而是蔓延到了接下来的90分钟里。

《你永远不会独行》或许是最著名的一支颂歌，它通常在胜利时刻唱响，赞颂者将自己的围巾展开举在头顶，拼成一幅巨大的部落颜色旗帜。和其他很多仪式上的常见歌曲一样，这首歌第一次唱响也是在20世纪60年代早期的柯浦看台上，它的原唱是当地的流行歌星格里·马斯登，这首歌当年曾入选十大金曲。马斯登所在的组合"格里和领跑者"早已湮没在时间的长河中，但他们的歌却在足球部落中得到了永生。

另一支源于古老福音音乐的颂歌《圣徒迈步行进时》也是柯浦人最先唱开的，他们用这

> 2014年FIFA世界杯外围赛哥斯达黎加对阵美国的赛场上,美国国家队的球迷迎着飘落的雪花挥舞旗帜,放声歌唱。2013年,科罗拉多。

首歌来纪念利物浦的明星球员伊恩·圣约翰。现在这首歌的变体风行全国,但几乎所有球迷都对它的来源一无所知。

当然,其他俱乐部也发明了自己的颂歌。热刺队有《光荣光荣哈利路亚,我们鞭策前行》,西汉姆联会高唱《我永远吹泡泡》来庆祝胜利,这里仅举两例。随着颂歌仪式的流行,你基本不可能再去追踪每支颂歌的具体起源。最后,这些歌曲难分难解地融合到了一起——成为所有俱乐部每一位真正的支持者共有的部落诗篇。

虽然颂歌仪式在21世纪依然流行,但却没有像以前那么复杂多样了。部落颂歌的多样化在20世纪70年代达到了巅峰,1978—1979赛季,人们首次对颂歌仪式进行了详细的研究。他们逐个分析了大量比赛的录像,发现的信息如下:

1. 针对四家顶级俱乐部的研究表明,颂歌出现的频率高度一致。每场比赛球迷唱歌的次数为138次到160次,平均147次。

2. 这四家俱乐部球迷曲库中的歌曲（每场比赛中出现的不同颂歌）数量介于 44 支到 68 支之间，平均 57 支。

3. 各个俱乐部的颂歌有相当数量的重复的曲目。

4. 上半场唱歌的次数大于下半场（分别占五分之三和五分之二）。

5. 另一项更细致的研究分析了一家等级较低的俱乐部在一个赛季内的全部 15 场主场比赛，得到的数据和顶级俱乐部区别不大，只是低级俱乐部"合唱"的规模要小得多。在这家规模较小的俱乐部里，每场比赛球迷唱歌的次数为 106 次到 189 次，平均 145 次——和顶级俱乐部的平均数 147 次相当接近。

6. 在低级俱乐部的这 15 场比赛中，单场曲库规模为 49 支到 86 支，平均 67 支，略高于顶级俱乐部。

7. 和顶级俱乐部一样，低级俱乐部的球迷也是上半场唱歌的次数比较多（上下半场占比同样是五分之三和五分之二）。

这些令人惊讶的数据表明，20 世纪 70 年代，英国球场上的球迷唱歌的次数和曲库的规模始终保持在一个恒定的水平，仿佛他们就只能唱这么多歌，不多也不少，无论场上发生了什么，也不管这场比赛有多重要。就好像他们

来看比赛是为了"满足唱歌的约定"，完成自己的计划，然后离开。这意味着在很多时候，让球迷放声歌唱的不是场上的局势，而是某种"内在的表演欲"。

为了验证这个想法，人们又进一步分析了那家低级俱乐部的四场比赛，试图找出哪些颂歌是在"关键节点"唱响的，哪些不是。比如说，如果主队快要走出甬道的时候，场上响起了《冠军登场》；或者主队被判罚点球后，球迷立即开始唱《裁判是浑球》，那么这就算是"关键节点"。如果场上什么都没发生，颂歌突然就唱了起来，那么这种情况就和局势无关。结果发现，平均而言，每场比赛中球迷会在"关键节点"唱响 57 次颂歌，而和局势无关的颂歌多达 98 次。

这意味着全场将近 60% 的颂歌与比赛本身无关。它们只属于球迷文化的小世界，只要比赛开始，它们就会被触发。

有一种歌尤其反映了球迷"输出颂歌"的需求，那就是场上的"无聊合唱"。如果比赛缺乏激情，人群中的情绪不再紧张，看台上就可能出现片刻的沉默。但吟唱者会感觉自己内心的表达欲逐渐高涨，但场上的局面却和他们内心的渴望背道而驰。于是他们会故意唱一些无关的歌曲。就连柯浦人也会用这种方式来嘲讽他们深爱的利物浦队。在安菲尔德球场的一场比赛中，记者就曾报道称："利物浦的表现……遭到了柯浦人的奚落——他们开始响亮地高唱'我们都同意，《周六儿童秀》比《交换商店》强'。"《周六儿童秀》和《交换商店》是两档竞争性的儿童电视节目，但它们和足球完全无关。显然，高唱颂歌的冲动自有

其能量，一旦它成为有生命力的部落仪式，就没有任何东西能阻挡它，包括蹩脚的比赛。

颂歌仪式有趣的独立性还表现在歌词的内容，和歌曲本身的情绪常常全然无关。球迷高唱的歌词可能充满暴力的威胁或恶心的羞辱，但他们吟诵的曲调却欢愉而友好，甚至十分感性，具体取决于原曲的基调。他们无意为忠诚的歌词配上激越的旋律，或者让攻击性十足的战歌听起来更凶猛恶毒。甜蜜的情歌可能用来传达死亡和肉刑的威胁，曲风与内容之间的错位让整个表演显得更加正式，也增添了它的仪式氛围。

› 2009 年的博比·摩尔杯赛期间，西汉姆联在伦敦厄普顿公园球场迎战那不勒斯，看台上的客队球迷唱起了颂歌。

﹀ 下一页：2004 年 5 月 16 日，阿根廷联赛闭幕战在博卡青年队与河床队之间展开，比赛开场前，博卡青年的球迷在布宜诺斯艾利斯阿尔贝托·J.阿曼多体育场的看台上欢呼迎接自己的队伍。

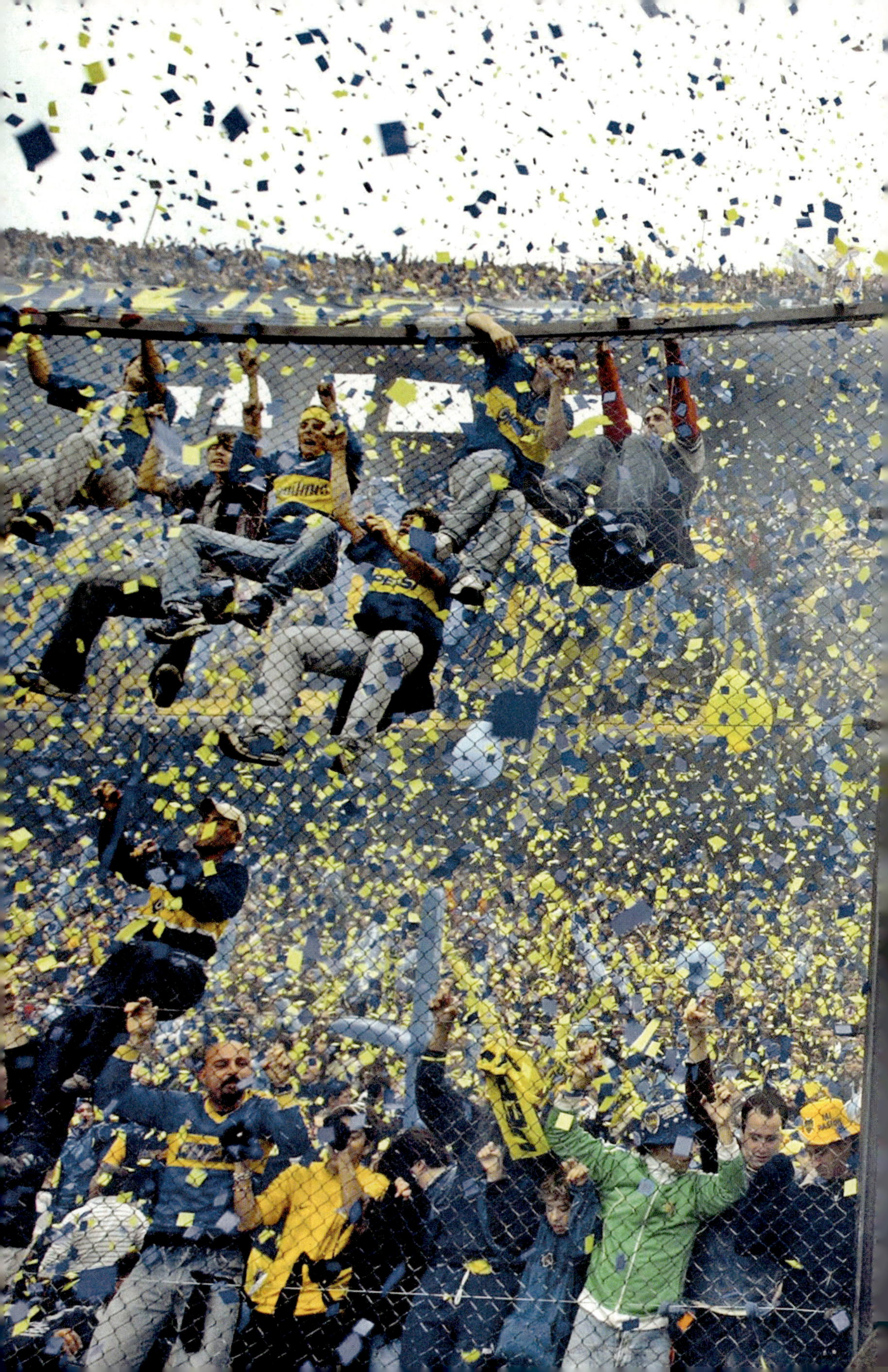

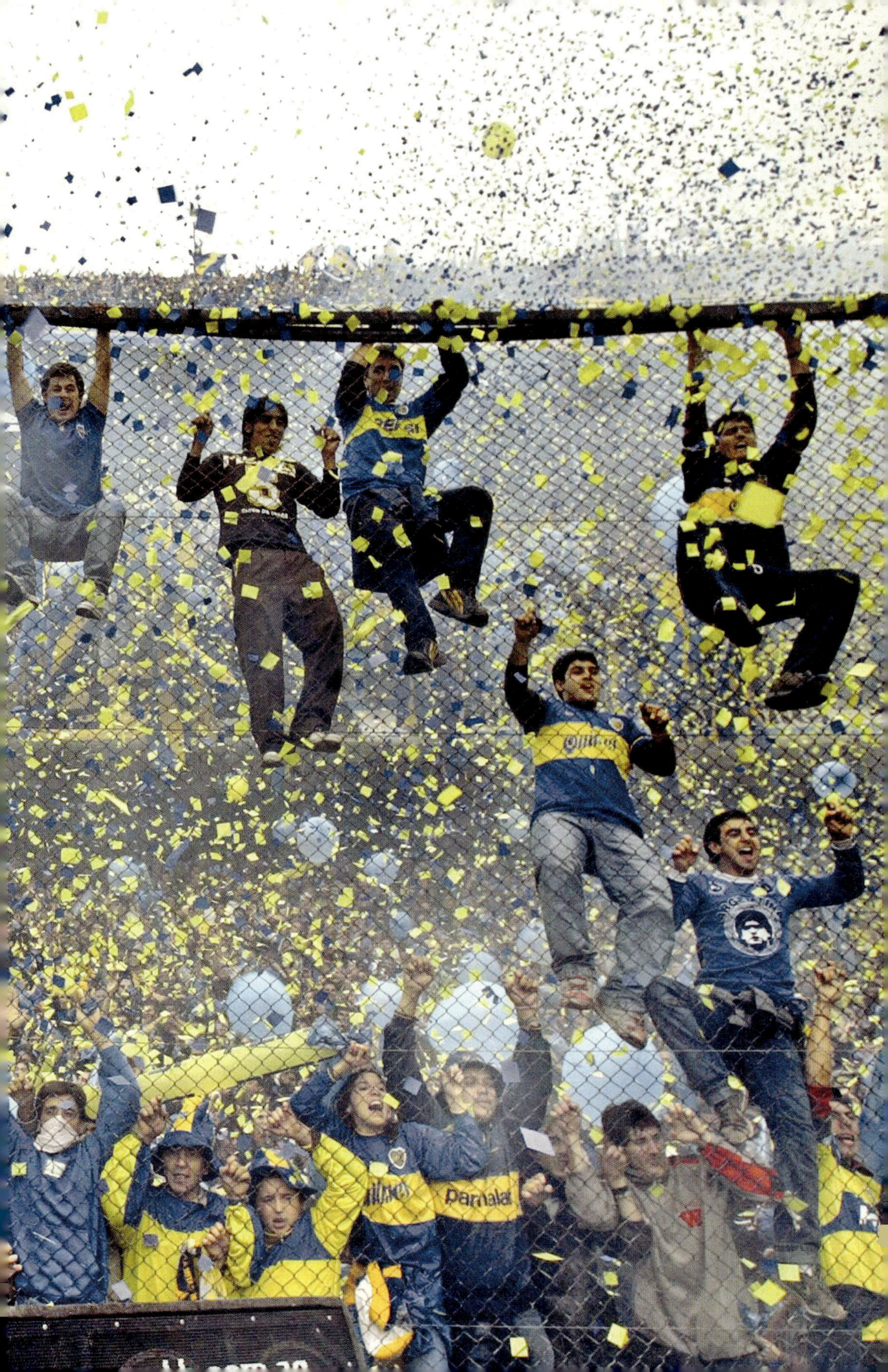
parmalat

结束语

在介绍充满仪式性的、男性占主导地位的足球部落这个奇妙世界时，我尽量保持客观。科学观察者访问一个陌生部落的任务并不是去制定规则，甚至为部落成员的行为提供建议。他的工作是记录他发现的文化，并将其留给他人做出判断。

在处理部落内部存在激烈辩论的争议时，我试图在每个例子中都展示出事情的两面性。在有偏见的人眼中，球员可能是目不识丁、唯利是图、残酷、喜怒无常的自恋狂，或者是才华横溢、忠诚、勇敢、被不公对待的英雄；足球教练可能是多余的、自命不凡、追求曝光率的严苛之人，或者是必不可少的、敬业的、缺乏保障的管理人员，他们的雇主会无情地对待他们；董事可能被描述为猪头、老糊涂、专制、笨拙的业余爱好者，他们只追求权力和荣耀，或者被看作是关心、体贴、热心投入的爱好者，牺牲时间和金钱来推广他们所钟爱的比赛；年轻的球迷可以被描述为残忍、儒弱、暴力、没头脑的蠢人，只会造成麻烦，或者被描述为长期忍耐的、勇敢、坚韧、令人振奋的支持者，能够保持比赛的兴奋度。

大多数作者在撰写关于这项运动的文章时只强调其积极的品质，有少数的例外会选择发起全面攻击。我试图避免这两个极端，不仅呈现足球部落的美德，也介绍其恶习。这样做可以呈现出两者之间的平衡，这并不是贬损。不隐瞒任何缺点的足球部落的面容比赋予它虚假的美化时更能引起共鸣，更有吸引力。部落长老通常看起来非常害怕措辞尖锐的意见会"使这个运动项目声名狼藉"，他们觉得有义务将这项运动呈现为上帝对人类健康、幸福的礼物，以及对国际和谐友好的追求。毫无疑问，它也会带来人身伤害、压力和国际不安情绪，对于任何局外人来说，他们的言论不可避免都是天真和片面的。他们没有必要怀有如此戒心。所有人类关注的主要焦点（不仅是体育运动，还有宗教、科学、艺术、政治和其他方面）都带有善与恶、狂喜与痛苦的内在可能，重要的是我们如何改造和利用它们，而不是它们对我们的影响。

20世纪末，足球评论员之间的其中一场激烈辩论就是关于如何改善部落聚会而又不剥夺其传统角色。传统主义者认为，比赛日仪式的任何软化之举都不可避免地使其失去原本意义。他们相信,对比赛日赛事惯例的任何调整都会削弱比赛并摧毁其历史悠久的激烈程度。他们的这种担心是对的,因为在大多数仪式中,足球比赛中包含了许多对我们远古的过往(那时我们是冒险的猎手,合作追捕危险的猎物)的象征性反映,因此过分的篡改可能的确会被证明是灾难性的。

回到当时的问题,随着比赛日的传统而来的是,人群暴力水平达到了无法接受的程度,必须在不破坏比赛日赛事激烈程度的情况下消除这种现象。有三种实现方法:使用电视监控摄像头识别并驱逐最糟糕的闹事者;引入全座席的体育场,以摆脱挤压的无座位看台上的拥挤和揪扭乱斗;并最终提高新座位的票价,这样就只对比赛本身非常感兴趣的人才会付钱去观看比赛。这导致进入了一个部落聚会的现代化时代,令人惊讶的是,新的做法并没有降低激烈程度,也没有破坏比赛情绪饱满的氛围。暴力事件仍然偶尔爆发,但现在已相对罕见,不再是每周都会发生。部落的权威机构设法为这项运动提供现代化的舒适条件和有效率的组织,而不会损坏比赛的礼节仪式。

足球比赛的吸引力在21世纪稳步增长,新的大型体育场正在建设中,较旧的体育场正在进行翻新和现代化改造,每一周都全场满座,并且越来越多的国家(甚至包括美国)都在认真地对待这项运动。

有一点似乎是可以确定的,足球部落在未来很多年内仍将存在。与现在处于濒临灭绝边缘的许多部落社会不同,它是一个充满活力、分布广泛且蓬勃发展的社群。在一些国家中,它陷入临时的困境,诉说着部落危机的呼声高涨,焦虑制造者预测厄运和灾难即将到来。从全球范围来看,真相并非如此。当地部落的麻烦很快就会过去,而与此同时,其他地方的部落仍在扩张并庆祝成功的新高峰。

对于一个简单的、孩子般的球类比赛来说,足球已经走过了很长的路……它并没有显示出要退缩到其卑微的起源(游戏室)避难的迹象。只要人类关注的不仅仅是自己的生存,足球部落就会占有一席之地。

参考书目

AA.VV., *Almanacco Illustrato del Calcio 2015*, Edizioni Panini, Modena 2015.
AA.VV., *Calcio: il libro completo. I campioni, le squadre, le tattiche, le regole*, De Agostini, Novara 2014.
AA.VV., *Supermondiale: la storia della Coppa del mondo di calcio Panini*, ed. speciale per «La Gazzetta dello Sport», RCS, Milano 2014.
TONY ADAMS, *Fuori gioco. La mia vita con l'alcol*, Dalai, Milano 2001.
CARLO ANCELOTTI-GIORGIO CIASCHINI, *Il mio albero di Natale*, Rizzoli, Milano 2013.
MARCELO ARMAS, *Il sogno del calciatore adolescente*, 66th and 2nd, Roma 2010.
GIOVANNI ARPINO, *Azzurro tenebra*, BUR, Milano 2010.
OLIVIERO BEHA, *Il calcio alla sbarra*, BUR, Milano 2011.
NICOLAS BENDINI, *I fuoriclasse*, Playground, 2012.
GEORGE BEST-ROY COLLINS, *The best*, Baldini & Castoldi, Milano 2002.
TITO BOERI, *Parlerò solo di calcio*, Il Mulino, Bologna 2012.
PAOLO BONACINI, *Morte allo stadio*, Miraviglia, 2012.
GIANNI BRERA, *Il più bel gioco del mondo. Scritti di calcio (1949-1982)*, BUR, Milano 2007.
THOMAS BRUSSIG, *Fino a diventare uomini*, 66th and 2nd, Roma 2010.
THOMAS BRUSSIG, *Litania di un arbitro*, 66th and 2nd, Roma 2009.
ENZO BUCCHIONI-MARIO D'ASCOLI-LUCIANO MOGGI, *Un calcio nel cuore*, TEA, Milano 2009.
FEDERICO BUFFA, *Storie mondiali*, Sperling & Kupfer, Milano 2014.
FABIO CARESSA, *Gli angeli non vanno mai in fuorigioco*, Mondadori, Milano 2012.
ANTHONY CARTWRIGHT, *Heartland*, 66th and 2nd, Roma 2013.
CRISTIANO CAVINA, *Un'ultima stagione da esordienti*, Marcos y Marcos, Milano 2006.
ARPAD CSANÁDI, *Il gioco del calcio*, Olimpia, Firenze 1961.
DARIO DE MARCO, *Non siamo mai abbastanza*, 66th and 2nd, Roma 2013.
ERIC DUNNING-NORBERT ELIAS, *Sport e aggressività*, Il Mulino, Bologna 2001.
STEFANO FERRIO, *La partita*, Feltrinelli, Milano 2011.
ALEX FERGUSON, *La mia vita*, Bompiani, Milano 2014.
R.L. FISH-PELÉ, *La mia vita e il più bel gioco del mondo*, Sperling & Kupfer, Milano 1977.
EDUARDO GALEANO, *Splendori e miserie del gioco del calcio*, La Biblioteca

di Repubblica L'Espresso, Roma 2014.
FABRIZIO GHILARDI, *Wembley in una stanza*, Minerva Edizioni, 2010.
ANTONIO GHIRELLI, *Storia del Calcio in Italia*, Einaudi, Torino 1954.
LAURA GRANDI-STEFANO TETTAMANTI (A CURA DI), *La partita di pallone. Storie di calcio*, Sellerio, Palermo 2014.
GIANBRUNO GUERRERIO-NICOLA LUDWIG, *La scienza nel pallone. I segreti del calcio svelati con la fisica*, Zanichelli, Bologna 2011.
NICK HORNBY, *Febbre a 90°*, Guanda, Milano 1997.
NICK HORNBY, *Il mio anno preferito*, Guanda, Milano 2006.
ZLATAN IBRAHIMOVIC-DAVID LAGERCRANTZ, *Io, Ibra*, BUR, Milano 2013.
JOHN KING, *Fuori casa*, TEA, Milano 2006.
SIMON KUPER, *Calcio e potere*, ISBN Edizioni, Milano 2008.
SIMON KUPER-STEFAN SZYMANSKI, *Calcionomica. Meraviglie, segreti e stranezze del calcio mondiale*, ISBN edizioni, Milano 2010.
BERNARD LIONS, *Mondiali di calcio: le storie dietro la leggenda*, Rizzoli, Milano 2014.
MATTEO MARANI, *Dallo scudetto ad Auschwitz*, Imprimatur, Reggio Emilia 2014.
MARCO MARSULLO, *Atletico Minaccia Football Club*, Einaudi, Torino 2013.
SANDRO MODEO, *L'alieno Mourinho*, ISBN edizioni, Milano 2011.
GIOVANNI ORELLI, *Il sogno di Walacek*, 66th and 2nd, Roma 2011.
TIM PARKS, *Questa pazza fede: l'Italia raccontata attraverso il calcio*, Bompiani, Milano 2014.
DAVID PEACE, *Il maledetto United*, Il Saggiatore, Milano 2010.
ROBERTO PERRONE, *Zamora*, Garzanti, Milano 2003.
MICHEL PLATINI, *Parliamo di calcio*, Bompiani, Milano 2014.
BRUNO RICCÒ, *Calcio Perfetto*, Pendragon, Bologna 2013.
FRANCESCA SERAFINI, *Di calcio non si parla*, Bompiani, Milano 2014.
FERRAN SORIANO, *Il pallone non entra mai per caso*, Vallardi, Milano 2012.
OSVALDO SORIANO, *Fútbol. Storie di calcio*, Einaudi, Torino 2014.
FABIO STASSI, *È finito il nostro carnevale*, Minimum Fax, Roma 2012.
MANUEL VÁZQUEZ MONTALBÁN, *Il centravanti è stato assassinato verso sera*, Feltrinelli, 2003.
MASSIMO M. VERONESE, *Tutte palle: storie vere di follia calcistica*, Mondadori, Milano 2008.

图片来源

pp. 4-5, 44, 69, 107, 263: Bob Thomas/Getty Images
pp. 7, 81, 167: Laurence Griffiths/Getty Images
pp. 8-9: Manuel Queimadelos Alonso/Getty Images
p. 11: Clive Mason/Getty Images
p. 13: Peter Stuckings/Shutterstock.com
pp. 14-15, 58: Gabriel Rossi/LatinContent/Getty Images
pp. 16, 162, 164-165: Michael Regan/Getty Images
pp. 19, 61, 91,96 , 108, 109, 150, 206, 302, 316: Popperfoto/Getty Images
pp. 21, 335: Pascal Rondeau/Allsport
pp. 22: Graham Denholm/AFL Media/Getty Images
p. 23: Giambra/Shutterstock.com
pp. 24, 308: Peter Macdiarmid/Getty Images
p. 27: Matthew Lewis/Getty Images
p. 29 (dall'alto): Sebastien Burel/Shutterstock.com, David Muscroft/Shutterstock.com, Filipe B. Varela/Shutterstock.com, katatonia82/Shutterstock.com
p. 31: MediaPictures.pl/Shutterstock.com
p. 33: Jack Guez/AFP/Getty Images
p. 34: Antonio Scorza/AFP/Getty Images
p. 36: Peter Muhly/AFP/Getty Images
p. 37: Cate Gillon/Getty Images
pp. 38-39: Jeff Zelevansky/Getty Images
pp. 41, 83: Fabrice Coffrini/AFP/Getty Images
p. 42: PepsiCo via Getty Images
p. 46: Gareth Davies/Getty Images
p. 48: Marcos Mesa Sam Wordley/Shutterstock.com
p. 52: H.F. Davis/Getty Images
p. 53: Gabriel Bouys/AFP/Getty Images
p. 56: Horstmüller/ullstein bild via Getty Images
pp. 57(sx), 92, 298-299: Hulton Archive/Getty Images
p. 62: David Ramos/Getty Images
pp. 63, 124-125, 327: Mario Tama/Getty Images
p. 67: Lluis Gene/AFP/Getty Images

p. 70: Richard Heathcote/Getty Images
p. 73: Mark Leech/Getty Images
pp. 76-77: Imagno/Getty Images
p. 79: G.R. Greated/Fox Photos/Hulton Archive/Getty Images
p. 82: Kevin C. Cox/Getty Images
p. 85: Stuart Franklin/Bongarts/Getty Images
pp. 87, 251, 305: Valerio Pennicino/Getty Images
p. 88: Clive Brunskill/Getty Images
p. 98: H.F. Davis/Topical Press Agency/Getty Images
p. 99: Keystone/Hulton Archive/Getty Images
p. 101: STF/AFP/Getty Images
p. 102: Jasper Juinen/Getty Images
pp. 110-111, 151: Alex Livesey/Getty Images
pp. 112, 331: Adrian Dennis/AFP/Getty Images
p. 115: Angel Martinez/Real Madrid via Getty Images
pp. 119, 138, 291: Mike Hewitt/Getty Images
p. 120: Sascha Schuermann/AFP/Getty Images
pp. 121, 347: Paul Gilham/Getty Images
p. 127: Patrick Jarnoux/Paris Match via Getty Images
pp. 129, 140-141: Staff/AFP/Getty Images
p. 136: Globo via Getty Images
p. 137: Denis Doyle - UEFA via Getty Images
p. 139: Adam Pretty/Getty Images
pp. 143, 194-195: Fox Photos/Getty Images
p. 144: Pablo Blazquez Dominguez/Getty Images
p. 146: AGIF/Shutterstock.com
p. 149: Ververidis Vasilis/Shutterstock.com
pp. 153, 176: Franck Fife/AFP/Getty Images
p. 154: Lars Baron/Bongarts/Getty Images
p. 157: Ian Walton/Getty Images
pp. 169, 270: Chris Brunskill Ltd/Getty Images

355

p. 173: Alexandre Simoes/Borussia Dortmund/Getty Images

p. 177: Ben Coonan/Football Australia via Getty Images
p. 179: John Macdougall/AFP/Getty Images
p. 183: Claudio Reyes/AFP/Getty Images
p. 184: Issouf Sanogo/AFP/Getty Images
p. 191: Rafael Ribeiro/CBF via Getty Images
p. 192: Helios de la Rubia/Real Madrid via Getty Images
p. 197: Dmitry Korotayev/Epsilon/Getty Images
p. 201: Carlo Hermann/AFP/Getty Images
pp. 205, 216: Clive Rose/Getty Images
p. 210: Jan Kruger/Getty Images
p. 213: Cris Bouroncle/AFP/Getty Images
pp. 221, 257, 269: Martin Rose/Getty Images
p. 222: Ross Kinnaird/Allsport
p. 223: Ian Kington/AFP/Getty Images
p. 225: Pedro Ugarte/AFP/Getty Images
pp. 228-229: Christopher Furlong/Getty Images
pp. 230, 254-255, 340: VI Images via Getty Images
p. 233: Topical Press Agency/Getty Images
p. 239: Alex Grimm - FIFA/FIFA via Getty Images
p. 240: Andrew Powell/Liverpool FC via Getty Images
p. 246: Dennis Grombkowski/DFL via Getty Images
p. 247: Dean Mouhtaropoulos/Getty Images for UEFA
p. 253: Andreas Solaro/AFP/Getty Images
p. 257: Glyn Kirk/AFP/Getty Images
p. 260: Alexander Hassenstein - FIFA/FIFA via Getty Images
p. 266: Victor Carretero/Real Madrid via Getty Images
p. 273: Alessandro Della Bella/Getty Images
p. 275: Shaun Botterill/Getty Images
p. 278: Matushchak Anton/Shutterstock.com

p. 281: Juan Mabromata/AFP/Getty Images
p. 283: General Photographic Agency/Getty Images

p. 284: Francois-Xavier Marit/AFP/Getty Images
p. 287: Matt Cardy/Getty Images
p. 289: Bob Thomas/Popperfoto/Getty Images
p. 293: Hazem Turkia/Anadolu Agency/Getty Images
p. 295: Jean-Sebastien Evrard/AFP/Getty Images
p. 300: Ozan Kose/AFP/Getty Images
p. 311: Alexander Wilf/Epsilon/Getty Images
p. 313: Dominique Faget/AFP/Getty Images
p. 321: Central Press/Hulton Archive/Getty Images
p. 323: Buda Mendes/Getty Images
p. 325: Patrik Stollarz/AFP/Getty Images
p. 326: Simon Stacpoole/Mark Leech Sports Photography/Getty Images
p. 329: William Stevens/Gamma-Rapho via Getty Images
p. 330: J.A. Hampton/Topical Press Agency/Getty Images
p. 333: Steve Bardens/Allsport
pp. 336, 343: Ryan Pierse/Getty Images
p. 339: Yorick Jansens/AFP/Getty Images
p. 345: Dustin Bradford/Getty Images
pp. 348-349: Daniel Garcia/AFP/Getty Images

致谢

　　这本书的创作得到了很多人的帮助，否则根本不可能完成。我特别想向我的妻子雷蒙娜表示感谢，她在图书馆做了大量的研究，并且在本书的每一个准备阶段都提供了协助。我还要感谢我的儿子贾森，他对这项运动的热情激励我开始对这项"美丽的运动"进行长篇分析，并且他陪伴我去观看了世界各地的比赛。我也要感谢牛津联足球俱乐部（Oxford United Football Club）的每个人，我在那里担任了多年的董事，并且在那里了解到成为足球部落的一名积极成员的体会。最后，我想说，与里佐利（Rizzoli）出版商这个敬业的团队合作得非常愉快，特别感谢塞西莉亚·柯蒂（Cecilia Curti）和斯特凡诺·齐佩诺（Stefano Chiapello）。

为什么是足球？

我们踢足球、爱足球、恨足球却又
离不开足球的原始根源

[英] 德斯蒙德·莫里斯 著

易晨光 译

图书在版编目（CIP）数据

为什么是足球？/（英）德斯蒙德·莫里斯著；易晨光译. —
北京：北京联合出版公司，2018.6
ISBN 978-7-5596-1505-3

Ⅰ.①为… Ⅱ.①德… ②易… Ⅲ.①足球运动—体育文化—
研究 Ⅳ.① G843

中国版本图书馆 CIP 数据核字 (2018) 第 086849 号

The Soccer Tribe
By Desmond Morris

Text copyright©1981,2016 by Desmond Morris
©2016 RCS Libri Spa, Milan
©2018 Mondadori Electa Spa, Milan
First edition©Jonathan Cape Limited, London UK, 1981
The simplified Chinese edition is published
in arrangement through Niu Niu Culture
Simplified Chinese edition copyright: 2018 United Sky
(Beijing) New Media Co., Ltd.
All rights reserved.

北京市版权局著作权合同登记号 图字：01-2018-3203 号

选题策划	联合天际·边建强
责任编辑	崔保华
特约编辑	边建强 黄丽晓
美术编辑	Caramel
封面设计	宝木三兽

出　版	北京联合出版公司 北京市西城区德外大街 83 号楼 9 层 100088
发　行	北京联合天畅发行公司
印　刷	小森印刷(北京)有限公司
经　销	新华书店
字　数	400 千字
开　本	710 毫米 × 1000 毫米 1/16 22.5 印张
版　次	2018 年 6 月第 1 版 2018 年 6 月第 1 次印刷
ISBN	978-7-5596-1505-3
定　价	88.00 元

UnRead
思想家

关注未读好书

未读 CLUB
会员服务平台

本书若有质量问题，请与本公司图书销售中心联系调换
电话：(010) 5243 5752 (010) 6424 3832

未经许可，不得以任何方式
复制或抄袭本书部分或全部内容
版权所有，侵权必究